미 래 를 위 한 과 거 로 의 산 책

세상을
움직이는 책

에게 드립니다

Oriental classics–Chuang Tzu : The Internal Chapters

一峰 박일봉 편저

장자

(내편) 개정판

육문사
Yukmoonsa

Oriental classics – Chuang Tzu

세상을 움직이는 책

일봉 장자(내편) 개정판

초판 1쇄 | 2014년 1월 25일 발행

편저자 | 박일봉
교   정 | 이정민
디자인 | 박자경 · 인지숙
펴낸이 | 이경자
펴낸곳 | 육문사

주소 | 서울 마포구 월드컵로 11길 35, 101동 502호
전화 | 02-336-9948
팩시밀리 | 02-337-4315
출판등록 | 제313-2011-2호 (1974. 5. 29)

ISBN 978-89-8203-119-9   04140
      978-89-8203-000-0 (세트)

국립중앙도서관 출판시도서목록(CIP)

(일봉) 장자 = Oriental classics – Chuang Tzu : 내편 / 편저자: 박
일봉. -- 개정판. -- 서울 : 육문사, 2014
  p. ;   cm. -- (세상을 움직이는 책 ; 19)

한자표제: 莊子內篇
ISBN 978-89-8203-119-9 04140 : ₩25000
ISBN 978-89-8203-000-0 (세트) 04140

장자(인명)[莊子]
중국 철학[中國哲學]

152.226-KDC5
181.114-DDC21
                                      CIP2014000745

莊 子
(內篇)

序文

　장주(莊周)의 사상은 춘추전국시대에 활약한 제자백가(諸子百家) 중에서도 특출한 것이다. 주(周) 왕조가 쇠미해지고 군웅이 할거하는 새로운 시대가 전개되는 상황에서 대부분의 사상가들이 현실에 입각하여 격동의 세상을 '부국강병'에 의해 하나로 통일하려고 계획한 데 반해, 장주는 현실을 뛰어넘은 세계에서 인생의 평화를 구하고자 했다. '부국강병'의 방책을 거부한 사상으로는 장주, 즉 도가(道家) 외에 유가(儒家)가 있는데 이들은 이상주의적 '왕도정치(王道政治)'를 주장했다. 그러나 유가의 사상도 현실을 주목한 것으로, 그 주장하는 바는 '인의예악(仁義禮樂)'의 실현에 있었다. 장주는 유가의 그러한 점을 예리하게 비판했다. 장주의 그러한 비판은 깊이 성찰해 보면 유가의 형식주의(老莊의 입장에서 볼 때에 그렇다)에만 국한되는 것이 아니라 외형적인 형식을 주장하는 일체의 사상에 대한 거센 반발이었음을 발견하게 된다.

장주는 인간의 지각(知覺)을 배척했다. 인간의 지각이야말로 개인에게 번뇌를 가져다주는 몹쓸 것이며, 세상의 온갖 분쟁과 환난을 일으키는 근본이라고 보았다. 태고의 순박한 세상을 이상향으로 여긴 것은 그러한 이유에서였다. 이러한 사상은 한편으로 보면 '현실 도피'의 경향이 농후하다. 그러나 현대의 우리들이 ≪장자(莊子)≫를 읽어 보면 그의 사상에 공감하지 않을 수 없다. 그 이유는 여러 가지일 것이다. 세상이 복잡하게 되면 될수록 사람들은 그것을 초월하고 싶다는 강한 소망을 가지게 되는데, 이러한 점도 현대의 우리들로 하여금 장주의 사상에 빠져들게 하는 이유 중 한 자리를 차지할 것이다. 이유야 어떻든 현대를 사는 우리들이 ≪장자≫를 읽고 그에서 무엇인가를 얻는 것이 있다면 그로써 좋지 않을까? '얻는 것'이라고 말하면 장주로부터 비웃음을 받을지도 모르지만…….

⟨일러두기⟩

- 이 책은 ≪남화진경(南華眞經)≫을 원본으로 한 일본 슈에이샤(集英社) 간 全釋漢文大系 17, 18 ≪莊子≫ 상·하(赤塚忠 편저)를 대본으로 하여 그것을 내편·외편·잡편으로 나누어 번역·재편집한 것이다.
- 편마다 각각의 독립된 우화와 논문을 구별하고 따로 제목을 붙였다.
- 우화나 논문이 장편일 경우에는 적당히 단락을 지었다.
- 본문은 원문·번역·어의(語義)·보설(補說)·여설(餘說)의 순으로 되어 있다.
- 원문의 오자를 정정할 경우, 우선 원본의 원문을 기재한 다음 ( )를 하고 그곳에 바른 글자를 밝혔으며, '无' 자는 모두 '無'로 갈음하였다.
- 어의(語義)에서는 난해한 어구·사항에 관하여 해설하는 외에 주요한 이설(異說)을 설명하고, 종래의 설을 수정할 필요가 있을 때에는 그 이유를 밝혔다.
- 보설(補說)에서는 각 우화와 논문의 요지를 정리하여 독자들로 하여금 장주(莊周)의 사상을 쉽게 이해할 수 있도록 했다.
- 여설(餘說)에서는 원문 이해에 있어서의 문제점, 각 우화와 논문이 갖는 다른 우화·논문과의 관계, 그리고 제기되는 문제점 등 참고 사항에 관해 해설했다. 긴 논문 형식으로 이루어져 있는 것이 적지 않아 각각 제목을 붙였다.

차례 / 장자(내편)

해설(解說)

1. 장주(莊周)의 전기(傳記)와 도가(道家)의 계보

   중국의 전국시대인 B.C. 3~4세기에는 독창적인 사상가가 속출하였다. 장주(莊周)가 그 중에서도 걸출한 사상가라는 것은 의심할 여지가 없다. 그런데 그의 전기(傳記)는 유감스럽게도 명확하지 않다.

   장주의 전기를 최초로 편술(編述)한 것은 漢의 사마천(司馬遷)이다. 장주 사후 사마천의 ≪사기≫가 성립된 B.C. 97년까지는 필시 200년의 격차가 있으리라. ≪사기≫에 기록된 장주에 관한 기록은 마음과 같다.

莊子者, 蒙人也. 名周. 周嘗爲蒙漆園吏. 與梁惠王·齊宣王同時. 其學無所不闚, 然其要本歸於老子之言. 故其著書十餘萬言, 大抵率寓言也. 作漁父·盜跖·胠篋, 以詆訿孔子之徒, 以明老子之術.

畏累虛·亢桑子之屬, 皆空語無事實. 然善屬書離辭, 指事類情, 用剽剝儒·墨. 雖當世宿學, 不能自解免也. 其言洸洋自恣, 以適己. 故自王公大人, 不能器之.

楚威王聞莊周賢, 使使厚幣迎之, 許以爲相. 若周笑謂楚使者曰, "千金重利, 卿相尊位也. 子獨不見郊祭之犧牛乎. 養食之數歲, 衣以文繡, 以入大廟. 當是之時, 雖欲爲孤豚, 豈可得乎. 子亟去. 無汚我. 我寧游戲汚瀆之中自快. 無爲有國者所羈. 終身不仕, 以快吾志焉."

장자는 몽(蒙) 사람으로 이름은 주(周)이다. 周는 일찍이 칠원(漆園)의 관리가 되었다. 양(梁)나라의 혜왕(惠王), 제(齊)나라의 선왕(宣王)과 시대를 같이한다.

　그의 학문은 막히는 바가 없었다. 그런데 그의 주장의 근본은 노자의 말에 귀착한다. 때문에 그가 남긴 십여만 자의 글은 대체로 우언(寓言)이다. 어부·도척·거협(漁父·盜跖·胠篋)을 지어 공자의 무리를 비난하고 노자의 학설을 밝혔다.

　외루허·항상자(畏累虛·亢桑子) 등은 모두 가공의 이야기로 사실 무근한 것들이다. 그렇지만 문장이 매우 훌륭하고, 구체적인 예로써 추상적 도리를 비유적으로 표현하여 그로써 유·묵(儒·墨)의 허위를 파헤쳤다. 당시의 아무리 뛰어난 학자라도 그의 설에 반박할 수가 없었다. 그의 설은 바다처럼 넓고 자유분방했다. 때문에 왕공·대인(王公·大人) 그 누구도 그를 등용시켜 그의 재능을 활용할 수 없었다.

　초(楚)의 위왕(威王)은 장주가 현명하다는 것을 듣고 사자로 하여금 정중한 예를 갖춰 그를 부르게 하고, 그가 허락만 하면 재상의 자리를 주겠다고 약속했다. 장주는 웃으며 초왕의 사자에게 말했다.

　"천금이라고 하면 큰돈이며 재상이라고 하면 더없이 높은 자리요. 그대는 교제(郊祭)에 쓰이는 희생소를 보지 못하셨소? 그놈을 기르기를 몇 년, 아름다운 무늬를 수놓은 옷을 입혀 대묘(大廟)에 끌고 갑니다. 그때가 되서야 이렇게 죽느니 차라리 돼지 새끼가 되고 싶다고 해 본들 무슨 소용이 있겠습니까. 어서 돌아가시오. 나를 더럽히지 마시오. 나는 이 지저분한 곳에서 놀며 맘껏 즐거워하겠소. 나라님이 내려 주시려는 굴레를 쓰고 싶지 않소. 죽을 때까지 출사하지 않고 마음 내키는 대로 즐겁게 지내고 싶소."

【語義】 蒙:지금의 하남성 상구시(商丘市)의 동북에 있던 땅. 전국시대에는

宋에, 漢代에는 梁나라에 속했다.

名周:장자의 名이 周라는 것은 ≪장자≫(이하 편명을 들 때에는 모두 ≪장자≫ 중의 편명을 가리킨다) 중의 제물·산목·천하(齊物·山木·天下) 등의 편에서 볼 수 있다. 唐나라 초기의 인물인 육덕명(陸德明)이 편집한 ≪경전석문(經典釋文)≫에 인용되어 있는 ≪사기≫의 문장에는 '字는 자휴(子休)'라고 되어 있다.

漆園:옻나무를 재배하는 밭이리라. 일설에 지명이라 한다. 본서의 산목편(山木篇)에 장주가 조릉(雕陵)의 임야에서 논 것이 기록되어 있는데 그가 칠원의 관리였다는 것은 어디에서도 발견되지 않는다.

與梁惠王·齊宣王同時:≪장자≫ 중에는 혜시(惠施)가 장주의 둘도 없는 논적(論敵)이었음을 보여 주는 곳이 많다. 그것도 우화가 아닐까 하는 의심이 가지만 만일 사실이라면 장주는 혜시(B.C. 314년 사망)와 동시대의 인물이 된다. ≪여씨춘추(呂氏春秋)≫ 불굴편(不屈篇)·≪전국책(戰國策)≫ 위책(魏策)에 의하면 혜시는 魏(梁이라고도 함)의 혜왕(惠王:B.C. 370~B.C. 319 재위)의 재상이 된 적이 있다. 그래서 혜시의 활동 시대를 근거로 장주의 활동 시대를 추측하면 梁의 혜왕·齊의 선왕(宣王:B.C. 319~B.C. 301 재위) 때가 그의 활동 시기였다는 것을 추정할 수 있게 된다. 서무귀편(徐無鬼篇)에는 장주가 혜시의 무덤을 지나다 자신의 둘도 없는 논적을 잃은 것을 탄식하는 이야기가 실려 있다. 이로써 장주의 죽음은 혜시가 죽은 다음의 일이며 그의 생몰년을 B.C. 370~B.C. 290년으로 추정하는 것이 통설이다(馬敍倫의 ≪장자의증(莊子義證)≫ 付錄·錢穆의 ≪선진제자계년(先秦諸子繫年)≫ 참조). 즉 유가의 맹자(B.C. 390~B.C. 305년경)보다 약간 후기에 활약한 게 된다.

無所不闚:모든 일을 아는 것.

其要本歸於老子之言:'要本'은 '근본'을 가리킨다. '老子之言'은 노자의 설.

漁父·盜跖·胠篋:현존본에서 '어부(漁父)'는 잡편 제31, '도척(盜跖)'은 잡편 제29, '거협(胠篋)'은 외편 제10이다. 사마천이 본 ≪장자≫는 편의 순서가 현존본과 달랐던 듯하다. 또 사마천은 ≪장자≫ 중에서도 유난히 유가를 비판한 편만을 거론한 듯하다.

詆訛:헐뜯다, 비난하다.

老子之術:'老子之道'와 같다.

畏累虛:경상초편(庚桑楚篇)의 '외루지산(畏壘之山)'에 해당한다. 노자의 제자인 경상초(庚桑楚:亢桑子)가 다스린 땅이라 한다. '畏累'는 '嵬礨'. '礨'의 완언, 즉 돌이 굴러다닌다고 하는 뜻이다. '虛'는 '墟'와 같으며 여기에서는 황폐한 땅이라는 뜻이다. 경상초는 이 불모지를 다스려 3년 만에 풍요로운 땅으로 만들었다 한다. 사마천은 ≪장자≫ 원문의 '畏壘之山'에서 뜻을 취하여 '畏累虛'라 했던 것이리라.

亢桑子:경상초편의 '庚桑子', 즉 '庚桑楚'에 해당한다. '亢'과 '庚'은 동음이다. '庚'은 '三老五更'의 '更'의 차자이며 늙었다는 뜻. '楚'는 '蘇'와 같으며 생기가 가득 찬 것. '庚桑楚'는 고목(古木)이 되어서도 생기발랄한 桑의 비유로, 노자의 學을 배워 그 영원성을 체득한 사람이라는 우의를 지니게 한 이름이리라. ≪장자≫ 중에는 이처럼 우의를 지닌 인명·지명이 많다. 사마천은 노자에게는 경상초라고 하는 문인이 없었으므로, 특히 그런 예로 앞의 '畏累虛'를 들어 ≪장자≫에 가공의 말이 많다는 예증으로 삼았던 것이다.

屬書離辭:문장을 짓다. '書'는 여기에서는 '文字'의 뜻. '離'는 '麗'의 차자로 '늘어놓다'의 뜻.

指事類情:구체적인 예로써 추상적 도리를 비유적으로 표현하는 것.

剽剝:허위(虛僞)를 파헤침.

宿學:年功을 쌓은 훌륭한 학자.

解免:해석하여 밝힘.

洸洋自恣以適己:어느 것에도 구애받지 않고 자유분방하게 논함. '洸洋'은 끝없이 넓은 모양. 필시 소요유편(逍遙遊篇) 같은 논술을 가리키는 것이리라. ≪사기≫의 찬(贊)에는 '장자는 도덕을 흩뜨리고 분방하게 의논했는데 그 요체는 자연에 돌아갈 것을 설하는 데 있었다(莊子散道德放論, 要亦歸之自然)'라고 되어 있다.

自王公大人不能器之:'自'는 여기에서는 '雖(조차)'의 뜻. '王'은 諸國의 王, '公'은 三公, 諸國의 大臣을 가리킨다. '大人'은 고위 관직에 있는 실력자. '器'는 관직에 나아가 그 재능을 활용하는 것.

楚威王……以快吾志:추수편(秋水篇)에, 楚王이 장주를 부르고자 사자를 보냈을 때, 장자는 죽어서 그 껍데기가 묘당에 고이 간직된 거북과 진흙탕 속에 살아 있는 거북의 비유를 들어 '나는 진흙탕 속에서 꼬리를 끄는 거북 쪽을 택하겠다(吾將曳尾於塗中)'라고 하며 거절했다는 이야기가 실려 있고, 또 열어구편(列御寇篇)에는 어떤 사람이 장자를 등용하려 했는데 장자는 자신을 찾아온 사자에게 제사의 희우(犧牛)의 비유로써 거절했다는 이야기가 실려 있다. 용어에 비슷한 것이 있다는 점에 근거해 추측하면 사마천의 이 부분의 서술은 위의 두 이야기를 고쳐 하나로 한 것인 듯하다. 현존 ≪장자≫에는 단순히 '楚王'으로 되어 있는데 사마천은 그것을 장주의 추정 생몰 연대를 근거로 하여 '楚威王(B.C. 339~B.C. 329 재위)이라 한 것이리라.

厚幣:'선물을 갖추어 정중하게'의 뜻.

許以爲相:'許'는 약속한다는 뜻.

郊祭之犧牛:'교제(郊祭)'는 천자가 동지(冬至)에 남쪽 교외에서 하늘을 제사지내는 제례. '희우(犧牛)'는 그 제례에 바쳐지는 소. 희우는 많은 소 중에서 뽑힌 가장 좋은 소로 특별히 마련된 사육장에서 정중히 사육되며 제례 때에는 수를 놓고 장식을 한 금(錦)을 두르고 희생이 된다. 열어구편 에는 '犧牛'라고만 했을 뿐 어떠한 제례에 쓰이는 희우인지 명시되어 있지 않다. 단, '入於太廟(大廟와 같다. 시조의 묘를 가리킨다)'라 한 것에 의하 면 열어구편에서는 선조를 제사지낼 때 사용되는 희우를 가리킨 것이라 생 각할 수 있다. 하늘을 제사지낼 때에는 天에 시조를 배제(配祭)한다는 설 도 있으므로 어쩌면 교제의 희우를 태묘에 바쳤는지도 알 수 없으나, 태묘 에 바치는 희우를 '郊祭之犧牛'라 한 것은 전적으로 사마천 자신의 해석으 로 보아야 할 것이다.

孤豚:한 마리의 돼지. 열어구편에는 '고독(孤犢:한 마리의 송아지)'으로 되어 있다. 사마천은 아래의 '汚瀆'과 관련시키기 위해 '犢'을 '豚'으로 고 친 듯하다.

寧游戲汚瀆之中自快:더러운 흙탕물 속에서 놀면서 마음 내키는 대로 즐 거워하고 싶음. '游'는 '遊'의 차자. 추수편에는 장주가 '吾將曳尾於塗中'이 라 답한 것으로 되어 있다.

이상의 전기를 검토해 보면 '장주는 蒙 사람으로서 칠원의 관리가 된 적 이 있다'는 것 말고는 거의 모든 기술이 ≪장자≫에 근거하고 있다. 이 정 도로 장주에 관계되는 사료는 적었던 것이다. ≪장자≫ 중에 기술되어 있 는 것도 '寓言'이 대부분이니 이상의 ≪사기≫의 기록이 과연 장주의 참모 습을 보여 주는 전기가 될 수 있을까? 사마천이 정리한 장주에 관한 사실 에조차 그 사실 여부가 확실하지 않은 것이 있는 것이다. 우리는 우선 ≪장자≫를 열심히 읽어 장주라고 하는 인물과 그의 사상을 알아볼 수밖에 없을 것이다.

　사마천은 장주가 노자의 道를 조술(祖述)했음을 명백한 사실로 보았으나 그것을 그대로 믿을 수는 없다. 공자가 노자(名은 耳. 聃으로도 쓰나 俗字임)에게서 배웠다고 하는 것은 본서 ≪장자≫의 천도편(天道篇) 이하에서 산견(散見)되고 있는 것으로 그 후 노자는 공자의 선배였다는 것이 거의 정설이 되었는데 근대에 이르러 노자의 생몰 연대에 대한 설은 물론, 그의 존재 여부조차 의심받게 되었다. 적어도 노자의 저서로 전해지고 있는 ≪노자≫(≪도덕경≫이라고도 함)가 전국시대 중기 이전의 저작이 아니라는 것은 명백해졌다(武內義雄 저 ≪老子原始≫, 律田左右吉 저 ≪道家思想と其の展開≫, 木村英一 저 ≪老子の新研究≫ 등 참조).

　≪순자≫ 천론편(天論篇)에는 '노자는 屈從的 입장만을 알고 伸長하는 방면을 몰랐다(老子有見於詘無見於信)'라고 평되어 있다. 이것은 전국시대 말기의 사상가인 순황(荀況:B.C. 340~B.C. 238년경)이 현존의 ≪노자≫와 흡사한 책을 보았을 것이라는 사실을 추측하게 해 준다. 또 해폐편(解蔽篇)에는 '장자는 하늘, 즉 天然無爲, 자연주의에 가리어 人爲의 효용을 이해하지 못했다(莊子蔽於天而不知人)', '天然無爲, 自然에 좇는 것을 正道로 보는 장자의 입장은 순응주의를 다하는 것이 되고 만다(由天謂之道, 盡因矣)'라고 평되어 있다. 이것은 ≪장자≫ 중의 어느 편 어느 설을 가리키는 것인지는 확실하지 않지만 순황이 활동하던 때에 장주와 그의 저술이 있었음을 보여 주는 것이리라. 그렇지만 노자와 장자가 사승 관계(師承關係)에 있었다고는 말하지 않았다. 장주가 죽은 뒤 언제 지어진 것인지는 명확하지 않으나 천하편(天下篇)에는 노자의 뒤를 이어 장주의 학술에 관하여 논해져 있다. 만일 이 논술의 순서가 노자와 장주의 사승 관계에 근거한 것

이라면 천하편은 장주를 노자의 도를 발전시킨 장본인으로 보았던 것이 된다. 그런데 천하편은 노자의 설과 비슷한 주장들을 초들고 있으며 또 명확하게 노자보다 후세의 사람을 노자보다 앞서 이야기하고 있어, 그 논술의 순서가 반드시 사승 관계에 근거한 것은 아니다.

이상의 사실들로 추측하면 사마천이 장주를 노자의 도의 조술자(祖述者)로 본 것은 어떠한 확증에 근거한 것이 아니라, 우선 漢代 초기의 유행이라 할 수 있는 '老子尊崇'의 여풍(餘風)에 영향 받고, 다음으로 노자가 ≪장자≫ 중에서 공자의 스승으로 엄존(嚴存)한 것에 기인했으리라 생각된다. 그렇지만 노자가 공자의 스승이었다고 하는 것도 우화일 뿐, 그 사실의 신빙성은 여간 의심스럽지 않다. 또, ≪장자≫ 중의 논술에는 확실히 ≪노자≫의 부연·해설로 보아야 할 것도 있지만 오히려 ≪노자≫의 소재(素材)로 활용되었다고 보아야 할 것도 많다. ≪노자≫와 ≪장자≫의 관계는 좀 더 구명(究明)되어야 할 문제이다.

현존하는 중국 최고(最古)의 학술사(學術史)인 ≪한서(漢書)≫(120卷. 建初 3년(78년)경 성립. 前漢의 高祖로부터 平帝까지 231년간의 역사를 기록한 正史. 帝紀 13卷, 表 10卷, 志 18卷, 列傳 79卷으로 되어 있다. ≪한서≫ 예문지(藝文志)·≪한서≫ 식화지(食貨志)·≪한서≫ 지리지(地理志) 등은 모두 志 속에 수록되어 있다. ≪한서≫는 ≪사기≫의 열정과 변화 곡절의 묘에는 미치지 못하지만 문장은 '문자 속에 情과 듑가 남김없이 드러나 있다'는 평을 받고 있어, 가능한 한 객관적인 자세를 견지하려는 저자의 서술 태도와 함께 후세 사필(史筆)의 모범이 되고 있다. ≪한서≫의 주해자는 후한의 순열(荀悅)을 필두로 하여 24인에 이르고 있는데 唐의 안사고(顔師古)의 주가 가장 훌륭하다. ≪전한서(前漢書)≫, ≪서한서(西漢書)≫라고도 하며 또 저자의 이름과 관련시켜 ≪반사(班史)≫, ≪반서(班書)≫라고도 한다.) 예문지에는 처음으로 도가(道家)라고 하는 계보가 세워져, 殷代의 것이라 하는 ≪이윤(伊尹)≫ · ≪신갑(辛甲)≫ · ≪죽자(鬻子)≫ 등을 필두로 하여 춘추시대의 ≪관자≫ · ≪노자≫ · ≪문자(文子)≫ · ≪관윤자(關尹子)≫, 전국시대의 ≪장자≫ · ≪열자≫에 이르기까지, 그리고 그 이하 모두 37종의 문헌이 언급되어 있다. 그 대부분의 문헌은 전해지고 있지 않지만 그 계보가 잡박(雜駁)하다는 것은 새삼스럽게 초들 것까지도 없다. 예문지가 ≪이윤≫ · ≪신갑≫ 등의 假託의 書를 이야기했던 것은 사상의 계보에 관한 사고가 정밀하지 않다는 것 외에는 ≪노자≫ · ≪장자≫에도 오래 된 인유(因由)가 있다는 것을 보여 주고 싶었기 때문이리라. ≪수서(隋書)≫ 경적지(經籍志)가 되면 도가의 계보는 어느 정도 정리되어, 그 문헌은 ≪죽자≫ · ≪노자≫ · ≪문자≫ · ≪갈관자(鶡冠子)≫ · ≪열자≫ · ≪장자≫의 순이 된다. 그 후에는 ≪노자≫ · ≪열자≫ 및 ≪장자≫를 도가의 대표적 문헌으로 생각하게 되었다. 그렇지만 현존의 ≪열자≫는 假託의 書로 보지 않으면 안 된다.

대체로 장주가 전적으로 자신의 견식만으로 그의 설을 세웠다고는 볼 수 없으며 선행의 사상에 의거했다고 보지 않으면 안 된다. 그러나 그 계승 관계는 명증적(明證的)이지 못하다. 오히려 장주가 기존의 어떤 사상을 계승했다 하더라도 그의 전기가 상세하지 않다는 것이 암시하듯이, 그는 사람들에게 알려지지 않은 가운데 전국시대의 사상계에 등장하여 그것을 더없이 뛰어난 창의로써 발전시켜 마침내 심대한 반향을 일으키기에 이르렀다고 보아야 할 것이다. 그래서 본서에서는 ≪장자≫를 ≪노자≫의 발전으로 보지도 않고, 그 밖의 어떤 계보를 전제하여 ≪장자≫를 이해하려고도 하지 않는다. 분명하게 ≪장자≫ 중의 문장이 ≪노자≫의 해설 · 부연일 경우를 제외하고는 ≪노자≫나 그 밖의 저서에 사용된 비슷한 표현의 문장이 있더라도 각각의 사유(思惟)의 특질을 변별하고, 동시에 서로를 비교함으로써 그 선후 관계를 밝히려 한다.

　현대의 학자들은 대체로 구래(舊來)의 설을 윤색하여 노자로부터 시작하여 그의 제자로 불리는 관윤자(關尹子)와 열자 · 양주(楊朱)를 지나 장자에 이르는 계보를 생각하거나, 아니면 양주 · 송연(宋鈃:牼으로도 씀) · 윤문(尹文) · 신도(愼到)들에게서 도가 사상의 원시(原始)를 구하고, 노자 · 장자를 그 발전으로 삼는 계보를 생각하는데 그 어느 것도 정론(定論)이 되지 못한다.

2. ≪장자≫의 편집과 간본(刊本)

사마천은 '장주는 십여만 言의 書를 지었다.'라고 했으나 현재 전해지고 있는 것은 육만육천 言에 지나지 않는다. 예문지에는 '莊子五十二篇'이라고 적혀 있으나 현존본은 33편으로 되어 있다. 또, ≪경전석문≫의 序錄에는 郭象注 33권 33편 외에, 晋의 司馬彪注 21권 52편(내편 7, 외편 28, 잡편 14, 해설 3 외에 音 3권), 孟氏注 18권 52편 및 晋의 崔譔注 10권 27편(내편 7, 외편 20), 向秀注 20권 26편, 李頤集解 36권 30편, 劉宋의 王叔之義疏 3권 등 여러 본이 있다는 것이 기록되어 있다. 이러한 사정에 관해서는 ≪경전석문≫(30권. 583년경 성립. 중요한 고전의 본문을 교정하고, 용어에 관한 발음과 의미를 해설한 '音義'를 붙인 책. 제1권은 序錄으로 고전을 전한 漢代 이래의 사승(師承)의 계통·파별(派別)을 기록하고, 제2권 이하에는 ≪역경(易經)≫·≪서경(書經:古文尙書)≫·≪시경(詩經:毛詩)≫·≪주례(周禮)≫·≪의례(儀禮)≫·≪예기(禮記)≫·≪춘추좌씨전(春秋左氏傳)≫·≪춘추공양전(春秋公羊傳)≫·≪춘추곡량전(春秋穀梁傳)≫·≪효경(孝經)≫·≪논어≫·≪이아(爾雅)≫·≪노자≫·≪장자≫ 등 14종의 고전에 관한 音義가 기록되어 있음. 당시 ≪맹자≫는 경전으로 취급되지 않았기 때문에 빠져 있으며 또 노장(老莊)이 추앙받던 시대여서 ≪노자≫·≪장자≫가 각별히 다뤄졌음)의 序錄에 다음과 같이 설명되어 있다.

然莊生宏才命世, 辭趣華深, 正言若反. 故莫能暢其弘致, 後人增足漸失其眞. 故郭子玄云, "一曲之才, 妄竄奇說. 若閼奕·意脩之道·危(厄)言·遊鳧·子胥之篇, 凡諸巧雜, 十分有三."漢書藝文志莊子五十二篇, 即司馬彪·孟氏所注是也.
言多詭誕, 或似山海經, 或類占夢書. 故注者以意去取. 其內
篇衆家竝同. 自餘或有外而無雜. 唯子玄所注, 特會莊生之
旨. 故爲世所貴.

즉 예문지에 실려 있는 52편본 《장자》는 후인의 述作이 참입(攙入)된
것이었다. 사마천이 말한 십여만 言도 이와 다름없으리라. 晉代에 이것을
정리하고 주석을 가한 자가 나오고, 그 중에서도 곽상(郭象)의 33편본이 가
장 뛰어난 것이었으며 그것이 현존한다. 사마표(司馬彪)가 주를 넣은 52편
본은 宋代에 없어졌다. 도가 사상의 전개를 상세하게 연구한 다음, 비록 그
것이 후인이 보충한 것이라고는 하지만 곽상이 그것들을 삭제해 버렸다는
것은 여간 애석한 일이 아니다. 그러나 장주의 자저(自著) 및 그와 관련된
주요한 문장은 자신의 33편 중에 대체로 수록했을 것이다. 《장자》의 일
문(佚文:없어진 문장)으로 전해지는 것, 모두 하여 약 이천육백 言이 唐·
宋의 유서(類書)에서 산견(散見)되는데 이것들과 33편의 문장을 비교하더
라도 이러한 사실은 대체로 확인된다.

郭象이 산정(刪定)하고 주를 더한 33편은 내편 7편, 외편 15편, 잡편 11
편으로 구성되어 있다. 내편에 관해서는 《경전석문》에 '모든 本이 같다
(其內篇衆家竝同)'고 되어 있다. 그러나 《경전석문》의 篇章에 관한 諸
文의 對校는 정밀하지 않은데 특히 내편 제물론편(齊物論篇)의 '夫道未始
有封' 이하 150자에 관해서는 漢의 반고(班固)의 설에 의하면 외편에 있었
던 것이라 한다. 또, 隋代에 성립된 《백론소(百論疏)》에 의하면 내편 양
생주편(養生主篇)의 〈포정해우우화(庖丁解牛寓話)〉는 본디 외편에 있던
것으로 생각되며 반대로 외편 천운편(天運篇)에 있는 '天其運手, 地其處乎'

이하의 1절은 唐代에 성립된 ≪지관보행구결(止觀輔行口訣)≫에 의하면 본디 내편에 있었던 것으로 생각된다. 이처럼 내편에조차도, 예문지에서 말한 52편본 그대로가 아니라 그 장절의 순서를 바꾼 것이 있었던 것이다. 외·잡편에 이르러서도 전해 오던 장절을 취사(取捨)할 뿐 아니라 문장 자체를 절록(節錄)했는지도 알 수 없다. 또, 郭象의 刪定 후에 보입(補入)된 것도 어느 정도 있었을 것이다.

사마천은 십여만 言을 장주의 자작으로 간주했는데 이는 조략(粗略)한 말임에 틀림없다. 장주 및 그 후학의 저작이 언제 모아졌는지는 확실하지 않다. 어쩌면 類書 편집의 氣運과 그 책 중에 ≪장자≫ 외·잡편과 유사한 문장이 자주 보이는 것에 의해 추측하면 ≪여씨춘추≫가 편집된 진(秦)의 시황(始皇) 8년(B.C. 239)경에는 모아지기 시작했는지도 알 수 없다. 다케우치 요시오(武內義雄) 박사의 설에 의하면 52편본은 漢나라 武帝 때의 사람, 회남왕(淮南王) 유안(劉安:B.C.122년 沒)의 문하에서 정리되어 司馬彪本의 祖型, 즉 내편 7편, 외편 28편, 잡편 14편 및 해설(要略 및 後解) 3편이 되었으리라고 한다. 郭象은 이 체재를 본떠 편별(編別)하고 그 가운데 내편에는 장주의 자작 및 그에 가깝다고 생각되는 것을, 외편에는 장주의 후학의 作으로 생각되는 것을, 잡편에는 장주의 후학의 作인지 아닌지 의심스럽기는 하나 장주의 설의 계통을 따르는 것을 모았을 것이다. 이와 같은 기준이 적정하게 행해졌느냐에 대해서는 학자 간에 이견이 있다.

郭象의 33편 ≪장자≫는 한마디로 잘라 말하여 도가설(道家說)의 연총(淵叢)이다. 도가의 古說을 수록한 것으로는 ≪노자≫ 외에 ≪관자≫가 있고, 또 秦·漢의 것으로 ≪여씨춘추≫·≪회남자≫ 등이 있는데 그 중에서 ≪장자≫가 가장 순정(純正)한 내용의 것을 수록하고 있으며 또 가장 내용이 풍부하다. 그런데 여기에 어느 정도 장주의 자작을 모으고 있는지, 또 어떻게 도가설이 전개되었는지 하는 문제가 되면 그것은 대단히 중요한 문제지만 조급한 해결을 거의 바랄 수 없게 된다. 내편은 근본인 '無'에 관하여 설하고, 외편은 그 현실 문제인 '有'에 관하여 설하고 있다고 하는 것처럼 33편의 대부분을 장주의 자작으로 보는 견해를 별개의 것으로 본다면 세상에서 비교적 많이 채택되고 있는 설은 내편 7편은 장주의 자작이거나 그에 가까운 것이라고 하는 견해이다. 다른 편과 비교하면 내편이 문장 표현도 뛰어나고 내용도 깊은 게 사실이지만 그 편집 사정이 전술한 바와 같고, 또 엄밀하게 검토하면 장절(章節)에 따라 서로 어긋나는 주장도 있어 내편 모두가 장주의 참뜻을 얻고 있다고 단정할 수는 없다. 학자에 따라서는 내편 중 소요유·제물론(逍遙遊·齊物論) 두 편만을 장주의 作으로 보는 사람도 있다. 외·잡편에는 도가설에서 이탈한 내용의 장절이 없는 것은 아니나 대부분은 도가설과 관계되는 것으로 도가설 전개의 흔적을 보여준다. 이것들 중에는 예를 들면 변무·마제·거협(駢拇·馬蹄·胠篋) 등 여러 편과 재유편(在宥篇)의 일부가 서로 공통적으로 반예교적(反禮敎的) 소박주의(素朴主義)를 설하고, 천지·천도(天地·天道) 두 편의 주요 부분이 군주의 無爲를 설하고 있는 것처럼 주장·문체 등으로 유형(類型)을 이루고 있는 편이 있고, 또 주제가 서로 비슷한 장절도 적지 않다. 이런 점에 주목하여 외·잡편을 몇 시기의 유형으로 구분하고, 전국시대 말기부터 漢代 초기에 이르기까지의 도가설 전개의 자취를 더듬어 보려는 시도도 행해지고 있다. 그러나 어떤 것을 장주의 자작으로 볼 것인가 그리고 그로부터의 전개를 어떻게 추적할 것인가 하는 문제는 각편을 어떻게 해석할 것인가에 관계될 뿐 아니라 넓게는 도가의 사상을 어떻게 이해할 것인가에 관계되는 것이며 또 그것은 각편에 관하여 개괄적으로 훑어보아서는 안 되며 장절마다 정밀하게 구명해야만 하는 것이다. 본서에서는 미리 작자·주장의 유형·지은 연대 등의 추정을 싣는 것을 금하고, 우선 장절마다 적당한 이해와 평가를 내리는 것을 우선하고, 그 후에 필요한 경우 추정을 시도했다.

宋代 이후에는 郭象이 刪定한 33편본만이 전해지게 되었다. 또, 그에 앞서 梁代에는 ≪장자≫를 ≪남화론(南華論)≫이라 부르는 풍조가 일고, 唐의 현종(玄宗)은 장주에게 남화진인(南華眞人)이라는 號를 내리고, ≪장자≫를 ≪남화진경(南華眞經)≫으로 존칭하는 일이 있었다. 이로부터 ≪장자≫ 대신 ≪남화진경≫이라 부르는 명칭도 쓰이게 되었고, 특히 도교에서는 ≪장자≫를 그 교전(敎典)의 하나로 보아 이 이름을 썼다.

현존하는 最古의 刊本은 北宋의 刊本(郭象注. 達生篇부터 天下篇까지)이며 ≪속고일총서(續古逸叢書)≫(民國의 孫毓修 등이 1922년~1923년에 걸쳐 편집)에는 여기에 南宋刊本(逍遙遊篇부터 至樂篇까지)을 합쳐 ≪남화진경≫ 10권으로 한 영인본이 실려 있다. 본서는 이를 저본(底本)으로 삼았다. 明刊本은 적지 않은데 그 중에서 가정(嘉靖) 8년(1529)의 世德堂刊 ≪남화진경≫(郭象注, 陸德明音義)은 여러 본의 준거가 되었다. 그 영인본이 ≪四部叢刊≫(全 3편. 張元濟 등이 編. 經·史·子·集의 4部에 걸쳐 주요한 고전을 영인한 총서. 上海의 商務印書館에서 출판했으며 초편은 1919년에, 속편은 1934년에, 3편은 1935년에 刊. 초편에는 ≪주역≫ 이하 233種(再版本에서는 344種), 속편에는 ≪儀禮疏≫ 이하 75종, 3편에는 ≪尙書正義≫ 이하 70종의 書가 수록되어 있다. 4部 가운데에 集部가 거의 3분의 2를 차지한다.) 중에 수록되어 있다. 이것들과는 별도로 금세기 초에 감숙성(甘肅省) 돈황(敦煌)의 천불동(千佛洞)에서 부분적 잔결(殘缺)이 있는 소요유편 이하 21편의 唐代 사본(寫本)이 발견되어 파리의 프랑스 국립박물관, 런던의 대영박물관, 일본의 동경서도박물관(東京書道博物館) 등에 나뉘어 소장되어 있으며 이것들의 사진을 모은 것으로 데라오카(寺岡龍含) 編 ≪돈황본곽상주장자남화진경집영(敦煌本郭象注莊子南華眞經輯影)≫이 있다. 諸本의 문자·표현의 이동(異同)을 교감(校勘:고서적 등의 본문의 같고 틀림을 비교 연구하는 것)한 것으로는 漢 이후 六朝間의

諸本에 관해서는 唐의 陸德明 著 ≪경전석문≫〈장자음의(莊子音義)〉중에 보이며 唐·宋間의 諸本에 관해서는 北宋의 陳景元 著 ≪장자궐오(莊子闕誤)≫가 있으며 唐代 寫本과 ≪속고일총서≫본, 그리고 그 밖의 것을 교감한 것으로는 寺岡龍含 著 ≪돈황본곽상주장자남화진경교감기(敦煌本郭象注莊子南華眞經校勘記)≫가 있다. 馬敍倫 著 ≪장자의증(莊子義證)≫도 宋刊本·世德堂本 등 외에 ≪군서치요(群書治要)≫(당태종의 칙명에 의해 비서감(秘書監)이었던 위징(魏徵) 등이 ≪역경≫·≪서경≫을 필두로 하여 ≪설원(說苑)≫·≪포박자(抱朴子)≫에 이르기까지 고대부터 晉代까지의 67종의 문헌에서 정치에 유용하다고 생각되는 문장을 뽑아 책별로 배열한 50권의 책)·≪태평어람(太平御覽)≫·≪북당서초(北堂書鈔)≫ 등과 그 밖의 인용문을 대교(對校)한 것인데 劉文典 著 ≪장자보정(莊子補正)≫·王叔岷 著 ≪장자교석(莊子校釋)≫은 한층 상밀(詳密)하다. 본서는 ≪속고일총서≫본을 저본으로 하고 위에 든 여러 간본과 대교하여 여러 교감을 참고하여 정문(正文)을 정했다. 그렇지만 저본의 문자·표현을 고칠 경우, 그 상위(相違)에 의해 해석이 여러 가지로 나뉠 경우 외에는 각본의 이동(異同)을 일일이 주기(注記)하는 것을 피했다.

3. ≪장자≫의 사상과 참고 문헌

≪장자≫ 사상의 본질이 무엇일까, 그것이 어떠한 특색을 발휘하고 있을까 등에 대한 대답은 처음에 서술했던 것처럼 본서를 이용하는 사람들이 각자 여기의 주해를 참고하여 ≪장자≫ 본문에 관하여 완미(玩味) 탐색할 것을 기대하고, 그것을 여기에 개괄하는 것은 보류하고 싶다. 본문을 다 읽은 분에게 내가 이해한 바를 참고로서 제공하고 싶다. 단, 이하의 서술을 위하여 필요한 범위 내에서 2, 3가지의 주요한 특질을 지적한다면 다음과 같다.

첫째, 처음으로 부정(否定)의 논리를 수립했다는 점이다. 인간에게는 긍정과 부정의 상반하는 두 사고방식이 있다. 중국의 사상 개화기(開花期)에 활약했던 유가와 묵가는 인의 · 겸애(仁義 · 兼愛) 등의 적극적 교의(敎義)를 부르짖고 이상적 윤리공동체의 건설을 목표로 삼았는데 이것은 긍정의 논리에 의해 '有,' 즉 목적을 추구한 것이라고 할 수 있다. 이에 대해 장주 또는 도가의 뛰어난 사색가는 허정 · 무욕 · 무아 · 무위(虛靜 · 無欲 · 無我 · 無爲) 등의 부정적 사변(思辨)을 철저히 함으로써 절대인 '無'의 세계를 열고, 그곳에야말로 道와 일체가 된 유일한 진실이 있음을 발견했다. 또 그의 추수자(追隨者)들은 이처럼 하여 복귀하는 근본 · 원초의 상태의 귀중함을 여러 가지로 설했다. 이것은 인류 역사상 처음으로 부정적 사변의 중대함을 보기 시작하고, 동시에 그 논리를 수립한 것이라고 해야 한다. 또 이것이 도가의 사상을 유가의 그것과 확연히 괴리(乖離)시키는 것이며 그리하여 그 후 길이 중국 사상의 조류를 이분시킨 근본적 이유이다.

둘째, 인생의 진실을 추구하여 개인의 존엄한 성역(聖域)을 주시했다는 점이다. 유가나 묵가가 사람은 어떻게 살아가야 할 것인가 하는 길[道]을 탐구하여 결국 타인과의 윤리적 협동생활을 주요한 문제로 삼는 데 반해 장주나 그의 추종자들은 사람이 산다는 것은 과연 무엇일까, 어찌하여 존재하는 것일까 등을 캐물어, 현실 생활을 초월한 개인의 근원적 성역, 특히 정신의 세계에 독립·자유·자적·평안·포용 등의 존엄한 것이 있음을 해명하고 있는 것이다.

셋째, 현실 생활의 문제에 대한 근본적 비판의 입장을 명확하게 했다는 점이다. 어떠한 사상도, 그것이 현실의 개선·혁신을 목표로 하는 한 그 비판을 여간 조심스럽게 전개하는 게 아니다. 그런데 유가·묵가·법가 등이 현실을 개혁하고 실현해야 할 목적을 가지고 이에 도달할 수 없게 하는 그 부정(不正)과 착오를 비판하는 데 반해 장주 및 그의 추종자들은 그와 같은 목적뿐 아니라 인간의 작위에 의한 정치·문화 등의 현실이 인간 본래의 소박·자족·자연의 상실이며 또 그것을 덮어 버리는 허위임을 예리하게 비판하고 있는 것이다.

넷째, '우언(寓言)'이라고 하는 자신의 사상을 표현하는 특이한 양식을 안출(案出)했다는 사실을 들지 않을 수 없다. 중국의 사상 개화기의 사상가들은 맹자·묵자·순자·한비 등 누구나 자신에게 어울리는 문체를 가지고 있었는데 ≪장자≫에는 그 중에서도 가장 참신한, 바로 우화로써 그 사상을 표현하는 방법이 안출되어 있는 것이다. 또 그것은 ≪장자≫의 사상에 걸맞게 암시적이며 풍자적이고 풍부한 해학미를 지니고 있다.

≪장자≫ 중에는 이상의 특질에 꼭 합치한다고는 할 수 없는 것, 오히려 이러한 특질에서 벗어난 것도 수록되어 있는데 그것들도 도가의 사상과 관련되는 것이라는 게 확인되면 오히려 도가사상의 전개상의 문제를 시사해 주는 것으로서 흥미를 지니게 된다.

그런데 장주 등의 사상은 이상과 같은 현저한 특질을 갖추고 있으며, 특히 인생의 진실을 해명하고 있어 당시 이미 다른 파의 사상가들에게 많은 영향을 주었다. 유가인 순황(荀況:순자)은 적극적으로 그러한 영향을 받아들여 자신의 사상 체계를 정리했다. ≪중용≫도 도가설을 극복하고자 유가

설을 심화하고 있다. 법가의 한비(韓非)도 도가의 논리를 빌렸다.

다른 파에 대한 영향과 후대 사상에 미친 영향은 말할 것도 없이 《장자》만에 의한 것이 아니라 일반적으로 도가설로서 개괄된 것에 의한 것인데 특히 《노자》가 그 대표적인 것이라 할 수 있다. 《노자》는 도가설을 강령화하고 교조화하고 있기 때문인데 그에 대한 이해를 깊게 하면 《장자》가 그 부익(扶翼)임을 알 수 있게 된다.

진(秦)의 시황제(始皇帝) 8년에 재상 여불위(呂不韋)가 가장 완비된 교훈서를 만들고자 학자들에게 명하여 여러 파의 사상을 총합하여 편집시킨 《여씨춘추(呂氏春秋)》는 그 소재를 도가설에서 적지 않게 취했다. 진한(秦漢)의 교체기에 신음했던 한대(漢代) 초기의 사람들은 도가설을 세속화한 '황로지언(黃老之言)'을 좋아했다. 무제(武帝)의 치세 초기에 회남왕(淮南王) 유안(劉安)이 편집시킨 《회남자》는 이러한 기풍을 받아들이면서 《여씨춘추》의 방침을 본뜨고 그 위에 도가설을 기저로 하여 漢 一代의 통일 사상을 나타내려 한 것이었다. 《회남자》 이후는 전후 양한(兩漢)을 통하여 '유가설'을 주로 하는 '경학(經學)'이 관학(官學)이 되었으나 그 저류에는 늘 도가설이 있었고 후한말에는 그에 경도되는 자가 나왔다. 그뿐 아니라 사실은 《주역》 계사전(繫辭傳), 《예기(禮記)》 예운편ㆍ악기편(禮運篇ㆍ樂記篇) 등과 같이, 경서 그 자체에 도가설의 영향이 농후하게 배어 있는 것도 있다.

위ㆍ진(魏ㆍ晉)의 난리 불안의 시대에는 인간의 본래성, 자유 등을 구하여 《주역》ㆍ《노자》ㆍ《장자》를 전거(典據)로 한 '삼현(三玄)'의 학(學)이 일어났다. 또 '죽림칠현(竹林七賢)'과 같이 세속으로부터 숨어 자적(自適)을 향수하고자 하는 풍조가 성하게 되어, 《노자》ㆍ《장자》가 그 정신적인 지주가 되었다. 이러한 기풍에 영향 받아 《장자》에 주해를 넣는 자가 나왔는데 그 중에서도 진(晉)의 곽상(郭象:312년경 沒)의 주(注)는 그의 33편의 산정(刪定)과 버금가며 더욱이 뒤에 당(唐)의 승려 성현영(成玄英)의 소(疏)가 더해져 《장자》 해석의 전거가 되었다. 곽상의 주는 '죽림칠현'의 한 사람인 상수(向秀)의 주를 도용한 것이라는 설이 있는데 사실은 그것을 참고하여 전서(全書)에 통일적 해석을 덧붙인 것이다. 곽상의 주의 특색은 이 통일성에 있는데 그것이 꼭 《장자》의 원뜻에 합치한다고는 할 수 없다. 또 성현영의 소는 대략 곽상의 설을 간명하게 한 것인데 의견을 달리하는 해석도 있고, 또 불설(佛說)을 섞어 넣은 것도 있다. 덧붙여 말하면 육조간(六朝間) 주해자의 자구 해석의 상위(相違)는 《경전석문》(이하 《석문(釋文)》이라 약칭한다)의 〈장자음의(莊子音義)〉에 보이고 있다. 본서의 주해에서 최선·이이·사마표(崔譔·李頤·司馬彪) 등의 이름을 들며 그 해석을 이용한 것은 《석문》에 근거한 것이다.

육조간에는 도가설이 불교를 중국에 도입케 하는 매개 역할뿐 아니라 도교의 교리를 정비해 주는 일익을 담당하기도 했으며 특히 문학의 경지를 높여 마침내 도잠(陶潛)의 문학을 탄생시켰다. 당대(唐代)의 문학에도 도가설이 유입되어 있다는 것은 굳이 초들 것까지도 없다. 또 이미 《석문》이 《오경》·《논어》·《효경》 등과 동렬의 고전으로서 《노자》·《장자》를 추중(推重)했는데 당(唐)의 현종 때 두 책이 경서와 나란히 관학이 되었던 일도 있다.

宋代에는 불교·노장을 배척하고 정주학(程朱學)이 성행했으나 실은 도가적 사변(思辨)이 그 깊은 근저가 되어 있었으므로 《노자》와 《장자》를 언급하는 자가 많았고, 또 《장자》의 주석서도 많이 나왔다. 그 중에서 북송(北宋)의 여혜경(呂惠卿)의 《장자의(莊子義)》는 견해가 적정하며 남송(南宋)의 임희일(林希逸)의 《장자구의(莊子口義)》는 해석이 평명(平明)하여 《장자》를 알고자 하는 사람들에게 많이 읽혔다. 저백수(褚伯秀)의 《남화진경의해찬미(南華眞經義海纂微)》는 宋代의 여러 학자의 해석

을 많이 싣고 있어 宋代 학자들의 ≪장자≫에 대한 해석을 아는 데 편리
하다.

　明代에는 새로운 사상을 구하는 기운이 있어 ≪노자≫·≪장자≫가 널
리 읽혔으며 주석서도 많이 나왔다. 그 중에서 초횡(焦竑)의 ≪장자익(莊子
翼)≫은 곽상 이하 제가(諸家)의 해석을 널리 인용하여 온당한 해석을 보여
주고 있다. 방이지(方以智)의 ≪흥지포장(興地炮莊)≫에도 明代 여러 학자
의 설이 많이 인용되어 있다.

　淸代 초기 왕부지(王夫之)의 ≪장자해(莊子解)≫에는 간간이 창견(創見)
이 보인다. 임운명(林雲銘)의 ≪장자인(莊子因)≫, 중기 육수지(陸樹芝)의
≪장자설(莊子雪)≫은 자주 이용되는 주석서이다. 요내(姚鼐)의 ≪장자장
의(莊子章義)≫도 참고가 된다. 淸代에는 고증학(考證學)이 성했으나 도가
분야에서는 이렇다 할 성과를 거두지 못했으며 왕염손(王念孫)의 ≪독서잡
지(讀書雜志)≫ 중 〈장자잡지(莊子雜志)〉, 유월(俞樾)의 ≪제자평의(諸子
平議)≫ 중 〈장자평의(莊子平議)〉 등이 눈에 띄는 것들이다. 곽경번(郭慶
藩)의 ≪장자집석(莊子集釋)≫은 곽상 주·성현영 소·육덕명 음의(郭象
注·成玄英疏·陸德明音義) 외에 왕·유(王·俞)의 설을 채용하고, 또 곽
숭도(郭嵩燾)의 설과 자신의 설을 더한 것이며 왕선겸(王先謙)의 ≪장자집
해(莊子集解)≫는 淸代 학자들의 설을 많이 싣고 있다.

　민국(民國) 이후는 ≪장자≫에 국한되지 않고 제가의 사상을 사적(史的)
으로 평가하는 것이 연구의 주된 방향이 되었는데 마서륜(馬敍倫)의 ≪장
자의증(莊子義證)≫은 약간 번잡한 경향이 있으나 문자의 훈고고증(訓詁考
證)에 뛰어나고 문일다(聞一多)의 ≪장자내편교석(莊子內篇校釋)≫은 고
증에 새로운 맛이 있으며 또 전목(錢穆)의 ≪장자찬전(莊子纂箋)≫은 간
명하다. 장병린(章炳麟)의 ≪제물론석(齊物論釋)≫도 계발된 고석(考釋)이
다. 또, 엄영봉(嚴靈峰)이 편집한 ≪노열장삼자지견서목(老列莊三子知見

書目)≫ 중 〈장자지견서목(莊子知見書目)〉은 漢代 이래의 거의 모든 저작의 목록을 실어 그 존부를 명확하게 하고, 일본이나 구미의 저작까지 언급하고 있으며 또 그가 편집한 ≪무구비재장자집성초편(無求備齋莊子集成初編)≫은 고간본(古刊本)의 영인 외에, 이제는 입수하기 곤란하게 된 장자연구의 문헌을 수록하고 있다.

제1편
소요유(逍遙遊)

    ≪장자≫의 편자가 이 편 가운데 '逍遙乎寢臥其下', '遊無窮'에서 취하여 이것을 장주가 주장하는 인생의 이상적 경지를 표현한 말로 생각하여 편명으로 삼은 것이다. 대체로 서로 비슷한 주제를 담은 5개의 우화가 수록되어 있다. '逍遙'·'遊' 등의 의미에 관해서는 뒤에 설명하도록 하겠다.

    또, 저본(底本) 개권(開卷)의 표제는 '南華眞卷第一 莊子內篇逍遙遊第一'로 되어 있는데 '南華'부터 '莊子'까지의 9자를 생략했다. 卷第二 이하도 이에 준한다. 또, 저본에는 본디 편 아래 장절의 구분이 없으나 본서에서는 장을 나누어 '第一鵬圖南:遊無窮寓話'와 같이 임시 표제를 달고, 또 장 아래 단락을 두었다.

제1장 붕도남:유무궁우화(鵬圖南:遊無窮寓話)

> 北冥有魚, 其名爲鯤. 鯤之大, 不知其幾千里也. 化而爲鳥.
> 其名爲鵬. 鵬之背, 不知其幾千里也. 怒而飛, 其翼若垂天之
> 雲. 是鳥也, 海運, 則將徙於南冥. 南冥者, 天池也.
> 齊諧者, 志怪者也. 諧之言曰, "鵬之徙於南冥也, 水擊三千
> 里, 搏扶搖而上者九萬里, 去以六月息者也"

북쪽 끝 바다에 물고기가 있는데 이름을 곤(鯤)이라 한다. 곤의 크기는
몇 천 리나 되는지 알 수 없다. 곤이 변하여 새가 되니 이름하여 붕(鵬)이
다. 붕새의 등의 크기도 몇 천 리나 되는지 알 수 없다. 붕새가 힘차게 날
아오르면 그 날개는 마치 하늘 한 모퉁이를 덮은 구름 같다. 이 새는 해류
의 흐름이 바뀌면 남쪽 끝 바다로 옮겨가기 시작한다. '남쪽 끝 바다'란 '하
늘의 연못[天池]'을 말한다.

제해(齊諧)는 세상 사람들이 모르는 기이한 사실을 알고 있는 사람이다.
그가 익살 섞어 말하였다. "붕새가 남쪽 끝의 바다로 날아감에 수면 삼천
리에 걸쳐 날개를 치며 회오리바람을 말아 올려 구만 리 하늘에 오르는데
일단 날기 시작하면 여섯 달을 한 호흡으로 삼는다."

【語義】北冥(북명):'冥(어두움)'은 '溟'의 차자. 海의 뜻. 溟·海 모두 '암흑
색 큰물'의 뜻으로 썼던 글자. 고대에는 중국의 외변은 오랑캐들이 거
주하는 거친 땅이며 게다가 그 주위의 끝에는 햇빛도 별로 없고 거친
파도가 이는 바다가 둘러싸고 있다고 생각했다. '北'은 陰의 極이며 기

후의 변화와 생물 생멸의 근원이 되는 기운이 이에서 점차 陽으로 바뀌어 자란다.

鯤(곤):본디는 알에서 막 부화한 작은 물고기라는 뜻이나 여기서는 절대의 대어(大魚)라는 뜻으로 쓰였다. 淸代의 학자 방이지(方以智)·곽경번(郭慶藩) 등이 작은 물고기의 이름을 빌려 大魚를 나타냄으로써 '齊物'의 뜻을 함축하려고 했다고 한 해석은 옳지 않다. 어쩌면 동음의 '곤(鯀)', 즉 고대에 물의 신으로 받들어졌던 생물에 착안하여 鯤이라 한지도 모른다. '鯤'은 '魂'과 동음(중국 고대에는 두 자의 음이 같았다)이며, 또 음양관에 의하면 魚는 음물(陰物)에 속한다. 이들 사실로 추측하면 鯤의 글자 뜻과는 관계없이 陰의 정령(精靈), 결국 거대한 음기(陰氣)의 작용을 뜻하는 것으로 '鯤'을 상정했다고 해석할 수 있다.

里(리):1里는 약 400미터.

化而爲鳥(화이위조):'化'는 하나의 物이 완전히 다른 것으로 변화하는 것. 고대에는 생물이 다른 物로 전생(轉生)하는 신비한 현상이 있다고 믿었다. '化而爲鳥'는 이러한 신앙에 바탕을 둔 것이며 음양의 변화, 특히 제물론편의 '物化'의 관념을 암시한다. 더욱이 새는 양물(陽物)에 속한다.

鵬(붕):봉(鳳)과 같다. 鳳은 전설상의 영조(靈鳥)로 천하가 잘 다스려지는 때에 신비한 모습으로 나타난다고 하는데 여기에서는 그러한 신성(神聖)과는 관계없이 절대의 큰 새라는 뜻으로 쓰였다. 鳥와 魚를 천지·음양의 정령으로 보는 것은 周代 이래의 공통된 관념이었다.

怒(노):온 몸에 힘을 가득 넣음.

垂天之雲(수천지운):'垂'는 '陲(변방)'의 본자(本字). 하늘을 대강 사등분했을 때 그 한쪽에 걸려 있는 구름을 가리킨다. '하늘 전체를 덮고 있는 구름' 따위로 해석하는 것은 옳지 않다.

海運(해운):계절의 변화와 함께 난류와 한류의 순환이 이루어지는 것. 한류와 난류가 교대 순환(交代循環)하지는 않는다. 여기서는 봄·여름에는 한류가 남쪽으로 내려온다는 고대의 인식을 근거로 하여 음(陰: 秋冬)·양(陽:春夏) 기운의 교대를 상징하고 있다. 바다가 거칠게 움직인다는 등의 해석은 적합하지 않다.

天池(천지):인공으로는 만들 수 없고 오직 자연에 의해서 이루어진다는 뜻에서 '天'이라 한 것이다. 즉 극지(極地)·절대(絶大)의 뜻을 함축하고 있다. '池'는 통상 소규모의 인공으로 만든 물웅덩이라는 뜻으로 사용되는데 옛날에는 인공·자연, 대·소의 구별 없이 호수처럼 물의 흐름이 정체되어 있는 곳을 가리키는 말로 쓰였다.

齊諧(제해):사람 이름이라는 설과 책 이름이라는 설이 있는데 다음에 '齊諧曰'이란 말이 있는 점으로 보아 사람 이름이다. '齊'는 齊國(산동성) 사람임을 뜻하는 성(姓)으로 쓰였고, '諧'는 해어(諧語:익살, 환담)를 안다는 뜻의 이름으로 쓰였다. 가공의 인물일 것이다. 여기에 제해의 말을 인용한 것은 이 우화의 근거를 확실하게 하려는 것이다. 그리고 그것을 '해어'라 한 것은 실로 야유에 찬 해학이다. 사람들이 업신여기고 인정하지 않으려 하는 것에 오히려 위대한 것이 숨어 있다고 말하고 있다.

志怪(지괴):'志'는 '識'의 뜻. 기억하는 것. '怪'는 일반 상식을 뛰어넘은 것.

水擊(수격):'擊手'와 같은 뜻. '擊'은 힘차게 치는 것. 붕(鵬)이 비상한 다음의 정경을 묘사한 것이다.

搏扶搖而上者(단부요이상자):'搏'은 둥글게 하다. 감아 올리다의 뜻. '박(搏:치다, 두드리다)'으로 되어 있는 판본도 있다. 바람을 치다, 날개를 치다 등으로 해석하는 설이 있는데 그럴 경우 다음의 '扶搖'를 말할 필요가 없어진다. '扶搖'는 '飆·飇(표:빙글빙글 돌며 올라가는 바람. 선풍)'의 완언(緩言:늘인말). 붕이 무서운 기세로 그리고 크게 선회하면서 하늘로 날아오르는 모양을 형용한 것이다.

去以六月息(거이육월식):'息'을 쉰다는 뜻으로 해석하는 설, '六月息'을 파도가 높고 큰 바람이 일어나는 6월의 계절풍으로 해석하는 설 등이 있는데 '息'은 다음 단의 '生物之以息相吹也'의 복선이며 '六月'은 음양이 바뀌는 반년의 뜻을 가지고 있으므로 '반년을 한 호흡으로 삼는다'로 해석하는 것이 타당하다.

【補說】〈유무궁우화〉의 제1절 제1단이다. 북해에서 남해를 향해 날아가는 붕의 모습을 서술하고 있다. 누구도 상상할 수 없는 북극의 이야기로부터 언급하여 절대의 곤·붕(鯤·鵬)을 생동케 한 기발함, 단숨에 남해로의 이동까지 발전시켜 가는 장엄함, 그리고 제해를 등장시켜 한 호흡 쉰 다음, 三千里·九萬里·六月 등과 그 장대함을 한껏 높인 완급의 변화 등, 참으로 훌륭한 필치이다. 語義에서 해설한 것처럼 많은 우의가 숨어 있지만 그런 것들을 전연 느끼지 못하게 할 만큼 성대한 문장이다.

野馬也, 塵埃也, 生物之以息相吹也. 天之蒼蒼, 其正色邪, 其遠而無所至極邪. 其視下也, 亦若是則已矣.
且夫水之積也不厚, 則負大舟也無力. 覆杯水於坳堂之上, 則芥爲之舟, 置杯焉則膠. 水淺而舟大也. 風之積也不厚, 則其負大翼也無力. 故九萬里, 則風斯在下矣. 而後乃今培風背負靑天, 而莫之夭閼者. 而後乃今將圖南.
蜩與學鳩笑之曰, "我決起而飛, 搶楡枋. 時則不至而控於地而已矣. 奚以之九萬里而南爲."

아지랑이와 모래 연기는 여러 생물들이 호흡할 때 불어 내는 기운이다. 하늘이 푸르고 푸른 것은 하늘의 본래의 빛깔인가 아니면 하늘이 멀고도 끝이 없어서 그런 것일까? 붕새가 나는 구만 리 상공에서 아래를 내려다보아도 이와 같을 것이다.

대저 물이 깊지 못하면 큰 배를 띄울 만한 힘이 없다. 한 잔의 물을 뜰의 패인 곳에 붓고 겨자씨를 배 삼아 띄우면 뜨지만 거기에 술잔을 놓으면 땅에 닿을 것이다. 물은 얕고 배는 크기 때문이다. 바람의 쌓임이 두텁지 못하면 붕새의 큰 날개를 지탱할 만한 힘이 없다. 그러므로 구만 리를 날아올라야 날개를 띄울 만한 바람이 그 아래에 모이게 된다. 그런 다음에 바람을 타야 푸른 하늘을 등에 질 수 있고 그 앞길을 막을 것이 아무것도 없게 된다. 그렇게 된 다음에야 붕새는 남쪽 끝을 향해 비행한다.

매미와 작은 비둘기가 비웃으며 말했다.

"우리는 힘껏 날아올라도 느릅나무나 박달나무에 이르는 것이 고작이다. 그나마 어느 때는 그에 이르지 못하고 다시 땅으로 내려오게 된다. 어찌 저 새가 구만 리 하늘에 올라 남쪽 끝으로 갈 수 있겠는가?"

【語義】野馬(야마):아지랑이. 화창한 봄이나 초여름에 빛의 물결이 달리는 것처럼 가물가물 흔들리면서 지면에서 올라가는 수증기. 그 모양이 마치 말이 들을 달리는 것처럼 보여 '野馬'라 한 것이다.

塵埃(진애):모래가 날려 연기처럼 보이는 것. 고대에는 생물은 맑고 가벼운 기(氣)와 탁하고 무거운 기로써 이루어졌으며 그것을 호흡에 의해 받아들이기도 하고 내보내기도 한다고 생각했다. 여기서는 '野馬'가 맑고 가벼운 기의 것인 데 반해 탁하고 무거운 기의 구체적인 예로 '塵埃'를 이야기한 듯하다.

也(야):'野馬也', '水之積也', '負大舟也' 등의 '也'는 그 위의 어구를 강

조하는 조사.

蒼蒼(창창):짙은 청색.

所至極(소지극):가서 닿는 끝.

則已矣(즉이의):'則已'는 '而已'와 같다. 한정이나 단정의 뜻을 나타내는 조사. '矣'는 어세를 강하게 하는 조사.

且夫(차부):대저, 무릇. 주의를 환기시키는 발어(發語)의 조사.

覆杯水(복배수):'覆'은 뒤엎는 것. 여기서는 잔에 든 물을 쏟아 붓는 것을 가리킨다. '杯水'는 한 잔의 물.

坳堂(요당):당 가운데의 우묵 들어간 곳. '堂'은 집안에서 공사(公事)를 행하는 넓은 공간으로 흙을 두텁게 쌓아 평평하고 단단하게 다져 놓은 곳.

芥(개):겨자, 티끌. 뜻이 바뀌어 '미세한 것'을 가리키는 말로 많이 쓰인다.

膠(교):꼭 붙어 잘 움직일 수 없는 것.

斯(사):乃‧則과 거의 같은 뜻으로 위의 말을 강하게 가리키면서 아래의 말과 연결시키는 조사.

乃今(내금):'그렇게 되어야만'의 뜻. '今乃'와 비슷하나 今乃는 '今'을 강조하는 말.

培風(배풍):'培'는 '馮(풍:의지하다, 도움을 받다)'의 차자. 여기서는 '乘(타다)'의 뜻.

夭閼(요알):'遏(알:막다, 저지하다)'의 완언. '夭'를 꺾이다, '閼'을 멈추다로 나누어 해석하는 것은 적당하지 않다.

圖南(도남):일반적으로는 큰일을 시작한다는 뜻으로 많이 쓰이는 성어이다. '圖'는 '度'와 통하여 '謀(꾀하다)'의 뜻을 지닌 글자인데 여기서는 '渡(건너다)'의 차자로 보지 않으면 안 된다. 남해(南海)에 가기 위해 비행한다는 뜻이다.

蜩與學鳩(조여학구):'蜩'는 매미과에 속하는 곤충으로 '쓰르라미'. '學鳩'에 관해서는 여러 설이 있으나 여기서는 비둘기로 해석한다. '學'은 '鷽(작은 비둘기)'의 차자. 이 두 동물에는 자신의 작은 세계에 집착하는 자의 얕은 도량(度量)이 우의(寓意)되어 있다.

決起(결기):재빨리 뛰어오름. '決'은 '趹·趚(모두 빨리 달린다는 뜻)'의 차자.

搶(창):'造(이르다·다다르다)'의 차자. '들이받다·충돌하다'의 뜻으로 해석하는 것은 적당하지 않다.

榆枋(유방):느릅나무와 박달나무. '榆枋' 밑에 '而止' 두 자가 더 있는 판본도 있는데 표현 형식은 갖추어지지만 문세상(文勢上) 적당하지 않다.

控(공):본디는 활의 시위를 힘껏 잡아당기는 것을 뜻하는 글자. 여기서는 팽팽하게 당겨진 시위가 제자리로 돌아가는 것처럼 쓰르라미·비둘기 따위가 어느 한계 이상으로는 날아오르지 못하고 다시 땅으로 내려오게 되는 것을 뜻한다.

奚以之九萬里而南爲(해이지구만리이남위):'奚'는 '何'의 뜻. 여기서 '爲'는 의문의 뜻을 나타내는 조사. '以~爲'는 반어적 표현법으로 '~한 일이 있을 수 있겠는가?'의 뜻으로 쓰인다.

【補說】본 우화의 제1절 제2단이다. 붕새의 웅대한 비상을 서술하고, 그에 관한 매미와 비둘기의 평을 삽입하여 이 우화의 주된 뜻을 요약하여 암시하고 있다. 앞에서 붕새의 비상을 묘사한 이 우화의 작자는 그 시선을 돌려 지상의 모습을 서술하고, 지상에서 보이는 천공(天空)의 푸르름, 그리고 천공에서 지상을 내려다보는 붕새의 감회를 선명하게 그려내고 있다. 지상에서 날아오르는 여러 생물의 호흡에 의해 나타나는 기운들은 모두 빛깔과 모습을 지니고 있는데 그것들이 과연 푸른 것인지 아닌

지조차 알 수 없는 상공에서는 지상의 아무것도 보이지 않는다고 말하여 천지 공막(天地空漠)의 사이를 비상하는 붕새의 무한한 자유를 밝히고 있다. 실로 변화가 풍부한 필치의 묘미이다. 그 변화의 묘미는 '且夫水之……' 이하의 글에도 있다. 앞부분이 빠른 템포의 서술이었음에 대해 여기서부터는 완만한 문세의 서술이다. 붕새의 유유한 비상을 문세로써 상상하게 하려는 것일까? 大翼을 떠받치는 바람을 설명하면서 일부러 미세한 '杯水'의 예를 든 것은 기발한 착상이다. 그러나 끝 부분에 이르러 '而後乃今……'의 문구를 중복시켜 붕새의 호장(豪壯)함을 부각시키고 있다. 또 이러한 호장함이 蜩나 鷽鳩에게는 한낱 비웃음거리로 전락하고 만다고 함으로써 이 우화의 작자는 위대한 것과 미천한 것을 너무도 알기 쉽게 대비시키고 있는 것이다.

옛날 진(秦) 왕조에 반기를 들었던 진승(陳勝)에게 다음과 같은 일화가 있다. 그가 젊었을 적에 다른 사람과 함께 고용되어 일을 하다가 언덕 위에 올라 길게 탄식하며 "진실로 부귀하게 되더라도 서로 잊지 말자."고 말했다. 함께 일하던 사람들이 웃으며 "남의 밭이나 돌보는 자네 주제에 어떻게 부귀하게 되겠는가?"라고 했다. 이에 진승이 크게 탄식하며 "아, 제비나 참새 따위가 어찌 큰기러기나 고니의 뜻을 알겠는가(嗟乎, 燕雀安知鴻鵠之志哉)."라고 대답했다고 한다. 여기의 붕새 이야기에는 진승과 같은 고압적인 태도가 없을 뿐 아니라 붕새는 아무 말도 하고 있지 않다. 아무 말도 하고 있지 않은데 그를 비웃는 비루한 한심스러움과, 그런 일에 전연 마음 쓰지 않고 마음껏 위세를 떨치는 붕새의 호방함을 해학적으로 묘사하고 있다.

適莽(艸)蒼者, 三飡(飧)而反, 腹猶果然. 適百里者, 宿舂糧.
適千里者, 三月聚糧. 之二蟲又何知.
小知不及大知, 小年不及大年. 奚以知其然也. 朝菌不知晦
朔, 蟪蛄不知春秋. 此小年也.
楚之南有冥靈者. 以五百歲爲春, 五百歲爲秋. 上古有大椿
者. 以八千歲爲春, 八千歲爲秋. 而彭祖乃今以久特聞, 衆人
匹之. 不亦悲乎.

근교에 있는 무덤에 갔다 오는 자는 하루 만에 다녀올 수 있고 배 또한
부르다. 백 리를 가려는 자는 미리 양식을 준비해야 한다. 천 리를 가려는
자는 3개월 동안 양식을 모아야 한다. 이와 같은 사실을 이 두 마리 벌레
가 어찌 알 수 있겠는가?

얕은 지혜는 깊은 지혜를 알 수 없고, 명(命)이 짧은 것은 명이 긴 것을
알 수 없다. 어떻게 그러함을 알 수 있는가? 아침에 났다가 저녁에 말라 죽
는 버섯은 초하루와 그믐이 있는 한 달의 기간을 알 수 없고, 여름에 나왔
다 가을이면 죽는 매미는 봄·가을이 있는 1년을 알 수 없다. 이것은 이들
의 수명이 짧기 때문이다.

초(楚)나라 남쪽에 있는 나무 명령(冥靈)은 5백 년씩을 각각 봄·가을로
삼는다. 그것보다 수명이 긴 것으로는 상고(上古)의 대춘(大椿)이란 나무
를 들 수 있다. 8천 년을 각각 봄·가을로 삼는다. 그런데 인간 세상에서
는 팽조(彭祖)가 지금까지도 장수자로서 매우 유명하여 모든 사람이 그와
같이 되려고 원하고 있다. 이것은 두 벌레와 같은 얕은 지혜의 소치이다.
슬프지 아니한가?

【語義】 莽蒼(망창):푸릇푸릇한 근교(近郊)의 경치. '莽'은 옛음이 같은 '邙'의 차자로 해석할 수도 있는데 그렇게 되면 '莽蒼'은 근교에 있는 무덤을 뜻하게 된다.

三湌(삼손):'湌'은 '飧'의 속자. 본디는 저녁밥을 가리키는데 여기서는 식사의 뜻으로 쓰였다. 따라서 '三飧而反'은 하루 안에 돌아오는 것.

果然(과연):'果'는 '夥(많다)'의 차자. 여기에서는 만복(滿腹)을 가리킨다. '然'은 상태를 나타내는 조사.

百里(백리):천천히 걸어도 이틀이면 갈 수 있는 거리. 1리는 약 400미터.

宿舂糧(숙용량):미리 양식을 준비함. '宿'을 글자 뜻 그대로, 또는 '夕'의 차자로 보아 '밤·전날 밤부터'의 뜻으로 해석하는 설이 많으나 '夙(숙:일찌감치)'의 차자로 보아, '미리·사전에'의 뜻으로 해석하는 게 적당하다. '舂'은 곡식을 찧는 것.

之二蟲(지이충):'之'는 '此'와 같다. '二蟲'은 '蜩'와 '學鳩'를 가리킨다. '蟲'은 꿈틀거린다는 뜻에서 일반적으로 동물을 가리키는 말로 쓰이지만 본디는 경멸하여 말할 때 썼다. 인간을 '裸蟲(나충:벌거벗은 벌레)'이라고도 한다.

小年不及大年(소년불급대년):'小'는 '少', '大'는 '多', '年'은 '수명'의 뜻. '不及'은 어떠한 경지에 미치지 못하는 것을 가리킨다. 이루지 못한다는 뜻이 아니다. 이 구는 앞의 '小知不及大知'의 구에 대한 대구로 세인(世人)의 최대 관심사인 수명 문제를 언급하고 있어 작자의 뛰어난 논리 전개의 솜씨를 보여주고 있다.

朝菌(조균):햇빛이 닿지 않는 습지에서 생겨나 햇빛을 보면 곧 말라죽는 버섯.

晦朔(회삭):'晦'는 달이 나오지 않는 그믐, '朔'은 달이 나타나기 시작하는 초하루. 여기서는 한 달 동안을 가리킨다.

蟪蛄(혜고):매미의 일종.

楚(초):주(周)나라 초기 이래 화남(華南)에 있던 강국으로 전국시대의 성시(盛時)에는 호남·호북·안휘·강소·절강·사천 등 여러 성(省)에 걸친 지역을 그 세력 하에 두었고, 처음에는 영(郢:호남성 江陵縣), 다음에는 언영(鄢郢:호남성 宜城縣)에 도읍했으며 다시 수춘(壽春:안휘성 壽縣)으로 수도를 옮겼고 진(秦)에 멸망당했다. '楚之南'이라 한 것은 당시 미지(未知)의 땅을 일컬은 것이다.

冥靈(명령):나무 이름. 강남(江南)에서 자라며 잎이 무성해지는 데 500년, 잎이 지는 데 500년이 걸린다 한다.

彭祖(팽조):이름은 갱(鏗), 요임금의 신하로 팽성(彭城)에 봉해졌고, 夏·殷을 거쳐 周에 이르기까지 700년 동안이나 살았다 한다. ≪신선전(神仙傳)≫에 그의 전기가 실려 있으며 ≪초사(楚辭)≫ 천문편(天問篇)에, 그가 꿩국을 만들어 상제(上帝)를 제사지낸 것이 보인다. '彭'이 고대의 유력한 일족이었음을 생각하면 '彭祖'는 원래 彭族이 숭사(崇祀)했던 시조인데 그것이 춘추·전국시대에 들어 수명이 긴 성인으로 전설화된 것 같다.

久(구):오래 사는 것을 가리킨다.

匹(필):'比'의 차자로 '견주어지다·필적하다'의 뜻.

【補說】제1절 제3단이다. 붕새의 도남(圖南)에 관한 蜩와 學鳩의 평에 대해 반박한 글로 小知·大知의 論에서 출발하여 인간의 수명 문제로 주제를 발전시켜 읽는 이의 주의를 끌어들이면서 小知·小年으로부터의 해방을 시사하고 서서히 본 우화의 주제를 전개하고 있다. 단, 본 우화의 주제가 수명 문제보다도 大知·眞知에 있음은 말할 필요도 없다.

湯之問棘也是已. "窮髮之北有冥海者. 天池也. 有魚焉. 其廣
數千里. 未有知其脩者. 其名爲鯤. 有鳥焉. 其名爲鵬. 背若
泰山, 翼若垂天之雲. 摶扶搖, 羊角而上者九萬里. 絶雲氣,
負靑天, 然後圖南, 且適南冥也. 斥鴳笑之曰, '彼且奚適也.
我騰躍而上, 不過數仞. 而下翺翔蓬蒿之閒. 此亦飛之至也.
而彼且奚適也.'" 此小大之辯也.

은(殷)의 탕(湯)임금이 극(棘)에게서 들었다고 하는 이야기도 이와 같다.
"불모지대인 북쪽 끝에 햇빛이 닿지 않는 바다가 있는데 곧 하늘의 연못
이다. 거기에 물고기가 있는데 그 너비가 몇 천 리나 되는지, 또 그 길이가
얼마나 되는지 아는 사람이 없다. 그 물고기는 곤(鯤)이라 불린다. 또 그
곳에 새가 있는데 이름을 붕새라 한다. 그 등은 태산(泰山)과 같고, 날개는
하늘 한쪽을 덮은 구름과 같다. 회오리바람을 타고 날아오르기 구만 리,
구름을 뚫고 치솟아 푸른 하늘을 등에 지고 남쪽으로 비행하여 남쪽 끝 바
다로 가려 한다. 그런데 뱁새가 그것을 보고 웃으면서, '저 녀석은 도대체
어디로 가려는 것일까? 우리는 고작해야 이삼 인(仞)밖에 안 되는 높이에
날아올랐다가 내려와 쑥 사이를 날아다닌다. 그것이 우리가 가장 많이 나
는 것이다. 그런데 저 녀석은 도대체 어디로 가려는 것일까?'라고 말했다."
이것이 바로 작은 것과 큰 것의 차이이다.

【語義】 湯之問棘(탕:지문극):'湯'은 상(商:殷) 왕조를 창건한 왕. 성탕(成
湯)이라고도 한다. '棘'은 탕왕 때의 현인이라고 하는데 확실하지 않다.
일설에 湯은 광대한 뜻을, 棘은 협소한 뜻을 가진 인물로 상정되어 쓰
인 것이라 한다. ≪열자(列子)≫ 탕문편(湯問篇)에 실린 殷의 탕왕과 하

혁(夏革)의 문답 가운데 명령·대춘(冥靈·大椿)과 함께 곤·붕(鯤·鵬)의 이야기가 나오는데 ≪열자≫는 漢·魏 무렵에 편집된 문헌이어서 ≪장자≫가 그에 근거한 것은 아니다. ≪열자≫가 ≪장자≫에서 취한 흔적이 역력하다. '湯'이 '大'의 뜻임에 대해 '棘'은 '極'과 동음이어서 '極大'의 뜻으로 해석할 수 있다. 또 탕왕은 세상에서 성왕(聖王)으로 추앙받던 인물이다. 이러한 점에서 보면 湯과 棘은 세상에서 말하는 '大'와 진리의 세계에서 본 '大'를 대조하려는 우의를 내포한 인물 설정인 셈이다. ≪장자≫의 우화 가운데 등장하는 인물 중에는 여러 우의가 함축되어 있는 사람이 적지 않다.

窮髮(궁발):불모지대(不毛地帶). 삭방(朔方)과 같다. 북변(北邊)의 황야를 가리킨다. '窮'은 다하여 없는 것, '髮'은 '毛'와 같은 뜻으로 초목을 뜻한다.

冥海(명해):여기의 '冥'은 '暗'의 뜻. 암흑 속에 사람의 상상을 불허하는 鯤·鵬이 있다는 것은 ≪노자≫ 제1의 '玄之又玄, 衆妙之門(현묘하고도 현묘한 것이여, 만물이 나오는 문이로다.)'을 연상케 하는 말이다.

其脩(기수):그 길이. '脩'는 '長'의 뜻.

泰山(태산):산동성 중앙에 있는 산으로 주봉인 장인봉(丈人峰)은 높이 1,545미터. 많은 지맥(支脈)이 있고 주변에는 평야가 펼쳐져 있어 하북·하남·안휘 등 여러 省에서도 높고 험한 태산의 장엄함을 볼 수 있다. 예로부터 성산(聖山)으로 추앙받았다.

羊角而上者(양각이상자):'羊角'을 양의 뿔이 빙빙 꼬여 있듯 선회한다는 뜻으로 해석하는 게 통설로 되어 있는데 '躍(약:펄쩍 뛰어오르다)'의 완언으로 보아야 한다.

絶雲氣(절운기):'絶'은 뚫고 올라가는 것. '雲氣'는 구름.

斥鴳(척안):뱁새 비슷한 작은 새. '斥'이 '尺'으로 된 판본도 있다. '鴳'

은 '鷃'과 같은 글자로 세가락메추라기.

　彼且奚適也(피차해적야):여기서 '且'는 앞의 '彼'를 강하게 제시하는 조사. '也'는 '邪'의 뜻으로 의문을 나타내는 조사.

　騰躍(등약):날아오름.

　數仞(수인):얼마 안 되는 높이를 가리키고 있다. '仞'은 척도 단위인 '尋(심:여덟 자)'과 같은데 특히 높낮이를 재는 데 쓰인다. 1인은 7척(일설에는 8척). 1척은 22.5센티미터.

　蓬蒿(봉고):두 자 모두 '쑥'의 뜻.

　辯(변):'辨'의 차자. '구별ㆍ다름'의 뜻.

【補說】〈유무궁우화〉의 제2절이다. 제1절의 제3단에서 일전하여 다시 제1절의 1ㆍ2단에 제시된 흥미를 고조시키면서 결론에의 전환을 준비하고 있다.

　이 절의 이야기가 앞 단의 이야기와 중복되는 것에 관해, 唐의 成玄英은 '앞에 제해(齊諧)의 말을 인용하고, 여기에 탕ㆍ극(湯ㆍ棘)의 문답을 인용한 것은 이 이야기가 거짓이 아님을 간곡히 말하는 것이다.'라고 해설하고 있다. 일리가 있는 이야기이다. 성왕(聖王)으로 불린 탕임금까지 끌어들여 이 이야기를 사실로 꾸민 점에 기경(奇警)하고 풍부한 해학이 담겨져 있다. 그와 함께 앞 절에서 높아진 인간 문제에 관한 우의에의 관심이 이 이야기가 반복됨으로써 흐려지고 있다는 점을 간과해서는 안 된다. 그리고 주제가 흐려지면 흐려질수록 이어서 주제를 알고자 하는 기대는 높아지는 것이다. 이 절은 앞 절의 이야기를 집약하면서 그 위에 앞 절에서는 간략히 처리된 곤(鯤)에 관해 약간 상세히 서술하고, 또 붕(鵬)에 관해서는 그 핵심만을 기술하며 작은 동물의 이름을 바꾸어 요점을 중복시키는 등 독자에게 인상을 강하게 주려는 연구

가 집중되어 있다. 이러한 인상과 본 우화의 주제에 관한 독자의 기대
는 겨우 '此小大之辯也' 한 구에 주제가 요약되어 있는 데 천금의 무게
를 느끼게 된다. 또 이것이 다음 절에서 그 주제가 인간 문제로 급전함
을 부자연스럽지 않게 하고 있는 것이다. 독자의 마음을 사로잡는 서술
의 묘미가 실로 얄미울 정도다.

故夫知效一官, 行比一鄉, 德合一君, 而徵一國者, 其自視也,
亦若此矣. 而宋榮子猶然笑之. 且舉世而譽之, 而不加勸, 舉
世而非之, 而不加沮. 定乎內外之分, 辯乎榮辱之竟斯已矣.
彼其於世, 未數數然也. 雖然, 猶有未樹也.
夫列子御風而行. 泠然善也. 旬有五日而後反. 彼於致福者,
未數數然也. 此雖免乎行, 猶有所待者也. 若夫乘天地之正,
而御六氣之辯, 以遊無窮者, 彼且惡乎待哉.
故曰, "至人無己, 神人無功, 聖人無名."

그런데 세상에서 칭송받는 그 지(知)는 한 관직을 솜씨 좋게 다루고, 그
행(行:노력·힘씀)은 한 고을을 아무 사고 없이 다스리고, 그 인품은 한 군
주의 마음에 들어 한 나라에 자신의 치적을 드러낸 자가 스스로 자신이 훌
륭한 일을 하고 있다고 생각하는 따위도 저 매미나 뱁새의 생각과 다를 바
없다. 송영자(宋榮子)는 그러한 것을 비웃는다. 그는 세상 사람들이 칭찬
한다고 해서 더욱 힘쓰거나 하지 않고, 또 세상 사람들이 비방한다고 해서
낙담하여 그만두거나 하지 않는다. 그렇게 말할 수 있는 것은 그는 자신
이 해야 할 일과 해서는 안 될 일을 알고, 무엇이 참된 명예이고 무엇이 치

욕인지를 확실하게 구별할 줄 알기 때문이다. 그는 세상일에 안달하며 마음을 괴롭히지 않는다. 그렇지만 아직 독립의 경지를 확립하지는 못했다.

저 열자(列子)는 바람을 마음대로 부려 타고 다닌다. 뜬세상을 상쾌하게 떠나는 모습이 참으로 훌륭하다. 그리고 15일이 지나면 다시 돌아온다. 그는 뜬세상의 일뿐 아니라 행복을 주는 것에 대해서도 안달하며 괴로워하지 않는다. 그런데 이것은 세상 사람들이 마음 쓰고 애쓰는 것으로부터는 해방된 것이나 아직 독립하지 못하였기에 무언가에 의지하고 있는 것이다. 이에 대하여 저 천지의 정기(正氣)와 일체가 되어 자연의 변화를 조종하고, 무한한 자유의 경지에서 노니는 자가 되면 이미 달리 의지할 것이 없는 것이다.

그래서,

"지인(至人)은 무엇에도 집착하지 않으며, 신인(神人)은 위대한 실효(實效:功)를 지니고도 그것을 드러내지 않으며, 성인(聖人)은 그 자신은 물론 누구도 그를 부를 만한 이름(仁·義·善·美 따위의 평)을 가질 수 없다."
라고 하는 것이다.

【語義】 故夫……:여기의 '故'는 앞글을 받으면서 새롭게 문장을 일으킬 경우에 쓰는 말. 앞글의 이유를 밝히는 데만 쓰이는 것은 아니다. '夫'는 다음의 서술에 주된 뜻을 이어 주는 조사.

知效一官(지효일관):'效'는 밝게 하다. 나아가, 통달하다의 뜻. '官'은 관직.

行比一鄕(행비일향):'比'는 '庀(비)'의 차자. 다스리는 것. '鄕'에 대해선 여러 설이 있는데 국내의 한 지방을 가리킨다.

而徵一國(이징일국):'徵'은 '실효를 거두다·성취하다'의 뜻인데 여기서는 명성을 주로 하여 말하고 있다.

宋榮子(송영자):B.C. 360년경부터 B.C. 290년경까지 생존했던 인물. 이름은 견(鈃). 맹자보다 약간 선배로 무욕론(無欲論)·무저항 평화주의 등을 주장한 유명한 사상가. 잡편의 천하편(天下篇)에 그의 학설에 관한 소개와 비평이 실려 있다.

猶然(유연):사물에 얽매이지 않고 여유 있는 모습. 일설에, 마음이 넓은 모습, 스스로 만족하는 모습이라고도 함.

不加沮(불가저):'沮'는 낙담하는 것. '加'는 '점점 ~하다'의 뜻.

內外之分(내외지분):자신의 마음을 다스려 신념을 세우는 것과 명성·공리 등 마음을 괴롭히기만 할 뿐 자신의 힘으로는 해결할 수 없는 우연성 많은 세상일을 구별하는 것.

辯乎榮辱之竟(변호영욕지경):'辯'은 '辨(변:구별하다)'의 차자. '榮'은 영예. '辱'은 치욕. '竟'은 '境'의 뜻으로 경계·구분.

斯已矣(사이의):이 문구에만 국한되지 않는 뜻을 지닌 것으로 해석하는 사람이 많으나 이 말에는 비평의 말이 들어 있지 않다. 송영자에 대한 비평은 다음 구에 있다. 앞의 '則已矣'처럼 종결사이다. 보통 사람에게는 어려운 일들을 송영자가 잘 해내고 있다는 것을 강조하는 말이다.

數數然(삭삭연):급히 서두르는 것. '數'은 '促(촉)'의 뜻.

有未樹也(유미수야):'樹'는 '立'의 뜻. 독립·부동의 신념을 확립하는 것. '獨立'은 도가의 주요한 문제의 하나다. 유가에서는 후천적으로 도덕적 수업을 쌓아 독립적인 인격을 확립한다고 생각하는 데 반해 도가에서는 철저한 내적 성찰에 의한 정신적·절대적 독립을 생각한다.

列子(열자):춘추시대 말기의 사상가로 정(鄭)나라 사람이며 성은 列, 이름은 어구(禦寇). 허심(虛心)의 설을 주장하여 노자의 설을 발전시켰으며 ≪열자≫ 8권을 남겼다는 것이 통설이다. 본서에서도 다른 편에서는 실재 인물인 것처럼 취급되고 있다. 그러나 본디 농업에 영험을 지닌 여산(厲山:列山이라고도 하며 호북성 隨縣에 있음)의 산신으로 믿어졌는데, 그를 제사지내던 사람들에 의해서인지 아니면 장주 등에 의해서인지 그의 신화가 설화가 되면서 점차 실재인물화한 것으로 생각된다. 이 부분에는 열자 신화의 흔적이 남아 있다.

御風而行(어풍이행):'御'는 '馭(어:말을 달리게 함)'의 차자. 뜻하는 대로 조종한다는 뜻. 고대에 산신은 풍우(風雨)를 지배한다고 믿었다.

泠然善也(영연선야):전후의 문의(文意)로 추측하여 '泠然'을 경묘(輕妙)한 모습으로 해석하는 것은 옳지 않다. '泠'은 가볍다는 뜻이 아니다. 물이 맑은 것, 또는 '冷·麗·靈' 등과 동음인 것에서 생각하면 '영령(泠泠:상쾌한 모양)'과 같은 뜻으로 바람에 의지하여 기분 좋게 세속을 떠나는 모습을 가리키는 말이다. '善'은 여기서는 '美妙'의 뜻.

旬有五日而後反(순유오일이후반):'旬有五日'은 15일. 1旬은 십간(十干)이 일순(一巡)하는 기간. 고대의 기상학에서 1년 360일은 15일을 한 절기로 하여 입춘(立春)에서 대한(大寒)에 이르기까지 24절기가 순차적으로 추이(推移)하는 것이며 오풍십우(五風十雨:닷새에 한 차례의 바람, 열흘에 비 한 번)를 순조로운 기후라고 생각했다. '15일 만에 돌아온다.'라고 한 것은 산신이 한 절기마다 풍우를 일으켜 농경에 관계되는 중요한 기후를 옮겨 놓는 것을 의인화하여 바람을 마음대로 부리는 것에 비유한 것이다.

彼於致福者……:산신인 열자는 풍우·기후를 관장하여 농사뿐 아니라 기후에 의한 질병 등에 영향을 주나 자신은 그에 조금도 영향을 받지 않는다. 고대에는 산신이 유행병을 일으키기도 한다고 믿었다.

免乎行(면호행):여기의 '行'은 세속에서 사람들이 마음 쓰고 애쓰는 것을 가리킨다.

有所待(유소대):'所待'는 '바라는 바'를 가리킨다. '待'는 남에게 기댄다는 뜻. '有所待'의 우의는 자주 독립의 상태가 아니라는 뜻. 고대 신앙에서 산천의 신은 일기(一氣)의 근원인 상제(上帝:조물자) 다음가는 존재로 상제의 지시에 따라 여러 가지 신위(神威)를 행하는 자였다.

若夫(약부) :다른 것과 구별하여 특별히 강조할 때 쓰는 조사.

乘天地之正(승천지지정):'正'은 다음의 '辯(變)'에 짝하는 말. '天地之正'은 천지의 정기(正氣), 즉 만물 성립의 근원인 일기(一氣). '乘'은 다음의 '御(馭)'에 짝하는 말. 따라서 '乘天地之正'은 조물주와 일체가 되는 것을 뜻한다.

御六氣之辯(어육기지변):'六氣'는 陰·陽·風·雨·晦·冥을 가리킨다. '辯'은 '變'의 차자. '御'는 '조종하다·부리다'의 뜻.

遊無窮(유무궁):무한한 절대의 자유를 누리는 것을 가리킨다. '遊'의 의의에 관해서는 餘說 참조. '無窮'은 無限과 같은 뜻. 끝없이 광대한 세계.

故曰……:위에서 말한 설을 실천적인 교훈 세 가지로 묶어 정리한 것이다. 無己·無功이 無名에 이르는 순서라는 사실에 주의해야 한다.

至人(지인):지극한 덕[至德]을 지닌 사람. 즉 천성(天成)의 덕을 지닌 채 자연스러운 삶을 영위하는 사람이라는 뜻으로 도가에서 내세우는 이상인(理想人). 유가에서는 타인을 감화시키는 것과 같은 현실적인 영향력을 중시하여 士·君子·聖人을 이상적인 인격체로 든다. 반면 도가에서는 그 특질을 강조하는 경향이 강해 至人·神人·眞人·聖人 등 그 이름을 약간씩 달리하는데 이는 개인적인 완전인(完全人)을 중시하기 때문이다.

無己(무기):아집(我執)이 없는 것. 동기뿐 아니라 결과도 자신의 이익을 중심으로 생각하지 않는 것. 이것은 타인과 세속에 얽매이지 않음으로써 비롯된다.

神人無功(신인무공):‘神人’은 초월적인 위대한 작용을 하는 사람이란
뜻. ‘無功’은 위대한 ‘실효(實效:功)’를 지니고도 그것을 드러내지 않는 것.
聖人無名(성인무명):여기에서 ‘聖人’은 가장 완전한 인간을 뜻한다.
≪장자≫에서는 聖人을 유가에서 말하는 성인을 가리킴으로써 至人, 神
人보다 낮은 위치에 두는 경우도 있다. ‘無名’은 어디까지나 자연 그대로
를 지켜 善 · 美 · 仁 · 義 따위로 평가할 수 없는 것을 가리킨다.

【補說】 제3절이다. 〈유무궁우화〉를 그 주제로 돌아가 결론을 맺고 있는 것
으로 인간은 현실 사회뿐 아니라 이 세계까지도 초월하여 우주 창조의
근원과 일체가 되어 무한한 자유를 누려야 하며, 아울러 그러한 경지에
이르려면 無己 · 無功 · 無名이어야 한다고 논하고 있다. 주제에 대한 서
술은 다른 편에 비해 간단하지만 점차 현실 세계로부터 초월하는 방법
을 이야기하고 있다. 특히 ‘遊無窮’의 결어는 곤 · 붕의 장대함과 수미일
관(首尾一貫)하여 본 우화의 묘미를 극하고 있다. 無己 · 無功 · 無名의
실천적 교훈도 본 우화의 교의(敎義)를 잘 요약한 것이다.

【餘說】 〈유무궁우화〉 서술의 묘미와 ‘遊’의 의미

〈유무궁우화〉의 구성 · 표현 · 정취 등에 주목하여 이를 문학적 작품
으로 보더라도 ≪장자≫의 여러 우화 가운데 가장 뛰어난 것일 뿐 아
니라 고대의 여러 문학 작품 가운데서도 이에 견줄 만한 작품은 찾기
어려울 것이다. 이따금 본편은 중국 고대 문학의 최고 걸작인 굴원(屈
原:B.C.343년~B.C. 277년경)의 〈이소(離騷)〉에 비교된다. 〈이소〉도
본편과 같이 인간의 현실 세계를 초월하는 것을 그 주제로 한다. 〈이소〉
에 묘사된 신비한 세계는 유원(幽遠)하며 눈부시게 아름답다. 본편에

는 〈이소〉에서 볼 수 있는 현란함은 없지만 대신 웅대함과 장엄함이 있다. 또 〈이소〉는 현실 세계에서의 도피를 갈망하나 끝내는 그것을 이루지 못하는 인간의 감정을 서술하여 비극적이며 애절하나, 본편에는 그러한 비극성이 없고 기발·해학, 특히 자유 자재한 활달함이 있어 인간을 좁은 세계로부터 해방시킨다. 이 활달함은 본편이 본디 입에서 입으로 전해진 이야기였기 때문일 것이다. 듣는 이의 마음을 교묘하게 사로잡는 기복·완급 변화가 풍부한 필치, '南冥者, 天池也', '且夫水之積也……'와 같은 설명어의 삽입, '扶搖', '天關' 같은 완언 사용 등은 이 이야기를 듣고 흥이 고조된 사람들에게 이야기하는 형식을 취하여 본 우화가 꾸며졌음을 말해 준다.

춘추시대 초(楚)나라 장왕(莊王:B.C. 613년~B.C. 591년 재위)은 즉위하자 3년 동안 정사를 돌보지 않고 오직 환락에만 빠졌다. 신하 성공(成公)이 장왕의 뜻을 헤아려 보고자 '丘에 3년 동안 날지도 않고 울지도 않는 새가 있는데 무슨 새인지 아시는지요?'라고 묻자, 장왕은 '3년 동안 날지 않은 것은 한번 날아올라 하늘 끝까지 닿고, 3년 동안 울지 않은 것은 한번 울어 사람들을 놀라게 해 주려는 것이다.'라고 답했다. 과연 그 후 얼마 안 되어 장왕은 패업(覇業)을 이루었다 한다. 또, 맹자가 활약하던 시대에 순우곤(淳于髡)이란 사람이 있었는데 그는 박학한 데다 변설에 능해 군주의 마음을 간파하여 풍간(諷諫)하길 잘 했는데 한번 입을 열면 3일 밤낮을 쉬지 않고 계속했다 한다. 이처럼 장주가 활약하던 때에는 화술 훈련의 전통과 비유·우언을 구사하는 사회적 풍토가 조성되어 있었다. 본편은 그러한 사회적 분위기를 보여 주는 전형적인 작품이다.

그러나 본편에 담긴 고도의 통일성과 깊은 사상은 당시의 전통과 사회적 환경의 영향만으로 갖춰질 수 없음은 말할 필요도 없을 것이다.

이는 전적으로 장주의 천재적 재능에 기인한다. 또 이 우화가 서민을 상대로 하는 것인지는 확실하지 않지만 최소한 왕공(王公)을 상대로 하고 있지 않음은 분명하며 널리 사람들에게 이야기하는 것으로 되어 있다. 우선 이 우화가 지닌 묘미를 즐기고 '遊無窮'의 경지로 마음을 내닫게 하고 싶다.

이 우화의 모든 흥미를 이루는 근본이 우주 창조의 근원과 일체가 되어 무한한 자유의 경지에서 노닌다는 사상에 있음은 재론의 여지가 없다. 그렇다면 '遊無窮'이란 구체적으로 무엇을 말하는 것일까? '遊'의 의미로부터 밝혀 가지 않으면 안 될 것이다. ≪장자≫에는 '遊'의 깊은 뜻과 얕은 뜻, 넓은 효용과 좁은 효용이 이야기되어 있는데 간단하게 말하면 '遊'는 '노닐다', 즉 글자 뜻 그대로 아무런 공리(功利)도 생각하지 않고 자연스럽게 즐거워하는 것을 그 기본 뜻으로 한다. 좀 더 분석하여 말하면 예로써 아이가 꿈속에서 놀 경우, 자신이 잠들어 있는 장소의 좋고 · 나쁨이나 현실의 시간 등에 쫓기는 일 없이, 또 잠들어 있는 자기 옆에 누가 있든 그런 것에 구애됨 없이 꿈속에서 노는 일에 열중하며 자신이 꿈속에 있다는 것조차 의식하지 못하는 것처럼 몰아(沒我) · 무심(無心) · 자연스러움을 극한 자유이다. 이처럼 '遊'는 의식적으로 획득하려고 하여 얻을 수 있는 게 아니다. 하물며 그것을 속세에서 인식하는 향락쯤으로 생각하려는 것은 어불성설이다. '遊'는 도가에서 주장하는 바로 '無爲而無不爲(인위적인 것을 가하지 않고도 하지 못하는 것이 없음)'의 생생한 모습이다. 이 '遊'에 인생의 참된 모습이 있음을 통찰한 사람이 바로 장주다. 또 이 '遊' 사상은 도가의 가장 특색 있는 주장 가운데 하나다.

이 주장은 유가에서 주장하는 인생 태도와는 전적으로 대립한다. 유가에서는 맹자가 '古之人, 所以大過人者, 無他焉. 善推其所爲而已矣(옛날의 성인이 남보다 크게 뛰어난 까닭은 다름이 아니라 자기가 사랑하는 가까운 사람을 사랑하듯 그 사랑을 널리 넓혀 남들도 사랑했기 때문이다.)'(양혜왕편)라고 하고, 순자가 '人之性惡, 其善者僞也(인간이 태어나면서부터 지니고 있는 본성은 악하나, 인간이 선한 것은 악한 성품이 후천적으로 교정을 받기 때문이다.)'(성악편)라고 한 것처럼 인간의 의식적 · 후천적 행위, 즉 '有爲'에 의해 인간의 모든 가치가 축적된다고 주장한다.

《논어》에 '志於道, 據於德, 依於仁, 游於藝(도를 추구하고, 덕을 실행하기에 힘쓰고, 인에서 벗어나지 않으며, 예를 즐긴다.)'(술이편)라고 한 것처럼 유가에서도 '遊'를 말하지 않은 것은 아니나 그것은 어디까지나 의식적인 행위의 수련 다음에 있는, 또는 일정한 범위 내지 목적을 지닌 것이었다. '無爲'와 '有爲'는 전적으로 대립한다. 《장자》에서도 이렇게 설명하고 있는 곳이 없는 것은 아니나 실은 유가의 '有爲'를 부정하고 제거시킨다 하더라도 그것만으로는 도가에서 추구하는 '無爲의 遊'를 이루었다 할 수는 없을 것이다.

그러면 어떻게 해야 '遊'를 성취할 수 있을까? 이에 관해서는 이 우화의 결어(結語)가 그 요령을 잘 보여 주고 있으므로 지금부터 그것들을 중점적으로 해설하겠다. 우선 '至人無己', 즉 자신을 부정하여 망각하는 것이 '遊'에의 제일보라 말하고 있다. 공자가 노자에게 가르침을 청했을 때 노자가 '그대의 기상과 왕성한 야심, 그리고 거드름과 허세를 버려라! 가르쳐 줄 것은 이것뿐이다.'라고 대답했다는 전설이 있다. 사실이라고는 생각할 수 없고, 또 이것만큼 극단적인 것은 없는데 자신을 긍정하느냐 부정하느냐가 유가와 도가를 양극으로 나누는 것임엔 틀림없다.

'修己治人(자신의 몸을 닦고 세상을 다스림)'이라 말하듯이, '有爲'를 주장하는 유가에서는 자신의 주체성을 근본으로 삼는다. 도가에서도 실은 주체성을 생각하지 않는 것은 아니며 또 주체성이 없는 사상도 아닌데 주체성을 의식에서 완전히 배제해야 한다고 역설 강조한다. 인간은 누구나 주체적으로 생존하는데 그것을 직접 구하려 하면 오히려 주체성을 잃게 되는 것이 인간 세상의 기묘한 현실이다. 인간은 자신의 주체적인 생존 방법으로서 관식(官式)과 사회적 지위를 선택하는데 주체적인 생존 방법을 인생의 큰일로 고수하려고 그에 몰입하면 결국 그 일에 끌려다니게 되어 자기상실자(自己喪失者)가 된다.

그런 다음에는 자신과 타인 및 사회와의 관계를 여러 가지로 생각하여 이른바 '내외·영욕'을 변별하고, 사혹(思惑)·허위·교만·공명(空名) 그밖에 사회적 관계에서 야기되는 번뇌를 벗어 던져 주체성을 유지하는 자신의 참된 생존 방법을 확립해야 한다. 그런데 그 생존 방법이 송영자의 예에서 본 것처럼 소극적인 것이라 하더라도 아직 사회로부터 구속을 받고 있음에는 변화가 없다. 그러므로 '無己', 즉 자신의 주체성을 구하려는 것을 포기하라고 말한다. 그것은 동시에, 인간 각자가 살고 있는 작은 사회의 속된 구속에서 벗어나는 것이며 '遊'를 성취하는 두 번째 관문인 '神人無功'에 이르는 길이다.

속된 사회로부터 탈출한다는 것은 현실 사회에서 은퇴한다거나 결국에는 같은 일을 반복하는 다른 사회로의 옮김을 뜻하는 것이 아니다. 그런 점에서 '無功'이라 말한 것은 참으로 함축하는 뜻이 깊다. '無功'은 전혀 공이 없다는 것이 아니라 《노자》에서 道의 작용에 관해 '功成不名有(공을 이루고 일을 이루어도 거기에 그것을 이룬 자의 이름은 붙여지지 않는다.)'라고 한 것처럼 공을 이루는 작용은 지녔으나 어디까지나 자연스런 작용이어서 성패의 평가를 내릴 수 없는 것이다. 즉 사회 속에 있더라도 그것은 현실 사회를 초월하여 자연에 따르는 것으로 사회의 영향에 의한 것이라고도, 자기의 공적이라고도 자랑할 수 없는 것이다. 그렇게 되면 그것은 열자의 예화에 의하면 추상적이고 난해하지만, 먼저 자타를 구속하는 작은 사회에서 초월하여 전 세계의 위에서 그 추이를 달관하고, 다음으로 그 추이의 시공(時空)에 걸친 자연스러움을 통찰하고 그 자연스러움에 따르는 것이라고 해석된다. 이 달관·통찰의 경지에 이르러 초인적 명지(明知)를 갖추는 사람이 이른바 신인(神人)일 것이다.

신인은 현실 사회로부터 해방되어 화복·성패에 웃고 울지 않고 유유하게 자유를 누린다. 그런데 이 우화에서는 그것만으로는 충분하지 못하여, 붕새가 천공에서 아무런 방해도 받지 않고 비행하는 것처럼 우주를 초월한다고 이야기하고 있다. 세계는 인간에게 이미 정해진, 부여받은 곳이어서 역사와 구질서 이론의 구속이 있기 때문이리라. 우주를 초월하는 것에 그치지 않고 그 창조의 근원과 일체가 되어 그 자연의 전개와 함께 유전(流轉)해야 한다는 것이다. 이승의 인간이 전일적(全一的)인 근원과 문자 그대로 일체가 된다는 것은 불가능한 일이나 인간은 끊임없는 자신의 경험을 토대로 시공(時空)조차도 없는 곳에서 단지 하나의 생명으로서 탄생되고 또 그것이 자연스럽게 전개되는 것을 사변할 수 있어야 한다. 오직 하나의 생명으로서 자연에 충실할 것을 가르치고 있다. 그리고 그 생명의 충실함이 끝없이 자연스럽게 전개되고 그것이 현실의 경험과 일치하면 그것은 자신의 것이라고도, 남으로부터 부림을 받는 것이라고도 규정할 수 없고 선악의 평가도 필요로 하지 않는다. 그 자체가 유일의 전개이다. 이것이 '遊'를 성취하는 세 번째 관문인 '聖人無名'이며 몰아·무심·자연스런 생명의 약동만이 있는 '遊無窮'일 것이다.

요컨대 이 우화는 자신과 세계를 초월하는 것에 의해 '遊'라는 인생의 광대하고 심각한 분야가 존재함을 보여 주고 있다. ≪장자≫에서 이야기하는 '遊'에는 이밖에도 인생의 조화 · 창조 그밖에 흥미 있는 의의가 포함되어 있지만 그것들은 앞서의 해설보다는 이제부터 나오는 원문에서 완색(玩索)하지 않으면 안 될 것이다.

제2장 요·허유문답:명실우화(堯·許由問答:名實寓話)

堯讓天下於許由曰, "日月出矣, 而爝火不息, 其於光也, 不亦
難乎. 時雨降矣, 而猶浸灌, 其於澤也, 不亦勞乎. 夫子立而
天下治, 而我猶尸之, 吾自視缺然, 請致天下."
許由曰, "子治天下, 天下既已治也. 而我猶代子, 吾將爲名
乎. 名者實之賓也. 吾將爲賓乎. 鷦鷯巢於深林, 不過一枝.
偃鼠飮河, 不過滿腹, 歸休乎君. 子無所用天下爲. 庖人雖不
治庖. 尸祝不越樽俎而代之矣."

요(堯)임금이 허유(許由)에게 천하를 양보하고자,

"해와 달이 솟아 밝게 비치는데도 횃불을 쉬지 않고 피우는 것은 헛된 노
력이 될 뿐입니다. 때맞추어 비가 내렸는데도 굳이 물을 끌어다 논밭에 물
을 대려는 것도 헛수고에 지나지 않을 것입니다. 선생께서 천자가 되시면
천하가 더 잘 다스려질 텐데 아직도 제가 천하를 다스리고 있습니다. 제가
보건대 이는 바람직하지 못합니다. 부디 천하를 맡아 주십시오."

라고 말했다.

이 말을 듣고 허유가 말했다.

"그대가 천하를 다스리니 천하가 이미 잘 다스려지고 있소. 그런데도 내
가 그대를 대신하여 천자가 되어 단지 천자라는 이름만을 지켜야 한단 말
이오? 이름이란 실질인 주인을 따르는 손님에 지나지 않소. 내가 그 손님
이 되어야 한단 말이요? 뱁새가 깊은 숲에 둥지를 틀어도 나뭇가지 하나면
충분하오. 두더지가 큰 강물을 마시지만 작은 배를 채우는 데 지나지 않소.

(이처럼 나도 나 자신의 자연스런 삶에 만족하고 있소.) 천자라는 이름은 다시 그대에게 돌려 드리겠소. 천하는 내게 아무 소용도 없소. 요리사가 비록 요리를 잘하지 못한다 해도 시(尸)나 축(祝)이 술 단지와 고기 담는 그릇을 넘어 그를 대신할 수는 없는 법이오."

【語義】 堯(요):유가에서 받드는 중국 최고(最古)의 성천자(聖天子). ≪상서(尙書)≫ 요전편(堯典篇)에 의하면 태양의 운행을 관찰하여 처음으로 역(曆)을 정하였으며 중국의 정치를 열어 관직을 설치하고 72년 동안 세상을 다스린 다음, 효행이 뛰어난 순(舜)에게 천자의 자리를 물려 주었다고 한다.

許由(허유):세상으로부터 칭송받는 것을 싫어한 현자의 한 사람. 餘說 참조.

爝火(작화):본디는 횃불의 뜻. 그런데 여기서 '爝'은 동사로 쓰이고 있다.

浸灌(침관):전답의 작물에 물을 주기 위해 인력으로 물을 대는 것.

尸(시):'司(사:담당하다, 지배하다)'의 차자.

缺然(결연):부족함이 있는 것. 여기서는 부족함을 느낀다는 뜻.

吾將爲名乎(오장위명호):나는 이름만을 지키게 됨. 반어적인 표현이다.

名者實之賓也(명자실지빈야):이름이란 실질의 손님임. '名'은 물(物) 또는 사(事)의 외면에 나타나는 것으로 붙인 이름. 그런데 통상 物 또는 事의 시비·귀천 등의 평가를 수반한다. '實'은 物 또는 事의 내면에 있는 실체·실질·실정·실적. 우리는 일반적으로 名과 實은 일치하는 것으로 생각하나 엄밀히 생각하면 '무엇을 眞實로 삼느냐, 어떻게 바른 名을 성립시킬까?'는 物事를 인식하는 데 있어서 어려운 문제다. 중국 고대에는 '實을 어떻게 인식할 수 있을까, 實과 名을 일치시킬 수 있을까?' 하는 것이 중요한 사상상의 문제가 되어 그것을 전문적으로 문제 삼는 명가(名家)가 출현했다. 또 도가에서는 名을 허망한 것으로 여기고 그 實을 추구하고자 한다. 이 명제도 그것과 관계있다. '賓'은 '客'과 같다. 빈객(賓客)은 주인이 있어야 비로소 존재할 수 있다. 여기서 '主人'이란 천하를 다스린 실적(實績)을 말한다.

鷦鷯(초료):뱁새. 여기에 초료·언서(鷦鷯·偃鼠) 등 작은 동물을 든 것은 천자의 존엄과 대조시키면서 작은 동물들에게도 나름대로 만족스럽게 생각하는 것이 있다는 야유 섞인 우의를 나타낸다.

不過一枝(불과일지):한 나뭇가지에 지나지 않음. '一枝'는 '深林'의 큼에 비교하여 매우 작은 것에 만족하는 것을 나타낸 뛰어난 표현이다.

不過滿腹(불과만복):'鷦鷯巢於深林' 이하의 대구(對句)는 앞의 '日月出矣' 이하의 대구와 같은 수법으로 말하는 사람의 志를 나타내려는 은유이므로 이 한 구 다음에는 志를 말하는 한 구가 있어야 한다. 여기서는 그것을 일부러 생략하여 언외의 의미를 지니게 한 다음 비약하여 '歸休乎君' 이하의 요임금에게 대답하는 말이 나온다.

歸休乎君(귀휴호군):'그대는 돌아가 쉬시오.'라는 해석은 적당하지 않다. 여기의 '休'는 위의 '名'을 이어받고 있으므로 '休名', 즉 '천자라 불리는 큰 명예'라는 뜻으로 해석해야 한다. '歸'는 돌려보낸다는 뜻.

庖人(포인):요리사. '庖'는 부엌.

尸祝(시축):'尸'는 신주(神主). 중국 고대의 풍습에서는 제례, 특히 조상의 제례에는 특정한 사람을 神(祖先)의 자리에 앉게 하고 제사지내는 사람들은 신을 받드는 것처럼 그에게 술·고기·곡물 등 많은 것을 올려 그를 통해 신의 은총을 받고, 또 그와 함께 음식을 먹고 신복(神福)을 빌었다. 이 사람을 '尸'라 했다. '祝'은 제주(祭主)와 尸를 중개하며 특히 제주의 성의를 尸에게 전달하는 사람.

　樽俎(준조):술통과 고기를 담는 그릇. 둘 다 제기(祭器)이다.

【補說】〈명실우화〉에서는 세속 사람들이 가장 존귀하고 성대한 것으로 여기는 천자의 자리를 허유가 허명(虛名)이라 하여 사양하고, 자신이 지키는 바를 지켜야겠다고 설하고 있다. 그가 지키는 바란 뱁새·두더지의 예에서 생각하면 유유하고 큰 자연스러움 속에 있는 것으로 자족하는 본래의 생활을 보존하는 것이리라. 이것은 ≪노자≫에 '名與身孰親. 身與貨孰多. 得與亡孰病(명예와 몸 중 어느 것이 내게 가까운가? 몸과 재물 중 어느 것이 더 중요한가? 얻고 잃음 중 어느 것이 더 큰 병인가?)'(통행본 44장), 또 '聖人之治也, 虛其心, 實其腹, 弱其志, 强其骨. 恒使民無欲也(성인의 다스림은 마음을 비게 해 주고 배를 채워 주며 뜻을 약하게 해 주고 뼈를 강하게 해 준다. 항상 백성으로 하여금 욕심이 없게 한다)'(통행본 3장)라고 하는 주장과 흡사하다. ≪장자≫에서의 이러한 주장은 응제왕편(應帝王篇) 이하에 현저하게 많다. ≪장자≫의 편자가 이 우화를 여기에 넣은 것은 우선 천자의 자리를 사양하는 것이 일관일국(一官一國)으로부터 초월하는 것이며 나아가 '지인무기(至人無己)'의 행위라고 해석했기 때문일 것이다.

【餘說】 허유(許由)에 관하여

　고대부터 중국에서는 영달을 구하지 않고 속세로부터 떠나 심신의 결백을 보존하는 은자(隱者)가 추앙받았다. 유가의 맹자는 주(周) 무왕(武王)의 무력 혁명을 간했으나 받아들여지지 않자 수양산(首陽山)에 숨었다고 하는 백이(伯夷)·숙제(叔齊)를 청렴결백한 성인이라 칭찬했다.

이 우화에 나오는 허유는 요임금 시대의 은자여서 백이·숙제보다도 훨씬 오래전의, 중국 최고(最古)의 은자인 셈이다. 단 ≪장자≫ 중 천지편(天地篇)에서는 허유보다 앞선 은자로서 피의·왕예(被衣·王倪)를 들고 있고, 양왕편(讓王篇)에서는 석호지농·선권(石戶之農·善卷)을 들고 있다. 그곳의 우화와 비교하면 이 우화 쪽이 허유 전설의 원형에 가깝다고 생각된다.

허유가 과연 실존 인물이었을까? 요임금 시대에도 은자가 있었을까? 혹시 허유는 장주가 만들어 낸 가공의 인물은 아닐까? 가공의 인물이라면 무엇을 바탕으로 하여 이루어졌을까? 이러한 것은 이 우화의 본지(本旨)와 꼭 관계있는 것은 아니다. 이 우화의 본지는 한 사람은 빛나는 명성을 지닌 성천자(聖天子)이고 다른 한 사람은 은자인데 은자가 허명(虛名)을 버리고 자신이 만족하게 여기는 자연스런 삶인 '실(實)'을 선택했다는 데 있다. 그러면 이 우화가 만들어진 유래를 살펴보도록 하자.

여러 학자들이 고찰한 바에 따르면 허유는 허요·구요(許繇·咎繇) 등으로도 쓰며 그 고음(古音)은 '고요(皐陶)'와 같다. 고요는 태고의 명철한 사람으로 ≪상서(尙書)≫에서는 순(舜)임금을 도와 처음으로 형법은 제정한 자라고 했다. 다른 전설에서는 형법을 제정한 자가 백이(伯夷)이며 그는 강성족(姜姓族)의 조신(祖神:신으로서 모시는 선조)이고 또 산악신(山岳神)이라 하는데 그 백이도 결국 허유와 동일 인물임에 틀림없으리라 생각된다. 따라서 중국의 대부족이었던 강성족은 본디 목축을 주업으로 삼고 어떤 산악신을 신봉했는데 그 신이 태악·백이·허유·고요(太岳·伯夷·許由·皐陶) 등의 이름으로 여러 가지 이질적인 성격을 지닌 존재로 분화되었으리라 추정된다.

진대(晉代)에 편집된 전설집인 ≪고사전(高士傳)≫에는 다음과 같은 기록이 있다.

"허유의 자는 무중(武仲)이며 양성(陽城:하남성 登封縣) 괴리(塊里) 사람으로 품행이 단정했다. 패택(沛澤)에 은거했다. 요임금이 그에게 양위하려 했는데 거절하고 기산(箕山) 아래, 영수(穎水)의 북안(北岸) 땅으로 옮겨가 농사를 지었다. 그 후 요임금이 다시 그를 부르자 그 말로 자신의 귀가 더러워졌다고 생각하여 영수에서 귀를 씻었다. 가끔 소를 끌고 그곳을 지나던 소보(巢父)는 그런 물을 소에게 먹일 수 없다고 하여 영수의 상류로 소를 끌고 갔다. 허유는 죽어 기산에 장사지내졌다. 요임금은 그를 기산공신(箕山公神)이라 명명하고 중국의 5대 명산(名山)과 함께 제사지냈다. 요임금 시대 후에도 그에 대한 숭배는 그치지 않았다."

허유는 전국시대에는 은자로서 전해 내려왔고, 그것을 정리한 ≪고사전≫도 한결같이 실재 인물로 취급했다. 그럼에도 ≪고사전≫에조차 아직 허유가 산악신이었음을 보여 주는 흔적이 남아 있는 것이다. 기산은 상고 때부터 신성시되던 다섯 산의 중심인 중악(中岳:崇山) 가운데 한 산으로 이 지역에는 많은 신화와 전설이 퍼져 있었다. 앞의 ≪고사전≫에, 허유가 기산공신으로서 오악(五岳)과 함께 제사지내졌다는 것은 그가 실제로 영수의 유역에서 기산신(箕山神)으로 제사지내졌든지, 또는 그 유역에 전파되어 기산신이 되었든지 어느 하나를 가리키는 것으로 허유가 산악신이었던 사실을 암시한다.

요임금과 허유가 결부된 것도 허유가 산악신이었음을 방증한다. 요임금은 중국의 문명을 최초로 연 성왕으로 칭송받는데 그 원형은 태양신이었으리라고 생각된다. 옛날 사람들이 계절의 추이, 시각의 판단 등에 사용했던 가장 소박한 방법은 산에 올라 태양을 관찰하거나 산에 걸리는 태양의 위치나 시각 등에 의한 것이었으므로 태고에는 태양신과 산악신의 숭배는 서로 밀접한 관계를 갖고 전개되었다. ≪상서≫에 요임금이 정무를 시작함에 있어 사방의 산곡(山谷)에 여러 관장(官長)을 두고 태양의 운행을 정확하게 측정하여 역(曆)을 정했다고 되어 있다. 사방의 장관은 '사악(四岳)'이라고도 불린 대관(大官)으로 요임금의 정치 고문이기도 했다. 이것은 고대의 태양신과 산악신에 대한 숭배 신화가 정무 개시의 전설로 바뀐 것으로 생각된다. ≪상서≫가 태양신인 요임금과 산악신에 준하는 '사악(四岳)'의 직접적 관계를 기조로 하고 있는 데 비해 이 〈명실우화〉는 태양신인 요임금과 산악신인 허유를 필연적 관계에 두고 그것을 기조로 하여 전자를 성천자, 후자를 산속의 은자로 묘사하고 있다.

요컨대 상고에는 태양신과 산악신의 관계를 주제로 한 여러 종류의 신화가 있어 ≪상서≫에 실린 제요전설(帝堯傳說) 및 본 〈명실우화〉의 기조가 되고, 또 그 신령이 의인화되어 제요·백이·고요·허유(帝堯·伯夷·皋陶·許由) 등으로 분화되어 전개되었다. ≪장자≫에 나오는 우화가 완전히 가공의 창작물만은 아니며 근거로 삼는 것이 있어 사람들의 연상을 충분히 이용하였다고 생각할 수 있다. 이 우화는 신화 그대로의 것은 아니며 그렇다고 ≪장자≫에서 처음으로 신화를 우화로 전화시켰다고도 할 수 없다. 대체로 이 신화가 의인화된 설화로 전개될 무렵에 ≪장자≫가 허유를 은자로 만들었으리라 생각된다. 그렇다 해도 이 우화는 '일월(日月)', '작화(爝火)', '심림(深林)', '준조(樽俎)' 등의 용어에 그 원형이라 할 수 있는 신화의 흔적을 고스란히 남기고 있다. ≪장자≫에는 이러한 류의 신화·전설 등에서 소재를 모은 것이 본편 외에도 상당수가 있다.

제3장 막고야산신인:무위우화(藐姑射山神人:無爲寓話)

肩吾問於連叔曰, "吾聞言於接輿, 大而無當, 往而不反. 吾驚怖其言猶河漢而無極也. 大有逕庭不近人情焉."

連叔曰, "其言謂何哉."

曰, "藐姑射之山, 有神人居焉. 肌膚若冰雪, 淖約若處子. 不食五穀, 吸風飮露, 乘雲氣, 御飛龍, 而遊乎四海之外. 其神凝, 使物不疵癘, 而年穀熟.' 吾以是狂而不信也."

連叔曰, "然. 瞽者無以與乎文章之觀, 聾者無以與乎鐘鼓之聲. 豈唯形骸有聾盲哉. 夫知亦有之. 是其言也, 猶時女也. 之人也, 之德也, 將旁礴萬物以爲一. 世蘄乎亂, 孰弊弊焉以天下爲事. 之人也, 物莫之傷. 大浸稽天而不溺, 大早金石流, 土山焦而不熱. 是其塵垢粃穅, 將猶陶鑄堯舜者也. 孰肯以物爲事."

견오가 연숙에게 물었다.

"내가 접여에게 이야기를 들었는데 그 이야기는 크고 끝이 없어 앞으로 나아가기만 하고 돌아올 줄을 몰랐소. 나는 그의 이야기가 은하수처럼 끝이 없었기 때문에 놀랐고 두려움마저 느꼈소. 너무나 상식 밖의 이야기여서 이 인간 세상 일이라고 생각할 수 없는데……."

연숙이 말했다.

"그 이야기가 어떤 것인가?"

견오가 말했다.

"그 이야기는 '막고야산에 신인(神人)이 있다. 그 신인은 살갗이 얼음과 눈처럼 희고, 부드럽기는 처녀의 피부 같다. 인간이 먹는 오곡을 먹지 않으며 바람을 들이마시고 이슬을 마신다. 구름을 타고, 하늘을 나는 용을 몰아 마음껏 사해(四海) 밖까지 가서 노닌다. 그 신기(神氣)가 집중되면 만물이 병드는 일 없이 자라며 해마다 곡식이 잘 익는다'는 것이었소. 나는 그 이야기가 어이없어 믿을 수가 없소."

그 말을 듣고 연숙이 말했다.

"그렇게 생각하는 것도 무리는 아니네. 소경은 아름다운 무늬를 보지 못하고, 귀머거리는 종이나 북 소리를 듣지 못하네. 그런데 어찌 육체에 있어서만 귀머거리와 소경이 있겠는가. 무릇 지혜에 있어서도 소경이나 귀머거리가 있는 것이네. 이 말은 바로 자네와 같은 사람을 두고 하는 말이지. 그 사람, 그 신인의 덕(德)은 모든 물(物)에 널리 퍼져 오직 하나의 큰 근본에서 움직이네. 그러므로 세상 사람들이 물사(物事)가 편안하게 다스려지길 원해 안달하고 애쓴다 한들 이 사람이 왜 심신만 피곤하게 하는 천하를 다스리는 고달픈 일 따위를 하겠는가. 이 사람에게는 어떠한 것도 피해를 입힐 수가 없네. 물이 하늘에 닿는 큰 홍수가 나도 이 사람은 빠지지 않고 큰 가뭄이 들어 쇠와 돌이 녹아 흐르고 흙과 산이 다 타도 이 사람만은 타지 않네. 이 사람은 자신이 가진 먼지나 때 정도의 기(氣)로도 세상에서 성인이라 우러르는 요·순 따위를 만들 수 있네. 그런 사람이 자네가 생각하는 것처럼 세상일에 이것저것 애쓰려 하겠는가?"

【語義】 肩吾(견오):현인의 한 사람으로 해석하는 게 통설이며 일설에는 신(神)의 이름이라 하는데 산 위에 있는 신의 이름이다.

連叔(연숙):통설로는 앞의 '肩吾'처럼 道에 마음을 의탁한 사람으로 해석하고 있으나 구릉(丘陵)에 있는 신의 이름으로 해석해야 한다.

接與(접여):통설로는 뒤의 인간세편(人間世篇)에 나오는 '초광접여(楚狂接與)'와 동일 인물로 보고 있으나 두 사람은 별개의 인물이다. 여기의 접여는 산 밑 소택(沼澤)에 있는 신으로 해석해야 한다.

無當(무당):끝이 없는 것. '當'은 맞부딪치다·길이 막히다.

驚怖(경포):깜짝 놀라 두려워하게 됨.

河漢(하한):은하(銀河).

逕庭(경정):'徑廷'으로도 쓴다. '괴(乖:어그러지다. 맞지 아니하다)'의 첩운(疊韻: 같은 韻의 글자가 중복된 것) 완언으로 멀리 동떨어진 것을 뜻한다. 일설에, 문밖의 길을 뜻하는 徑(逕)과 庭의 뜻인 廷이 합쳐진 것이므로 떨어져 있다는 뜻을 나타내며 또 지나치게 도(度)에서 벗어난 것을 가리킨다고 했는데 적당하지 않다.

人情(인정):속세의 상식적인 일.

謂何(위하):'어떻게 말하던가?' 정도의 뜻.

藐姑射之山(막고야지산):신령스런 산 이름. 옛날에는 '藐'을 '邈(막:멀다·아득하다)'의 차자로 썼으므로 아득하게 먼 고야산(姑射山)이란 뜻인데, 언제부터인지 '막고야(藐姑射)'를 하나의 산 이름으로 쓰게 되었다.

有神人居焉(유신인거언):'有'는 항시 있는 것은 아니고 때때로 있는 사실을 말한다. '神人'에 대해선 〈유무궁우화〉의 제3절의 語義 참조. 단 여기에서는 인간의 모습을 갖추고 있으며 아래 글에 의하면 일원(一元)의 기(氣)이며 또 기를 주관하여 만물에 생명과 형체를 부여한다.

肌膚(기부):살갗, 피부.

淖約(작약):'綽約'으로도 쓴다. '弱'의 첩운 완언이며 나긋나긋하고 부드러운 모양을 가리킨다. 영원한 생명력을 지니고 있는 모습이다.

處子(처자):처녀. 혼기에 이른 여자. 만물에 생육의 기를 주므로 여성신으로 표현한 것이리라.

不食五穀(불식오곡):신인(神人)은 기를 주관하므로 기에 의해 생겨나는 서(黍:기장)·직(稷:메기장. 일설에는 稷 대신 米)·마(麻:참깨)·숙(菽:콩)·맥(麥:보리)의 오곡을 먹지 않는다. 또 이에 의해 초월적 영성(靈性)을 나타낸다. 중국 고대의 양생술과 중세의 도교 등에서 벽곡(辟穀:곡물을 먹지 않음)을 주장한 것은 이러한 '신인벽곡(神人辟穀)' 사상에서 나온 것이다.

飛龍(비룡):'龍'은 중국 태고 때부터 가장 신성시되었던 동물. 뿔·갈기·날카로운 발톱을 지닌 거대한 뱀의 모습으로 표상되었다. 인간 세상의 시비 선악(是非善惡)을 모두 꿰뚫어보며 구름을 불러 하늘을 날고, 때를 얻어 비를 내리게 하며 깊은 못에 잠겨 한발을 일으킨다고 믿어졌다.

其神凝(기신응):여기의 '神'은 신기·정기(神氣·精氣)를 말한다. '凝'은 응집하다. 즉 한곳에 머물러 物을 생육되게 하는 것을 말한다. 고대에는 모든 物이 동질의 극히 작은 소인(素因)인 氣에 의해 생명과 형체가 이루어지며 그것이 흩어지면 사멸한다고 생각했다. 단, 그 氣가 정묘(精妙)하게 보존되지 않으면 본래의 영묘한 작용을 하지 못한다고 생각했다. ≪중용(中庸)≫에 '鬼神之爲德, 其盛矣乎. 視之而弗見, 聽之而弗聞, 體物而不可遺(귀신의 性情과 功効는 위대하다. 보려 해도 보이지 않고 들으려 해도 들리지 않지만 物의 본체가 되어 한 物도 버려두는 법이 없다.)'라 한 것도 氣에 관해 말한 것이다.

疵癘(자려):상처를 입거나 나쁜 병에 걸리는 것.

狂(광):'誑(광:속이다, 기만하다)'의 차자.

然(연):그렇게 생각하는 것도 무리가 아니라고 긍정하는 말.

文章之觀(문장지관):채색, 무늬의 아름다움. '文'은 무늬, '章'은 채색,

'觀'은 무늬 · 회화 등의 관상물(觀賞物).

猶時女(유시여):'時'는 '是 · 之'와 같으며 여기서는 '女(그대, 자네)'를 강하게 가리키는 조사.

之人也之德也(지인야지덕야):'人'과 '德'은 동격. '之人德也'를 강조하기 위해 두 말로 나누어 표현한 것이다. '德'은 그 본래의 작용을 말한다.

旁礴(방박):旁魄 · 旁薄 · 磅礴 등으로도 쓴다. '溥(부:두루 미치다)' 또는 '博(박:넓다)'을 겹친 말의 완언으로 널리 넓혀 덮는다는 뜻. 일설에 '혼동'의 뜻으로 해석한 게 있는데 적당하지 않다.

以爲一(이위일):한 物로 만든다는 뜻이 아니라 만물을 동일한 근본에서 움직이게 한다는 뜻으로 해석해야 한다.

世蘄乎亂(세기호란):'蘄(기:풀 이름)'는 '祈(기:원하여 바람)'의 차자, '亂'은 '臠(다스리다)'의 차자.

孰弊弊焉(숙폐폐언):여기의 '孰'은 '何(어찌)'와 같다. 반어의 뜻을 나타낸다. '弊弊'는 애써 힘쓰는 모양. '焉'은 '然'과 거의 같은 뜻.

大浸稽天(대침계천):'浸'은 홍수. '稽'는 '詣(예)'와 같은 뜻으로 일정한 장소에 도달하는 것.

不熱(불열):여기의 '熱'은 타다, 구워지다의 뜻.

塵垢粃穅(진구비강):먼지와 때와 쭉정이와 겨. 하찮은 것을 일일이 예를 들어가며 과장하여 표현한 것이다.

將猶陶鑄堯舜者也(장유도주요순자야):'將'은 여기에서는 '가능'의 뜻을 나타낸다. '猶'는 '由'와 같은 뜻으로 '실행하다'의 뜻. '陶'는 점토를 이겨, '鑄'는 금속을 녹여 기물을 만드는 것을 가리킨다. '舜'은 순임금으로 ≪상서(尙書)≫의 기록에 의하면 본디 농사를 짓던 사람인데 효행이 높아 요임금에게 발견되어 요임금의 두 딸을 아내로 맞았으며 결국천자의 자리를 물려받아 중국 제2대 성왕이 되어 대홍수를 다스렸으며 현인을 등용하여 지방과 중앙의 정무를 정리했다 한다.

　　孰肯以物爲事(숙긍이물위사):‘肯’은 ‘敢’과 거의 같은 뜻. 스스로 나
선다는 뜻. ‘物’은 세속의 物事. 神人은 物의 근본을 다스리므로 일일이
物을 뒤쫓아 다니며 다스리지는 않는다.

【補說】〈무위우화〉의 주요 부분으로 접여·견오·연숙의 문답을 통해 신
인의 묘용(妙用)은 세속의 물사를 초월함을 이야기하고 있다. 그 이야
기하는 바는 이른바 ‘神人無功’을 해설하는 것이라고도 할 수 있다. 막
고야산의 신인은 〈유무궁우화〉에 나오는 열자의 예에서 ‘猶有所待者’라
한 것과 같은 존재이다. 산신들의 초월성에 정도의 차이가 있다는 것과,
그것은 초월자 자신의 능력임을 설하고 있다.

【餘說】 막고야산의 여러 신에 관하여

　　막고야산은 예로부터 정신적 이상향으로 일컬어져 오는데 이 산에 관
한 우화가 산신들의 이야기를 기조로 하고 있음을 알면 그 흥미가 배가
할 것이다.

　　견오(肩吾)에 관해서는 ≪장자≫ 대종사편(大宗師篇)에 ‘견오는 道를
체득하고 큰 산에 머물고 있다.’라고 한 것이 보인다. 견오에 관하여 진
(晋)의 사마표(司馬彪)가 ‘神의 이름’이라고 해석한 것 말고는 통상 ‘사
람의 이름’이라고 해석하고 있다. 그런데 견오의 음(본서에서 음이라 하
는 것은 중국 고대의 발음을 가리키는 경우가 대부분임)을 줄여 간단히
하면 ‘虛’가 된다. ‘虛’는 ≪설문해자(說文解字)≫에 ‘대구(大丘)’라 했듯
이 큰 언덕이나 산악을 말하는 것이다. 정확하게 말하면 산정(山頂)의
화구원(火口原:복식 화산에서 外輪山과 중앙 火口丘 사이에 있는 평지)

이며 그에서 '텅 비다, 허무하다'의 뜻이 파생했다. 또 '墟(허:구렁, 움푹 들어간 땅)'의 원자이며 고대에는 이런 곳에 신령이 강림한다고 믿어졌으므로 '태호(太皥:神의 이름)의 墟'란 말이 있으며 '흔적'의 뜻을 갖게 되었다. 따라서 견오는 虛(墟)의 완언으로 '虛에 있는 神'이란 뜻이며 또 그것이 실재 인물화된 것이다.

연숙(連叔)도 견오의 경우처럼 그 음을 줄여 간단히 하면 '육(陸)'이 된다. '陸'은 ≪설문(說文)≫에 '높고 평평한 땅'이라 했다. 접여(接輿)의 경우에는 '저(沮)'가 된다. '沮'의 완언인 '저여(沮洳)'가 낮은 소택지를 뜻하는 것에서 짐작하면 '沮'는 산 아래에 있는 못을 가리킨다고 해석할 수 있다. 따라서 견오·접여·연숙은 산꼭대기·구릉의 높고 평평한 땅·산 아래의 못에 있는 신을 의인화한 것이다.

'막고야(藐姑射)'라는 산 이름도 '藐'이 본디 '貌·兒·廟'등과 동음으로 눈에 확실하게는 보이지 않는 형(形)을 가리키는 것을 그 기본 뜻으로 하고 있고, '고야(姑射)'의 음을 줄여 간단히 하면 '各(格,다다르다)'이 되는 것에서 짐작하면 필시 다른 산보다 신령의 격(格)이 떨어진다는 뜻에서 붙여진 이름일 것이다. 그리고 막고야산의 신령, 즉 神人은 풍우·만물을 발생시키는 일원(一元)의 기(氣)이다. ≪산해경(山海經)≫ 동산경(東山經)에, '고야산(姑射山)에는 초목이 자라지 않지만 그곳은 많은 물줄기의 근원이 되는 곳이다.'라고 했는데 이 막고야산과 어떤 관계가 있는지도 모르겠다.

중국의 신화와 전설에서 가장 유명한 성산(聖山)은 중국 서북쪽에 있다고 하는 곤륜산(崑崙山)이다. 태고에 사람들은 영혼, 나아가서는 신령까지도 서북쪽으로 돌아가 영계(靈界)에 들며 또 그곳으로부터 인간세계에 나온다고 믿었다. 곤륜산은 그 영계, 특히 천계(天界)와 인간계(人間界)를 잇는 통로에 위치한 성산으로 상정하여 '혼(魂)'의 완언에서 취해 명명한 것이다. 곤륜산의 신화와 전설은 사람들이 그것을 한층 신성한 것으로 하기 위해 어떤 형태로 전개시키고 또 그것이 어떤 방법으로 전개되었는지 명확하게 밝히는 것은 곤란하지만 그 골자는 많은 신들이 모인 성산이라는 것(≪산해경(山海經)≫ 海內西經), 여러 신의 위에 지상(至上)의 천제(天帝)가 있고 그 천제가 지상에 내려온 경우에는 이곳에 도시를 연다는 것(≪산해경(山海經)≫ 西山經), 영혼·신령보다 보편적인 여러 가지 생명의 인소(因素)인 기(氣)가 생장하기 시작하면 늘 이 산의 서북문이 열려 원기(元氣)를 받아들이고 그것을 중국에 골고루 미치게 한다는 것(≪초사≫ 天問篇), 赤水·河水·洋水·黑水·弱水 등의 수원지(水源地)라는 것(≪산해경(山海經)≫ 西山經) 등이다.

막고야산의 우화와 곤륜산의 전설을 비교하면 막고야산에는 상제(上帝)가 아닌 신인(神人)이 있다는 것 외에 이곳 들에 신령이 내려온다는 것, 게다가 그 신인은 일원의 기로 이루어졌다는 것, 또 산 밑에 접여(接輿)라 불리는 수원(水源)이 있다는 것 등 현저하게 비슷하다. 그러나 막고야산의 우화가 '肌膚若氷雪'이 겨울 산의 설경을 생각나게 하고, '年穀熟'이 실생활과 밀접한 수리(水利)를 생각하게 한다는 점 등에서 한층 소박하며 구체적이다. 또 '淖約若處子'는 생동하는 봄의 경치를, '乘雲氣', '遊乎四海之外'는 계절마다 구름이 왕래하는 것을 상상하게 하여 한층 설화적인 흥미를 지니고 있다. 특히 성산(聖山)에 모인 제방(諸方)의 신 대신 그 성산의 墟·陸·沮로 신인(神人)을 정하고, 그 신인에게 가까이 있어도 알 수 없는 것, 또 멀리 있어도 알 수 있는 것 등을 서로 문답하게 한 것은 도(道)를 모색하는 사람들의 모습을 은연중에 나타내고 있다. 막고야산의 우화는 이처럼 신화·전설을 이용하여 세상의 잡다한 일을 초월하는 데 신공(神功), 즉 생생하게 살아 있는 참된 생명의 원천이 있음을 설하고 있다.

宋人資章甫, 而適諸越. 越人斷髮文身, 無所用之. 堯治天下
之民, 平海內之政. 往見四子藐姑射之山, 汾水之陽, 窅然喪
其天下焉.

송(宋)나라 사람이 장보(章甫)를 팔기 위해 월(越)나라에 갔다. 그런데 월
나라 사람들은 머리를 짧게 깎고 몸에 문신을 새겨 넣는 풍습 때문에 장보
가 필요 없었다. 그래서 송나라 사람은 장보를 한 개도 팔 수가 없었다. 요
임금은 좁은 인간 세상에서는 천하의 백성을 잘 다스려 사해(四海) 안의 정
무를 정비했다. 그런데 막고야산에 가 앞에서 든 네 사람을 만나고 돌아오
다 분수(汾水)의 북안(北岸)까지 왔을 때에는 정신이 멍해져 천하를 다스
리는 일 따위는 잊어버리고 말았다.

【語義】 宋人(송인):송나라 사람. '宋'은 주(周)의 무왕(武王)이 은(殷)을 멸
한 다음, 은나라 주왕(紂王)의 아우인 미자계(微子·啓)를 봉하여 제사를
잇게 한 나라로 수도를 하남성 상구(商丘)에 두었다. 꽤 세력이 커졌었
는데 B.C. 286년에 제(齊)나라에 의해 망했다.
資章甫(자장보):'資'는 상품으로 삼는다는 뜻. '章甫'는 본디 은대(殷
代)의 예장(禮裝)에 사용되었던 관(冠)의 이름. ≪의례(儀禮)≫ 사관례
편(士冠禮篇)에 의하면 성인이 된 남자가 쓰는 관이다.
諸越(제월):여기의 '諸'는 '於'와 같다. '越'이 국명(國名)으로 쓰일 때에
는 '於越'로 발음했다. 越나라는 하(夏)나라 후손들의 나라라고 전해진
다. 회계(會稽:절강성 紹興縣)에 도읍을 정했고, 춘추시대 말기인 B.C.
478년에 오(吳)나라를 격파하여 강대해지자 낭야(琅邪:산동성 諸城縣)
로 도읍을 옮겼으며 B.C. 334년에 초(楚)나라에 의해 망했다.

斷髮文身(단발문신):중국인과는 달리 머리를 묶거나 예복을 걸치지 않으며 머리를 풀어 짧게 자르고 몸에는 문신을 새겨 넣은 것을 가리킨다.

四子(사자):神人·接輿·連叔·肩吾를 가리킨다.

汾水之陽(분수지양):'汾水'는 산서성 영무현(寧武縣) 부근에서 발원하여 산서성 한복판을 남하하여 같은 성 하진현(河眞縣) 서쪽에서 황하(黃河)와 합쳐진다. '陽'은 하천의 경우에는 북안(北岸)의 땅을, 산악의 경우에는 남쪽 기슭의 땅을 가리킨다. 요임금이 도읍을 정한 평양(平陽:臨汾縣)은 분수 하류의 남안(南岸)에 있었다.

窅然喪其天下焉(면연상기천하언):'窅然'은 '窈然(요연)'과 같으며 정신이 멍한 모양. '喪'은 잊어버린다는 뜻.

【補說】 이 한 단은 누가 추가시킨 것인지 명확하지 않지만 견오·연숙 문답의 후일담으로 추가된 것이다. 견오·연숙 문답은 그 자체만으로도 완결된 우화이다. 통설에서는 어쩌면 이 단은 앞의 이야기에 계속되는 연숙의 말인지도 모른다고 하는데 그럴 경우 연숙이 자신까지 포함하여 '四子'라고 말한 것이 매우 부자연스럽다. 이런 이유에서 '四子'는 그 문면(文面)에는 보이지 않지만 왕예·설결·피의·허유(王倪·齧缺·被衣·許由)를 가리킨다는 해석(司馬彪의 설)마저 나오고 있다. 어쩌면 견오·연숙의 문답을 지은 사람이 추가한 것인지도 모르겠는데 그렇다면 전단(前段)에서 이미 '將猶陶鑄堯舜者也'라 하고, 이 단에서 다시 요임금의 이야기를 한 것이 변변찮은 중복이 된다. 또 요임금의 이야기를 하기 위해, 물론 《장자》에는 의외의 표현이 없는 것은 아니나, 요임금보다도 훨씬 후세의 宋나라 사람을 끌어들인 것이 부자연스럽다. 앞에 나온 견오·연숙의 문답이야말로 흥미 있는 것이며 그것과 이곳의 이야기를 하나로 하여 '四子'라는 말을 썼다고는 생각할 수 없다. 이곳

의 이야기는 앞의 〈견오·연숙문답〉의 우화 구성의 흥미를 이해하지 못한 자가 뭔가 부족함을 느껴 추가시킨 것이리라.

제4장 혜자·장자논쟁:무하유향우화(惠子·莊子論爭:無何有鄕寓話)

> 惠子謂莊子曰, "魏王貽我大瓠之種. 我樹之. 成而實五石. 以
> 盛水漿, 其堅不能自擧也. 剖之以爲瓢, 則瓠落無所容. 非不
> 呺然大也. 吾爲其無用而掊之."
> 莊子曰, "夫子固拙於用大矣. 宋人有善爲不龜手之藥者. 世
> 世以洴澼絖爲事. 客聞之, 請買其方百金. 聚族而謀曰, '我
> 世世爲洴澼絖, 不過數金. 今一朝而鬻技百金. 請與之.' 客得
> 之以說吳王. 越有難. 吳王使之將. 冬與越人水戰, 大敗越人.
> 裂地而封之. 能不龜手一也. 或以封, 或不免於洴澼絖, 則所
> 用之異也. 今子有五石之瓠, 何不慮以爲大樽, 而浮乎江湖,
> 而憂其瓠落無所容. 則夫子猶有蓬之心也夫."

혜자가 장자에게 말했다.

"위왕(魏王)이 내게 큰 박씨를 하나 보냈기에 내가 그것을 심었소. 박이
열렸는데 닷 섬은 넉넉히 들어갈 만한 크기였소. 그런데 물을 담으면 너무
무거워 혼자서는 들 수가 없고 쪼개어 국자로 쓰려면 휑덩그렁하고 넓어
물(物)을 담을 수가 없었소. 엄청나게 크지만 전혀 쓸모가 없다고 생각되어
부수어 버리고 말았소. (당신의 설도 이 박과 같지 않은가?)"

장자가 말했다.

"선생은 참으로 큰 물(物)을 쓰는 데 서투르오. 이런 이야기가 있소. 송
(宋)나라 사람으로 손이 얼어 터지지 않게 하는 약을 잘 만드는 사람이 있
었소. 그 집안은 대대로 솜을 표백하는 일을 해 왔소. 하루는 나그네가 그

소문을 듣고 와서 약 만드는 방법을 백 금을 주고 살 테니 그 방법을 가르쳐 달라고 했소. 그는 가족을 모아 놓고,

　'우리는 대대로 솜을 표백하는 일을 해 왔는데 수입은 몇 푼에 불과하다. 이제 하루아침에 약 만드는 기술을 백 금을 받고 팔 수 있게 되었다. 파는 것이 어떻겠는가?'

　라고 말했소. (가족이 동의하여 약을 팔자) 나그네는 그 비방을 얻어 오(吳)나라에 가 왕에게 책략을 이야기했소. 오나라는 그때 월(越)나라와 전쟁을 하고 있었는데 오왕은 그를 장군으로 삼았소. 그리고 겨울에 월나라와 수전(水戰)을 벌여 크게 승리하였소. 오왕은 그 장군에게 영토를 주고 제후에 봉하였소. 손이 얼어 터지지 않게 한 것은 나그네나 솜을 표백하던 사람이나 같았지만 어떤 사람은 봉함을 받고, 어떤 사람은 솜을 표백하는 일을 면치 못했으니 이는 그 쓰는 방법이 달랐기 때문이오. 그런데 선생은 지금 닷 섬 들이 박을 가지고 있으면서도 어찌하여 그것으로 큰 술통을 만들어 강호에 띄워 유유자적하게 놀려 하지 않고, 그 박이 너무 커서 아무 물(物)도 담을 수 없다고 근심하시오? 선생은 아직도 쑥같이 비좁은 마음을 지니고 있을 뿐이오."

【語義】惠子(혜자):B.C. 370년~B.C. 310년경까지 생존. 성은 혜(惠), 이름은 시(施). 송(宋)나라 사람으로 B.C. 334년에 위(魏)나라 혜왕(惠王)의 재상이 되어 합종(合縱)의 외교책을 채택했는데 진(秦)나라의 책사 장의(張儀)의 음모에 말려 실각하고 여러 나라를 유력(遊歷)한 뒤 위나라에서 죽었다 한다. 명가(名家)의 대표적 인물로 특히 '산은 못[澤]보다 평평하다'는 등의 주장을 편 궤변론자로 알려졌다. 상세한 것은 잡편 천하편의 여설 참조. 서무귀편(徐無鬼篇)에 의하면 혜자는 장자의 둘도 없는 친구였다 한다.

魏王(위왕):‘魏’는 B.C. 403년(이때부터 전국시대) 진(晉)나라로부터
독립한 나라로 안읍(安邑:산서성 夏條의 북쪽)에 도읍을 정했는데 혜왕
(惠王)때에 대량(大梁:하남성 開封市)으로 수도를 옮겨 ‘魏’를 ‘梁’이라
고도 한다. 후에 진(秦)나라에 의해 멸망했다. 여기의 ‘魏王’은 혜왕(惠
王:B.C. 370년~B.C. 335년 재위)이리라 생각된다.

貽(이):주다. ‘遺’와 통용된다.

實五石(실오석):여기의 ‘實’은 열매의 뜻이 아니라 ‘가득 채우다’의 뜻.

水漿(수장):마실 수 있는 물. ‘漿’은 음료의 총칭.

堅(견):여기서는 매우 무겁다는 뜻.

瓠落(호락):‘확락(廓落)’과 같은 뜻. ‘광(廣)’의 완언으로 휑뎅그렁하
고 평평하다는 뜻.

呺然(효연):엄청나게 큰 모양. ‘呺’는 본디 ‘号’의 이체자로 큰 소리로
외친다는 뜻의 글자이지만 ‘傲’, ‘豪’와 동음이었던 점에서 추측하면 ‘呺
然’은 큰 모양을 의성어로써 나타낸 말인 듯하다.

吾爲其無用而掊之(오위기무용이부지):‘나는 그것이 소용없어 부수었
다.’라고 해석해도 통하나, 주어 ‘吾’와 ‘而’의 관계와 그 사용을 중시하
여 ‘爲’를 동사, ‘其’를 목적어로 보아 해석해야 한다. 즉 나는 그것을 쓰
려고 했으나 쓸 수가 없어 깨뜨려 버렸다. 고서(古書)에 나오는 其는 목
적어로 사용된 경우가 적지 않다.

不龜手(불균수):‘龜’은 ‘皸(군:피부가 얼어 터짐)’의 차자.

洴澼絖(병벽광):‘洴澼’은 표백(漂白)의 뜻. 물에 씻고 햇볕에 말려 희
게 하는 것. ‘絖’은 솜.

客(객):나그네. 여기서는 여러 나라를 돌아다니며 군주에게 부국강병
의 방책을 쓰도록 권하는 유세자(遊說者)를 가리킨다.

吳(오):주(周)나라가 세워진 때부터 있던 고국(古國)이라 전해지며 본

디 매리(梅里:강소성 無錫縣)에 도읍이 있었는데 합려(闔閭:B.C. 514
년 즉위)가 태성(太城:강소성 吳縣)으로 도읍을 옮기고부터 강대해지기
시작했는데, 특히 그의 아들 부차(夫差:B.C.495년 즉위)는 일시 중국
의 패자(覇者)가 되기도 했으며 B.C. 473년에 월(越)나라에 의해 멸망
했다. 吳·越 지방에는 하천과 호수가 많다. 또 吳·越의 항쟁은 합려
때부터 빈번해졌는데 부차는 B.C. 494년에 크게 越나라를 무찌르고 항
복을 받았다. 이 우화의 기록이 언제 때 일인지, 또 사실인지에 대해서
는 명확하지 않다.

爲大樽而浮乎江湖(위대준이부호강호):큰 술통을 만들고 그것을 강호
(江湖)에 띄움. ‘江湖’는 수전(水戰)으로부터 생각해 낸 말로 자유로운
자연의 세계에 비유되고 있으며 또 다음에 나오는 ‘無何有之鄕, 廣莫之
野’를 암시하는 복선(伏線)이다.

蓬之心(봉지심):좁은 마음. ‘蓬’은 쑥으로, 잎만 무성해질 뿐 크게 자
라지는 못한다. 따라서 ‘蓬心’은 작은 일에 얽매이는 좁은 마음을 뜻하
는 성어(成語)로 널리 쓰인다.

【補說】 이 단은 혜자가 장자의 설을 큰 박에 비유하여 무용(無用)의 것이
라고 비난한 데 대해 장자가 불균수(不龜手)의 약을 교묘하게 이용한 실
례와, 큰 박으로 큰 통을 만들어 강호를 자유롭게 떠다니는 삶의 방법을
제시함으로써 혜자의 세속적 공리(功利)에 집착하는 좁은 도량을 반박
함으로써 결국 세속적 유용·무용의 지혜를 버려야만 ‘無用의 用’이 있
다고 하는 ≪장자≫의 주장을 명확하게 하고 있다.

혜자의 이름은 시(施). 그는 박식한 데다 변설에 능해 타인을 논쟁으
로 굴복시키지 못한 적이 없다고 한다. 이른바 명가(名家) 가운데서도
가장 유명한 사람이다. ≪장자≫ 중에는 이 두 사람의 논쟁이 적지 않

게 들어 있다. 이것들은 장주 자신의 실록(實錄)은 아니다. 혜자의 평판
을 전제로 하여 변론에 더없이 능한 혜자를 장자가 꼼짝 못하게 하는 것
에 논쟁 구성의 흥미를 두려고 했던 것으로 생각할 수 있다. 그렇다 하
더라도 이런 종류의 논쟁이 장자의 주장을 명확하게 하는 데 큰 역할을
하고 있다는 것은 재론의 여지가 없다.

　다음 단도 혜자와 장자의 논쟁이다. '惠子謂莊子曰……'로 글머리가
시작되는 것으로 보아 이 단과는 별개의 것으로 생각된다. 그러나 서로
문체가 비슷하여 거의 같은 시기에 지어졌으리라 생각된다. 따라서 이
들 두 개의 단을 이어지는 것으로 보는 쪽이 재미있다. 혜자가 장자를
설복하려고 초조해지면 초조해질수록 장자의 반박은 기상천외한 표일
(飄逸:세상의 평판 등에 신경을 안 쓰고 유유히 마음 내키는 대로 행동
하는 모양)함으로 전개된다. 그 표일함 속에 인생의 진실이 담겨 있음
은 말할 필요도 없다.

惠子謂莊子曰, "吾有大樹. 人謂之樗. 其大本擁腫而不中
繩墨, 其小枝卷曲而不中規矩. 立之塗, 匠者不顧. 今子
之言, 大而無用, 衆所同去也."
莊子曰, "子獨不見狸狌乎. 卑身而伏, 以候敖者. 東西
跳梁, 不避高下. 中於機辟, 死於罔罟. 今夫斄牛, 其大
若垂天之雲. 此能爲大矣, 而不能執鼠. 今子有大樹, 患
其無用. 何不樹之於無何有之鄕, 廣莫之野, 彷徨乎無爲
其側, 逍遙乎寢臥其下. 不夭斤斧, 物無害者. 無所可用,
安所困苦哉."

혜자가 장자에게 말했다.

"나에게 큰 나무가 있소. 사람들은 그것을 가죽나무라 하오. 그 큰 줄기는 옹이투성이라 먹줄을 칠 수가 없고, 그 작은 가지들은 이리저리 뒤틀리고 굽어서 그림쇠에 맞지 않소. 길가에 있는데도 목수가 거들떠보지 않소. 이제 그대의 설(說)은 이 가죽나무처럼 크기만 했지 쓸모가 없으니 누구도 귀를 기울이지 않고 무시할 것이오."

장자가 대답했다.

"그대도 살쾡이와 족제비를 보았을 것이오. 그놈들은 몸을 낮추고 엎드려 누구의 눈에도 띄지 않게 숨어 있으면서 놀러 나온 작은 짐승을 기다리오. 그러다가 먹이가 될 만한 작은 놈이 나타나면 높고 낮은 것도 가리지 않고 동서로 날뛰오. 참으로 민첩하오. 그렇지만 덫에 걸리든지 그물에 걸려 죽게 되오. 그런데 저 검은 소는 그 크기가 하늘의 한쪽을 가린 구름 같소. 참으로 큰 놈이지만 살쾡이나 족제비처럼 쥐를 잡지는 못하오. (큰 것에는 작은 것을 재는 기준으로는 잴 수 없는 경지가 있는 법이오.) 지금 그대는 큰 나무를 가지고 있으면서 그 용도가 없음을 근심하오. 어찌하여 그것을 무하유(無何有)의 끝없이 넓은 시골 들에 심고, 아무 근심 없이 그 곁을 유유하게 거닐며 또 그 아래에 마음 편히 눕지 아니하오? 도끼에 찍혀 일찍 죽는 일도 없고, 아무것도 해치려 하는 일이 없을 것이오. 세간에서 아무 쓸모가 없다고 하여 어찌 괴로워할 필요가 있겠소?"

【語義】 樗(저):가죽나무. 낙엽수로 옻나무와 비슷한데 잎에서는 악취가 나
　며 줄기에 옹이가 많아 쓸모가 없다. 그래서 '무용(無用)'의 뜻으로 많
　이 쓰인다.
　　擁腫(옹종):나무에 옹이가 불룩 튀어나와 있는 것을 가리킨다. '擁'은
　'癰(옹:臃, 종기)'의 차자. '腫'은 종기, 또는 살이 솟아오르거나 살가죽

이 부르튼다는 뜻.

繩墨(승묵):먹줄. 목수가 기둥 또는 판자 등을 만들기 위해 곧게 목재를 잘라야 할 경우 직선을 치는 데 쓰인다.

規矩(규구):그림쇠. 직경이나 선의 길이를 잴 때 쓰는 기구.

立之塗(입지도):여기에서 '之'는 '於'와 같다. '塗'는 '途(도:길)'의 차자.

狸狌(이성):'狸'는 살쾡이. '狌'은 족제비. 꼬리가 긴 작은 동물로 야간에 돌아다니며 쥐, 물고기, 닭 등을 잡아먹는다.

敖者(오자):나와 돌아다니는 것.

跳梁(도량):뛰어 돌아다님. '跳'는 뛰어오르는 것. '梁'은 '踉(량:도약하다)'의 차자.

機辟(기벽):올가미. '機'는 특수하게 고안된 장치. '속이다'의 뜻도 가지고 있다. '辟'은 '繴(벽:그물. 작은 동물이나 새 등을 잡기 위해 기다란 나무 두 개를 세우고 그 사이에 그물을 친 것)'의 차자.

罔罟(망고):그물. 세분하여 말하면 '罔'은 '網'의 원자로 나무 사이에 넓게 펼쳐 놓는 그물을, '罟'는 위에서 덮어씌우는 그물을 말한다.

犛牛(태우):알타이 산맥과 히말라야 산맥의 중간 지대에서 나는 소로 뿔이 길고 머리, 등, 옆구리 등에 길고 부드러운 털이 밀생했으며 꼬리가 길다. '犛'는 '犣(리:검정소. '모'라고도 읽는다)'의 차자. 여기의 표현은 매우 과장된 것이다.

無何有之鄉(무하유지향):아무것도 없다는, 즉 '절대무(絕對無)'를 뜻하는 이상향을 표현한 것이다. '鄉'은 도시에서 멀리 떨어진 촌리(村里)의 뜻.

廣莫之野(광막지야):끝없이 넓은 들. 즉 어느 것도 방해할 수 없는 자유의 경지. '廣莫'은 본디 '廣'의 완언이나, '索莫·寂莫' 등의 예에서 알

수 있듯 '莫'은 정도가 심한 것을 나타내는 말이므로 여기서 '廣莫'의 '莫'
도 그런 용법으로 쓰였다고 보아도 좋다.

彷徨乎(방황호):아무 생각 없이 왔다 갔다 하는 모양. '彷徨'은 '方皇 ·
旁皇 · 房皇 · 方偟 · 傍徨' 등으로도 쓰며 또 '方羊 · 彷洋' 등과 같은 뜻
이다. 본디 '망연(茫然)'의 '茫'의 완언으로 아무것도 생각하지 않는다는
뜻이었을 텐데 오늘날엔 주로 '정처 없이 왔다 갔다 한다'는 뜻으로 쓰
인다. 여기서 '乎'는 '단호(斷乎)' 등의 예에서 알 수 있듯 앞의 말을 부
사로 만드는 조사이다.

逍遙乎(소요호):유유한 모양. '逍搖'로도 쓴다. 상세한 것은 여설
참조.

不夭斤斧(불요근부):'夭'는 일찍 죽는 것. 성장하는 도중에 부러지는
것. '斤'은 도끼, '斧'는 큰 도끼.

【補說】앞 단에서는 혜자가 큰 박의 비유로 장자의 설을 풍자하고 장자는
현실적으로 있을 법한 '不龜手의 藥'의 비유로 응수하여 논쟁이 비교적
조용하게 전개되었는데 그 뒤를 이은 이 단에서는 혜자가 노골적으로
장자를 무용(無用)의 큰 가죽나무에 비기고, 장자는 혜자의 지혜를 살
쾡이나 족제비의 교활함에 비겨 급기야 논쟁이 한층 격렬해지고 말았
다. 장자는 이 단에서 해학미 넘치게 인생 안존(安存)의 이상적 경지인
'無何有之鄕, 廣莫之野'를 이야기한다. 또 그 해학미에는 초월성이 잘 나
타나 있다. 잘 알려져 있는 이 '無何有之鄕, 廣莫之野'는 혜자와 장자의
이 논쟁이 장주보다 후세 사람이 지은 것이라 해도 〈붕도남우화〉의 우
의를 고스란히 요약한 것이라 할 수 있다.

【餘說】 '소요(逍遙)'의 뜻과 소요유편의 본뜻

　소요유(逍遙遊)란 편명은 이 〈혜자‧장자논쟁〉의 '逍遙乎寢臥其下'와
앞의 〈붕도남우화〉의 '遊無窮'에서 취한 것인데 '逍遙'의 어의에 관해서
도, '逍遙遊'의 의의에 관해서도 약간 문제가 있다.

　'逍遙'란 말은 ≪시경≫ 청인편(淸人篇)에 '河上乎翶翔(황하의 기슭을
왔다 갔다 하네)'와 짝을 이루어 '河上乎逍遙(황하의 기슭을 거닐며 노
네)'라 했고, 또 ≪초사≫ 이소편(離騷篇)에 '聊浮游以逍遙(애오라지 떠
돌며 이리저리 거니네)'라 했듯이 예로부터 '서성거리다', '유람하다'의
뜻으로 쓰이고 있다. 필시 '遙'와 동음인 '搖(요:조금씩 흔들림)'를 근본
뜻으로 하여 그에 여정을 담아 첩운의 '逍遙'로 하고 천천히 발음하여 유
유하게 걷는다는 뜻을 파생시킨 것이리라. 단, '逍遙'가 서성거린다는 뜻
이 되면 같은 문장 중의 '寢臥'와 상응하지 않는 게 사실이다.

　당(唐)의 성현영은 '逍遙'에 관한 세 가지 해석을 들고 있다. 그 하나
는 '逍'를 '銷(소:녹이다, 용해시키다)'의 차자로 보아, '逍遙'란 세속의
구속을 벗어 버리고 심원한 '무(無)의 이치'를 깨닫는 것을 말한다(顧桐
柏의 설)는 것이며, 또 하나는 '逍然(소연:아무 생각도 없는 모양)'의 뜻
으로 보아 主我(주아:남의 이해에 구애하지 아니하고 자기의 이해만을
생각하는 욕심)의 마음이 없고 더 나아가 '遙然(요연:아득한 모양. 物
事에 집착하지 않는 것)'함을 뜻하는 묘용(妙用)을 얻고 있다(支道林의
설)는 것이며, 또 하나는 '소연(消然:主我의 마음이 없는 것)'으로 보아
물사에 응하고, 나아가 '요연(搖然:가볍게 흔들리는 모양. 이에서 나아
가 어떠한 일이 인식할 수 없을 만큼 조금씩 변화되어 간다는 뜻)'하게
도리에 통한다는 것, 결국 마음이 평안하여 즐거운 것을 가리킨다(王䨓
夜의 설)는 것이다. 이 중에서 성현영은 세 번째의 설을 채택했다. 이것

들은 모두 소요유편의 본뜻에서 취한 해석이며 '逍遙'의 어의로서는 적절하지 않다. 단, 그것들이 어떤 초속적(超俗的) 의미를 보여 주고 있음은 부정할 수 없다.

'逍遙' 두 음절의 말은 고대에는 간단히 줄여 '遙(요:아득하게 먼 모양)' 한 음절의 말이었다. '遙'는 본디 趠(조:멀리 빠져 나가다), 超·迢(초:아득하게 먼 모양)와 거의 동음이었고 또 같은 뜻으로 쓰였다. 그렇다면 '逍遙'는 '서성거리다'의 뜻을 지닌 문자이기는 하지만 여기서는 '遙'의 완언이며 '遙然(요연)'으로서 세사(世事)에서 빠져 나가는 모양, 즉 아무런 번뇌도 없이 유유히 행동하는 것을 뜻한다고 해석하지 않으면 안 된다. '寢臥(침와)'는 세상일에 안달하는 것으로부터의 해방이자 안식이며 일락(逸樂)이다. 그래서 이런 의미의 '逍遙'가 '寢臥'를 수식하는 것이다.

그러면 소요유 전편의 본뜻은 과연 무엇일까? 유의경(劉義慶:403년～444년)의 ≪세설신어(世說新語)≫ 문학편(文學篇)에 의하면 ≪노자≫·≪장자≫·≪역≫ 등의 이론에 관한 의론, 이른바 현담(玄談)이 성했던 진대(晉代)에는 소요유편의 의의는 극히 난해한 것으로 쳤고, 당시 유명한 지식인들도 좀처럼 상수(向秀)·곽상(郭象) 등의 해석보다 뛰어난 설을 제시하지 못했는데 승려 지도림(支道林:314년～364년)이 새로운 해석을 제시하자 모두 그 설에 따랐다고 한다.

곽상의 해석이란 소요유편 제하(題下)에 '夫大小雖殊, 而放於自得之場, 則物任其性, 專稱其能, 各當其分, 逍遙一也(무릇 세상 만물은 그 작고 큼이 다 다르나, 스스로 깨달아 만족하게 되면 각 物은 곧 그 천성을 따르는 것이 되며 세상일은 저마다의 능력에 따라 하게 되어 분수에 합당하게 되니 바로 소요라고 하는 것이다)'라고 해설했듯이 세상 모든 物은 자연의 변화 그대로 생멸하는 현상이며 그에서 달관하면 붕새이건 뱁새이건, 현인이건 범인이건, 物에는 세속의 평가에 의한 대소·귀천 등의 차별이 없어지므로 각기 자연으로부터 부여받은 天分(천분:타고난 재질, 또는 福)에 안주하여 세속의 일에 번뇌하지 않게 되는데 그것이 바로 '소요유'의 경지를 뜻한다는 설이다. 즉 곽상은 物 개개의 자적자유를 중시했다. 또 그런 시각으로 소요유편뿐 아니라 ≪장자≫ 전편을 해설했다.

이에 반해 支道林은 '自適'이란 천분(天分)을 다하는 것이긴 하나 의식적으로 그것을 구하려 하면 오히려 세속의 번거로움을 겪게 됨을 지적했다. 또 '소요'란 천지의 정기를 타고 무궁에서 노니는 지인(至人)의 마음을 말하는 것이므로 통상인으로는 세속의 번거로움을 일으키는 주아적(主我的) 마음을 버리고 지인의 마음을 체득하여 부지불식간에 자연스럽게 자적의 묘를 얻지 않으면 안 된다고 해석했다. 즉 支道林은 자기 부정에 의한 초속의 계기를 강조한 것이다.

진대(晉代)이후 현대에 이르기까지, 소요유에 관해서는 많은 해석이 나오고 있는데 그것들을 대별하면 곽상처럼 자적의 경지를 주로 하느냐 支道林처럼 자기 부정의 계기를 주로 하느냐의 두 의견이며 이들 의견은 서로 대립하는 해석이다.

'소요유'라는 편명은 이미 결정된 주제에 의한 것이 아니므로 '소요유'라는 말이 본편의 특색의 일단을 상징하는 것이긴 하지만 전편에 공통되는 종지(宗旨)라고는 할 수 없다. 굳이 본편의 종지를 찾는다면 支道林의 해석이 이에 가까울 것이다. 붕새의 도남(圖南), 허유의 천하 사퇴, 막고야산 신인의 피세(避世), 세속의 일반적인 인식에 대한 장자의 배격, 이 모든 것이 세속의 번거로움을 물리치고 현실 세계로부터 초월함을 설하고 있다. 그 초월의 방법으로 '神人無功'과 같은 자기 부정을 주장하며 나아가 궁극의 목표로 제시하고 있다. 곽상의 말처럼 자적(自適)

의 경지를 말하지 않는 것도 아니나 '遊無窮', '廣莫之野, 彷徨乎無爲其側, 逍遙乎寢臥人其下' 등은 지인(至人)의 경지이며 세속의 인간에게는 구극(究極)의 목표이자 이상이다. 인간은 자신이 당면한 문제에 집착하는 것으로부터 초월하여 대관(大觀)하지 못하면 자신이 처한 국면을 결코 바르게 이해할 수 없는데 ≪장자≫의 사상에서도, 현실 세계로부터의 자기 부정적 초월은 모든 물사를 바르게 인식하는 중요한 입문이다. 진대(晉代)에는 개인의 정신적 독립과 자유를 요구하는 사상적 경향이 현저하였는데 곽상도 그러한 영향을 받아 본편의 종지를 제쳐 놓고 조급하게 지인의 경지를 널리 사람들에게 적용시켰던 것이다.

그렇다 하더라도 곽상의 말처럼 物 각각의 자적은 현실 세계를 초월하는 데 중요한 문제임에 틀림없다. 현실에 몸담고 있는 인간으로서는 자신이 처한 국면에서 초월하여 대관하게 된다 하더라도 결국 현실에 대처하여 그것을 활용하지 않으면 안 된다. 이 편에서 말한 무궁에서 노닌다는 지인의 경지가 현실에서는 어떠한 것이며 또 그것의 실현이 인간 각자에게 '소요유'가 되는 것은 아닐까 하는 반문을 갖게 되리라. 곽상의 해석은 이 같은 문제에 입각하여 하나의 해답을 미리 찾았던 것이라고 할 수 있다. ≪장자≫에서는 이들 문제를 하나하나 설명해 나가고 있다.

제2편
제물론(齊物論)

    ≪장자≫의 편자가 전편 공통의 주제를 道에서 생각할 때 만물은 모두 같아서 우열·귀천·선악의 차이가 없음을 논하는 것이라고 보아, 내용 가운데 '而萬物與我爲一'에서 편명을 취한 것으로 생각된다. 문답체 우화 넷, 삽화체 우화 하나 및 보론(補論) 하나로 되어 있으며 서로 가까운 주제를 근거로 하고 있지만 각각 다른 주장이 있으므로 이 편명에 구애되어 풀이할 것은 못 된다. 특히 첫 번째 우화는 ≪장자≫ 안에서뿐 아니라 고대에는 드문 논술의 극치를 다하고 있다. 또 이 편명에 대해 말하자면 道를 체득한 경지에서는 物에 우열의 차별이 없음을 논하고 있다는 설(郭象의 설), 세상 학자의 物에 관한 잡박(雜駁)한 의논을 명백한 이치로 가지런히 한다는 뜻으로 해석하는 설(林希逸의 설), '物'은 雜, '齊'는 碎의 뜻으로 세상 학자의 여러 가지 의논을 깬다는 뜻을 나타내고 있다는 설 등이 있다.

제1장 남곽자기·안성자유문답:천뢰우화(南郭子綦·顏成子游問答:天籟寓話)

南郭子綦隱几而坐. 仰天而噓. 嗒焉似喪其耦.
顏成子游立侍乎前. 曰, "何居乎. 形固可使如槁木, 而心固可使如死灰乎. 今之隱几者, 非昔之隱几者也."
子綦曰, "偃, 不亦善乎, 而問之也. 今者吾喪我. 汝知之乎. 女聞人籟, 而未聞地籟. 汝聞地籟, 而未聞天籟夫."

子游曰, "敢問其方."
子綦曰, "夫大塊噫氣, 其名爲風. 是唯無作, 作則萬竅怒呺, 而獨不聞之翏翏乎. 山林之畏隹, 大木百圍之竅穴, 似鼻, 似口, 似耳, 似枅, 似圈, 似臼, 似洼者, 似汚者, 激者, 謞者, 叱者, 吸者, 叫者, 譹者, 宎者, 咬者. 前者唱于, 而隨者唱喁. 冷風則小和, 飄風則大和. 厲風濟, 則衆竅爲虛. 而獨不見之調調之刁刁乎."
子游曰, "地籟則衆竅是已. 人籟則比竹是已. 敢問天籟"
子綦曰, "夫吹萬不同, 而使其自己也. 咸其自取, 怒者其誰邪."

남곽자기가 팔꿈치를 괴는 낮은 탁자에 의지하여 앉아 있다가 하늘을 우러러보며 길게 숨을 내쉬었다. 그 모습이 너무나 멍하여 마치 정신을 잃은 것 같았다.

안성자유가 앞에 서서 모시고 있다가 말했다.

"어찌 된 것입니까? 몸은 말라 죽은 나무처럼 움직이지 않게 할 수 있지만 마음을 불 꺼진 재처럼 정지시킬 수 있습니까? 지금 책상에 기대어 앉은 선생님의 모습은 조금 전 책상에 기대어 (이야기를 하고) 계시던 선생님의 모습이 아닙니다."

자기가 말했다.

"언(偃)아, 좋은 질문이구나. 나는 지금 나를 잊었는데 너는 그것을 알고 있느냐? 너는 사람들의 소리[人籟]는 들어 알지만 아직 땅이 연주하는 땅의 소리[地籟]는 듣지 못했구나. 아니, 땅의 소리는 들었는지 모르지만 아직 하늘의 소리[天籟]는 듣지 못했구나. (나는 나를 잊고 바로 그 하늘의 소리를 듣고 있었다.)"

자유가 말했다.

"감히 땅의 소리와 하늘의 소리를 들어 아는 방법을 여쭈어 보겠습니다."

자기가 말했다.

"무릇 대지가 갑자기 토해 내는 큰 숨을 바람이라 한다. 그것은 늘 일어나지는 않지만 일단 일어나면 곧 땅 위에 있는 모든 구멍이 성내어 울부짖는다. 너도 그 요란한 울부짖음을 들었을 것이다. 산과 숲의 골짜기와 아름드리 큰 나무들의 구멍, 이들 구멍은 코를 닮은 것, 입을 닮은 것, 귀를 닮은 것, 두공(斗栱) 같은 것, 그릇을 닮은 것, 절구를 닮은 것, 깊은 웅덩이를 닮은 것, 얕은 웅덩이를 닮은 것 등이 있는데 바위에 물이 부딪치는 소리, 우는 살처럼 날카롭고 높은 소리, 꾸짖는 소리, 들이마시는 소리, 외치는 소리, 울부짖는 소리, 아름다운 소리, 새가 지저귀듯 사랑스런 소리들을 낸다. 앞에 있는 것이 '우우' 하고 외치면 뒤에 있는 것이 '우우' 하고 화답한다. 시원한 바람이 불면 작게 화답하고, 거친 바람이 불면 크게 화답한다. 사나운 바람이 지나가면 여러 구멍들은 잠잠해진다. 너도 모진 바람이 지난 뒤 부드러운 바람이 나뭇가지를 가볍게 흔들며 지나가는 것을 보았을 것이다."

자유가 말했다.

"땅의 소리는 모든 구멍이 내는 소리일 뿐입니다. 그것은 사람의 소리가 관악기의 구멍에서 나오는 소리인 것과 같습니다. 감히 하늘의 소리에 관해 여쭈어 보겠습니다."

자기가 대답했다.

"천뢰(天籟)의 경우에 있어서도 소리를 내는 것은 어느 하나도 같지 않지만 그것들로 하여금 각기 다른 소리를 내는 것처럼 보이게 하는 것이 있다. 너는 소리를 내는 것들이 스스로 내는 것이라고 생각하는데 진실로 그것들이 소리를 내게 하는 것은 무엇이겠느냐. (그것은 소리를 내는 바로 그것이 아니라 따로 존재하는 어떤 것이 아닐까?)"

【語義】南郭子綦隱几而坐……無適焉因是已:편 머리부터 논설 부분을 포함하여 '無適焉. 因是已'까지가 하나의 우화이다. 임시로 〈천뢰우화(天籟寓話)〉라 이름 붙였다. 대별하면 처음의 우화 부분과 4절의 논설 부분으로 이루어졌다. 논설 부분은 7단으로 나누어 해설했다.

南郭子綦(남곽자기):성현영은 초(楚)의 소왕(昭王:B.C. 518~B.C. 491년 재위)의 서제(庶弟:일설에는 庶兄)인 공자 결(結), 자는 자기(子期:《국어(國語)》·《좌씨전(左氏傳)》에 보인다. 《사기》 초세가(楚世家)에는 '子綦'로 되어 있다)로 비정(比定)했다. 자기(子期)는 楚나라가 吳나라의 침략을 받아 망국의 위기에 직면했을 때 소왕(昭王)을 구하고 군공(軍功)을 세웠으며 또 영윤인 자서(子西)를 도와 국가 재건에 진력했던 인물이다. 단, 이 자기가 남곽자기라는 명확한 증거는 없다. '南郭'이 성곽의 남쪽이란 뜻이며 또 성 안에는 주로 상류층의 사람들이 살았는데 성 밖에는 하류층의 사람들이 모여 살았던 것, '綦'가 '基·紀' 등과 동음이어서 물(物)의 근본이란 뜻을 내포하는 것, 또 남곽자기가 안성자유와 상대하고 있다는 점 등으로 미루어 생각하면 남곽자기는 세상 사람들이 알지 못하는 성 남쪽에 살며 道를 체득한 사람이라는 야유 섞인 우의를 지닌 인물로 설정된 것 같다. 나아가 인간세편(人間世篇)의 '南伯子綦', 대종사편(大宗師篇)의 '南伯子葵', 서무귀편(徐無鬼篇)의 '南伯子綦' 등은 여기의 남곽자기와 같은 뜻에서 지어진 이름이라 생각할 수 있다.

隱几而坐(은궤이좌):'隱'은 '依'의 차자. 기대다, 의지하다의 뜻. '几'는 책상 위에 놓고 팔꿈치를 괴는 작은 방석. '机(궤:책상)'로 되어 있는 판본도 있다.

噓(허):숨을 길게 내쉬는 것.

嗒焉(탑언):멍청한 모습. '焉'은 '然'과 거의 같다.

其耦(기우):'耦'는 '偶'의 차자. 여기서는 신체에 깃들이는 마음을 가리키며 다음의 '心固……'의 복선이다.

顏成子游(안성자유):자기(子綦)의 제자로 성은 안(顏) 이름은 언(偃), 자는 유(游), 시(諡)는 성(成)이라 한다고 이이(李頤)는 해석했지만 '顏'이 '彦·嚴'과 음이 비슷하고 '成'이 '城'과 통하며 또 '游'가 '斿·旒(두 자 모두 깃발의 뜻)'와 동음이었던 점에서 생각하면 '아름답고 성대한 성 안에서 살며 대도(大道)를 깨우치지 못한 자'라는 우의를 지닌 자로 설정되었을 것이다. 더 나아가 공문(孔門:공자의 문하) 십철(十哲)에 言偃(언언:자는 子游)이 있는데 여기서는 그를 빗대어 이렇게 표현한 것인지도 모른다.

何居乎(하기호):'居'는 '乎'보다 강하게 의문을 뜻을 나타내는 조사로 이럴 경우에는 '기'로 읽는다.

形固可使如槁木而心固可使如死灰乎(형고가사여고목이심고가사여사회호):모습은 죽은 나무처럼 할 수 있지만 마음도 정말 죽은 재처럼 할 수 있는가? '모습은 죽은 나무와 같고, 마음은 죽은 재와 같다.'는 말은 도가에서 정적무심(靜寂無心)한 상태를 나타내는 가장 특징적인 표현이다. 뒤의 서무귀 · 지북유 · 경상초 · 달생(徐無鬼 · 知北遊 · 庚桑楚 · 達生) 등의 편에도 이와 비슷한 말이 실려 있다. '橋木'은 선 채로 말라 죽은 나무로 정지 부동의 모습을, '死灰'는 완전히 불기가 꺼져 버린 재로 무심한 모습을 가리킨다. 여기서 자유가 形과 心을 나누어 특별히 마음은 죽은 재처럼 할 수 없다고 생각한 것은 유가적인 '主心'의 태도를 나타낸 것이며 또 하단(下段)에서 '其形化, 其心與之然'이라고 설하기 위한 복선이다. 이 문장을, 곽상이 '자유가 자기에 미치지 못하는 것은 자기의 橋木 · 死灰 · 遊塵의 모습과 無心自得이다.'라고 해석하고, 성현영이 '자유는 자기에게 橋木의 모습 · 死灰의 마음을 얻는 묘술에 관해 물었다.'라고 해석하여 많은 주해자들이 '而心固……'의 '而'를 순접 또는 나열의 뜻을 나타내는 조사로 해석하는데 이는 옳지 않다. '而'가 순접 또는 나열의 뜻이라면 '何居乎'의 강한 의문과도, 의심의 뜻을 담은 아래의 '今之隱几者……'라 말한 것과도 그 연관이 희박해지며 또한 '形固……', '心固……'처럼 '固'를 중복하여 사용한 뜻이 명확해지지 않는다. 여기의 주문제는 '상아(喪我)', 즉 '상심(喪心)'이다. 따라서 '而'는 역접의 뜻으로 해석해야만 한다.

昔之隱几者(석지은궤자):'昔'은 '昨'과 같다. 그런데 여기서는 '今之隱几者', '今者吾喪我'의 '今'에 짝하는 말이므로 아까, 조금 전의 뜻.

不亦善乎而問之也(불역선호이문지야):'而問之也, 不亦善乎'의 도치 표현. '而'는 '女 · 汝'와 같다. '不亦善乎'는 감탄의 뜻을 나타내는 반어적 표현.

人籟(인뢰):인간의 여러 가지 음성. 언론을 가리킨다. '籟'는 길이가 다른 16개의 관(管)에서 각기 다른 소리가 나는 소(簫)의 별명. 여기서는

'噓'와 관계되는 말로 蕭의 소리가 그 자체로는 실재하지 않음에 비유하여 그 자체로는 진실이 아닌 인간의 언론을 시사하고 있다.

地籟(지뢰):대지(大地)가 내는 소리. 바람의 소리를 가리킨다.

天籟(천뢰):도(道)의 작용을 가리킨다. 道는 무성·무형·무작위(無聲·無形·無作爲)이며 더욱이 物을 순수하게 성립시키는 유일한 근거이다. 여기서 천뢰를 말한 것은 제2절에서 道와 物의 관계를 말하기 위한 복선이다. 나아가 '仰天而噓'를 받아 天·地·人의 籟에 미치고, 또 '夫大塊噫氣'에 이어지는 것을 생각하면 '未聞天籟夫'의 밑에는 '吾忘我而聞天籟矣'의 뜻이 생략되었다고 보아야 할 것이다. 후세에 이 천뢰에서 바뀌어 절묘한 음악·문장 등을 천뢰라 말한다.

其方(기방):지뢰·천뢰를 아는 방법.

大塊(대괴):대지(大地). '塊'는 흙덩어리. 대지가 평면적인 넓음을 주로 하고 있는 데 반해 대괴는 입체적인 큼을 주로 한다.

噫氣(애기):트림. 바람은 언제 어떻게 이는지 알 수 없는 것이므로 대괴를 의인화하여 대괴의 트림이라 한 것이다. 나아가 대지의 활동은 하늘에 따르는 것으로 사람의 지혜로는 알 수 없음을 가리킨다.

是唯無作(시유무작):'唯'는 '雖'와 같다. '是雖無常作'의 뜻으로 '항상 일어나지는 않지만'의 뜻.

翏翏(요료):의성어로 바람 소리.

畏隹(외최):'嵔崔(외최)'의 차자인데 여기서는 '嵔'의 완언으로 보아야 한다. 즉 산맥이 구부러진 곳이며 그래야 다음의 '似洼者', '似汚者'에 해당된다.

大木百圍之竅穴(대목백위지규혈):'百圍大木之竅穴'을 도치시킨 것. 여기서 '大木'은 복수로 취급해야 한다. '百圍'는 과장된 표현이며 1圍는 직경 24센티미터.

似鼻(사비):이 구절부터 구멍의 천차만별한 모습을 표현하고 있다. '似鼻者'의 '者'가 생략되어 있다. '似口' 이하도 같다.

枅(계):두공(斗栱). 처마 끝의 무게를 받치려고 기둥머리 같은 데에 찌맞추어 댄 나무쪽들.

圈(권):'桊(권:나무를 구부려 만든 용기)'의 차자.

洼(와):깊이 움푹 팬 곳.

汚(오):움푹 팬 곳으로 약간 얕은 것.

激者譹者……:이 구절부터 천차만별한 구멍에서 나오는 여러 가지 소리를 간단명료하게 표현하고 있다. '激'은 물줄기가 바위에 부딪쳐 나는 소리처럼 일시에 많은 소리가 나는 것. '譹'는 '嚆·嚆'와 같으며 우는 살의 소리처럼 날카롭고 높은 소리가 나는 것. '諔'는 '號'와 같으며 큰 소리로 부르짖는 것. '宎'는 품위 있고 아름답게 소리를 내는 것. '咬'는 사랑스럽게 소리를 내는 것.

冷風(냉풍):시원한 바람.

飄風(표풍):여기서는 질풍의 뜻. 격렬하게 부는 바람.

厲風濟(여풍제):매서운 바람이 지나감. '厲'는 '烈'의 차자. '濟'는 지나가는 것.

之調調之刁刁(지조조지조조):'調調'는 나뭇가지들이 가볍게 스치며 흔들리는 모양. '刁刁'는 나뭇가지의 끝이 흔들리는 모양. 뒤의 '之'는 '而'와 같다.

地籟則衆竅是已(지뢰즉중규시이):자유는 공허한 규혈(竅穴)의 비유를 설정한 자기의 진의를 이해하지 못하여 지뢰는 규혈로부터 나온다고 생각하고 있는 것이다.

比竹(비죽):소(簫)처럼 대나무를 늘어놓아 만든 악기.

吹萬不同而使其自己也(취만부동이사기자기야):소리를 내는 구멍의 종류는 많고 그 어느 것도 같지 않지만 그 구멍들로 하여금 각기 다른 소리를 스스로 내는 것처럼 보이게 하는 것이 있음. 이것은 자유의 '衆竅是已'의 그릇된 인식을 반박하면서 이른바 천뢰에 관하여 그것이 만물(특히 인간의 사려와 언어활동)의 유일한 보편적인 근거임을 시사한 것이며 다음의 '大知閑閑' 이하 논설의 도입이다. '吹'는 다음의 '夫言非吹也'의 '吹'처럼 사려·언어활동을 암시한다. '而'는 여기서는 '如'와 같다. '使其自己也'는 다음의 '道惡乎往而不存'에 해당한다.

怒者其誰邪(노자기수야):성나게 하는 것은 과연 누구인가? '怒者'는 지뢰에 있어서의 바람처럼, 노호(怒哮)시키는 것.

【補說】이상은 〈천뢰우화〉의 제1절인데 다음의 긴 논설 부분의 도입이다. 주로 구멍과 소리와 바람의 관계에 의하여 인간[物]과 그 영위(營爲)와 道의 관계, 특히 물사(物事)를 성립시키는 유일한 실재 근거가 존재함을 예시하고 있다. 바람의 여러 소리, 이른바 지뢰(地籟)에 관한 서술은 간결하지만 변화가 풍부하고 박력이 있으며 약동하고 있다. 바람을 주제로 하는 작품이 적지 않지만 이만큼 힘 있는 것은 없다. 구멍[穴]은 인간이나 물(物)의 공허함을, 소리[音]는 갑론을박하는 사려·언설의 영위를, 그리고 무형으로 큰 작용을 하는 바람은 잡으려 해도 좀처럼 잡을 수 없는 도(道)를 생각하게 한다. 특히 이 우화는 그 도(道)가 망아(忘我)에 의해 체득됨을 예시하고 있다.

"大知閑閑, 小知閒閒. 大言炎炎, 小言詹詹. 其寐也魂交, 其覺也形開. 與接爲構, 日以心鬪. 縵者, 窖者, 密者. 小恐惴惴, 大恐縵縵.

其發若機栝, 其司是非之謂也. 其留如詛盟, 其守勝之謂也.
其殺如秋冬, 以言其日消也. 其溺之所爲之, 不可使復之也.
其厭也如緘, 以言其老洫也. 近死之心, 莫使復陽也.
喜怒哀樂, 慮嘆變慹, 姚佚啓態. 樂出虛, 蒸成菌, 日夜相代
乎前, 而莫知其所萌. 已乎已乎, 旦暮得此其所由以生乎.

"인간의 나쁜 지혜는 사납기만 하고, 작은 꾀에서 나오는 교활함은 은밀하고 비열하다. 위압적인 언론은 무시무시하고 두서도 없는 언론은 장황하고 번거롭게 계속된다. 사람은 잠을 자는 얼마 안 되는 동안에만 마음도 굳게 닫힐 뿐, 깨어나면 신체가 이 세상과 마주 서게 된다. 그러면 세속의 물사와 끊임없이 접하여 이것저것을 주고받아, 마음속에선 수많은 싸움이 일어난다. 그 마음의 활동에는 널리 마음을 써 고루 미치게 하는 것, 깊이 생각하는 것, 정밀하게 생각하는 것 등이 있다. 그러나 필경 그것들은 가슴을 죄게 할 두려움이나 정신을 차리지 못하고 어찌할 바를 모르게 하는 공포가 되어 버린다.

인간의 마음은 마치 시위에 물린 살처럼 재빨리 물사에 대응하니 그것은 타인과 다투어 시비를 가리려고 하는 경우를 말하는 것이다. 마치 신에게 맹세한 것처럼 한 가지 것에 마음을 한정시키고 움직이지 않으니 그것은 자신의 승리를 지키려는 경우를 말하는 것이다. 그렇게까지 노력해도 마치 추동(秋冬)의 햇빛처럼 약해지니 그것은 마음이 날로 쇠약해지는 것을 말하는 것이다. 결국 마음이 세속의 이욕에 빠져드는 사이에 닳아 없어지면 다시 처음으로 되돌릴 수 없는 것이다. 그리고 빈틈없이 닫혀 버리는 것처럼 마음의 활동이 멈추니 그것은 늙어 버리는 것을 말한다. 이렇게 죽음을 아주 가까이에 두고 있는 사람의 마음은 다시는 성하여지지 않는다.

그러므로 인간은 기쁨, 노여움, 슬픔, 즐거움, 앞일에 대한 걱정, 지난
일에 대한 탄식, 물사에 따른 마음의 움직임, 한 가지 일에 대한 집착, 경
박함, 방일(放佚)함, 신중하지 못함, 예쁘게 꾸밈 등 여러 가지 지(知)·정
(情)·의(意)를 영위하는데 그 모든 것은 음악이 텅 빈 구멍에서 흘러나오
고 무형의 수증기로 버섯이 자라는 것처럼 끊을 수 없는 세속 안에서 무의
미한 현상을 되풀이하는 것이며 그것이 어떻게 하여 일어나는지 그 근거를
알 수도 없다. 인간이 그 지혜나 언론에 구애되어 있는 한은 그 근거를 구
한다 해도 참으로 헛된 일일 뿐이다. 짧은 동안에 이들 현상의 근거를 깨닫
는다는 것은 어려울 것이다.

【語義】 大知閑閑小知閒閒……:이 이하는 인간의 사려·언설과 道의 관계
에 관하여 논하고 있다. 사려·언설은 인뢰(人籟)이며 道는 모든 현상
의 '진재(眞宰)'이다. 道와 만사 만물의 관계를 논하고 있으며 우의를 버
리고 주문제를 직접적으로 다루고 있다.
　　大知閑閑(대지한한):'大知'를 '지혜가 있고 관대한 사람' 또는 '진지(眞
知)'의 뜻으로, '閑閑'을 '넓은 모양' 또는 '한가하여 여유 있는 모양'의 뜻
으로 해석하는 설이 많다. 그런데 '大知'는 '小知'와 상대하여 '일이심두
(日以心鬪)'의 일익을 담당하는 것이며 이 편에는 人知를 칭양(稱揚)한
대목이 전연 없음을 생각하면 '大知'는 '매우 나쁜 지혜'라는 뜻으로 해
석하지 않으면 안 된다. 따라서 '閑閑'은 고음(古音)이 비슷한 '悍悍(한
한:사납다, 용맹스럽다)'의 차자로 보아야만 한다.
　　閒閒(간간):본디 '閑閑(침착하고 조용한 모양)'과 통용되는 말이지만
여기서는 교활함을 형용하고 있으므로 '覵覵(간간:覵覵, 몰래 사람의
허점을 엿보는 것)'의 차자로 보아 해석해야 한다.
　　炎炎(염염):성대한 모양. 일설에 아름답고 성한 모양을 뜻한다고 했

는데 이는 적당하지 않다.

詹詹(첨첨):하찮은 일을 시끄럽게 떠드는 모양.

其寐也魂交(기매야혼교):통상 '交'를 세상의 물사와 교착·교접한다는 뜻으로 보아(司馬彪의 설·成玄英의 설) 사람들이 무심하게 자지 못하여 꿈속에서까지도 세상일로 괴로움을 당한다는 뜻으로 해석하고 있는데 大知·小知, 大言·小言, 小恐·大恐 등의 서술이 대부분 상반하는 뜻을 가지고 있다는 점에서 생각하면 '交'는 '絞(교:죄다, 굳게 닫다)'의 차자이며 '形開'와 짝이 된다. 따라서 '잠들어 있는 동안에만 겨우 혼의 움직임도 멎는다.'라고 해석해야 한다. '其覺' 이하의 서술이 '形開' 이후의 일에 대해서인 것도 이러한 추정을 뒷받침한다. 더욱이 '魂'은 인간의 몸속에 깃들어 심적 작용을 하는 것이다.

形開(형개):신체의 감각이 외계, 즉 세상의 물사와 접촉하는 것을 가리킨다. '開'는 '交'에 대응하는 말로 외계에 대하여 개방되는 것.

與接爲構(여접위구):'與'는 '與物'을 줄여 표현한 것. '構'는 '搆(구:주고받음, 응대)'의 차자.

縵者(만자):마음을 널리 고루 미치게 하는 것.

窖者(교자):깊이 생각하는 것. '窖'는 곡물 따위를 저장하기 위해 땅을 깊이 파서 만든 광.

密者(밀자):정밀하게 생각하는 것.

惴惴(췌췌):근심하고 두려워하는 것.

縵縵(만만):멍청해져 정신을 차리지 못하는 모양. '縵'은 '憪(만:잊어버리다)'의 차자. 일설에는 마음의 안정을 잃고 기운을 차리지 못하는 모양을 뜻한다고 한다.

機括(기괄):특수하게 고안된 활에 걸었던 화살. '機'는 특수하게 고안된 활. '括'은 '筈(괄)'의 차자로 발사되도록 시위에 걸어 놓은 살.

詛盟(조맹):여기서는 '詛'도 '盟'처럼 '신에게 하는 맹세'의 뜻.

其殺(기쇄):여기서 '殺'는 '衰(쇠:약해지다)'의 뜻.

溺(닉):세속의 이욕(利欲)에 빠져드는 것.

其厭也如緘(기염야여함):'厭'은 막히다·닫히다의 뜻. 여기서는 마음이 둔해져 활동하지 못하는 것을 말한다. '緘'은 열지 못하도록 끈 따위로 묶는 것.

老洫(노혁):늙어빠지는 것. '洫'은 '溢(일:넘치다, 정도를 지나치다)'의 오자.

慮嘆(여탄):걱정과 한탄. '慮'는 앞일에 대한 것을 말하고, '嘆'은 이미 지나간 일에 대한 것을 말한다.

變慹(변접):'變'은 마음이 움직이는 것, '慹'은 어떤 일에 집착하여 마음에 여유가 없는 것.

姚佚(요일):'姚'는 '佻(조)의 차자로 경박한 것. '佚'은 마음 내키는 대로 하는 것.

啓態(계태):'啓'는 신중하지 못한 것. '態'는 예쁘게 꾸미는 것.

樂出虛蒸成菌(악출허증성균):허무한 생멸의 현상을 말하고 있다. '樂'은 유형의 음악, '蒸'은 무형의 수증기. '虛'는 무형의 혈(穴), '菌'은 짧은 기간 동안에 사라지는 유형의 버섯[茸].

已乎(이호):허무함을 나타내는 감탄사.

旦暮得此其所由以生乎(단모득차기소유이생호):짧은 기간에 이들 현상의 근거를 깨닫기는 어려울 것임. 여기의 '其'는 '之'와 같다. '旦暮'는 짧은 기간을 가리킨다. 이 구는 앞의 '怒者其誰乎' 뒤에 나오는 '而不知其所爲使'와 대응한다.

【補說】 이상은 〈천뢰우화〉의 논설 부분 첫머리(앞의 대화 부분에서부터

세면 제2절)의 제1단이다. 사람은 그 마음에 의하여 사려·언론, 그 밖의 경영을 전개하고 있는데 그것들은 무의미한 현상의 되풀이에 지나지 않음을 지적하고, 그 현상을 일어나게 하는 근거가 따로 있음을 시사하고 있다.

非彼無我, 非我無所取. 是亦近矣. 而不知其所爲使. 若有眞宰, 而特不得其眹. 可行已信, 而不見其形. 有情而無形.
百骸九竅六藏, 賅而存焉. 吾誰與爲親. 汝皆說之乎. 其有私焉. 如是, 皆有爲臣妾乎. 其臣妾不足以相治乎. 其遞相爲君臣乎. 其有眞君存焉. 如求得其情與不得, 無益損乎其眞.
一受其成形, 不亡以待盡. 與物相刃相靡, 其行盡如馳, 而莫之能止. 不亦悲乎. 終身役役, 而不見其成功. 苶然疲役, 而不知其所歸. 可不哀邪. 人謂之不死, 奚益. 其形化, 其心與之然. 可不謂大哀乎. 人之生也, 固若是芒乎. 其我獨芒, 而人亦有不芒者乎.
夫隨其成心而師之, 誰獨且無師乎. 奚必知代而心自取者有之. 愚者與有焉. 未成乎心, 而有是非, 是今日適越而昔至也. 是以無有爲有. 無有爲有, 雖有神禹, 且不能知. 吾獨且奈何哉.

저 희로애락(喜怒哀樂) 등의 영위가 있기에 인간인 나 자신의 작용이 있다고 생각되며 반대로 인간인 나 자신의 작용이 있기에 그 희로애락의 영위가 행해지는 것이라 생각된다. 이러한 생각은 인간의 참된 사실을 잘 파악한 것처럼 생각된다. 단, 이것으로는 누가 그 피아(彼我)의 상대적 관계를 성립시키고 있는지 알 수가 없다. 그래서 그 관계를 성립시키는 참된 주재자는 피아와는 별도로 있다고 생각되는데 다만 그 조짐을 잡을 수가 없다. 아니, 좀 더 정확히 말하면 그 작용이 행해지고 있다는 것은 의심할 여지가 없는데 그 형상을 볼 수 없을 뿐이다. 따라서 참된 주재자가 실재한다는 것은 필연적인 사실인데 이 세상에 존재하는 물(物)과는 달리 그것은 형상을 갖추고 있지 않다.(도대체 그것은 무엇이며 또 어떤 모습을 하고 있는 것일까?)

(인간은 신체가 있기 때문에 이 세상에 생존할 수 있는데 그렇다면 우선 인간의 신체 그 자체에 주재자가 존재하는지 어떤지부터 생각해 보자.) 인간에게는 백 개의 뼈마디, 아홉 개의 구멍, 여섯 개의 장기(臟器) 등 여러 가지 기관이 갖추어져 있다. 우리는 그 가운데 어느 것을 가장 소중히 여길까? 자네는 어느 것도 소홀히 할 수 없다고 생각하는가? 그런데 어떤 행위를 함에 있어서 유달리 중요하게 생각하는 것이 있으리라. 그렇다면 다른 것들은 모두 그에 대하여 늘 신하나 첩처럼 따르는 것일까? 모든 기관이 신하나 첩처럼 다른 것에 따르기만 한다면 서로 신체의 기능을 다스리는 것은 불가능할 것이다. 그렇다면 여러 기관이 서로 바꾸어 가며 주(主)도 되고 종(從)도 되는 것일까? 그렇다고 한다면 (여러 기관 안에는 상주하는 주가 있지 않고) 결국 여러 기관을 통일하는 주재자가 따로 있다는 것이 되리라. 인간의 신체에 그것이 있다는 필연적 사정을 알든 모르든 그 주재자가 있다고 하는 진실에는 전혀 관계가 없다.

인간이 일단 이 세상에 태어나 백 개의 뼈마디·여섯 개의 내장 등을 갖춘 신체를 지니면 곧 죽지는 않는다 해도 머지않아 다하여 없어지는 것이다. 신체는 세상의 물사에 몹시 부대끼고 시달려 그 없어져 가는 것이 마치 말이 달리듯 빠르며 누구도 그것을 멈추게 할 수가 없다. 참으로 슬픈 일이 아닌가! 평생 고생하고 애쓰면서도 성공하지 못하고, 피로해져 지치고 병

들면서도 그 가는 곳이 어디인지 모른다. 이것을 슬프지 않다고 말하려는 가? 그런데도 사람들은 '인간이 헛되이 죽는 것은 아니다.'라고 생각하는데 그것이 무슨 보탬이 되겠는가? 신체가 변하여 다할 뿐 아니라 인간의 마음 도 이와 함께 끝난다. 이것을 큰 슬픔이라고 말하지 않으려 하는가? 인간 이 이 세상에 태어나 산다는 것은 이토록 분명하지 않은 것일까? 혹은 우 리만 그렇고 인간 가운데 그렇지 않은 자도 있는 것일까?

(이처럼 인간의 신체에는 인간의 참된 주재자가 없으므로 그것을 마음에 서 구하지 않으면 안 된다.) 무릇 이 세상 인간들의 [미오(迷誤)에 가득 찬] 마음을 선생처럼 높이고 그에 따르는 것을 행(行)의 지침으로 삼고 있는데 그렇다면 누구라도 그 마음에 스승을 지니지 못하는 자는 없을 것이다. 그 런데 그것이 잘못임을 명확히 알면서도 마음으로부터 그렇게 하려는 자가 있을까? 만약 그런 자가 있다면 그는 어리석은 자일 뿐이다. 그것은 아직 마음에 일정한 기준이 서 있지 않으면서도 옳고 그름의 판단을 내리려는 것 이며 '오늘 월(越)나라에 갔는데 어제 도착했다.'와 같은 오류일 뿐 아니라 아무것도 없는 것을 있다고 하는 것과 같은 허위이다. 이러한 허위가 행해 져서는 명지(明知)의 신(神)인 우(禹)가 이 세상에 있다 하더라도 그 진실 을 알 수가 없다. 하물며 우리가 이것을 어찌할 수 있겠는가?

【語義】 非彼無我, 非我無所取(비피무아비아무소취):'彼'는 知・言 또는 '喜 怒哀樂……姚佚啓態' 등 인간이 경영하는 일을 가리키며 '我'는 '일이심 두(日以心鬪)'의 마음, 즉 인간이 경영하는 일의 주체를 말한다. 이 두 구절은 앞 절의 '夫吹萬不同, 而使其自己也'에 해당하는데, 특히 '非我 無所取'는 '夫吹萬不同, 而使其自己也' 다음에 있는 '咸其自取'에도 해당 한다. 지뢰(地籟)의 비유로써 말하면 '彼'는 籟며 '我'는 竅穴이다. 단, '心' 대신 '我'라 한 것은 지금부터는 인간의 주체적 존재의 근본을 묻기

때문이다. 이에 비하면 知·言·喜怒 등은 불확정적이며 게다가 서로 대립하는 것이기 때문에 '彼'라 한 것이리라.

是亦近矣(시역근의):우선 그런 생각이 성립할 수 있음을 인정하는 말로 '그럴 듯하다, 사실에 가깝다' 쯤으로 번역할 수 있다. 인간을 존재시키는 원인은 인간 자신에게는 없지만 마치 그런 것처럼 생각하게 하는 사실이 있기 때문이리라.

而不知其所爲使(이부지기소위사):'其所爲使'는 피아의 상대적인 순환 관계를 성립시키는 것, 즉 그 상관(相關)을 초월한 별개의 것. '진재(眞宰)'로 보아야만 한다. '使'는 '司(사:주관하다, 지배하다)'의 뜻.

眞宰(진재):참된 주재자, 결국 아래 글의 '道'를 말하는 것인데 여기에서는 그것을 밝혀 나아가고 있는 것이다.

特不得其眹(특부득기진):단지 인간의 감각·지각으로는 구체적으로 인식할 수 없음. '特'은 '獨'과 같으며 강하게 한정하는 뜻을 나타내는 조사. '眹'은 '朕(짐:조짐)'의 차자.

可行已信(가행이신):진재의 작용이 있다는 것은 의심할 여지가 없음. '行'은 작용, '已'는 기정(旣定)의 뜻, '信'은 확실하다는 뜻.

有情而無形(유정이무형):진재가 실재한다는 필연적 조건은 있지만 그것을 현생에 존재하는 것, 즉 공간적·시간적으로 규정할 수는 없음. '情'은 진정(眞情), 즉 필연적 사정이란 뜻으로 위의 '若有眞宰'와 '可行已信'을 받으며, '形'은 감각·지각에 의해 인식되는 것, 즉 공간적·시각적으로 규정되어 있는 존재라는 뜻으로 위의 '眹', 形'을 받고 있다.

百骸九竅六藏賅而存焉(백해구규육장해이존언):인간에게 여러 가지 기관이 갖추어져 있는 것을 가리킨다. '百骸'는 백 개의 뼈마디. '九竅'는 아홉 개의 구멍으로 눈·귀·코·입 및 배설기의 구멍. '六藏'은 간·심장·폐·지라·좌우 콩팥의 여섯 장기. '藏'은 '臟'의 차자. '賅'는 '備(비:

갖추다)'의 뜻. 이 이하는 진재가 어디에 있는지를, 우선 인간에게 있어서 가장 절실한 신체의 여러 기관에서 찾으려 하고, 그것들에는 진재가 존재하지 않음을 명확히 밝히고 있다.

吾誰與爲親(오수여위친):우리는 그것들 가운데 어느 것을 가장 중요하게 여길까? '誰'는 '孰(숙:어느 것)'과 같은 뜻인데 여기서는 '眞宰'와 조응시켜 의인화한 것이다. 인간의 영위는 인간의 여러 기관이 행하는 통일 행동이라고 해야 하므로 그 기관 중에 통일 행동을 주관하는 것이 있어야만 한다고 말한 것이다.

汝皆說之乎(여개열지호):'汝'는 굳이 밝히자면 자유(子游)를 가리키는데 여기서는 그보다도 문세(文勢)에 변화를 주어 인상을 더욱 깊게 하기 위한 말이다. '說'은 '悅好(열호:좋다고 생각하는 것)'의 뜻. 위의 '親'과 호응하는 말이다. 신체의 여러 기관이 다 중요하다고 생각하는 것은 진재가 있음을 모르는 인간의 상식이다.

其有私焉(기유사언):'私'는 편애. 밥을 먹는 것을 예로 들어 말하면 입은 주가 되고 손은 종이 되는 것처럼 차별이 생기는 것.

如是(여시):'是'는 '有私焉'을 가리킨다.

臣妾(신첩):주종 관계를 의인화하여 종의 위치에 있는 것을 신첩이라 한 것이다. '臣'은 신하, '妾'은 시녀.

其遞相爲君臣乎(기체상위군신호):서로 번갈아 가며 임금과 신하가 되는가? '皆說之乎' 이하 여기에 이르기까지 점진적으로 진재의 소재에 관해 캐묻고 있다는 점에 주의해야 한다. 신체의 여러 기관 가운데 상주하며 일정한 주가 되어 다스리는 것이 없다면 그것들을 지배하는 것은 결국 인간의 신체와는 별도로 존재한다고 생각하지 않으면 안 된다.

一受其成形(일수기성형):일단 이 세상에 백해·구규(百骸·九竅)를 갖춘 인간으로 태어난 다음에는. 즉 '시간적·공간적으로 제한을 받는 인간은'의 뜻. 이 이하는 인간의 육체 그 자체에는 진실의 존재 근거가 없고 다만 멸하여 사라져 가는 것이며 정신마저도 이와 운명을 같이한다는 것을 논하고 있다.

不亡以待盡(불망이대진):죽지는 않으나 다하기를 기다리는 것임. 인간의 신체는 곧 사망하지 않더라도 머지않아 다하여 없어지는 것이라는 뜻. 여기의 '以'는 '而'와 같다.

與物相刃相靡(여물상인상마):물(物)과 더불어 시달리고 부대낌. '物'은 이 세상에 존재하는 동식물을 필두로 널리 인간 사념(思念)의 대상이 되는 모든 현상을 가리킨다. 도가에서는 物 그 자체는 존재 근거를 지니지 못하고 끝없이 변화하는 것이며 그 위에 허망한 가치를 수반하고 있어 인간의 인식을 그릇되게 한다고 본다.

行盡(행진):점차 없어짐.

役役(역역):고생하고 애쓰는 모양.

茶然疲役(날연피역):'茶然'은 피로해져 지친 모양. '役'은 '厄(액:厄. 괴롭게 수고하는 것)'의 차자.

所歸(소귀):돌아가는 곳. 죽음을 가리킨다.

芒(망):'亡' 또는 '茫'의 차자로 분명하지 않은 것을 가리킨다.

成心(성심):앞의 '成形'에 짝하는 말이며 이 세상에 생존하는 인간들이 갖는 미오(迷誤)에 가득 찬 생각을 가리킨다.

誰獨且無師乎(수독차무사호):'獨·且' 모두 '誰'를 강조하기 위한 조사.

知代(지대):'代'를 글자 뜻 그대로 '계속하여 바뀌다'로 해석해도 어느 정도 통하지만 '代'와 고음(古音)이 같았으리라고 생각되는 '忒(특:어긋나다, 틀리다)'의 차자로 보아야 한다. 따라서 앞에서 서술한 마음의 미망(迷妄)을 가리킨다.

未成乎心(미성호심):마음에 바른 판단 기준이 서 있지 않음.

今日適越而昔至(금일적월이석지):오늘 월(越)나라로 떠나 어제 도착함. 전적으로 그릇된 견해임을 뜻한다. 천하편에 의하면 이 명제는 명가(名家)인 혜시(惠施)의 것이라고 한다.

以無有爲有(이무유위유):있지도 않은 것을 있다고 함. '今日適越……'처럼 매우 우열(愚劣)한 것을 가리킨다.

神禹(신우):≪상서(尙書)≫에 의하면 우(禹)는 제요·제순(帝堯·帝舜)의 신하로 아버지 곤(鯀)을 대신하여 대홍수를 다스리라는 명을 받아 9년의 노력 끝에 이를 다스리고 중국의 지방 구획·산물·세제 등을 정해 마침내 순임금으로부터 제위를 물려받아 처음으로 세습의 하(夏)왕조를 열었다고 한다. 그러나 서주(西周) 시대까지는 중국의 토지를 열고 그것을 수호하는 신으로 여겨졌다. 어떤 이유로 禹가 명지(明知)의 신으로 간주되고 있는지는 명확하지 않으나 지신(地神)인 禹는 지상의 모든 것을 안다고 인식되었던 듯하다.

【補說】논설 부분 첫머리의 제2단이다. 앞 단을 받아 인간이 영위하는 일과 그것을 영위하는 자를 성립시키는 참된 주재자는 그것들을 초월하여 존재함을 제시하고, 그것이 인간의 어디에 어떤 모습으로 존재하는가를 탐구하고 있다. 그것을 우선 인간에게 가장 절실하고 구체적인 신체에서 구한다. 그러나 그것은 어디에서도 발견되지 않을 뿐만 아니라 신체는 일정불변한 주(主)가 없이 고생하며 사라져 가는 것에 지나지 않는다. 다음에 그것을 세상 사람들이 존중하는 마음에서 구한다. 그러나 마음이야말로 오류와 허위를 범하는 것으로 결코 인간 존재의 주재자가 아님을 명백히 한다.

논술이 치밀하고 비통하여 그것만으로도 사색이 심각해진다. 유가에서는 맹자가 '사람들은 모두 남에게 감출 수 없는 마음이 있다.'라고 말하고, 순자가 '마음은 형(形)의 君이다. 나아가 신명(神明)의 主이다. 명령을 하고 명령을 받는 바 없다.'라고 말한 것처럼 마음을 인간의 도덕적 행위의 근거로 하여 주체로 삼고 있다. 그런데 장자는 이에 정면으로 반대하여 그것은 오류와 허위를 범하는 것으로서, 스스로 主가 될 수 없는 것이라 했다. 게다가 오히려 마음에 있어서는 從이라 할 수 있는 신체를 맨 먼저 문제 삼고 있다는 것도 특징적이다. 물론 마음 안에서도 이른바 주재자는 발견되지 않는다. 이 사고방식은 유가보다 한층 근본적으로 개개 인간의 존재 근거 자체를 묻는 것이다.

夫言非吹也. 言者有言. 其所言者, 特未定也, 果有言邪, 其未嘗有言邪. 其以爲異於鷇音, 亦有辯乎, 其無辯乎. 道惡乎隱而有眞僞. 言惡乎隱而有是非. 道惡乎往而不存. 言惡乎存而不可. 道隱於小成. 言隱於榮華. 故有儒墨之是非. 以是其所非, 而非其所是. 欲是其所非, 而非其所是, 則莫若以明.

무릇 인간의 언론은 단순히 여러 가지 소리만 내는 것이 아니다. 언론에는 주장하고자 하는 의미와 내용이 있다. 그런데 그 의미와 내용이 (상술한 것처럼) 아직 진실에 근거하여 확정된 것이 아닌 이상 그 언론은 과연 나타내고 있는 것이 있을까, 아니면 아무것도 나타내지 못하고 있는 것일까? 그러한 언론은 갓 태어난 새끼 새의 울음소리와는 다르지만 과연 다르다 할 수 있을까, 아니면 다르지 않은 것일까?

도(道)가 어디에 숨어 있어 세상에선 참과 거짓에 대한 그릇된 판단이 행해지는 것일까? 진실한 언론이 어디에 숨어 있어 이런 겉치레의 시비 논쟁이 세상에 횡행하는 것일까? 도는 어디에나 존재하며 근거가 되고, 진실의 언론은 어디서든지 진리를 밝히고 있을 것이다. 그럼에도 지금 세상에서 도는 거짓된 생각에 숨겨지고, 진실한 언론은 겉만 아름다운 의론에 숨겨져 있다. 그래서 유가와 묵가의 논쟁이 참인 것처럼 행해지고 있다. 그들은 상대방이 그르다고 하는 것을 옳다고 반박하고, 상대방이 옳다고 하는 것을 그르다고 반박하며 끊임없이 논쟁하고 있다. 진실로 상대방이 그르다고 하는 것을 옳다고 하고, 상대방이 옳다고 하는 것을 그르다고 하려면 (즉 이 논쟁에 종지부를 찍으려면) 절대적 명지(明知)에 의하는 것이 최선이다.

【語義】 夫言非吹也(부언비취야):인간의 언론은 단순히 대소 완급(大小緩急)의 음성을 발하는 것이 아님. 여기의 '言'은 앞의 '大知閑閑……, 言炎炎……'과 대응한다. 여기에 '大知', '小知'에 해당하는 '知'에 관하여 직접적 진술이 없는 것은 知가 '所言' 안에 포함되어 있기 때문이다. '吹'는 앞의 '夫吹萬不同'의 '吹'를 받는 말.

　　言者有言(언자유언):뒤의 '言'은 다음 글의 '所言'과 같다. 말하여 주장하고자 하는 것을 가리킨다.

　　其所言者特未定也(기소언자특미정야):우리는 흔히 대상(物)이 있기 때문에 그에 대하여 인식하고, 또 그것을 표현하게 된다고 생각하는데 고대에는 예를 들면 ≪관자≫ 심술(心術) 하편에, '마음속에 마음이 있다. 뜻이 있어 말에 우선한다. 뜻이 있은 후에 밖으로 나타난다. 나타난 후에 그 진위를 생각한다. 생각한 후에 그 시비를 안다.'고 한 것처럼 인식 주체에 대상을 사념하기 전 그것을 의식하고 판단하는 기준이 되는 선의식(先意識)이 있음을 중시했다. 여기서도 같은 생각을 채택하고 있다. 단, 앞에서 말한 것처럼 인간의 선의식조차도 참으로서 성립하는 근거를 가지고 있지 않다고 보기에 '所言'의 참[眞]이 일정하지 않은 것이다.

鷇音(구음):갓 태어난 새의 울음소리. 무의미한 말의 비유.

有辯乎(유변호):'辯'은 구별을 명확하게 하는 것.

道惡乎隱而有眞僞(도오호은이유진위):도(道)가 어디에 숨어 있어 이런 번쇄한 진위 판단이 세상에서 행해지고 있는가? '道'는 중국의 여러 사상가에게 유일한 근본 원리이며 개괄적으로 말하면 세계의 모든 존재물을 참된 것으로 성립시키고 그 존립의 규범이 되는 것이다. 단, 그것을 어떻게 또 어떠한 것으로 받아들이느냐에 따라 사상 체계가 달라진다. 그 중에서도 유가는 예를 들어 '朝聞道, 夕死可矣(아침에 道를 들으면 그날 저녁에 죽어도 좋다)'라고 한 것처럼 인생의 지침인 것, 특히 도덕적 규범이 되는 것을 주로 하여 그것을 예(禮)와 같은 구체적인 규범으로 나타내야 한다고 주장한다. 이에 대해 도가는 도(道)는 모든 존재물을 성립시키는 유일한 근본인 동시에 무위무형(無爲無形)이며 인간의 지각을 끊고 오로지 物 자신에게 자득된다고 주장한다. '眞僞'는 세상의 거짓 진위를 가리킨다. 다음 글의 '小成'에 해당한다. 이 문장은 '道'를 강조하고 다음 글의 '道惡乎往而不存'의 '道'와 일치시켜 표현하기 위해 '惡乎道隱而有眞僞'를 도치시켜 표현한 것이다. 따라서 '惡乎(어째서 ~ 한가?)'는 '道隱', '有眞僞' 양쪽에 걸리는 반어의 조사이다.

道惡乎往而不存(도오호왕이부존):도는 어찌하여 가고 없는가? '道'는 보편적 실재임을 뜻한다. '惡'는 반어를 나타내는 조사. '而'는 '往'을 강하게 제시하는 조사. 따라서 '往而'는 '어느 곳으로 옮겨갔는가?'의 뜻. 또, 이 반어의 본의는 '道無往不存'이다.

言惡乎存而不可(언오호존이불가):말이 어찌하여 불가(不可)한 것에 있는가? 말에는 반드시 진리의 언설이 있어야 함을 가리킨다. '可'는 '좋다고 판정하다'의 뜻.

道隱於小成(도은어소성):'小成'은 앞 글의 '成心'을 받고 있다. 세속적으로는 존경받고 있지만 장자가 볼 때에는 하찮고 거짓된 성공. 유가·묵가 등을 가리키는 것이리라.

言隱於榮華(언은어영화):'榮'은 풀의 꽃, '華'는 나무의 꽃. 겉보기만 아름답고 진실이 없는 말의 비유이다.

有儒墨之是非(유유묵지시비):'儒'는 유가 공자의 가르침을 계승한 학파. '墨'은 묵가 묵적(墨翟:B.C. 468년경~B.C. 376년경)의 가르침을 계승한 학파. 이 두 파의 논쟁은 ≪맹자≫ 고자편(告子篇), ≪묵자≫ 비유편(非儒篇), ≪순자≫ 왕제편(王制篇)·비십이자편(非十二子篇) 등에 보이는데 유가가 개인의 도덕적 실천을 주로 하여 자연스런 질서에 합치한 인애(仁愛), 예악(禮樂)의 진흥, 특히 3년의 상례(喪禮) 등을 주장한 데 대해 묵가는 사회 전체의 실리적 평화를 주로 하여 평등 박애, 검약, 특히 음악과 후장(原葬)의 배척을 주장하고 전쟁 금지를 부르짖었다.

莫若以明(막약이명):밝은 지혜로써 밝히는 것만 못함. '明'은 내성(內省)의 구극(究極)으로 도달하는 대직관(大直觀)을 말한다. 명지(明知)의 체득은 중국 고대 철학의 중요한 문제였다.

【補說】 논설 부분의 제2절(대화 부분까지 치면 제3절)의 제1단이다. 사려·언론 등 인간의 영위를 성립시키는 참된 주재자는 도(道)임을 드디어 밝히고 있다. 그 도가 세상의 번쇄한 사려나 겉치레의 논쟁에 가리어져 있음을 지적하고, 그 도를 체득하려면 '明(절대적 明知)'에 의하지 않으면 안 된다고 제창하고 있다. 이것이 논설 주요부의 서설(序說)이다. 따라서 이하의 논(論)은 주로 '道'와 '明'을 둘러싸고 전개된다.

앞 절의 서술에 의하면 인간의 모든 필사적인 노고는 무엇에 의해 그렇게 되는지를 알 수 없는 영위이다. 인생은 허망한 것에 지나지 않는다. 그러한 인간이 인간다운 것을 바라면서 더욱 미망을 더한다. 이것은 세상의 범속한 자들만이 그렇다는 것이 아니라 실은 이 우화의 작자인 장자마저도 그러한 부류에 드는 것이다. 필시 우리들도 이와 비슷한 미망에 빠지지 않는다고는 말할 수 없으리라.

이 우화의 작자는 우선 언어 · 논설과 道는 어떠한 관계일까를 생각한다. 언어와 논설은 본디 인간들의 거짓이 아닌 의사를 담아 바른 의미를 전하는 것으로 그것을 성립시키는 道가 담겨 있어야 한다. 그런데 도를 깨우치지 못한 미망의 인생에 있어서는 언어와 논설이 세속적 영화를 추구하는 도구일 뿐이며 오히려 사람을 무너뜨리고 상하게 하여 불행에 빠뜨린다. 이 세속적 지혜를 타파하는 명지(明知)는 없는 것일까? 그것으로 도에 복귀하는 것은 불가능한 것일까? 이 우화의 작자는 그렇게 사고를 발전시킨다. 여기에는 미망의 인생에서 고뇌하는 작자가 사색하는 과정이 잘 나타나 있는 것이다.

物無非彼, 物無非是. 自彼則不見, 自知則知之. 故日, '彼出於是, 是亦因彼.' 彼是方生之說也. 雖然, 方生方死, 方死方生. 方可方不可, 方不可方可. 因是因非, 因非困是.
是以聖人不由而照之于天. 亦因是也. 是亦彼也, 彼亦是也. 彼亦一是非, 此亦一是非. 果且有彼是乎哉, 果且無彼是乎哉. 彼是莫得其偶, 謂之道樞. 樞始得其環中, 以應無窮. 是亦一無窮, 非亦一無窮也. 故日, '莫若以明.'

인간의 사려나 언론은 마음이 사물과 접촉하는 것으로 구성되는데 그 사물은 한쪽에서 생각하면 모두 주체인 나[我]와 떨어져 존재하는 '피(彼)'이며, 다른 쪽에서 생각하면 모두 나 자신이 알아야 비로소 존재가 인식되는 '시(是)'이다. 그러나 我에게 존재하는 '彼' 그 자체만으로써 알려고 아무리 애써도 그것이 我에게 어떤 의미나 가치를 가지는지를 명백히 할 수 없다. 나 자신이 이러이러하다고 판단하고자 해도 그것으로는 오히려 당면의 관심사에 제한되어 물사(物事)를 정확히 알 수 없다. 그래서 '彼(사물 그 자체의 존재)는 我가 是라고 아는 것에 의해 인식되고, 반대로 我가 是라고 아는 것도 彼에 의해 성립한다.'고 하는 명제가 생기게 된다. 이것이 세상에서 행해지는 '彼是(主客)의 상관상대설(相關相對說)'이다. 그러나 이 논리에서는 (일부 논자가 지적하고 있는 것처럼) 한쪽에 '是'인 삶이 있으므로 해서 다른 쪽에 '彼'인 죽음이 있고, 반대로 한쪽에 죽음이 있음으로 해서 다른 쪽에 삶이 있다. 또, 적당하다고 인정하는 반면에 부적당함이 있고, 반대로 부적당하다고 인정하는 반면에 적당함이 있게 된다. 따라서 이것이 바르다는 주장은 이것을 부정하는 주장에 의존하고, 반대로 이것은 바르지 않다고 부정하는 주장은 이것을 바르다고 긍정하는 주장에 의존하게 된다. (이와 같이 끝없이 서로 대립하고 서로 모순하는 주장의 악순환을 되풀이해서는 진실의 언론은 성립하지 않는다.)

그렇기 때문에 성인은 '彼·是'의 상관·상대의 설에 의하지 않고, 모든 物에 널리 미치는 그 생성의 유일한 근원인 하늘에서 절대적인 근거를 구하여 그로써 생각한다. 이것이 '因(인간의 주관적 의식을 깨끗이 없애고 오로지 道에 따르는 것)'이다. 이러한 경지에 도달하면 '是'를 아는 것은 '彼'를 싸안는 것이며 '彼'를 아는 것은 '是'를 싸안는 것이어서 '彼·是'의 대립·모순이 없어진다. 더구나 그 아는 것은 '彼'를 바르다 해도 좋고 '是'를 바르다 해도 좋으니 그것들을 是·非의 차별·대립 없이 포화(包和)하는 것이다. 이것은 대체 '彼'와 '是'의 구별이 있다는 것일까, 그렇지 않으면 '彼'와 '是'의 구별이 없다는 것일까. 이와 같이 '彼'와 '是'를 대립시키지 않고 포화시키는 것, 그것을 道의 사북이라고 한다. 이 道의 사북이 '彼 · 是', '是 · 非' 등이 순환하는 안에 있고 또 각각을 만족시키는 포화의 중심에 있음을 깨닫는 것으로 物의 영원 무한한 진실의 전개를 달관할 수 있다. 이 달관에 있어서는 어떤 物이 바르다고 주장하는 일이 있어도, 또는 그것이 바르지 않다고 부인하는 일이 있어도 그것들은 똑같이 그 무한한 전개로써 터득된 것이다. 이와 같이 道의 사북을 깨닫는 것이 절대적 명지(明知)이다. 그렇기 때문에 앞에서 '절대적 명지에 의하는 것이 최선이다'라고 말한 것이다.

【語義】物無非彼物無非是(물무비피물무비시):인간의 인식에는 객체[彼]와 주체[是]의 상관적 대립, 즉 주체에서 떨어져 있는 대상 그 자체에 대한 개괄적 판단과 대상을 자신의 사유(思惟) 안에 포함하는 주관객 판단이라는 서로 관련된 대립이 있음을 가리킨다. 단, 〈천뢰우화〉에서는 物의 실재를 인정하지 않고, 또 인식 주체의 선험적 기준을 인정하지 않으므로 이 대립은 헛된 것이다.

自彼則不見(자피즉불견):대상(對象)만으로는 완전한 인식이 성립되지 못함을 가리킨다.

自知則知之(자지즉지지):인식 주체만으로는 대상에 대한 정확한 인식이 성립되지 못함을 가리킨다. '之'는 '物無非是'의 是. 결국 주체에 의해 국한된 대상의 인식 부분을 가리킨다.

故曰彼出於是是亦因彼(고왈피출어시시역인피):당시 명가(名家)의 명제를 이용한 말인 듯하다. 인식에는 彼是, 주관과 객관의 무한한 대립이 계속 순환됨을 말한다. 우리의 상식으로는 주관의 참과 객관의 참이 서로 일치함으로써 참 인식이 성립하는 것이지만 각각 그 자체의 참을 갖추고 있지 않으므로 형식적인 대립이 생기게 되고, 또 이것이 상대적 순환론이 되는 것이다.

彼是方生之說也(피시방생지설야):주관 · 객관의 대립이 서로 대립하는 설을 동시에 성립시킴을 말한다. '方'은 서로 나란히 선다는 뜻.

方生方死方死方生(방생방사방사방생):이하, 生이 있으므로 해서 비로소 死가 있고, 死가 있으므로 해서 비로소 生이 있는 것처럼 서로 대립하는 판단을 동시에 성립시켜, 더욱이 그것이 끝없이 순환하는 것을 가리킨다. 이 순환을 끊지 않는 한 生이든 死든 어느 쪽인가를 채용하는 주장은 성립하지 않는다.

因是因非(인시인비):여기서 '因'은 '是 · 非'의 두 서술이 서로 병립함을 나타내는 조사. '是 · 非'는 '可 · 不可' 등의 인식 위에 성립하는 가치 판단이므로 '方' 대신 '因'을 사용한 것이다.

照之于天(조지우천)'天'은 앞의 인간계의 모든 현상에 대하면 초월적이며 형이상학적이다. 앞의 '眞宰', '眞君'에 대응한다는 점에서 생각하면 절대 유일의 주재(主宰)이다. 더욱이 중국 고대의 전통 관념에서 생각하면 天은 만물을 생육시키는 유일한 근원이며 모든 법칙의 근본이다. 하긴 ≪노자≫ · ≪장자≫에서는 道를 天보다 우월한 것으로 보고 있는 경우가 많은데 여기서는 天을 道의 근원으로 했다고 보아야 할 것이다. 결국 여기에 '天'을 든 것은 첫째로는 '彼 · 是', '是 · 非' 등의 모든 현상에 관한 일은 그것을 초월하는 유일 절대의, 만물로 하여금 만물답게 하는 근거로부터 생각하지 않으면 안 된다는 주장을 포함하고, 두 번째로 그 '天'이란 결국 '道'와 결합하고 있음을 나타내며, 세 번째로 그 '天' 또는 '道'는 유가 등이 부르짖는 인생의 구극 목적(究極目的)이 아니라 자연 필연의 율법임을 나타낸 것이다. '照'는 준거로 하는 것.

亦因是也(역인시야):난해한 구절이다. 인간의 모든 주관적 의식을 깨끗이 씻어 버리고 道에 의지하는 것을 가리킨다. 여기서는 '因'이 物의 자연스러운 전개에 의지하는 것이 아니고 天을 준거로 하는 것임을 말한다.

是亦彼也彼亦是也(시역피야피역시야):彼·是의 인식이 양자를 만족시키고 포화하여 서로 대립이 없는 것을 말한다. '物無非彼, 物無非是'에 응하고 다음의 '果且有彼是乎哉'에 응하는 진술이다.

彼亦一是非此亦一是非(피역일시비차역일시비):난해한 명제이다. 이 명제가 주장하는 중점은 '一'에 있다. '此'는 '是亦彼也'의 '是'와 같다. '一'이란 是非의 대립·상호 반발을 초월하여 그것들을 일체로 포화하는 것이다. 일체로 포화한다는 것은 是非가 완전히 없어진다는 뜻이 아니다. 그 차별이나 대립이 없어져 그것을 융화하는 경지가 있음을 말하는 것이다. 좀 더 자세히 말하면 '彼도 바르고, 此도 바르다.'라는 판단이 성립할 수도 있고, '彼는 바르고, 此는 바르지 않다.'라는 판단, 또는 그 반대의 판단이 성립할 수도 있지만 是非에 대하여 아무런 집착이 없으면 차별적인 배격이 없을 것이다. 즉 그것들이 그대로 포화·용인되는 것이다. 또 그렇게 되어야만 세속적 가치의 차이가 없는 것이다. 다음에 나오는 '而未知有無之果孰有孰無也'와 '而未知吾所謂之其果有謂乎, 其果無謂乎'와 같은 취향의 표현이다.

果且有彼是乎哉果且無彼是乎哉(과차유피시호재과차무피시호재):소극적으로 말하면 그 어느 쪽이라고도 할 수 없는 것, 적극적으로 말하면 양자를 혼일(混一)하고 있는 것을 말한다. 결국 '彼·是' 및 그 '是·非'를 포화하고 있는 경지는 '彼·是'의 대립이 없다는 의미에서는 이른바 '彼·是'의 구별이 없는 상태인데 그것을 전혀 구별이 '없다'고 말하면 그것은 하나의 상태가 되어 버려 '彼·是'를 포화하는 것이 아니게 된다. 그렇다고 하여 '彼·是'가 '있다'고 말해서는 또 '彼·是'의 상대를 부활시키게 된다. 이것은 이른바 無로서 有, 有로서 無, 양자를 혼일하고 있는 상태, 하나로서 전체가 되는 상태인 것이다. 이것을 그 有·無의 대립을 초월한 의미로서 '無'라는 개념으로 표현하기도 하고, 그것이 대립·차별이 없는 전일체(全一體)라는 의미로서 '渾沌'이라는 개념으로 표현하기도 한다. 다만 이것을 단순히 '無' 또는 '渾沌'이라 하면 그것을 하나의 실체로 만들어 버릴 염려가 있다. 이것은 모든 物을 포화하는 고도의 상태이므로 우리의 경험적 지식으로는 구체적으로 표현하기가 곤란하다. 굳이 말한다면 그것은 만물의 彼是·是非의 구별을 내포하면서도 그것들을 근원적인 영원성 위에서 달관하는 것이다. 중국 고대에는 일 년에는 한랭·온서(寒冷·溫暑)의 서로 대립하는 소인(素因)이 있으면서도 영원불변하게 주기적 순환을 하는 것이 자연의 근본 법칙의 상징으로 되어 있었는데 여기서도 그것을 기조로 하여 근원적 영원성을 彼是·是非 구별의 끊임없는 순환적 조화라 한 것으로 풀이된다. 이 논설이 순환관(循環觀)을 가지고 있다는 것은 아래 문장의 '環中', '天鈞'에 보이고 있다.

偶(우):쌍. 두 개가 합쳐져 하나를 이루는 것. 즉 '方生方死'와 같은 상대적 대립을 말한다.

道樞(도추):道의 사북. 근본. '樞'는 문을 열고 닫는 축을 말한다. 道는 영원히 전개되므로 그 작용을 樞에 비유한 것이다.

得其環中(득기환중):物의 인식에서 그 근원인 道를 깨닫는 것을 말한다. 앞에서 말한 것처럼 彼是·是非는 무한히 순환하므로 그 근원인 道를 환(環)의 중심에 비유한 것이다.

是亦一無窮非亦一無窮也(시역일무궁비역일무궁야):'是'이든 '非'이든 그것이 영원 무한한 진실의 전개 위에서 달관되는 것을 말한다. 다음에 나오는 '凡物無成與毁, 復通爲一. 唯達者知通爲一'의 복선이다.

【補說】 논설 부분 제2절의 제2단이다. 앞 단을 이어 받으면서 더욱 근본
적이고 광범위한 物의 인식이 어떻게 성립되는가를 논하고 있다. 즉
언어·논설은 物에 관해 인식한 다음에 전개되어야 하는데 인간의 경
험적 인식은 '彼·我'의 대립 위에서 성립하기 때문에 아무리 해도 상
대론적인 악순환을 면할 수 없다. 이 악순환을 타파하려면 物을 초월
하여 만물이 성립하는 근원에 들어가 만물을 성립시키고 있는 道를 체
득하지 않으면 안 된다. 이 경지에 이르면 物의 대립이나 차별을 영구
불변한 진실의 전개로서 볼 수가 있다. 그것이 절대적 명지(明知)라고
논하고 있다.

≪장자≫뿐 아니라 일반적으로 도가에서는 유가·묵가 등과는 달리
인간이나 사회를 직접적 문제로 삼는 것보다 한층 보편적이고 추상적으
로 '物'을 주요한 인식과 사색의 문제로 삼고 있다. 그 '物'이란 초목·산
천·재화·인수(人獸) 등은 말할 것도 없고, 정치·도덕 등 인사 현상
까지도 포괄하는 것이다. 경험계에 존재하며 시간·공간의 규정을 받아
인간의 지각과 사색의 대상이 되는 것은 모두 '物'이라 부른다. 게다가 '
物'은 그 자체가 진실의 존재는 아니고, 끊임없이 전변하며 인간의 사고
를 미혹시키는 것이라고 인식한다.

以指喩指之非指, 不若以非指喩指之非指也. 以馬喩馬之非
馬, 不若以非馬喩馬之非馬也. 天地一指也. 萬物一馬也.
可乎可, 不可乎不可, 道行之而成, 物謂之而然. 惡乎然, 然
於然. 惡乎不然, 不然於不然. 物固有所然, 物固有所可, 無
物不然, 無物不可. 故爲是擧莛與楹, 厲與西施. 恢恑憰怪, 道
通爲一. 其分也成也. 其成也毀也.

凡物無成與毀, 復通爲一. 唯達者知通爲一. 爲是不用而寓諸
庸. 庸也者用也. 用也者通也. 通也者得也. 適得而幾矣. 因
是已. 已而不知其然, 爲之道.
勞神明, 爲一而不知其同也, 謂之朝三. 何謂朝三. 曰, '狙公
賦芋曰, "朝三而莫四." 衆狙皆怒. 曰, "然則朝四而莫三." 衆
狙皆悅.' 名實未虧, 而喜怒爲用, 亦因是也. 是以聖人和之以
是非, 而休乎天鈞. 是之謂兩行.

사람과 논쟁하는 데는 상대방이 가리켜 보이는 物과 같은 종류의 物을
들어 그가 가리켜 보이는 物에 대한 그의 판단이 정당하지 않음을 밝히기
보다는 상대방이 가리켜 보이고 있는 物과는 다른 종류의 物을 들어 비교
하여 그가 가리켜 보이고 있는 物에 대한 그의 판단이 정당하지 않음을 밝
히는 쪽이 좋다. 즉 상대방이 가리켜 보이고 있는 말[馬]과 같은 종류의 말
(驪馬, 驦馬 등)을 들어 '백마가 (일반적인) 말이 아니다.'라는 것을 밝히기
보다는 말과는 다른 종류(흰 양, 흰 코끼리 등)의 것을 들어 비교하여 '백
마가 (일반적인) 말이 아니다.'라는 것을 밝히는 쪽이 좋다. 그런데 저 광
대한 천지도 하나의 손가락이 가리키는 物이 되고, 무수한 만물도 한 필의
말에 지나지 않게 된다. (그래서 그것들에 관한 사람들의 각각의 논의가 생
긴다. 그러나 위에서 서술한 논리에서 그것들을 참으로 명백하게 하려면
천지·만물과 다른 종류의, 즉 절대 보편의 道에 의하지 않으면 안 된다.)
　무릇 정당하고 정당하지 않은 사실과 그 참된 판단은 도가 작용하는 대
로 성립하는 것으로 物에 관하여 그러한 상태가 있음을 인식하는 것이다.
그런데도 사람들은 무엇이 정당하고 또 무엇이 정당하지 않다고 판단하는
가? 物에 대하여 정당한 상태를 정당한 진실로 판단하고, 정당하지 않은

상태를 정당하지 않은 진실로 판단하고 있는 것이다. 物에는 그것이 道에 의해 성립하는 한 두말할 필요 없이 진실의 상태라 해야 할 것이 있고, 따라서 진실의 인식이 성립해야 한다. 그러나 사람이 物에만 구애되면 (앞에서 설명한 대로) 어떤 物에도 그러한 상태가 있다고도 없다고도 할 수 있고, 어떤 物도 정당하다고도 정당하지 않다고도 할 수 있게 되어 상대설(相對說)에 빠져 버린다. 그래서 풀의 줄기는 작고 약하며 집의 기둥은 크고 강하다 하고, 문둥이는 추하고 서시(西施)는 아름답다는 따위의 인간의 얕은 지혜가 나오게 되는데 그것이 근거가 없는 것임을 지적하지 않을 수 없다. 道는 사람의 생각이 미치지도 못하는 이상한 것, 괴이한 것에까지도 널리 미쳐 그것들을 하나로 하고 있는 것이다. 그 하나의 道가 분열하여 (진실을 잃어) 物이 성립하는 것이며 그 성립한 것처럼 보이는 物은 다만 깨지고 부서져 가는 과정에 지나지 않는다.

　모든 物은 그것이 현재 성립해 있든 깨지고 부서져 가는 과정에 있든 상관없이 본디 하나이다. 道를 깨달은 자만이 오직 하나임을 안다. 그러므로 物을 어떤 목적에 소용되게 하려는 생각을 하지 않고, 그것을 道의 영원불변한 이행에 맡긴다. 변함없는 이행이야말로 道의 무한한 작용이다. 작용이 있다는 것은 이르는 곳마다에 道가 널리 미친다는 것이다. 널리 미쳐야 비로소 각각의 物이 참으로 성립하게 된다. 이렇게 이르는 곳마다에 物을 참으로 성립시킴으로써 道의 완전한 실현이 이루어지는 것이다. 따라서 무위 무심(無爲無心), 道에 맡기는 것이다. 그렇다고 해서 특별히 道를 구하려 해서는 안 된다. 모르는 사이에 그렇게 되어 있어서, 어째서 그렇게 되는지를 인간의 지혜로는 예측할 수 없는 것이 道이기 때문이다.

　物은 본디 하나인데 인간은 그것을 알지 못하고 物을 좋고 나쁜 것으로 구별하려고 자신의 귀한 마음을 들볶는데 이것을 바로 '조삼(朝三:원숭이의 지혜)'이라 한다. '朝三'은 다음과 같은 이야기에서 나온 말이다. 원숭이

우두머리가 도토리를 원숭이들에게 나누어 주려고 이렇게 말했다. '아침에
는 세 개씩, 저녁에는 네 개씩 주기로 하겠다.' 그러자 원숭이들이 모두 화
를 냈다. 그래서 원숭이 우두머리는 '그러면 아침에 네 개씩, 저녁에 세 개
씩 주겠다.'고 말했다. 그랬더니 원숭이들이 모두 기뻐했다는 이야기이다.
아침과 저녁의 약간의 차이는 있어도 모두 일곱 개씩이라는 것도, 하루에
그것을 받을 수 있다는 실질도 변함이 없는데 화를 내고 기뻐하는 다른 대
응을 보인 것은 역시 눈앞의 이익이 좋다고 생각한 때문이다. 인간도 원숭
이를 비웃을 수 없다. 그러므로 성인은 物의 是非를 하나로 하여 그것을 절
대의 道가 운행하는 대로 맡긴다. 이것이 바로 양행(兩行)으로 是도 非도,
어떠한 구애됨도 없이 자연스럽게 행해진다고 하는 것이다.

【語義】 以指喻指之非指(이지유지지비지): '指'는 대상을 지향하는 것, 또 그
　　　 대상. 곽상(郭象)이 '指'를 글자 뜻 그대로 '손가락'이라 해석한 이래 그
　　　 에 따르는 학자들이 많은데 적당하지 않다. '指'는 고대 중국에서 인식
　　　 론상의 술어였다. 고대 중국에서는 다음과 같은 종류의 궤변이 행해졌
　　　 다. 시각에 의한 지향은 돌이 하얀 것임을 인식한다. 촉각에 의한 지향
　　　 은 돌이 딱딱한 것임을 인식한다. 따라서 다른 대상 지향에 의해 인식된
　　　 딱딱하고 하얀 돌은 하나의 실체가 아니라 두 개의 실체라는 것이다.
　　　 '白馬는 말[馬]이 아니다.'라는 궤변도 이와 같은 논리에 의한 것이었으
　　　 리라고 생각된다. 이 부분의 명제는 당시 성행했던 이러한 궤변을 전제
　　　 로 한 것이 분명하다. '以指'의 '指'는 상대가 지향하는 것과 같은 종류의
　　　 대상. '指之'의 '指'는 상대가 지향하고 있는 대상. 非指'의 '指'는 상대가
　　　 지향하고 있는 그 대상에 관한 상대의 판단. '非'는 그것이 정당하지 않
　　　 다고 부정하는 것. 이와 같이 그 의미와 내용에 차이가 있음에도 '指'를
　　　 반복하여 사용하고 있는 것은 이러한 개념을 구사했던 당시의 명가에

대한 야유를 담기 위한 것이리라. '喩'는 증명하는 것.

不若以非指喩指之非指(불약이비지유지지비지):'以非指'는 상대가 지향하고 있는 대상과는 아주 다른 종류의, 오히려 그것과 서로 부정하는 관계에 있는 대상을 들어 비교하는 것. 즉 부정적인 반조정(反措定)을 내세우는 일. 부정적인 반조정은 그것들을 초월하여 한층 보편적인 사실에 가까이 가게 한다.

以馬喩馬之非馬(이마유마지비마):명가의 유명한 궤변 명제인 '白馬非馬'를 전제로 하고 있음은 의심할 여지가 없다. 당시 '구(狗:강아지)는 견(大:개)이 아니다.' '도둑을 죽이는 것은 사람을 죽이는 것이 아니다.'와 같은 '白馬非馬'와 비슷한 명제가 많이 나와 있었다. 물론 〈천뢰우화〉의 작자가 이런 종류의 명제를 정당한 것으로 받아들이지는 않았지만 이 책의 번역에서는 편의상 이 명제가 성립하는 형식으로 보충해 넣었다. 작자의 의도는 명제의 성립 여부보다는 논쟁의 상대에 부정적인 반조정(反措定)을 설정함으로써 진실이 명백해진다는 것을 주장하는 데 있다.

天地一指也萬物一馬也(천지일지야만물일마야):천지의 큼[大]이나 만물의 많음[多]은 인간의 지혜로는 다 알 수 없는 것이나, 그것도 이 세상에 있는 현상으로서는 一指一馬와 마찬가지이며 인간의 사고 안의 것임을 말하고 있는 것이다(王先謙의 설).

可乎可, 不可乎不可(가호가불가호불가):이 두 구는 '道行之而成物謂之而然'의 주어이다.

道行之而成(도행지이성):可·不可는 道가 작용하여 성립하는 것임을 가리킨다.

物謂之而然(물위지이연):道가 작용하여 이루어지는 可·不可를, 物의 然·不然이라 말한다. 즉 物의 然·不然은 道의 작용으로 이루어짐을 가리킨다.

惡乎然(악호연):이 말 위에 역접(逆接)의 뜻의 '而' 혹은 '而然'이 생략되어 있다.

物固有所然(물고유소연):≪장자≫에서도 '物'을 완전히 몽환과 같은 현상으로 보고 있는 것은 아니다. '物'이 道에 의하여 성립하는 한은 그 존재도 당연히 참이다. 따라서 物에는 고유화된 '然', '可'가 있다. 그러나 그것은 인간의 얕은 사려에 의해서 쉽게 포착되는 것이 아니다.

無物不然(무물불연):앞의 '非彼無我', '非我無所取也' 내지는 '物無非彼, 物無非是' 등과 서로 관련되는 명제이다.

爲是擧莛與楹厲與西施(위시거정여영려여서시):인간들의 인식이 상대적 견지이기 때문에 物의 진실을 파악할 수 없다는 것을 풀줄기와 기둥의 대소 구별, 문둥이와 서시의 미추 구별이 절대적인 것이 아니라는 예증으로 명백히 하고 있다. '莛'은 풀잎이나 꽃의 줄기. '楹'은 지붕을 받치는 기둥. '厲'는 '癘(라:癩와 같다. 문둥이)'의 차자. '西施'는 오왕(吳王) 부차(夫差)의 애비(愛妃)로 예로부터 미인의 대표적인 존재로 인식되어 왔다. 大小·美醜 등의 구별이 상대적이라는 것은 명가인 혜시(惠施)의 설이다. 여기서는 인간의 망견(妄見)을 지적한 것인데 장자가 명가와 똑같이 생각한 것은 아니다. 명가가 궤변에 그치고 있는 데 반해 장자는 그것을 타파하는 것으로서 '道'를 들고 있다.

恢恑憰怪(회궤휼괴):인간의 상식과는 너무 멀리 떨어진 의문과 도저히 생각할 수 없는 괴이함. '恢恑'는 매우 이상한 것. '憰怪'는 괴이한 것.

道通爲一(도통위일):道는 모든 物에 널리 미쳐 그것들을 하나로 함. 모든 物은 一元의 道에 의해 생겨남을 가리킨다.

其分也成也(기분야성야):一元의 道에서 분열하여 현상이 된 것이 物로서 성립한 것이다.

爲是不用而寓諸庸(위시불용이우제용):'用'은 인간이 어떤 목적을 위해 物에 適否·是非 등의 가치를 부여하여 사용하는 것. '庸'은 시간·공간에 미치는 영구불변한 끊임없는 작용. '寓'는 본디 '의지하다'의 뜻.

庸也者用也(용야자용야):庸이 있으므로 해서 用이 있음을 가리킨다. 결국 '無用의 用'에 해당한다. 단, 이 '用'은 道의 작용.

用也者通也(용야자통야):道의 작용은 보편적이라는 것을 말한다. '道通爲一'에 대응하는 명제이다.

通也者得也(통야자득야):道가 일관하여 행해짐으로써 物 각각의 자연스러운 전개가 있음을 가리킨다. '得'은 自得. 物 각각 그 자체로서의 자연스러운 전개를 말한다.

適得而幾矣(적득이기의):언제 어디서든 物이 自得하는 것을 말한다. '幾'는 다함, 거기에 완전히 실현되는 것을 말한다. 이상은 道 一元의 작용에 의해서만 物이 완성됨을 말하는 것이다.

已而……:'已然而……'를 약(略)하여 표현한 것이다.

勞神明爲一而不知其同也(노신명위일이부지기동야):여기서 '神明'은 마음. 자세히 말하면 '神'은 마음속의 영묘한 작용을 하는 것, '明'은 명지(明知).

狙公(저공):원숭이들의 우두머리. '狙公'을 원숭이들의 우두머리로 해석하여 이 이야기를 완전히 원숭이 세계의 일로 하는 쪽이 한층 신랄한 야유가 될 것이다.

賦芧(부서):'賦'는 나누어 주는 것. '芧'는 도토리.

朝三而莫四(조삼이모사):'莫'는 '暮'의 본자. 이 우화에서는 어리석은 자가 말의 교묘함에 조종당하는 것, 또는 말을 교묘하게 하여 사람을 다루는 것을 뜻한다.

亦因是也(역인시야):눈앞의 이익에 사로잡혀 가치 판단을 한다는 뜻.

是以聖人和之以是非而休乎天鈞(시이성인화지이시비이휴호천균):앞의 '樞始得環中, 以應無窮. 是亦一無窮, 非亦一無窮也'에 대응하는 명제이다. '和之以是非'란 是非를 하나로 화합하는 것. 즉 是非에 사로잡히지 않을 뿐 아니라 是非를 그 상태 그대로에 맡겨 두는 것. '休乎天鈞'이란 道가 되어 가는 것에 무사 무려(無思無慮)함, 안심하고 맡기는 것. '鈞'은 '運'의 차자.

兩行(양행):是도 非도 자연스럽게 조화되는 것을 가리킨다.

【補說】 논설 부분 제2절의 제3단이다. 앞 단의 밝은 지혜에 의한 절대적 인식을 다시 사람의 경험적 物의 인식 문제로 되돌려 실제로 그것을 어떻게 행해야 할 것인지를 논하고 있다. 그것은 物의 한계를 초월하여 시비의 망견(妄見)을 버리고 그 근원인 오직 하나의 것, 즉 道에 맡겨야 한다는 것이다.

먼저, 당시의 논쟁 문제였던 '指', '馬'의 예를 들어 物의 바른 인식은 그 物의 한계를 초월하는 것을 근거로 해야 성립한다고 주장하고 이것을 道에 대한 인식론의 도입으로 삼고 있다.

여기에는 눈길을 끄는 매우 특색 있는 사고방식 두 가지가 제시되어 있다. 이것들은 이 논설 작자의 특색일 뿐 아니라 도가가 갖는 일반적인 특색이기도 하다.

그 하나로 어떤 인식은 그것과 부정(否定) 관계에 있는 다른 종류의 개념에 의해 확립되며 더욱이 그 부정을 통하여 고차원의 보편적 개념에 도달한다는 것이다. 우리들의 경험적 인식에서는 예컨대 '이것은 말[馬]이다.'라고 하는 인식은 흑마(黑馬) · 총마(驄馬) · 망아지 그 밖의 갖가지 말을 분석 종합한 인식 경험의 집적으로 이미 구성된, 말에 관한 일반적 · 보편적 개념을 기준으로 한 것이다. 백마(白馬)가 말의 종류인가 아닌가는 백마가 말의 일반적인 개념에 내포되는가 아닌가에 따라 결정되는 것이다. 이에 반하여 이 논설의 작자는 '이것은 말이다.'라고 하는 인식은 양이나 코끼리처럼 말이 아닌 것을 기준으로 하여 확정된다고 하고 있다. 필시 백마가 말의 한 종류인가 아닌가 하는 당시의 논쟁 문제에 있어서도 백마가 흑마나 총마와는 다른 종류인지, 소나 양과 다른 종류의 동물인지 아닌지에 의해 그 판단이 내려졌던 것으로 생각된다. 따라서 백마라고 하는 특수 개념과 말 일반의 보편적 개념은 부정 배제(否定排除)의 관계에 있다고 생각했던 것 같다.

그런데 어떤 인식을 확립하려면 당면한 대상과 그에 대한 사변을 부정하는 것이 가장 주요한 인식 방법이 된다. 부정적 추구는 이 작자의 독특한 사변이어서 다음 글에서도 '請嘗言之. 有始也者. 有未始有始也者. 有未始有夫未始有始也者'라고 하는 누적(累積) 부정의 소원적(遡源的) 추구를 설하고 있다. 당면한 대상과 그에 관한 사변을 부정하면 그 시공의 한계를 타파하고 한층 높은 보편적 개념에 접근할 수 있음은 말할 것도 없다. 그래서 '天地一指也. 萬物一馬也'라고 말한다. 만물을 싸안는 천지나 그 안에 펼쳐지는 만물도, 시공 사이에 있는 현상으로서는 '指'나 '馬'처럼 유한한 物에 지나지 않는다. 그 진실을 인식하려면 결국 부정 사변에 의해 그것을 타파하여 초월한 절대 보편의 개념, 즉 道에 도달하지 않으면 안 된다는 것이다.

두 번째 것으로는 이 논설의 작자가 논쟁이라는 방법에 착안했다는 것이다. 논쟁은 사람들의 의견이 대립하여 맞서고 있는 상황이다. 그런 까닭에 인식의 정확함이 요구된다. 작자의 이 착안은 매우 예리하다. 더욱이 우리들은 논쟁을 하게 되면 애써 공통점을 구하여 접근을 꾀하든지, 아니면 아무리 해도 좁힐 수 없는 거리가 있어 논쟁 자체를 포기하든지 하는데 이 작자는 논쟁은 상호부정 관계에 있으며 부정 관계는 앞서 이야기한 것처럼 보편적인 진실에 접근하는 길이므로 구국적(究局的)으로는 대포화(大包和)가 있다고 말하는 것이다.

그런데 다음으로 物은 어떤 식으로 인식되는가를 널리 논한다. 物이 道를 근거로 하여 인식된다는 것은 말할 것도 없는데 인간의 경험적 인식으로는 아무리 해도 현상 면에 집착하여 상대론의 악순환에 빠진다. 그런 까닭에 '成·毁'의 집착을 벗어 던지고 그 근원인 하나, 즉 道에 맡기지 않으면 안 된다고 주장한다. 여기서 道는 보편적으로 만물의 인식을 성립시키는 유일 절대의 근거로서 '근원적 하나'라고 규정했지만 이 규정이 꼭 합당한 것은 아니다. 이 논설에서는 '道는 형이상, 物은 형이하'라고 하는 것과 같은 명확한 분석은 하지 않고, 道는 만물을 초월함과 동시에 항상 만물과 함께 있는 것으로서 유전(流轉)하여 만물의 잡다함에 비하면 하나이면서 또 보편적(通)이며, 만물의 개별적 유한성에 비하면 영구불변(庸)하지만 그렇다 하여 결정적인 것은 아니어서 '用'과 '得'의 개별화의 계기도 갖추고 있다. 이처럼 道는 物과 함께 있기 때문에, 하나의 物인 인간은 道를 지적 대상으로 삼지 말고 온 심신을 道에 맡겨야 하는 것이다.

마지막으로 눈앞의 작은 이익을 다투는 원숭이의 어리석음을 들어 物에 집착하는 인간의 우열(愚劣)함을 풍자하고, 한편으로는 道에 맡기는 자의 '포화'의 경지를 주장하고 있다. 이렇게 道에 맡기는 것이 절대의 명지임은 말할 필요도 없다.

古之人, 其知有所至矣. 惡乎至. 有以爲未始有物者. 至矣, 盡矣. 不可以加矣. 其次以爲有物矣而未始有封也. 其次以爲有封焉而未始有是非也. 是非之彰也, 道之所以虧也. 道之所

以虧, 愛之所以成. 果且有成與虧乎哉, 果且無成與虧乎哉.
有成與虧, 故昭氏之鼓琴也. 無成與虧, 故昭氏之不鼓琴也.
昭文之鼓琴也, 師曠之枝策也, 惠子之據梧也, 三子之知幾
乎皆其盛者也. 故載之末年. 唯其好之也, 以異於彼. 其好之
也, 欲以明之. 彼非所明而明之. 故以堅白之昧終. 而其子又
以文之綸終. 終身無成. 若是而可謂成乎. 雖我亦成也. 若是
而不可謂成乎. 物與我無成也.
是故滑疑之耀, 聖人之所圖也. 爲是不用而寓諸庸, 此之謂以明.

옛날 사람은 그 명지(明知)가 극에 도달해 있었다. 어떠한 극에 도달해
있었는가 하면 '이 세상에 物은 전혀 존재하지 않는다'고 생각한 것이다.
그것은 궁극에 도달한 경지여서 이미 그 이상은 없다. 그 다음으로는 '설혹
物이 존재한다고 해도 개개의 구별은 없다'고 생각한 것이다. 그 다음으로
는 '物 개개의 구별은 있다 하더라도 좋고 나쁜 가치의 차이는 없다'고 생
각한 것이다. 그런데 후세 사람들이 物의 좋고 나쁨을 명확하게 하려 한다
면 道는 손상되게 된다. 그리고 道가 손상되면 손상될수록 인간의 物에 대
한 애착이 생긴다. 그러면 物에는 과연 완성과 훼손이 있는 것일까? 아니
면 진실로 완성도 훼손도 없는 것일까?

物에 완성이나 훼손이 있는 것처럼 생각하는 것은 금(琴)의 명수인 소(
昭)씨가 금을 타 사람들을 경탄하게 하는 경우와 비슷하다. 이에 반하여
物에 완성도 훼손도 없다고 생각하는 것은 소씨가 금을 타지 않아 사람들
의 주의를 끌지 않고 있는 경우와 같다. 소문(昭文)이 금을 뜯는 것이나, 사
광(師曠)이 안족(雁足)을 세우고 연주하는 것이나, 혜자가 책상에 기대어
변론하는 것은 참으로 훌륭하여 세 사람의 지혜가 거의 완성의 경지에 이

르고 있다. 그들은 물론 이것을 그들의 만년에 이루고 있다. 그러나 그들이 금이나 변론을 좋아했지만 그것은 이미 저 영원불변의 道와는 다르다. 그들은 금이나 변론 등의 物을 좋아한 탓에 그로써 道를 밝히려고 했다. 좋아하게 되면 道가 훼손되므로 그것으로는 道를 밝힐 수 없음에도 그들은 억지로 밝히려 했던 것이다.

따라서 혜자는 결국 견백론(堅白論)과 같은 사리에 맞지 않는 의론에 빠져 생을 끝냈고, 소문의 경우에는 자신뿐 아니라 그의 아들까지도 금의 줄을 고르다 생을 마쳤다. 이와 같이 일생이 걸려도 道를 명백히 한 불멸의 완성은 없었던 것이다. 그런데도 세상 사람들이 칭송하는 것처럼 이것을 성공했다고 할 수 있을까? 이것을 성공이라 할 수 있다면 우리 범인(凡人) 역시 일시의 성공을 이루고 있는 것이다. 그렇지 않으면 정말로 성공했다 할 수는 없는 것일까? 정말로 성공했다 할 수 없다면 (그렇게 말하지 않으면 안 되는데 그렇다면) 어떤 物에도, 또 누구에게도 완성은 없는 것이다.

따라서 사람들을 놀라게 하는 겉보기만 화려한 영광이 아니라 저 문도 없는 마음속의 희미한 道의 광명이야말로 성인이 원하고 구하는 것이다. 그래서 성인은 교활한 마음으로 物을 쓰려고 하는 따위의 일을 하지 않고 그것을 영원불변한 道의 이행에 맡긴다. 이러한 것을 일러 '절대적 명지(明知)에 의한다.'라고 하는 것이다.

【語義】 古之人(고지인):《장자》에 한정된 것이 아니라 고대의 사상가들은 이상적인 상태나 인물 등을 말할 때에 '古(太古)'라는 말을 붙였다.

其知有所至矣(기지유소지의):그 明知가 극에 달해 있었음. 物에 대한 인식을 문제로 삼고 있으며 '知'에 관한 말이다. 《장자》가 지식을 중요한 것으로 여긴 것은 아니다. 다만 경험지(經驗知)가 아니라 절대적 明知, 통찰은 없어서는 안 된다고 한 것이다. '至'는 극점에 도달하는 것.

有以爲未始有物者(유이위미시유물자):철저하게 무지하여 때에 따라 知가 가려지지도 않고 情이 어지러워지지도 않는 것을 가리킨다. 앞의 '唯達者知通爲'와 다음의 '俄而有無矣'에 응하는 말이다.

以爲有物矣而未始有封也(이위유물의이마시유봉야):物의 존재를 物 일반과 평등하게 간주하여 物 각각의 차별을 생각하지 않는 것. 여기에서는 다른 物과의 조화를 가리킨다. 封은 각각의 物을 구별하는 경역(境域), 구분.

以爲有封焉而未始有是非也(이위유봉언이미시유시비야):각각의 物이 자연에 맡겨지는 경지를 가리킨다. '是非'는 인간들이 자신의 이용 목적에 따라 부여하는 가치.

是非之彰也道之所以虧也(시비지창야도지소이휴야):'所以'는 원인의 뜻. '虧'는 훼손되는 것.

故昭氏之鼓琴也(고소씨지고금야):여기서 '故'는 '夫'와 거의 같은 뜻으로 특별히 어떤 사실을 제시할 때에 쓰이는 자. '昭氏'는 정(鄭)나라의 태사(太師:樂官의 우두머리)로 이름은 文. 여기에 昭氏가 琴을 타는 것을 物의 成·虧의 예로 든 것은 장 머리의 '人籟'를 이어받기 위한 것으로 음악의 完·不完은 전연 문제가 되지 않는다. 物의 成·虧, 특히 成이 있다고 보이는 것은 琴의 명수로 이름이 높은 昭氏에게마저도 琴을 연주하는 지극히 짧은 동안뿐이라는 것이다.

師曠(사광):춘추시대 진(晉)나라 평공(平公:B.C. 557~B.C. 532 재위)의 태사(太師).

枝策(지책):'枝'는 '支(지:떠받치다)'의 차자. '策'은 안족(雁足). 현악기의 줄을 고르는 제구.

惠子(혜자):여기에 혜자의 만년의 일이 실려 있는 것으로 보아 이 우화는 혜자의 만년 이후에 지어진 것이다. 만약 이 우화를 장주가 지은 것이라면 장주는 혜자의 후배가 된다.

據梧(거오):오동나무로 만든 책상에 기대어 담론한다는 뜻으로 푼다.
'梧'에 관해서는 금(琴)·오동나무 등 여러 설이 있다.

三子之知幾乎皆其盛者也(삼자지지기호개기성자야):'三子'는 昭文·
師曠·惠子를 가리킨다. '幾'는 가깝다는 뜻. '盛'은 '成'의 차자로 완성
을 뜻한다.

故載之末年(고재지말년):'故'는 '固(고:물론)'의 차자. '載'는 '이루다'
의 뜻. '末年'은 만년(晩年)과 같다.

唯其好之(수기호지):여기서 '唯'는 '雖(비록)'의 뜻. '之'는 琴 또는 담
론을 가리킨다.

以異於彼(이이어피):'以'는 '已(이:매우, 몹시)'의 뜻. '彼'는 이 단의 첫
머리 '其知有所至矣'와 같은 것으로 道를 체득하는 것을 가리킨다.

堅白(견백):굳고 흰 돌은 상식으로는 한 실체인데 시각으로는 하얀
돌임을 알 수 있고 촉각으로는 굳은 돌임을 알 수 있으므로 두 실체
라고 하는 궤변. 이 궤변은 현존하는 ≪공손룡자(公孫龍子)≫에는 조
(趙)나라 사람 공손룡(公孫龍:B.C. 320년~B.C. 250년경)의 설로 되
어 있으나, ≪공손룡자≫는 한대(漢代)의 편집서이므로 전국시대에는
혜자의 설로 전해졌든지, 아니면 일반 명가의 대표적 궤변으로 인정되
었던 듯하다.

而其子又以文之綸終(이기자우이문지륜종):혜자가 견백론에 빠진 것
과 같은 예를 昭文·師曠 두 악관(樂官)에게서 찾은 것으로 昭文의 아들
을 두 사람의 대표로 들어 설한 것이다. '綸'은 琴의 絃이어서, 琴을 타
는 기술을 암시한다.

若是而可謂成乎雖我亦成也(약시이가위성호수아역성야):앞의 '夫隨
其成心而師之, 誰獨且無師乎'와 같은 논법이다.

滑疑之耀(골의지요):역설적인 표현으로 밖으로는 희미하게 보이나 내면에는 참된 빛이 감추어져 있는 것을 가리킨다. ≪노자≫에 '玄之又玄, 衆妙之門', '玄德'이라 한 것과 같은 사고방식이다. '滑'은 '忽·惚' 등과 같고, 희미하다는 뜻. '疑'는 가만히 머물러 흩어지지 않는 것. 사람들이 원하는 것은 혁혁(赫赫)한 광명인데 '滑疑之耀'는 내면에 감춘 빛에 영원성을 지니고 있으며 명성 따위를 생각하지 않는 참된 덕[眞德]을 갖추고 있는 것이다.

聖人之所圖也(성인지소도야):'圖'는 '꾀하다'의 뜻.

【補說】논설 부분의 마지막 절 제1단이다. 이 절은 논설 부분의 결론이며 따라서 이 우화 전편의 결론이기도 하다. 제1단에서는 앞 절의 '唯達者知通爲一'이라 말한, 사람이 도달할 수 있는 지극한 경지가 '未始有物'에 있음을 명시한 다음, 반전하여 소문·사광·혜자의 예를 들어 物을 추구하는 것에는 참된 성공·완성이 없음을 설하고, '未始有物'이란 깨달음을 통해 道에 맡길 것을 주장하고 있다. 그리고 이 맡김이 논설 부분의 첫 절 이래 계속 부르짖어 온 '莫若以明' 바로 그것을 총괄한 것이다. 또 첫 절의 '大知', '小知'에 대하여 '古之人, 其知有所至矣'라 하고, '日以心鬪'에 대하여 '소문·혜자'의 예를 들고, '若有眞宰, 而特不得其朕'이라 한 것에 대하여 '滑疑之耀, 聖人之所圖也'라 명시하고, 더욱이 우화 부분의 '地籟'의 '虛'에 대하여 '昭氏'의 '고금(鼓琴)'을 들고 있는 것처럼 편 머리 부분과 밀접하게 연관되어 있는 이 단의 서술 구성에 주의를 기울이고 싶다.

今且有言於此. 不知其與是類乎, 其與是不類乎. 類與不類,
相與爲類, 則與彼無以異矣. 雖然, 請嘗言之.
有始也者. 有未始有始也者. 有未始有夫未始有始也者. 有
有也者, 有無也者. 有未始有無也者. 有未始有夫未始有無
也者. 俄而有無矣. 而未知有無之果孰有孰無也. 今我則已
有謂矣. 而未知吾所謂之其果有謂乎, 其果無謂乎.
天下莫大於秋豪之末, 而大山爲小. 莫壽乎殤子, 而彭祖爲
夭. 天地與我竝生, 而萬物與我爲一. 旣已爲一矣. 且得有言
乎. 旣已謂之一矣, 且得無言乎. 一與言爲二. 二與一爲三.
自此以往, 巧歷不能得. 而況其凡乎. 故自無適有, 以至於
三. 而況自有適有乎. 無適焉. 因是已."

명지(明知)를 터득한 옛사람이 이 세상에 物은 전혀 존재하지 않는다고
생각했다는 것은 무엇을 말하는 것인지 잠시 이야기해 보도록 하자. 이것
이 그 진실과 비슷한지, 혹은 비슷하지 않은지 그것은 확실하지 않다. 그
렇다 하더라도 비슷한가 비슷하지 않은가를 문제 삼는다는 것은 결국 같
은 언어 표현이므로 그것은 저 物의 시비를 논쟁하는 자들과 같은 경우가
되어 버린다. 그렇지만 달리 좋은 방법이 없으므로 시험 삼아 말로써 표
현해 보자.

인간이 物을 바르게 알려고 하면 먼저 그 큰 근본[大本]을 생각한다. 그
렇지만 한층 깊이 생각하면 그 대본은 이미 대본이 아니며 그보다 더욱 깊
은 대본이 있다. 거기서 더 깊이 생각하면 최초에 대본이라 생각했던 것이
다음에는 그렇지 않으며 거기서 대본이라고 생각되었던 것마저도 대본이
아니며 더욱 깊은 대본이 있게 된다. 이처럼 한없이 物의 대본을 생각해 나

가면 있다는 것[有]이 존재하는 한, 거기에는 없는 것[無]이 근본이 되어 그것을 지배하고 있다. 그런데 그 無도 깊이 생각해 나가면 앞서 無라고 했던 것이 이미 無가 아니며 한층 고차원의 無가 있고, 그 위에 앞서 無라고 했던 것보다도 한층 고차원의 無인 것, 그것으로도 끝나지 않고 더 더욱 고차원의 無가 있게 된다. 결국 有의 근본인 無가 아니라 오로지 무한한 無만이 있게 되는 것이다. 그런데 무한한 無만이 있다고 했는데 그것을 과연 유(有:존재)라고 해야 할 것인지 혹은 무(無:비존재)라고 해야 할 것인지 알 수 없다. 이제 나는 그것이 有이기나 한 듯이 무한한 無가 있다고 파악해 버렸다. 그렇지만 내가 파악한 것이 과연 그 진실을 포착한 것인지 혹은 포착하지 못한 것인지 알 수 없다.

내가 物의 대본의 끝인 無를 파악하여 이해한다고 하면 요컨대 이 세상에서 가장 큰 것은 가을날 조수(鳥獸)의 가는 털끝이며 오히려 태산이 작은 것이라는 주장을 성립시키고, 가장 오래 산 것은 어려서 죽은 아이이며 오히려 팽조(彭祖)가 단명했다는 주장을 성립시키는 것처럼 다시 정준(定準)이 없는 상대론에 빠져 버린다. 그렇지 않고 파악하여 깨달을 수 없다고 해도, 이른바 物의 대본의 끝인 無에 있어서는 전술한 것처럼 物의 성부(成否)에 관계없이 道가 널리 미쳐 만물을 하나로 꿰뚫고 있으므로 광대 영원한 천지도, 비소(卑小)한 我도 아무런 차별도 없이 함께 성립하며 여러 만물도 일개인 我도 같이 하나가 되는 것이다. 이렇게 똑같이 하나가 되는 것이므로 그것을 物을 구별하는 말로써 표현하는 것이 가능할까? 그렇지만 이미 그것을 똑같이 하나라고 말해 버렸으므로 말로써 표현할 수 없다고 할 수 있을까? 그건 그렇다 치고, 본디 하나인 것과 그것을 표현한 말은 결국 본디 하나인 것과는 다른 둘이 되어 있는 것이다. 이 둘과 본디의 하나인 것은 그 본디로부터 떨어져 셋이 된 것이다. 이와 같이 생각하면 이제부터 자꾸 수를 늘리게 되어 그 수는 아무리 뛰어난 계산가라도 헤아릴 수 없게 된다. 하물며 범인에게는 더 말할 나위도 없을 것이다. 이처럼 無로부터 인간의 말로 표현할 수 있는 '有'에 나아가는 것만으로도 벌써 그 근본으로부터 떨어져 셋이 되어 버렸다. 하물며 '有'에서 '有'로 나아간다면 어찌할 수 없는 허위가 잡다해진다. 그렇다면 有인 物에 마음을 어지럽히지 않는 것이 좋다. 이것이 바로 자연 그대로의 道에 맡긴다고 하는 것이다."

【語義】 今且有言於此(금차유언어차):앞 단의 '以爲未始有物'을 받아, 조금 더 발전하여 그것을 명백하게 하려는 것이다. '今且'는 가설(假說)의 뜻을 나타낸다. '且' 한 자로도 그런 뜻을 나타낸다. '未始有物' 상태는 설명할 수 없는 것이지만 사람들에게 이해시키기 위해서는 '言'의 매개에 의하지 않으면 불가능하므로 잠시 이야기해 보겠다는 뜻이다.

其與是類乎(기여시류호):'其'는 앞 구의 '言'을, '是'는 '物', 요컨대 '有封' 이전의 物을 가리킨다. '類'는 비슷하다는 뜻.

類與不類相與爲類(유여불류상여위류):맨 끝의 '類'는 같은 종류라는 뜻. 이 말의 뜻은 '비슷한가, 그렇지 않은가?'라고 한 말은 결국 '物' 또는 '言'이 그것만으로 표현할 수 있는 범주를 기준으로 하고 있음을 뜻한다. ≪장자≫에 있어서 그것이 망견(妄見)임은 말할 필요도 없다.

則與彼無以異矣(즉여피무이이의):'彼'는 物에 是非가 있다고 생각하는 것으로 한층 더 나아가서는 윗 글의 '鷇音'과 같은 '儒墨의 是非'를 가리킨다.

有始也者(유시야자):앞 단의 '未始有物'의 '始'를 받고 있다. 단, '未始有是非也' ― '未始有封也' ― '未始有物'의 순으로 생각하고 있다. 그렇지만 物의 존재 근본을 추구하기 위해 고대의 사고방식으로는 시간상 최초로 공간적 위치를 점한 '始'를 묻는 것이므로 物의 기원을 문제 삼고 있다고 해석해도 좋다.

有未始有始也者(유미시유시야자):맨 처음의 근본(기원)이라고 생각했던 것보다 한층 더 깊은 근본이 그 앞에 있음을 가리킨다. 이 한층 더 깊은 근본은 맨 처음의 근본을 '未始……'라 하는 것처럼 부정 배제함으로써 성립하는데 이는 ≪장자≫의 매우 특색 있는 사고방식이다.

有未始有夫未始有始也者(유미시유부미시유시야자):전자를 부정하고 그보다 앞선 근원을 생각하는 것을 가리킨다.

有有也者有無也者(유유야자유무야자):'有未始有……'에 의해 有의 반면에는 無(未有)가 있음을 지적하고, 이하 그 無의 無를 추구하는 것이다.

有未始有無也者(유미시유무야자):無라고 생각되는 것보다도 더 고차원적인 無가 있음을 말한다.

有未始有夫未始有無也者(유미시유부미시유무야자):有와 無가 번갈아 가며 존재하는 '상대무(相對無)'의 극한을 가리키고 있다.

俄而有無矣(아이유무의):'俄'는 '급격하게 기운다'는 뜻이다. 여기서는 지금까지 有의 근원인 無를 추구해 갔는데 극한에 이르러 그 상대를 없애는 것을 가리킨다. 여기의 '無'는 절대무. '有無矣'는 절대무를 상태로서 인식하든 실체로서 인식하든 그것을 말로 표현하는 한 실체화된 개념이므로 단적으로 '無이다'라고 표현한 것일 뿐이다. 이것이 정밀한 파악이 아님은 말할 것도 없으므로 '而未知……' 이하의 진술이 있는 것이다.

而未知有無之果孰有孰無也(이미지유무지과숙유숙무야):'有無'는 앞 구의 '有無矣'를 가리킨다. '果孰有孰無也'는 '果有乎無乎' 또는 '果有也無也孰乎'를, 有無의 변별을 강조하기 위해 '孰' 자를 有無 앞에 넣은 것으로 그 가운데 무엇을 有로 하며 無로 할까라는 선택의 뜻을 나타내는 것은 아니다. 요컨대 이 구는 有라고도 無라고도 규정할 수 없음을 뜻한다. 개념화의 대상이 된 '有(이 세상에 존재하는 것)'는 말할 것도 없고, '無'도, '無의 無', '絶對無' 등으로 표현되면 이미 개념화된 실재의 것이 된다. '無'는 사려·언어를 초월하여 온 몸과 마음으로 자연스럽게 감득하지 않으면 안 되는 것이다.

其果無謂乎(기과무위호):인간의 사고는 추상적·형식적·개념적인 것이어서 실체를 정확하게 포착하고 있지 않은데 포착하지 못한다고 생각해도 어쩔 수 없음. 중요한 것은 개념화보다도 심층에 있다.

秋豪之末(추호지말):'豪'는 '毫'의 차자. 毫는 가을이 되면 조수(鳥獸)의 몸에 밀생하는 가는 털. 더없이 작은 것을 가리킨다.

大山(대산):태산(泰山)과 같다. 산동성(山東省)에 있는 명산.

殤子(상자):어려서 죽은 사람.

彭祖(팽조):전설상의 인물로 팔백 세까지 장수를 누렸다고 한다.

天地與我竝生(천지여아병생):'無'에 있어서는 '凡物無成與毁, 復通爲一'이어서, 광대하고 영원한 천지도 하나의 物인 나와 같음을 뜻한다. '天下莫大於秋豪之末……彭祖爲夭'의 상대관(相對觀)과 이 이하의 서술 사이에는 비약이 있어 난해하다. 그래서 物의 모습에는 大山·秋豪 등 大小의 구별이 있지만 物 각각이 그 極을 깨달아 그 성분에 안주하면 천지·만물과 어떤 차별도 있을 수 없다는 해석(郭象의 설), 추호·대산부터 천지·만물에 이르기까지 모든 物은 無로부터 나와 我의 마음에 의해 성립되므로 그 자체의 小·大, 長·短의 구별은 없고, 결국 我가 있음으로 해서 천지·만물도 있다는 것을 설한다는 해석(呂吉甫의 설), 道에서 생각하면 상식으로는 大·長이라고 할 것을 오히려 小·短이라고 해야 하는 것처럼 道는 大·小, 長·短, 天·人, 物·我를 합하여 하나로 통하게 하는 것으로, 분석하거나 말하여 표현할 수는 없는 것임을 설하고 있다는 해석(王夫之의 설), 秋豪·大山·殤子·彭祖 등은 유한한 세계의 한 物, 한 사람에 지나지 않으므로 천지와 함께 달관하여 物과 다투지 않으면 천지 만물과 일체가 된다는 것을 뜻한다는 해석(王先謙의 설) 등 여러 설이 있다. 그렇지만 '天下莫大於秋豪'부터 '彭祖爲夭'까지는 정준(定準)이 없는 상대론이며 道와는 직접 관계가 없다. 이것은 앞 글에 조합(照合)하면 앞 절 제3단의 '故爲是擧莛與楹, 厲與西施' 또는 제1절의 '物無非彼, 物無非是'에 해당한다. 따라서 '天地與我竝生, 而萬物與我爲一'은 그것들을 받는 '照之子于天' 또는 '唯達者知通爲一'에 해당하는 진술이라고 하지 않으면 안 된다. 이 부분에서는 상술한 '一'이 '無(無適)'밖에는 되지 않음을 설명하려는 것으로 주로 전술된 제2단의 문맥을 기초로 하여 또 전반 부분의 '其果有謂乎'를 은연중에 받아 '有謂'라고 하면 다시 상대론에 빠진다는 것을 秋毫·彭祖의 예로 간명하게 지적하고, 다음으로는 '樞始得環中, 以應無窮' 내지는 '凡物無成與毁, 復通爲一'에 해당하는 道의 유일·절대·보편의 모습을 '竝生·爲一'의 예로 나타내고 있다. 더욱이 竝生·爲一을 추상적·부정적 진술이 아닌 천지·만물 등 구체적 예로써 나타내고 있는 것은 은연중에 '其果無謂乎'에 대조시키기 위한 것이며 그것이 다음의 '且得有言乎', '且得無言乎'에 이어지고 있다.

且得有言乎(차득유언호):道는 일원(一元)이며 절대 보편이고 순간이며 영원이므로 유한한 언어로는 표현할 수 없음. 道가 여기서는 표현할 수 없다고 하는 하나의 物이 되어 버렸다. 道는 언어 표현을 초월하는 것이나 인간계에 있어서는 잠시 '一', '道' 등의 말로서 표현된다.

巧歷(교력):'歷'은 '曆'의 차자. '日·月·星' 등의 운행을 세밀하게 계산하여 역(曆)을 만든 사람. 여기서는 계산가(計算家)의 뜻.

其凡(기범):범인(凡人). 평범한 사람.

自無適有以至於三(자무적유이지어삼):단순히 복잡하게 되기 때문이 아니라 허위를 증가시키기에 나쁜 것이다.

無適言(무적언):정신을 다른 것에 쏟지 않는 것을 가리킨다.

因是已(인시이):一이자 無의 無인 道에 맡기는 것이 道를 체인하는 법임을 말하고, 앞절에서 설명해 나간 '因'을 맺고 있는 것이다.

【補說】 논설 부분 마지막 절의 제2단이다. 우선 앞 단을 받아, 古人의 明知의 극인 '未始有物'이란 절대적 無(그것이 道의 실상)임을 명확하게 하고, 다음으로 그것은 인간의 유한한 말로는 나타낼 수 없는 것이며 오직 道에 맡기지 않으면 안 된다고 설하고 있다.

이것이 앞 절에 제시된 문제의 해결이자, 또 그 주요한 주장인 '明', '照之于天', '因' 등의 결말이기도 하다.

【餘說】 〈천뢰우화〉의 고대 사상상의 의의

이 〈천뢰우화〉는 ≪장자≫ 속의 여러 우화뿐 아니라 중국 고대 문헌 중에서도 그 예를 찾아볼 수 없을 만큼 가장 심수(深邃)하고 정치(精緻)한 사변을 체계적으로 전개하고 있다.

그러나 제물론이란 편명에 관해서조차 이설이 있는 것처럼 이 우화의 근본 주장이 무엇인가에 관해서는 학자들의 견해가 꼭 일치하는 것은 아니다. 그 중에서 예로부터 비교적 많이 채택되고 있는 것은 '萬物齊同'을 설하고 있다는 해석이다.

이 우화 가운데에는 '是亦一無窮, 非亦一無窮也', '兩行', '天地與我竝生, 而萬物與我爲一矣'라 한 것처럼 모든 物을 무차별 평등하게 포화하는 사고가 서술되어 있으므로 '萬物齊同'을 그 중요한 주장이라고 해도 틀린 말은 아닐 것이다. 그렇지만 우선 한 마디로 '萬物齊同'이라 해도 만물은 道를 근원으로 한다는 점에서 평등하다는 것, 道를 깨달은 자가 사심(私心) 없이 만물을 평등하게 포용한다는 것, 物에는 차별이 있지만 그에 의해 자연의 대조화(大調和)가 유지된다는 것, 物 각각이 자연스런 성장을 이루는 것은 다른 것의 간섭을 허락하지 않는 평등이라는 것 등 여러 의미가 있으며 또 그에 의해 무사(無私)를 강조하는지, 자아의 포용을 강조하는지 서로 다른 해석도 나오게 된다.

하지만 이 우화에 있어서는 '萬物齊同'을 그 근본 주장이라 할 수 없다. 이 우화는 道를 깨달은 자에게는 만물을 평등하게 포용하는 달관이 있다고 하지만 '唯達者知通爲一'이라 한 것처럼 달관하여 하나임을 아는 사색의 길을 역설 강조하고 있다. 특히, '旣已爲一矣, 且得有言乎. 旣已謂之一矣, 且得無言乎'라고 하여 그것을 '一'이라고 말로 나타내는 것조차 석연하지 않다고 하고, 모든 것을 道에 인임(因任)할 것을 설하고 있다. '萬物齊同'으로 이 우화의 주장을 대표시키려는 것은 적당하지 않을 것이다.

이 우화 전편의 주제는 망아(忘我) 상태의 자기가 자유를 위해 묘사한 지뢰의 이야기 속에 모두 암시되어 있다. 바람이 지나가는 대로 노호하는 만규(萬竅)는 실은 천박하게 안달하는 인간 생존의 신음과 비명일 뿐이다. 인간은 그 천박함과 발버둥을 꿰뚫어보아 인간을 살리고 움직이게 하는 참된 주재자, 즉 道를 확실히 알지 않으면 안 된다. 그 주재자야말로 인간에게만이 아니라 일체의 物에 묘한 조화의 아름다움인 천뢰를 연출케 하는 것이리라.

지뢰의 우화 뒤에는 어울리지 않게 참으로 긴 논설 부분이 이어지는데 그것은 그 내용은 말할 것도 없고 문조(文調)에 있어서도 밀접하게 우화 부분과 조응하고 있다. 그리고 그것은 진재(眞宰)인 道의 추구이며 그것을 체득하는 방법의 확립에 관한 것이다.

논설 부분은 우선 인간의 허위와 환상으로 가득한 처참한 사회생활에 대한 냉철한 관찰로부터 시작된다. 그것은 객관적 관찰일 뿐 아니라 사회 속에서 꿈틀거리는 작자 자신의 고뇌에 찬 반성이기도 하며 진재가 있다는 것을 알면서도 그것을 행동과 마음 어디에서도 구할 수 없어, '人之生也, 固若是芒乎. 其我獨芒, 而人亦有不芒者乎'라고 하는 비통과 절규를 나타내고 있다는 것을 말하지 않을 수 없다.

뒤이어, 인간의 행동과 언론에 진실이 있고 眞의 是非가 있게 되면 그것을 통찰하는 明知가 있고, 또 그 각각을 충족시키는 유일 절대의 道가 있어 그것들을 널리 포화한다고 굳게 믿는다. 이 부분은 인간과 생사까지도 物의 차원에 되돌려 物의 인식으로부터 논하고 있어 철저한 추상적 사변을 보이고 있다. 여기에는 당시의 명가(名家)들이 사용한 상대론의 영향이 짙게 배어 있다. 상대론은 지적 난숙(爛熟)에서 나오는 것으로 상식에 대한 회의 위에 성립한다. 이 우화의 작자는 그 상대론적 모순을 극복하기 위해 '凡物無成與毀, 復通爲一'이라고 말했듯 모순율을 포화하는 유일 절대의 道를 높이 세우지 않으면 안 되었고, 또 부정적 사변을 강화하지 않으면 안 되었다. 부정적 사변은 논쟁에 한층 높은 차원을 보이며 종지부를 찍는 방법으로, 특히 눈앞의 망집(妄執)이나 기성관념의 누습(陋習)을 타파하여 진실에 접근하는 길이다. 이 부정적 사변에 의해 道에 인임(因任)할 것을 설하고 있는 것이다.

마지막으로, 이상의 것들을 매듭지어 실제적인 교훈으로서 道에 인임하는 것이란 物이 전혀 존재하지 않는다고 생각하기에 物에 애착을 갖지 않아 시비에 구애되지 않는 것임을 설하고 있다. 소문·사광 등의 음악이나 변설은 화려하기 이를 데 없는 物이지만 아무런 성취도 없다. 내면에 감추어진 광명이야말로 참으로 존귀하다. 바꿔 말하면 모든 物의 근원을 달관하여 無에 철저하게 되는 것이다. 그것은 道와 하나가 되는 것으로 이른바 '萬物齊同'의 경지일 것이다. 그런데 그것은 이미 無에 철저하여 사려나 말을 초월하는 것이므로 오직 道에 맡길 뿐이다. 달관이 절대적 명지이며 道에 맡기는 것이 '인임'이라고 설하고 있는 것이다.

　이상과 같이 그 논술의 자취를 더듬어 보면 〈천뢰우화〉의 주안은 모든 物, 모든 것을 모순 없이 포화하는 유일 절대의 道를 추구하는 데 있다. 나아가 그 道를 통찰하는 방법으로서 부정적 사변에 의한 明知가 있음을 명백히 하고 있음에 특색이 있고, 한편으로는 道를 체득하는 방법으로서 因任을 설하는 것에 근본 주장이 있다고 해야 할 것이다. 어쩌면 인임이 〈천뢰우화〉의 근본 주장이라면 여기서 道에 관해 구체적이고 상세한 설명이 없는 만큼 더욱 신비적인 道에의 수순(隨順)을 주장하고 있다고 해석되는지도 알 수 없지만 꼭 그렇다고는 말할 수 없다. 여기에는 현실 생활 속에서의 심각한 탐구와 그 탐구 방법이 있고, 특히 추상적이라고 할 수 있으며 道는 미리 주어져 있는 것이 아니라 '適得而幾矣'라 하는 것처럼 즉물(卽物:구체적인 개개의 사물에 의거하는 것), 수시(隨時), 탐구되고 검증되어야 할 것으로 존재하므로 道를 탐구하기 위한 엄숙한 체험이 없으면 안 된다. 체험이 있다면 밝혀진 道에 인임하는 것은 무엇보다도 엄숙한 일일 것이다. 이 우화는 이런 의미에서 체험의 문장이기도 하다.

　덧붙여 말하면 이 세상의 모든 것을 율(律:어떠한 기준에 맞추어 다루는 것)하는 유일한 道를 구하려 했던 것은 이 우화의 작자만은 아니다. 공자를 필두로 하여 중국 고대의 사상가로서 유일한 道를 구하려 하지 않은 사람은 아무도 없었다 해도 지나친 말이 아니다. 우리들에게도 부동의 인생관을 확립하여 물사를 통일적으로 처리하기 위해서는 유일한 道가 통절하게 필요하다.

공자가 그 道를 어떻게 확립했는지 상세하게 전해 오지는 않지만 그의 道를 계승한 맹자는 '성선설(性善說)'을 확립했다. 각 개인의 자각적, 통일적 도덕 행위의 전개를 명확하게 하려 했던 것이다. 그러나 이것은 인간의 윤리 생활에 국한될 뿐 아니라 성선(性善)을 자각하는 본심(本心)과 그것을 자각하지 못하는 방심(放心)의 모순에 관계되는 사변을 결하고 있었다. 묵가는 인간이 사회생활을 영위하는 한 그 사회는 정의·박애의 통일 사상에 지배된다고 주장했다. 그런데 당시의 사회 현상은 이와는 정반대였다. 이것들과 비교하면 허위와 투쟁을 사회의 참모습으로 본 이 우화 쪽이 현실적이며 심각하다.

전국시대 말기에 세상에 나와 '장자는 하늘, 즉 天然無爲의 자연주의에 눈이 멀어 인위의 효용을 이해하지 못했다.(莊子蔽於天而不知人)'라고 비평한 순자는 필시 이 우화를 알고 있었을 것이다. 순자는 사회의 질서를 중시하여 '예로부터 많은 왕자들이 변함없이 지켜 왔던 것, 즉 예의야말로 국가 통치의 중심을 꿰뚫는 조리(條理)라 하기에 족하다.(百王之無變, 足以爲道實)'라고 했다. 이 우화에서 말하는 道와 비슷하며 道는 영원 불변하다고 한 것이다.

그러나 제도·문물은 시대와 함께 변천하는 것이어서 백왕불변(百王不變)의 道는 아닐 것이다. 그뿐 아니라 순자는 인간의 사회생활에 관해서는 이른바 '성악설(性惡說)'을 들어, 인간에게는 道에 배반하는 자연성이 있고 이것을 부정하지 않으면 인격적 진보가 없음을 설하지 않으면 안 되었다. 이와 비교해도 이 우화가 인간 사회에 국한되지 않는 만물이라 하는 우주 구조적인 대모양의 것일 뿐 아니라 인간이 物을 인식함에 상대론적 모순이 있다고 보고 그 모순 극복을 위한 부정적 사변을 철저하게 하고 있어 한층 심각하며 정치(精緻)하다고 하지 않을 수 없다. 이처럼 이 우화는 당시에 있던 비류(比類)를 압도하는 작품이다.

그렇다고 해도 이 우화가 전적으로 독창적인 것이라고는 할 수 없다. '道'에 관해서는 말할 것도 없고 '明知'도, '因任'도, '萬物齊同'의 사고도 이미 ≪장자≫에 앞서 제창이 있었던 것으로 생각된다. 그러나 ≪장자≫만큼 체계적으로 논술하고 있는 것은 아니다. ≪노자≫와 ≪장자≫의 선후 관계는 아직 미정의 논(論)으로 되어 있지만 이제 시험 삼아 ≪노자≫와 비교해 보기로 하겠다.

≪노자≫도 '道, 하나를 낳는다. 一, 둘을 낳는다. 二, 셋을 낳는다. 三, 만물을 낳는다(道生一, 一生二, 二生三, 三生萬物)'라고 하여 만물이 道인 一元으로부터 전개됨을 이야기하고 있다. 그러나 왜 一元인지, 이 우화에서처럼 모순을 포화하는 것으로서 일원이라는 사실을 설명하지 못하고, 동시에 그것은 도식적으로 만물 전개의 방향을 지향하고 있어 道 탐구의 절실함이 없다.

또, ≪노자≫도 부정적 사변을 강조하여 '무명(無名)은 천지의 시작이요, 유명(有名)은 만물의 어머니이다.(無名天地之始, 有名萬物之母)'라고 설하고, 특히 '有는 無에서 생겨난다.'고 설하고 있다. 그러나 여기에는 無·無名과 같은 부정적 사변이 道의 탐구과정임을 충분히 설명하지 않고, 無에 철저한 체험도 없고, 오히려 그것이 실체화되어 有로 전환되려 한다. 이런 사실에서 생각하면 이 우화가 비록 ≪장자≫에 앞서 제창되었던 사고를 기조로 하고 있다 하더라도 뛰어난 사색에 의해 이루어진 것이라 하지 않을 수 없다. 그 사색의 소유자는 바로 장주였을 것이다.

제2장 보광지설(葆光之說)

夫道未始有封, 言未始有常. 爲是而有畛也. 請言其畛. 有左
有右, 有倫有義, 有分有辯, 有競有爭. 此之謂八德.
六合之外, 聖人存而不論. 六合之內, 聖人論而不議. 春秋經
世. 先王之志, 聖人議而不辯. 故分也者, 有不分也. 辯也者,
有不辯也. 曰, ‘何也.’ 聖人懷之. 衆人辯之, 以相示也. 故曰,
‘辯也者, 有不見也.’ 夫大道不稱, 大辯不言, 大仁不仁, 大廉
不嗛, 大勇不忮. 道昭而不道, 言辯而不及, 仁常而不成, 廉
淸而不信, 勇忮而不成(威). 五者园而幾向方矣. 故知止其所
不知, 至矣. 孰知不言之辯, 不道之道. 若有能知, 此之謂天
府. 注焉而不滿, 酌焉而不竭, 不知其所由來. 此之謂葆光.
故昔者, 堯問於舜曰, ‘我欲伐宗 · 膾 · 胥敖. 南面而不釋然.
其故何也.’ 舜曰, ‘夫三子者, 猶存乎蓬艾之間, 若不釋然何
哉. 昔者十日竝出, 萬物皆照. 而况德之進乎日者乎.’

무릇 道는 본디 어떤 사물에 한정되는 것이 아니고, 또 말은 본디 어떤
사물을 가리키는 일정한 의미를 가지고 있는 것이 아니다. 그래서 인간이
그것을 이용하기 위하여 임시로 사물의 구별을 만든 것이다. 그 구별의 모
습을 말해 보자. 예를 들어 ‘왼쪽’이라는 사물이 있으면 이에 대하는 것으
로서 ‘오른쪽’이라는 것이 있다. 좌우가 있으면 일정한 관계가 성립하고,
또 그 관계의 질서를 잡는 법칙이 성립한다. 질서가 있으면 개개 물(物)의
분한(分限)이 정해지고, 또 분한을 알아 지키는 변별이 생긴다. 분한이 있

으면 그 분한보다 위에 나서려고 경합이 일어나며 또 있는 힘을 다해 싸우게 된다. 이 좌우 이하 여덟 가지 일을 인간으로서 피하기 어려운 '여덟 가지 작용'이라 한다.

성인은 이 세상 일이 아닌 미지·무형의 세계의 일에 대해서 그대로 두어 논하지 않는다. 성인은 이 세상일에 대해서 논하기는 해도 그 좋고 나쁨은 비평하지 않는다. 가까이는 사람의 세상을 다스렸던 역사 이야기나, 멀리는 옛 성왕의 이야기에서 성인은 그 정사(正邪)를 밝히기는 해도 그 안의 어떤 길이 좋은가 따위는 설명하지 않는다. 物의 분한을 정하려면 그것을 구별하지 않는 일이 근본이 되고, 분한의 분별을 설명하려면 설명하지 않는 것이 근본이 된다. 어째서 그런가? 성인은 道나 말을 마음속에 감추어 두고 밖으로 드러내지 않기 때문이다. 그런데 세상의 많은 어리석은 자들은 여러 가지로 설명하여 타인에게 과시하고 있는 것이다. 그러므로 사람의 논설이란 실은 '성인이 감추고 있는 道를 모르는 것'이 된다.

무릇 진실한 道는 초들어 말로 표현할 수 없고, 진실한 논설은 장황하게 설명하지 않고, 진실한 仁은 언제나 사랑하여 기르지[愛養] 않고, 진실한 염절(廉節)은 절약하고 검소하여 만족하지 않고, 진실한 용기는 위력으로 타인을 상하게 하지 않는다. 이에 반하여 道가 초들어 말할 수 있을 만큼 명백해서는 만물을 이끌 수 없고, 논설이 장황해서는 사물의 진실을 명백히 할 수 없으며, 仁이 物을 항상 사랑하여 길러서는 오히려 物을 성장시킬 수 없고, 염절(廉節)이 행동만 결백해서는 신의를 다할 수 없으며, 용기가 타인을 상하게 해서는 사람들을 복종시킬 수가 없다. 도(道)·변(辯)·인(仁)·염(廉)·용(勇)의 다섯 가지는 특별히 애쓰는 일도 막히는 일도 없이 둥글어짐으로써 비로소 방(方)이 될 것이다. 따라서 인간의 지혜는 알 수 없는 경지를 근거로 하는 것이 최상이다. 누구인가? 누가 '입으로는 말할 수 없는 도리'를 해명하고, '道라고 말하지 않는 道'를 알고 있는가. 만약 이것을 아는 자가 있다면 그 사람의 지혜야말로 '무한한 보고(寶庫)'라 하지 않을 수 없다. 그것은 아무리 물이 흘러 들어가도 가득 차는 일이 없고 아무리 물을 퍼내도 마르는 일이 없는, 어째서 그런지도 모르는 대해원(大海原)과 같다. 그러한 사람의 덕(德)이야말로 '안에 감추어진 빛'이라 할 수 있다.

그에 따른 다음과 같은 이야기가 있다. 옛날, 요(堯)임금이 순(舜)에게, '나는 내게 복종하지 않고 오만 불손한 숭(崇)·회(鄶)·서오(胥敖) 세 나라를 공격하여 멸망시키려고 한다. 그런데 천하 정벌의 권리를 가진 천자의 지위에 있는 내가 그들을 치려 하는데 아무래도 풀리지 않는 응어리가 있어 마음이 개운치 않으니 이 어찌 된 일인가?' 하고 물었다. 순이 대답하기를, '저 세 나라의 군주들은 이제까지와 똑같이 황폐한 땅에 살고 있습니다. 그런데도 당신의 마음이 개운치 않다니 그것은 무슨 까닭입니까. 옛날에 10개의 태양이 일시에 나와 만물을 빠짐없이 비추었다 합니다. 더구나 덕은 태양보다 뛰어납니다. 당신의 덕이 그들에게 미치지 않을 리가 없습니다.(정벌을 그만두고 無爲의 덕을 닦는 것이 좋겠지요.)'라고 하였다.

【語義】夫道未始有封言未始有常(부도미시유봉언미시유상):'봉(封)'은 개개의 사물에 한정되는 구체적인 특수성을 가리킨다. '상(常)'은 개개의 사물에 해당하는 고정적인 의미를 말한다. 요컨대 '道에는 본디 사물에 한정되는 구체적인 특수성이 없고, 말에는 본디 사물에 해당하는 고정적인 의미가 없다'는 뜻.

爲是而有畛也(위시이유진야):道나 言은 규정이 없는 까닭에 인간이 임시로 사물의 구별(규정)을 만들었음. '진(畛)'은 밭두렁. 여기서는 '사물의 경계·구별'을 뜻한다.

有左有右(유좌유우):'左右'로써 상하·동서·귀천 등을 대표시켰다. 요컨대 상대적인 관계가 성립하는 것을 말한다.

有倫有義(유륜유의):일정한 관계. 특히 '인륜과 그에 따른 규범인 예의가 성립하는 것을 말한다.

有分有辯(유분유변):'分'은 예의에 의해 규정되는 분한(分限). 신분에 의한 분한. '辯'은 주로 분한을 지키고 분별하는 것을 말한다.

有競有爭(유경유쟁):'競'은 서로 겨루는 것. '爭'은 있는 힘을 다하여 다투는 것.

八德(팔덕):여기서 '德'은 인간의 재능을 뜻한다. 八德은 요약하면 차별·관계·규제·투쟁이 된다.

六合之外(육합지외):천지 사방 밖의 일. 결국 인간이 직접적으로는 알 수 없는 현실 세계 밖의 일.

存而不論(존이불론):그대로 두어 논하지 않는다.

論而不議(논이불의):'議'는 사물의 시비(是非)를 비판하는 것.

聖人議而不辯(성인의이불변):성인은 시비를 밝힐 뿐 그 시(是)를 강하게 주장하지 않는다.

故分也者有不分也(고분야자유불분야):군(君)과 신(臣) 같은 분한(分限)에는 세계[六合之內]처럼 분한이 없는 것이 근저가 되어 있다는 것을 말한다.

夫大道不稱(부대도불칭):진실한 道는 초들어 말할 수 없다. ≪노자≫의 '道可道非常道'와 같다.

大廉不嗛(대렴불겸):'廉'은 청렴결백. 타인에 의지하지 않고 자신의 몸에 조금의 불의(不義)도 없도록 하는 것. '嗛'은 '慊(스스로 만족하다)'의 차자.

仁常而不成(인상이불성):항상 物을 사랑하여 기르려 하는 仁은 오히려 그 物을 성장시킬 수 없다.

廉淸而不信(염청이불신):몸의 결백함만을 지키려 하는 염절은 오히려 신의를 다할 수 없다.

勇忮而不成(용기이불성):타인에게 위력으로 위해를 가하는 용기는 오히려 사람들을 복종시킬 수가 없다. '成'은 본디 '威' 자였는데 글자 모양이 비슷하여 잘못 적혀 전해 왔으리라고 생각된다.

五者园而幾向方矣(오자완이기향방의):'园'은 '圓'과 같다. '圓'의 뜻. '五者'는 道·辯·仁·廉·勇을 가리킨다. 园은 처음과 끝이 없이 둥근 원이라는 뜻으로부터, 昭·辯·常·淸·忮 등과는 달리 특히 모나는 일이 없이 때와 곳에 따라 圓融自在(전혀 막힘이 없다)하는 것에 비유했다. '而'는 '而後'와 같고, '幾'는 '거의…… 이다'의 뜻이며 '向'은 '가깝다'는 뜻이다. '方'은 圓과 달리 각이 있는 모양이라는 뜻에서 시기와 장소에 절도가 있는 것, 법칙의 타당성이 있는 것에 비유되었다. 요컨대 하늘의 운행처럼 처음과 끝이 없이 빙빙 돌면서도 사계절이 생기는 것과 같이 굳이 애쓰는 일 없이 덕이 자연스럽게 감화를 미치는 것을 말한다.

知止其所不知(지지기소부지):'所不知'의 경지는 구극적으로는 道를 충분히 납득한 경지이지만 여기서는 '不言', '不道'처럼 인간계의 모든 덕에 구애되지 않는 심경을 주로 한다. '止'는 최상·유일의 근거로 하는 것을 말한다. 한계를 만든다는 뜻이 아니다.

天府(천부):무한히 풍부한 보고.

葆光(보광):안에 감춰진 빛. '葆'는 '包'의 차자.

昔者(석자):'昔'을 점잖게 표현한 것.

宗膾胥敖(종회서오):'宗'은 '崇'의 차자로 호남성 부근에 있던 나라. '膾'는 '鄶(檜로도 쓴다)'의 차자로 하남성 부근에 있던 나라. '胥敖'는 중국 남방에 있던 만족(蠻族).

南面(남면):천자의 자리에 있음을 뜻한다. 고대에 군주는 남쪽을 향해 앉고, 군신은 그 앞에 북면하여 정치를 행했다.

蓬艾之間(봉애지간):미개지를 말한다. '蓬', '艾' 모두 쑥.

十日竝出(십일병출):하루에 열 개의 태양이 동시에 나와 지상의 초목을 모두 태우고 괴물을 횡행하게 하여 백성을 고생시켰다. 그래서 요임금이 예(羿)에게 명령하여 아홉 개의 태양을 쏘아 떨어뜨리게 했다. 그 때부터 하나의 태양이 빛나게 되었다는 신화가 있다.

況德之進乎日者乎(황덕지진호일자호):이 '德'은 도가가 주창하고 있는 無爲의 德이다.

【補說】 인간은 사물을 구별하고 질서를 만들고 분한을 정함으로써 오히려 서로 다투고 있다. 그러나 모든 것의 근본은 무형의 알 수 없는 道이므로 道·辯·仁·廉·勇과 같은 여러 德들도 '不言의 辯·不道의 道'처럼 안에 감추어 진 빛, 즉 '無爲의 德'이 되지 않으면 안 된다는 것을 논하고, 유가의 요순 전설에서 전화(轉化)한 예화를 첨가하였다. 통상 이것은 앞의 〈천뢰우화〉의 결론 부분이라고 하는데 다음 해설에서 설명하는 것처럼 〈천뢰우화〉와는 별도로 성립된 것으로 보지 않으면 안 된다.

【餘說】 ≪장자≫에서의 장절(章節)의 이동(異同)에 관하여

수(隋)의 육덕명(陸德明)이 저술한 ≪경전석문≫의 〈장자음의(莊子音義)〉에 '夫道未始有封' 다음에 진(晋)의 최선(崔譔:3세기 후반경의 사람)의 설을 실어 '齊物은 7장으로 되어 있으며 이것은 앞 장에 이어진다. 그런데 반고(班固)는 이것을 외편에 있는 것이라 했다.'고 했다. 반고는 ≪장자≫의 주석을 편찬하지 않았으므로 그의 설은 반고의 저서 ≪한서≫ 예문지에 실린 52편본 ≪장자≫ 제물론을 참고한 것인 듯하

다. 진대(晉代)에는 아직 52편본 ≪장자≫가 전해져 있었고, 또 사마표(司馬彪)처럼 그것을 저본으로 하여 주해한 자도 있었다. 곽상(郭象)이 주한 33편본 ≪장자≫가 널리 알려진 후인 북송 초기(10세기경)까지도 52편본 ≪장자≫가 잔존했던 것 같다.

최선의 설에 의하면 위 〈보광지설〉의 1절은 본디 〈천뢰우화〉와는 별개의 것으로 지어진 것이어서, 후에 ≪장자≫의 편집자에 의해 〈천뢰우화〉와 한 개의 것으로 되었다고 보지 않으면 안 된다. 이것을 〈천뢰우화〉와 비교해 검토해 보면 전술한 것처럼 〈천뢰우화〉가 道의 체인(體認)에 주안점을 두고, 특히 '無適'을 강조한 데 비해 이 절은 分·辯·여러德 등 이른바 '自有適有'를 지향하고 있고, 그 귀결이 〈천뢰우화〉의 '滑疑之耀'와 다름없는 '葆光'에 있으면서도 여러 덕을 완전히 배척하지 않고 절충적이어서 〈천뢰우화〉와는 거리가 있다. 또 〈천뢰우화〉에는 통일적 추구가 있는데 이 절은 '大辯不言', '不言之辯'과 같은 도가의 상투적 교훈을 나열하여 독창성을 결하고 있다. 그리고 이 절은 대우(對偶: 수사학상 서로 반대되는 사상이나 서로 비슷한 어구를 연립시켜 문장을 아름답게 꾸미는 일)의 구를 많이 사용하여 수사에 애쓴 흔적이 있다. 예를 들면 〈천뢰우화〉에서는 '欲以明之'의 明을 받아 '滑疑之耀'를 말하여 표현에 필연성이 있는데 이 절에서는 '注焉而不滿'의 冥海 다음에 갑자기 '葆光'을 이야기하여 표현에 긴장감이 결여되어 있다. 요컨대 이 절은 〈천뢰우화〉를 본 뜬 흔적이 있으므로 〈천뢰우화〉가 지어진 다음에 만들어진 것이 확실하다. 필시 〈천뢰우화〉가 시종 일관하게 유일 무형의 道에 주안을 두고 있어 그 실천적 의의를 명확히 하려고 모작(模作)한 것이리라.

이 한 절을 외편 중에서 취하여 〈천뢰우화〉와 하나로 묶은 사람이 최선인지, 최선의 ≪莊子注≫를 곽상(郭象)이나 상수(向秀)가 참고로 삼앗던 만큼 그것이 선례가 되었는지, 또는 최선 이전의 사람인지는 명확하지 않다. 뒤에 지적하는 것처럼 ≪장자≫의 외·잡편에는 후인의 보필(補筆)이라고 해야 할 것들이 많다. 내편에 있어서는 이본에 관한 소전(所傳)이 이 한 절에만 있더라도 외·잡편의 예로 보아, 내편 모두를 장주의 자저(自著)라고는 말할 수 없는 것이다. 따라서 장주의 본래 사상을 완미하기 위해서는 이와 같이 나중에 부가된 부분은 엄별하지 않으면 안 될 것이다.

齧缺問乎王倪曰,"子知物之所同是乎."

曰,"吾惡乎知之."

"子知子之所不知邪."

曰,"吾惡乎知之."

"然則物無知邪."

曰,"吾惡乎知之. 雖然嘗試言之. 庸詎知吾所謂知之非不知邪. 庸詎知吾所謂不知之非知邪. 且吾嘗試問乎女. 民溼寢, 則腰疾偏死, 鰌然乎哉. 木處, 則惴慄恂懼, 猨猴然乎哉. 三者孰知正處. 民食芻豢, 麋鹿食薦, 蝍且甘帶, 鴟鴉耆鼠. 四者孰知正味. 猨猵狙以爲雌, 麋與鹿交, 鰌與魚游. 毛嬙·麗姬, 人之所美也. 魚見之深入, 鳥見之高飛, 麋鹿見之決驟. 四者孰知天下之正色哉. 自我觀之, 仁義之端, 是非之塗, 樊然殽亂. 吾惡能知其辯."

齧缺曰,"子不知利害, 則至人固不知利害乎."

王倪曰,"至人神矣. 大澤焚而不能熱. 河漢沍而不能寒. 疾雷破山, 風振海, 而不能驚. 若然者, 乘雲氣, 騎日月, 而遊乎四海之外, 死生無變於己. 而況利害之端乎."

사소한 데까지 파고들기를 좋아하는 설결이 왕예에게 물었다.

"당신은 누구나 인정하는 物의 진가라는 것을 알고 계십니까?"

"나는 그런 것을 알고 있지 않다."

"그러면 당신이 그것을 모른다는 사실을 알고 계십니까?"

"나는 그런 것을 알고 있지 않다."

"그렇다면 인간은 본디 物의 진가를 알 수 없습니까?"

"나는 그런 것을 모른다. 단, 시험 삼아 말하면 내가 알고 있다고 생각하는 것이 사실은 알지 못하는 것인지도 모르며, 반대로 내가 모른다고 생각하는 것이 사실은 알고 있는 것인지도 모르는데 그것을 인간이 판단할 수는 없다. 그래서 나는 자네에게 물어 보겠다. 사람은 습기가 많은 데서 살면 요통 때문에 고통을 당하거나 반신불수가 되는데 미꾸라지도 과연 그럴까? 또 사람이 높은 나무 위에서 살면 손발도 꼼짝하지 못하고 무서워 떨게 되는데 원숭이들도 과연 그럴까? 그렇다면 이 셋 가운데 누가 올바른 거처를 알고 있는 것일까? 사람은 가축의 고기를 맛있다고 하고, 사슴은 부드러운 풀을 즐겨 먹으며, 지네는 뱀을 맛있게 먹고, 올빼미와 까마귀는 쥐를 즐겨 먹는다. 과연 이들 넷 중에서 누가 정말 훌륭한 맛을 알고 있는 것일까?

원숭이는 편저(猵狙)와 한 쌍이 되며, 큰 사슴은 사슴과 교미하며, 미꾸라지는 물고기와 함께 헤엄친다. 모장(毛嬙)과 여희(麗姬)는 모든 사람들이 미녀라 하는 사람들이다. 그런데 그들의 모습을 보면 물고기는 두려워서 물속으로 깊이 숨고, 새는 하늘 높이 날아오르며, 사슴은 필사적으로 달아난다. 과연 이들 넷 가운데 누가 천하의 미(美)를 아는 것일까? 모두 제멋대로 좋다고 생각하는 데 지나지 않는다. 그런 까닭에 나의 입장에서 보면 세상의 이른바 지자(知者)들이 시끄럽게 내세우는 인의의 사리나 좋고 나쁨의 이유 따위도 어지럽게 뒤섞여 있는 것일 뿐이다. 나는 그것을 일일이 이야기하는 따위의 일에 전혀 관여하지 않는다."

설결이 다시 물었다.

"당신은 物의 이해(利害) 따위에는 마음을 두지 않는 듯한데 그렇다면 지인(至人), 즉 道에 도달한 사람도 物의 이해 따위에는 전혀 마음을 쓰지 않을까요?"

왕예가 대답했다.

"지인은 이 세상의 존재가 아닌 神과 같은 존재이다. 진펄의 풀을 태울수 있는 불이라도 지인을 뜨겁게 할 수 없고, 황하(黃河)와 한수(漢水)의 흐름을 얼게 할 수 있는 추위도 지인을 춥게 할 수 없으며, 성난 우레가 산을 깨뜨리고 큰 바람이 바다를 뒤집는 일이 있어도 지인은 결코 놀라지 않는다. 이처럼 어떠한 이변에도 눈 하나 까딱하지 않는 지인은 자유롭게 하늘을 날며 구름을 타고 해와 달에 걸터앉으며 시간에 구애받지 않고 인간 세계를 초월하여 무한한 곳에서 노닌다. 인간에게 가장 중요한 생사의 변화조차 조금도 그의 마음을 움직이지 못한다. 하물며 物의 이해 따위가 그에게 무슨 문제가 되겠는가?"

【語義】齧缺(설결) · 王倪(왕예):뒤의 응제왕편 · 천지편 · 서무귀편에도 나오는데 그 중에서도 이 우화가 가장 오래된 것으로 생각된다. 천지편에 '堯의 스승은 許由, 許由의 스승은 齧缺, 齧缺의 스승은 王倪, 王倪의 스승은 被依이다.'라고 한 것으로 보아 두 사람 모두 帝堯 때의 현인. '齧'은 은(殷)의 시조인 '설(契)'과 동음이며 또 殷代에 '兒'라는 神이 있고 고대의 종족에 '兒(倪로도 쓴다)'가 있었다는 것으로 추측하면 이 두 사람의 대화는 이들 신화에 근거한 것인지도 모른다. '齧缺'은 '齧(설:씹어서 잘게 으깨다)'의 쌍성(雙聲) 완언이며 이에 대하여 '王倪'는 '汪(왕:깊고 넓은 모양)涯(애:물의 끝)'와 본디 동음이었다. 이러한 사실로 생각하면 번거로운 세상일에 구애되는 인물과 대도(大道)를 체인(體認)하여 왕양(汪洋)한 인물을 우의하고 있는 것이다.

物之所同是(물지소동시):누구나 함께 인정하는 物의 참된 가치.

吾惡乎知之(오오호지지):내가 어찌 그것을 알겠는가? 이 이하는 〈천뢰우화〉의 '有以爲未始有物者, 至矣, 盡矣'를 해설하고 있는 것으로 볼 수 있다.

庸詎知吾所謂知之非不知邪(용거지오소위지지비부지야):내가 알고 있다고 생각하고 있는 것이 실은 알지 못하는 것인지도 모름. '庸詎'는 반어의 뜻을 나타내는 조사.

民濕寢(민습침):'民'은 '人'의 뜻. '濕寢'은 질척질척한 습지에서 사는 것. '濕'은 '濕'의 본자. '寢'은 다음에 나오는 '木處'의 '處'에 짝하는 말로 산다는 뜻.

腰疾偏死(요질편사):신경통 같은 요통과 중풍 같은 반신불수에 걸리는 것.

鰌(추):미꾸라지.

木處(목처):나무 위를 거처로 삼는 것.

惴慄恂懼(췌률순구):너무 무서워 손발도 움직일 수 없음. '惴'는 두려워 떠는 것, '慄'은 피부에 소름이 돋는 것. '恂'은 쩔쩔매는 것. '懼'는 무서워 떠는 것.

猨猴(원후):원숭이. 구별한다면 '猨'은 작은 원숭이, '猴'는 큰 원숭이.

三者孰知正處(삼자숙지정처):인간의 지혜와 동물의 지혜의 비교는 〈천뢰우화〉의 '物無非彼, 物無非是'의 사고를 기조로 하여 소요유편 〈유무궁우화〉의 '大椿·彭祖', 〈천뢰우화〉의 '朝三暮四' 등과 같은 취향에서 인간을 자연계의 생물의 차원으로까지 격하시킨 기경(奇警)한 표현이며 인지(人知)의 교만함과 편협함에 대한 신랄한 야유이다. 물론 인간은 동물들과는 다른 존재인데 이와 같은 비교를 한 것은 너무나도 작위로 내닫는 인지(人知)를 반성케 하고, 인간 본래의 의의를 알아 인간 본연의 진솔함과 자연스러움을 회복시키려는 것이리라.

芻豢(추환):사육하는 가축의 고기. '芻'는 사료로 쓰는 풀. '豢'은 울타리 안에서 기른다는 뜻.

麋鹿食薦(미록식천):'麋'는 큰 사슴, '薦'은 부드러운 풀.

蝍且甘帶(즉저감대):'蝍且'는 '蝍蛆(즉저)'와 같다. 지네로서 뱀의 뇌나 눈을 먹는다고 한다. '帶'는 '螮(체:무지개)'의 차자로 무지개가 하늘에 걸려 있는 게 마치 용이 하늘에 있는 것 같다는 뜻에서 변하여 뱀을 가리킨다. '甘'은 즐겨 먹는다는 뜻.

鴟鴉耆鼠(치아기서):'鴟'는 올빼미. '鴉'는 큰부리까마귀. '耆'는 본디 '늙다'의 뜻인데 여기서는 '嗜·旨(맛있게 여기다)'의 차자.

猵狙(편저):원숭이와 비슷한 동물로 예사 개 같은 머리를 가지고 있다. 그 수컷은 즐겨 원숭이의 암컷과 교미한다고 한다(司馬彪의 설).

毛嬙(모장):고대 미인의 이름. 월왕(越王)의 애희(愛姬)였다 한다.

麗姬(여희):춘추시대 진(晉)나라 헌공(獻公:B.C.676년~B.C. 651년 재위)의 부인. 헌공은 섬서성 임동현(臨潼縣) 부근에 있던 여융족(驪戎族)을 토벌하고 여희와 그녀의 여동생을 얻었다. 헌공은 여희를 너무나 총애하여 태자였던 신생(申生)을 폐하고 여희의 소생을 태자에 앉혀 결국 진나라를 내란에 빠뜨리고 말았다.

決驟(결취):재빨리 달아남.

仁義之端(인의지단):여기에서 '端'은 조리(條理)의 뜻.

是非之塗(시비지도):'塗(진흙)'는 '途(도:길)'의 차자.

樊然殽亂(번연효란):'樊'은 '繁' 또는 '煩'의 차자. 따라서 '樊然'은 분잡하고 어수선한 모양. '殽'는 혼란한 것.

吾惡能知其辯(오오능지기변):'辯'은 '辨(변:구별)'의 차자. '吾惡……知……'의 '知'는 전혀 관여하지 않겠다는 뜻. 전혀 알 수 없다는 뜻이 아니다.

子不知利害則至人固不知(자부지이해즉지인고부지):여기의 '知'는 이해한다는 뜻. 설결은 物에는 가치가 있어 인간은 그에 의해 이해를 판단하는 존재라고 생각하여 왕예를 이해를 가리지 못하는 자로 간주하고, 왕예보다 뛰어난 지인(至人)이면 그것을 가릴 수 있을 것이라는 기대 때문에 이렇게 물은 것이다. 그런데 다음에 왕예는 고압적인 과장 표현으로 그 기대를 깨뜨리고 이해로부터 초월할 것을 가르친다. 그 점이 매우 재미있다.

大澤焚而不能熱(대택분이불능열):막고야산의 神人에 대하여 '土山焦而不熱'이라 한 것과 같은 표현이다.

河漢沍(하한호):'河'는 황하(黃河). 청해성(靑海省)에서 발원하여 섬서·산서·하남·하북의 여러 성을 지나 산동성에서 발해(渤海)로 유입한다. '漢'은 한수(漢水). 섬서성에서 발원하여 호북성에 들어가 한구(漢口)에서 양자강에 합류된다. 이 두 하천은 어는 일이 없다. '沍'는 결빙하여 물이 흐르지 못하는 것.

風振海(풍진해):바람이 바다를 뒤집음.

乘雲氣騎日月而遊乎四海之外(승운기기일월이유호사해지외):〈무위우화〉의 '乘雲氣, 御飛龍, 而遊乎四海之外'를 본뜬 표현이다. 단, '雲氣'는 이른바 '천지의 正氣'를, '騎日月'은 시간의 흐름을 초월한다는 뜻을 암시하고 있다.

利害之端(이해지단):여기의 '端'은 端末(단말:처음과 끝)의 뜻.

【補說】이 우화는 物의 시비·이해를 시시콜콜하게 따지는 속인을 상징하는 설결과 체도자인 왕예의 문답을 빌려, 세속의 가치관에 구애되지 않고 그것을 벗어던져야만 절대적인 자유를 누릴 수 있는 경지에 이를 수 있다는 것을 주장하고 있다.

크게 나누면 왕예가 신랄한 야유로써 인간의 가치관을 하등 동물의 그것과 비교하여 그 편협함을 지적하고 그로부터 벗어날 것을 주장한 부분과, 그 벗어남이 지인(至人)의 절대적 자유의 경지임을 주장한 부분으로 되어 있다.

제4장 구작자·장오자문답:대각우화(瞿鵲子·長梧子問答:大覺寓話)

> 瞿鵲子問乎長梧子曰, "吾聞諸夫子. '聖人不從事於務. 不就
> 利, 不違害. 不喜求, 不緣道. 無謂有謂, 有謂無謂. 而遊乎
> 塵垢之外.' 夫子以爲孟浪之言, 而我以爲妙道之行也. 吾子以
> 爲奚若."
> 長梧子曰, "是黃帝之所聽熒也. 而丘也何足以知之. 且女亦
> 大早計. 見卵而求時夜, 見彈而求鴞炙. 予嘗爲女妄言之. 女
> 以妄聽之奚.

구작자가 장오자에게 물었다.

"나는 선생에게서 이런 말을 들었습니다. '성인은 세상일에 안달하며 매달리지 않는다. 이익이 되는 것을 구하지도 않고, 손해가 되는 것을 피하려 하지도 않는다. 道를 구하여 얻어도 기쁘게 생각하지 않고, 특별히 道에 따르려 하지도 않는다. 아무 말도 하지 않은 듯한데 어느 틈엔가 하고자 하는 말을 다했고, 하고자 하는 말을 다했나 싶으면 실은 아무 말도 하지 않았다. 이와 같이 성인은 더러운 세상에 휩쓸리지 않고 초연히 마음 내키는 대로 한다.'는 말입니다. 선생은 이것을 분명하지 않은 말이라 생각하시지만 나는 이것이야말로 신묘한 道를 닦은 행위라고 생각합니다. 당신은 어떻게 생각하시나요?"

장오자가 말했다.

"그것은 인간 세상을 처음으로 연 황제(黃帝)조차 어떻게 대답하면 좋을지 당황할 물음이다. 하물며 나, 구(丘) 따위가 알 수는 없는 일이다. 게다가 자네도 지독히 속단한 것이다. 그것은 계란을 보고 새벽을 알리라 하고, 시위를 떠난 살을 보고 구운 올빼미 고기를 먹자고 하는 것과 같다. 자네를 위해 허튼 소리를 해보고자 하니 마음대로 들어보게.

【語義】瞿鵲子(구작자):‘瞿’는 ‘懼(구:두려워하다)’와 같으며 ‘鵲(까치)’은 ‘嘖(책:부르짖다)’과 동음인 점에서 생각하면 ‘놀라서 소란을 떠는 까치’라는 뜻이다. 경망스럽게 道를 이야기하는 자라는 뜻을 가진 인물로 설정되었다.

　長梧子(장오자):장대한 오동나무라는 뜻인데 ‘梧’가 ‘悟(오:깨닫다)’와 동음이므로 道를 깨달은 인물로 설정되었다. 경망스럽게 울어대는 까치와 큰 오동나무의 대화라는 점이 이 우화의 흥미를 한층 더해 준다.

　夫子(부자):선생. 필시 장주를 가리키는 것이리라. 장오자를 가리킨다는 설, 문장 중에 공자의 이름인 ‘丘’가 나오는 점을 들어 공자를 가리킨다는 설도 있으나 옳지 않다.

　聖人不從事於務(성인부종사어무):성인은 안달하며 세상의 속된 일을 구하려 하지 않음.

　不喜求(불희구):이 구는 다음의 ‘不緣道’와 서로 짝하므로 여기의 ‘求’는 단순히 ‘구하다·物을 얻다’의 뜻이 아니라 ‘道를 구하여 얻다’의 뜻으로 해석하지 않으면 안 된다.

　不緣道(불연도):道에 일부러 따르려 하지는 않음.

　無謂有謂(무위유위):말하지 않고도 자연스럽게 그 뜻을 전함. 앞의 ‘不言之辯’과 같은 류.

　有謂無謂(유위무위):〈천뢰우화〉의 ‘果有謂乎, 果無謂乎’와 같은 뜻. 앞의 ‘無謂有謂’의 반대. 많은 이야기를 한 것 같지만 실은 아무 말도 하지 않은 것.

塵垢之外(진구지외):세속을 초월한 것. '塵垢'는 먼지와 때. 세속의 더러움을 가리킨다.

孟浪(맹랑):'亡' 또는 '茫'의 첩운(疊韻) 완언으로 희미하여 분명하지 않은 모양을 가리킨다. 〈천뢰우화〉에서 말했듯이 '言'으로는 체도(體道)가 어떤 것인지를 표현할 수 없으므로 '孟浪'이라 말한 것이다. 道를 자못 이해한 듯이 '妙道之行'이라 한 것은 얕은 소견이라는 것이 이 우화의 주제다.

吾子(오자):당신.

奚若(해약):'如何'와 같은 뜻. 어떻게.

黃帝(황제):중국을 처음으로 열었다고 하는 성왕(聖王).

聽熒(청형):'熒'은 현혹되는 것.

丘也(구야):'丘'는 장오자의 이름(崔譔의 설). 공자의 이름도 '丘'인데 여기서는 〈천뢰우화〉에서 안성자유의 이름이 공자의 제자인 子游의 이름 偃이었던 것처럼 공자의 이름을 빌려 장오자의 이름으로 삼은 것이리라.

大早計(대조계):'大'는 '太(태:매우, 몹시)'와 같다. '早計'는 너무 빠른 예상. 경솔한 생각.

時夜(시야):본디의 뜻은 닭이 울어 밤의 때를 알리는 것. 여기서는 닭이 울어 날이 밝았음을 알리는 것.

鴞炙(효적):올빼미 구이. 매우 맛이 좋다고 한다.

妄言(망언):허튼 소리. 道는 자연스럽게 체득되는 것이지 의식적으로 구해지는 것이 아님을 역설적으로 말하고 있다.

妄聽之奚(망청지해):기분 내키는 대로 듣는 게 좋음. '奚'는 '如何'의 뜻. 여기서는 가볍게 권하는 뜻으로 쓰였다.

【補說】매우 긴 문장이므로 두 절로 나누어 실었다. 이상은 〈대뢰우화〉의 도입 부분이다. 이 이야기 속의 성인 체도를 '妙道之行'이라 규정한 구 작자의 생각은 매우 경솔한 판단이라는 것, 그것이 이 우화의 주제다.

旁日月, 挾宇宙, 爲其脗合. 置其滑涽, 以隸相尊. 衆人役役,
聖人愚芚. 參萬歲而一成純. 萬物盡然, 而以是相蘊.
予惡乎知說生之非惑邪. 予惡乎知惡死之非弱喪而不知歸者
邪. 麗之姬, 艾封人之子也. 晉國之始得之也, 涕泣沾襟. 及
其至於王所, 與王同筐狀, 食芻豢, 而後悔其泣也. 予惡乎知
夫死者不悔其始之蘄生乎.
夢飮酒者, 旦而哭泣. 夢哭泣者, 旦而田獵. 方其夢也, 不知
其夢也. 夢之中又占其夢焉. 覺而後知其夢也. 且有大覺, 而
後知此其大夢也. 而愚者自以爲覺, 竊竊然知之. 君乎牧乎,
固哉. 丘也與女皆夢也. 予謂女夢, 亦夢也. 是其言也, 其名
爲弔詭. 萬世之後, 而一遇大聖知其解者, 是旦暮遇之也."

성인은 해와 달이 바뀌는 순환도 한 순간에 늘어놓고, 천지 사방의 공간을 초월하여 오직 道와 하나가 된다. 귀천·교만·비굴·원차(怨嗟)·투쟁 등 세상의 어지러움을 벗어 버리고 하인의 조심스러움을 좋게 여긴다. 그래서 세상 사람들은 영리한 체하는 마음으로 괴롭게 애쓰지만 성인은 어리석은 자처럼 物을 알려고도 하지 않는다. 만년(萬年)에 걸친 사람들의 성패, 기쁨과 슬픔의 온갖 영위를 차별 없이 오직 하나의 일로 간주하고, 만물을 각각의 성장에 맡겨 모두를 오직 하나로 싸 넣는다.

살아 있는 것이 행복이라고 기뻐함은 우리가 미혹되어 있는 것인지도 모른다. 죽는 것을 꺼리고 싫어하는 것은 마치 어릴 때 고향을 떠나 타국을 방황하는 자가 고향에 돌아가지 않으려는 것과 같은 일인지도 모른다. 저 여희(麗姬)는 애(艾)라는 땅의 국경을 지키는 자의 딸이었다. 진(晉)나라 사람들에게 잡혔을 때에는 가족과 헤어짐을 서러워하여 눈물로 옷깃을 흠뻑 적셨다. 그런데 진나라 궁전에 가 왕과 함께 편안한 침대에서 자고 맛있는 음식을 먹게 되자 끌려오기 전에 운 것을 어리석은 짓이었다고 후회했던 것이다. 이 이야기와 마찬가지로 죽은 사람도 자신이 죽을병에 걸렸음을 알고 살고 싶다고 발버둥치던 살았을 적 일을 후회하고 있을지도 모른다.

꿈속에서 연회를 즐기던 사람이 날이 밝으면 울부짖으며 슬퍼하기도 하고, 꿈속에서 울부짖던 사람이 다음 날 아침이 되면 원기 왕성하게 사냥하러 나가기도 한다. 한창 꿈을 꿀 때에는 그것이 꿈인 줄 모른다. 꿈속에서 그 꿈의 길흉을 점치는 일도 있다. 눈을 뜨고 비로소 그것이 꿈이었음을 안다. 무릇 큰 눈뜸(깨달음)이 있어야 비로소 이 세상도 큰 꿈인 것을 알 수 있으리라. 그런데 세상의 어리석은 사람들은 제멋대로 눈뜨고 있다고 생각하여 안달하며 아는 체하고 있다. 세상의 한 나라를 다스린다 하여 거만을 떠는 군주나, 한 지방의 백성을 기른다 하여 현지(賢知)를 자랑하는 장관들의 좁은 견식과 비천함이여! 이렇게 나 구(丘)와 자네가 서로 마주 보고 있는 것도 꿈인지 알 수 없다. 또 내가 자네에게 꿈이라고 말하는 것도 꿈인지 모른다. 이와 같이 말하는 것을 이 세상에 없는 이상한 말이라 이름한다. 이 말의 참뜻을 깨달아 해명할 수 있는 자는 아주 드물 것이다. 만대에 걸쳐서 겨우 한 사람, 그것을 해명한 큰 성인을 만났다 해도 그것은 불과 하루 만에 만난 것 같은 최대의 행운이라 말해도 좋을 것이다."

【語義】 旁日月(방일월):'旁'은 '傍'과 같다. 양 옆구리에 늘어놓는다는 뜻.

'日月'은 시간의 경과를 뜻한다. 앞서 설결과 왕예의 문답에 '騎日月'이라 한 것과 같으며 시간의 흐름을 초월하는 것을 가리킨다.

挾宇宙(협우주):공간을 초월하는 것을 가리킨다. '挾'은 '浹(협)' 또는 '帀(잡)'의 차자로 널리 일주(一周)한다는 뜻. '宇宙'는 천지 사방과 고금(古今). 단, 여기서는 사방의 공간을 주로 하고 있다.

爲其脗合(위기문합):시간과 공간을 하나로 하는 것. 즉 〈천뢰우화〉의 '萬物與我爲一'과 같이, 道에 귀일(歸一)하는 것을 말한다. '脗'은 '吻(문:입술)'과 같다. '脗合'은 위아래 입술을 맞추는 것처럼 꼭 맞아 하나가 되는 것.

置其滑湣(치기골혼):세상의 상하 · 귀천 구별에 의한 갖가지 번거로운 혼란함을 버리는 것. '置'는 '버리다 · 그만두다'의 뜻. '滑'은 '溷(혼)'의 뜻으로 어지러움 · 혼란.

以隷相尊(이예상존):'以貴相尊'의 역설. 사람들이 경멸하는 노예적 위치에 있는 것을 귀히 여김. 즉 귀천의 구별을 버리고 서로 겸양하는 것. '隷'는 노예 · 종.

役役(역역):고생하며 애쓰는 모양.

愚芚(우둔):멍청함. '芚'은 '忳(돈:어리석음)' 또는 '鈍(둔:우둔함)'의 차자.

參萬歲而一成純(참만세이일성순):'參'은 '糝(삼:섞이다)'의 차자. '一成'은 오직 하나로 한다는 뜻. '純'은 '순수하다'는 뜻이 아니다. '屯(둔:덩어리)'의 차자로 보아야 한다. 앞에서는 성인의 세계관과 인간관을 설명했는데 이 이하 두 구에서는 萬歲, 萬物이 존재하는 세상에 처하는 법을 설명하고 있다. 즉 세상 만년 동안의 귀천 · 성패 · 기쁨과 슬픔 등의 갖가지 영위는 구별도 없는 한 덩어리의 혼돈으로 돌아가 거기에서 서로 응한다고 하는 것이다.

萬物盡然而以是相蘊(만물진연이이시상온):‘萬物盡然’은 만물이 각각의 성장을 완수하는 것. ‘以是相蘊’의 ‘是’는 ‘純’을 가리킨다. ‘蘊’은 싸안는 것. 즉 혼돈무(渾沌無)의 안에 싸안는 것이다.

說生(열생):살아 있는 것을 행복이라고 기뻐하는 것. ‘說’은 ‘悅(열:즐거워하다)’의 차자.

弱喪(약상):어릴 때 고향을 떠나는 것. ≪예기≫ 곡례편(曲禮篇)에 ‘나이 스물을 弱이라 한다’고 했는데 여기서는 그보다 훨씬 어린 것을 가리킨다. ‘喪’은 喪國. 조국 또는 고향을 잃는 것.

麗之姬(여지희) :앞에 나왔던 여희(麗姬)를 가리킨다. ‘姬’는 미녀라는 뜻.

艾封人(애봉인):‘艾’는 지명. 지금의 어디에 해당하는지는 알 수 없다. ‘封人’은 국경을 지키는 사람. 대부분 신분이 낮은 사람들이었는데 춘추시대에는 그 지방의 우두머리가 임명했던 것 같다.

涕泣沾襟(체읍첨금):‘涕’, ‘泣’ 모두 눈물. ‘沾’은 흠뻑 적신다는 뜻.

王所(왕소):진(晋)나라 헌공(獻公)의 궁전을 가리킨다. 晋은 제후국이었으나 전국시대 제국(諸國)의 군주에 대한 호칭에 의해 ‘王所’라 한 것이리라.

筐狀(광상):방형(方形)의 큰 침대.

芻豢(추환):상등(上等)의 고기를 먹을 수 있는 것은 극히 소수의 상류계급 사람들에게만 허용되었던 것이 당시의 실정이었다.

蘄生(기생):‘蘄’는 본디 풀 이름인데 여기서는 ‘祈(기:원하여 구하다)’의 뜻으로 쓰였다.

哭泣(곡읍):‘哭’은 부모나 자식 등의 죽음을 슬퍼하여 큰 소리로 우는 것.

田獵(전렵):‘田’은 ‘畋’과 같으며 사냥하는 것.

且有大覺(차유대각):‘且’는 다음의 말을 강하게 나타내기 위해 쓰이는 조사. ‘大覺’은 인생을 달관 오득(達觀悟得)하는 것.

此其大夢(차기대몽):‘其’는 ‘之’와 거의 같은 뜻. 다음에 나오는 ‘是其言也’의 ‘其’도 같다. ‘此’는 생사·이해·귀천 등 인생의 모든 일을 가리킨다. 생사만을 가리키는 것이 아니다. 그래서 ‘君乎牧乎’라 말한 것이다.

竊竊然(절절연):사소한 일을 걱정하는 모양.

君乎牧乎(군호목호):‘君’은 군주, ‘牧’은 이른바 목민(牧民:백성을 기르다)의 장관을 가리킨다. 위의 ‘以隷相尊’과 대응하는 표현이다. 君이나 長으로서 존귀한 척하는 자를 배척하는 말이다. ‘乎’는 여정을 주기 위해 쓰인 조사.

固哉(고재):‘固’는 고루(固陋)의 뜻. 견식이 좁고 비천한 것.

弔詭(적궤):‘弔’은 ‘이르다·이르러’의 뜻으로 쓰였다. ‘詭’는 상식에서 멀리 떨어져 있는 것. 즉 매우 이상한 것.

萬世之後……是且暮遇之也:만대에 걸쳐 단 한 번 그 말의 의미를 해석하는 성인을 만났다 해도 그것을 불과 하루 만에 만난 것 같은 최대의 행복이라 생각함. 이것은 전국시대에 행해졌던 우곡(迂曲)한 표현이다.

【補說】〈대각우화〉의 주론(主論) 부분으로 세 개의 작은 단락으로 이루어져 있다. 첫째 단락은 표현 형식은 다르지만 〈천뢰우화〉의 ‘天地與我並生, 而萬物與我爲一’의 사상을 기조로 하여 한층 포괄적인 만물일체관을 강조하고 있다. 운문으로 되어 있는데 이는 독자들에게 주는 인상을 더 강하게 하려는 것이리라. 두 번째 단락은 여희의 예를 들어 현세의 생에 집착하는 것이 미혹임을 설하고 있다. 만물일체로 귀천·이해 등의 구별이 없게 되면 그 구별로 야기되는 생에의 집착이 아무런 의미가

없게 되기 때문이리라. 세 번째 단락에서는 세상의 일을 끝없는 꿈에 비유하고, 그 꿈에서 여간해서 깨어날 수 없음을 설하고 있다.

이 우화가 가장 강조하고 있는 것은 지혜를 구사하여 이해를 좇는 것이 나쁘다는 것은 말할 나위도 없지만 마치 인생의 꿈에서 깨어나 있기나 한 것처럼 이해를 버리는 것이 신묘한 道를 행하는 것이라는 따위의 속단도 좋지 않다는 것이다. 그 속단은 꿈속에서 꿈을 점치는 것과 같은 것이다. 요컨대 큰 깨달음이 없다고 할 수는 없지만 큰 깨달음을 생각하지 말고, 꿈이라고도 생각하지 말고 인생의 꿈을 계속 꾸어라! 결국 철저히 우둔하고 무언(無言)·무위(無爲)하며 만물과 하나가 되는 일에 집중하라는 것이다.

≪장자≫ 중에는 道의 찬미, 체도의 초월적 경지에 대한 과칭(誇稱)과 또 그 경지에서 내리는 비판 등이 많은데 이 우화는 ≪장자≫ 중에서 그 예가 드문 경우로 경박하게 道를 찬미하는 것에 대한 훈계를 담고 있어 매우 주목된다. 道가 수립되면 자칫하면 그 귀결만을 취하여 오히려 道의 본의를 잃고 만다. 이 우화는 道의 본의인 '無適焉. 因是已'를 주장하고 있다고 할 수 있다.

제5장 우무경지론(寓無竟之論)

既使我與若辯矣, 若勝我, 我不若勝, 若果是也, 我果非也邪.
我勝若, 若不吾勝, 我果是也, 而果非也邪. 其或是也, 其或
非也邪. 其俱是也, 其俱非也邪. 我與若不能相知也, 則人固
受其黮闇. 吾誰使正之.
使同乎若者正之, 既與若同矣, 惡能正之. 使同乎我者正之,
既同乎我矣, 惡能正之. 使異乎我與若者正之, 既異乎我與若
矣, 惡能正之. 使同乎我與若者正之, 既同乎我與若矣, 惡能
正之. 然則我與若與人, 俱不能相知也. 而待彼也邪.
[化聲之相待, 若其不相待. 和之以天倪, 因之以曼衍, 所以窮
年也]. 何謂和之以天倪. 曰, '是不是, 然不然, 是若果是也,
則是之異乎不是也, 亦無辯, 然若果然也, 則然之異乎不然
也, 亦無辯. 忘年忘義, 振於無竟.' 故寓諸無竟.

나와 그대가 논쟁을 벌여 그대가 나를 이기고 내가 그대에게 졌다면 과
연 그대가 옳고 내가 그른 것일까. 반대로 내가 그대를 이기고 그대가 나
에게 졌다면 과연 내가 옳고 그대가 그른 것일까. 한 쪽이 옳고 한 쪽이 그
른 것일까, 아니면 양쪽이 다 그른 것일까. 이러한 시비는 대립 관계에 있
는 나와 그대로서는 도저히 올바른 판단을 내릴 수 없는 것이다. 그렇다고
제삼자가 올바른 판단을 할 수 있느냐 하면 그렇지도 않다. 그렇다면 누구
에게 이 문제에 대한 바른 판정을 기대해야 할까.
그대와 같은 생각을 가지고 있는 사람에게 판정하도록 하면 그 사람은 그

대와 같은 의견이므로 공정한 판정이 내려질 수 없다. 또 나와 같은 생각을 가지고 있는 사람에게 판정하도록 해도 그 사람은 나와 같은 생각을 가지고 있으므로 역시 공정한 판정은 내려지지 않을 것이다. 그러면 이번에는 나나 그대와는 다른 생각을 가지고 있는 사람에게 판정을 내리도록 하면 어떨까. 그 사람은 우리와 다른 자신의 생각을 내세우게 되므로 우리의 생각을 옳게 판단할 수 없다. 나의 생각과도 같고 그대의 생각과도 같은 생각을 가진 사람으로 하여금 판정하게 하면 그 사람은 우리의 관계와 똑같은 관계가 되므로 공정하게 판단할 수 없다. 그렇다면 나나 그대나 제삼자 모두 시비를 판정할 수 없다. 그러니 누구에게 올바른 판정을 기대할 수 있겠는가.

　무릇 사람에 의해서, 때에 의해서 옳고 그름이 변화하는 언론은 서로 대립하고 있는 듯하면서도 사실은 서로 대립하고 있는 것은 아니다. 그래서 그 옳고 그름을 절대의 규정으로 화합시켜 끝없이 서로 의존하게 한다. 그렇게 함으로써 이 세상의 시간을 초월하여 영구히 그 규정이 계속되게 하는 것이다. 절대의 규정으로 화합시킨다는 것은 어떤 것일까? 그것은 사물의 시불시(是不是) · 연불연(然不然)의 문제에 대하여 그것이 좋다고 판단하는 것이 정말로 좋은 것이라면 그것이 좋지 않은 것과 다르다는 사실은 더 이상 논할 것까지도 없이 명백한 것으로 하고, 그렇다고 인식한 것이 정말로 그렇다면 그렇지 않은 것과 다르다는 사실은 더 이상 논할 것까지도 없이 명백한 것으로 한다. 결국 사람들의 생각이 연령에 의한 차별이나 신분에 의한 차별을 모두 잊고, 그것들을 아무런 차별도 두지 않는 경지로 받아들이는 것이다. 그러므로 사물의 시비는 아무런 구별이 없는 경지에 모아 두라고 말하는 것이다.

【語義】　旣使我與若辯矣(기사아여약변의):이 이하 '吾誰使正之'에 이르기
　　까지는 〈천뢰우화〉의 '以指喩指之非指, 不若以非指喩指之非指也'와 거

의 같은 주제에 관한 것이다. 단, 〈천뢰우화〉의 경우에는 논증법을 주로 하여 대상의 시비 논쟁에서 부정적으로 초출(超出)해야 한다고 말하고 있는 데 비해 이것은 논쟁 당사자의 대립을 주로 하여 당사자로서는 그것을 조정할 수가 없고, 그것을 초월하는 것이 없으면 안 된다는 것을 말하고 있다. '旣使我……'는 가정의 뜻을 나타낸다. 이 경우 '旣'는 '만약'의 뜻. '若'은 '女‧汝‧而'와 같다.

若勝我我不若勝(약승아아불약승):논쟁에는 화술이나 그 밖의 조건으로 그 주장의 옳고 그름에 상관없이 그 장면에서의 승패가 있다. 특히 논쟁자가 당파나 그 밖의 위력을 빌린 경우에 그것이 현저하다. 단, 여기서는 아래의 '忘年忘義'로 보아 그러한 조건으로서 연령의 차이, 군신‧사제와 같은 신분에 의한 차이를 예상한 것 같다.

其或是也其或非也邪(기혹시야기혹비야야):'或(혹)'은 '어느 쪽인가 한편'의 뜻. 윗글의 '若是‧我非', '我是‧若非'와 중복되는데 이 진술과 아래의 '其俱是也, 其俱非也邪'란 당사자 이외, 즉 제3자의 입장에서 보는 경우이다.

人固受其黮闇(인고수기탐암):'人'은 논쟁의 귀결을 기다리는 사람. 정치상의 논쟁인 경우에는 국민. '黮闇'은 캄캄한 어둠, 오리무중(五里霧中)으로 아무것도 모르는 것.

而待彼也邪(이대피야야):'彼'는 시비를 가리는 사람을 가리킨다.

化聲(화성):사람에 의해서, 또 사물에 의해서 그 시비가 변화하는 언론.

若其不相待(약기불상대):시비의 견해가 대립해도 그 대립은 아무런 근거도 없는 것. 결국 상대론은 성립하지 않는다는 것을 말한다.

天倪(천예):절대적 규정. 단, 형이하의 규정을 말하는 것이 아니라 〈천뢰우화〉의 '도추(道樞)' 또는 '천균(天鈞)'에 해당한다. '예(倪)'는 '厓(끝, 한도)'의 차자.

因之以曼衍(인지이만연):‘因’은 서로 의지하는 것을 말한다. ‘曼(만)’은 ‘漫(널리 퍼지다, 횡행하다)’의 차자. ‘衍(연)’은 ‘퍼지다’의 뜻. 요컨대 무한으로 전개하는 것을 말한다.

所以窮年也(소이궁년자):‘궁년(窮年)’은 연대 · 연령의 차별을 없애는 것을 말한다.

忘年忘義(망년망의):‘年’은 연령에 의한 차별. ‘義’는 군신 · 사제 등의 신분에 의한 차별.

振於無竟(진어무경):‘振(진)’은 ‘忘年忘義’의 ‘忘’을 받아서 맺고 있는 말이기 때문에 ‘합쳐 하나로 모으다’라는 뜻으로 해석해야 한다. ‘竟’은 ‘단락, 경계[境]’의 뜻.

故寓諸無竟(고우제무경):‘無竟’이 천예(天倪)임은 말할 나위도 없다. ‘諸’는 ‘之於’와 같다. ‘之’는 주로 시비의 논쟁을 가리킨다.

【補說】 의견의 상위 · 대립은 인간의 지혜로는 그 정부(正否)를 판단하여 조정 · 화해할 수 없으므로 〈천뢰우화〉에서 ‘是非之彰也, 道之所以虧也’라 하고 더 나아가 유일한 道에 머무를 것을 설한 것처럼 그 시비의 구별이 없는 경지를 근저로 할 것을 논하고 있다.

현대의 우리 생각으로 논쟁은 화해할 수 없는 것이 아니라 오히려 미지(未知)를 서로 보충하여 기지화(旣知化)하고 통일적 결론에 도달할 수 있는 유효한 방법이다. 그렇다 하더라도 논쟁에 있어서는 서로 모르는 것이 있다는 겸허한 마음과 관용을 선행시키지 않으면 안 된다. 그러므로 이 점에서 이 논술은 논쟁의 진실에 정통하고 있다. 더구나 명백한 결과가 얻어지는 자연과학의 논쟁은 별도로 하고, 추상적인 평가에 의하지 않을 수 없는 인생이나 사회 등의 문제에 관한 논쟁은 적당한 타협이 없는 한 심각한 투쟁이 될 수도 있다. 이천여 년 전에 이미 묵자가

'한 사람에게는 한 사람의 주의(主義)가 있고, 두 사람에게는 두 사람의 주의가 있으며, 열 사람에게는 열 사람의 주의가 있다. 사람이 많아질수록 주의가 나뉜다. 그래서 부자·형제 같은 사이도 서로 증오하여 이산(離散)하게 된다. 하물며 천하의 사람들이야. 그들은 서로 싸워 금수처럼 어지럽게 될 것이다.'라고 했다. 그리고 묵자는 '한편으로는 현명한 지도자가 있어서, 한편으로는 사람들 사이 공통의 정의가 있어서 주의의 통일이 있어야 한다.'고 이야기했다. 그러나 묵자의 설은 같은 시대의 모든 사상가를 설득하여 동조시킬 수 없었을 뿐 아니라 그 후의 시대에 있어서도 그 설대로는 되지 않았다. 사람들의 주의나 의견이 달라서 참혹한 이반(離反)이 이루어지는 것은 인간의 운명이라고도 할 수 있다. 그 운명을 피하기 위해서는 그것만으로 일이 해결되는 것은 아닐지라도 의견이나 주의가 분기(分岐)하기 이전의 상태에서부터 다시 생각하는 것이 근본책일 것이다. 이 논설은 이 점에서도 의의가 있는 것이다.

【餘說】 〈우무경지론〉은 독립된 장이다. 〈우무경지론〉에 관해서는 곽상(郭象)이 앞 장인 〈구작자·장오자문답:대각우화〉의 한 절이라 해석한 후, 거의 대부분의 학자들이 이에 좇고 있는데 본서에서는 이에 대해 이견을 말하고자 한다. 이 장에 관한 주요한 설로는 대성(大聖)의 '不知의 知', '不言의 辯'을 설하고 있다는 해석(陸長庚의 설), '有謂無謂'를 해설하고 있다는 해석(林雲銘의 설), 변언(辯言)은 중요한 것이 아님을 논하고 있다는 해석(王光謙의 설) 등이 있다. 이것들처럼 앞 장과의 연관을 애써 구해도 통하지 않는 것은 아니다.

그러나 앞 장에서는 대명사로 子·女가 쓰인 데 반해 이 한 절에서는 我·吾·若·而 등이 쓰이고 있음은 이 한 절이 앞 장과는 달리 다른 사람의 손으로 다른 시기에 지어졌음을 말해 준다. 앞 장이 장단구(長短

句)를 사용하여 여희·몽각 등의 구체적인 예를 들고 있는 데 비해 이 절은 논쟁의 시비 문제에 눈을 돌려 특히 대우(對偶) 표현을 많이 쓰고 있어, 관심사뿐 아니라 문체에 있어서도 앞 장과 이 절은 상당한 차이를 보이고 있다. 특히 이 절에서 쓰인 표현에는 '其或是也, 其或非也邪'와 같이 이미 진술된 것을 중복하여 기교적인 수사 외의 뜻은 찾아볼 수 없는 무용한 것이 있다. 그리고 '女以妄聽之奚'라 말한 장오자가 갑자기 논쟁을 가정한다는 것도 자연스럽지 못하다.

앞 장에서 대각(大覺)은 결코 용이하게 얻을 수 있는 것이 아니며 따라서 경박하게 道에 관해 이야기할 수 없다는 것을 말하고 있고, 또 그것이 주요한 주장이다. 그에 비해 이 절은 사람들의 의견의 대립은 시비를 분별하지 않는 경지를 근본으로 해야만 조화될 수 있음을 논하고 있어 앞 장과는 다른 주장을 보이고 있다. 또, 앞 장과 이 절을 분리하여 이해하는 쪽이 그 의의가 명료해진다.

제물론 전편을 총괄하면 이 한 절도 제물론 각 장과의 연관이 전연 없는 것은 아니다. 특히 이 한 절은 〈천뢰우화〉의 일부를 해설하여 부연한 흔적이 역력하며 또 우언편 일부의 논술과 중복되어 있다. 우언편의 일부분과 같이, 〈천뢰우화〉를 부연하는 것으로 지어진 것을 ≪장자≫의 편집자가 〈천뢰우화〉와 같은 주장을 보이고 있기 때문인지, 아니면 앞 장이 대성(大聖)을 여간해서는 만날 수 없음을 말하는 것으로 끝나고 있으므로 그 대성의 심경을 나타내 보이기 위해서인지 여기에 넣은 것이리라 생각된다.

제6장 망량·영문답:유대우화(罔兩·景問答:有待寓話)

罔兩問景曰, "曩子行, 今子止. 曩子坐, 今子起. 何其無特操與."
景曰, "吾有待而然者邪. 吾所待又有待而然者邪. 吾待蛇
蚹·蜩翼邪. 惡識所以然, 惡識所以不然."

반그림자가 흔들리고 움직이는 본그림자를 비난하여 말했다.

"당신은 걷고 있나 보다 하면 멈추고, 앉아 있나 보다 하면 서니 어찌 그리 행위에 일정함이 없습니까?"

본그림자가 대답했다.

"나 역시 너처럼 무언가에 의존하고 있어서 그런지 모른다. 뿐만 아니라 내가 의존하고 있는 것 역시 또 다른 무엇에 의존하고 있어서 그런지도 모른다. 그러나 나는 무언가에 의존하고 있기는 하나, 뱀의 아랫배 부분의 비늘이나 매미의 날개처럼 눈에 명백히 보이는 형태에 의존해 있는 것은 아니다. 따라서 내가 어째서 그런지 그 이유도 모르고, 어째서 그렇지 않은지 그 이유도 모른다."

【語義】罔兩(망량):본그림자[影]의 바깥쪽에 생기는 흐릿한 반그림자를 말한다. 여기서는 의인화하여 자신이 道에 의존하고 있음을 알지 못하고 세속의 정에 얽매여 있는 어리석은 사람에 비유했다.

景(영):여기서는 '影'과 같다. 그림자.

特操(특조):항상 일정하여 변하지 않는 행위. '特'은 '德'의 차자. '操' 는 '지키다' 또는 '절도(節度)'의 뜻.

吾所待又有待而然者邪(오소대우유대이연자야):상식상 그림자는 형체에 의존하는 것이지만 사실 그림자가 의존하는 그 형체도 다시 달리 의존하는 무엇인가가 있어 그에 따라서 흔들리고 움직이는지도 모른다. 그러니 그 형체에만 의존한다고 할 수는 없다는 것. 이 한 구절이 이 우화의 요점이다. 우언편에서는 그림자는 빛이 있으면 생기지만 빛이 없으면 생기지 않는다는 것을 이야기하고 있다.

吾待蛇蚹蜩翼邪(오대사부조익야):'부(蚹)'는 '跗(다리)'의 차자. 여기서는 뱀의 아랫배 부분의 비늘을 가리킨다. 뱀은 다리가 없는데도 앞으로 나아간다. 그러나 역시 형체가 있는 비늘을 사용하는 것이다. 매미의 날개는 얇지만 역시 형체가 있다. 이 구절은 형체 있는 미소(微小)한 것을 들어 그 참으로 의존하는 것은 미소한 것보다 더 앞선 無, 즉 道임을 시사하고 있다.

【補說】物의 형체에 의해 생기는 그림자와, 그림자에 의해 생기는 반그림자의 문답을 빌려 物은 눈앞의 원인이 아니라 알고 모름을 초월한 근본 원인에 의해 생멸하는 것임을 설하고 있다. 결국 〈천뢰우화〉에 '凡物無成與毁, 復通爲一', '今我則已有謂矣. 而未知吾所謂之其果有謂乎, 其果無謂乎'라고 한 논지를 교묘하게 우화화한 것이다. 뒤에 나오는 우언편에는 이것을 개작한 것으로 생각되는 우화가 하나 있으니 참고하기 바란다.

제7장 호접몽:물화우화(胡蝶夢:物化寓話)

> 昔者, 莊周夢爲胡蝶. 栩栩然胡蝶也. 自喻適志與, 不知周也.
> 俄然覺, 則蘧蘧然周也. 不知周之夢爲胡蝶與, 胡蝶之夢爲周
> 與. 周與胡蝶, 則必有分矣. 此之謂物化.

언젠가 장주가 꿈을 꾸었다. 꿈속에서 그는 팔랑팔랑 아름답게 날아다니는 한 마리 호랑나비였다. 평소의 뜻대로 마음 내키는 대로 즐거워할 수 있어 그 자신이 장주라는 인간임을 전연 돌이켜볼 수 없었다. 문득 잠에서 깨니 놀란 듯 흐리멍덩한 눈으로 두리번두리번 둘레를 둘러보고 있는 장주였다. 어찌된 일일까? 장주가 호랑나비가 된 꿈을 꾼 것일까, 아니면 호랑나비가 장주가 된 꿈을 꾸는 것일까? 어느 쪽인지 알 수가 없다. 분명히 장주와 호랑나비 사이에는 구별이 있을 것이다. (그렇지만 어떻게 하여 그것을 구별할 것인가.) 이와 같이 존재하는 것 같으면서도 정(定)함이 없는 것, 이것이 바로 '사물의 끊임없는 변천(物化)'이라는 것이다.

【語義】 昔者(석자):옛날. 여기서는 '지나간 어느 때'의 뜻. 장주 이름을 든 것은 장자의 자술 형식을 취하기 위함이다. ≪장자≫ 중에는 후인이 추가시킨 것이 분명히 있는 산목편·외물편 등에도 장주라는 이름이 나오지만 이 우화는 그 표현력이 탁월한 점에서 생각하면 장주 자신이 지은 것인지도 오른다.

　　胡蝶(호접):'蝴蝶'으로도 쓴다. 호랑나비.

　　栩栩然(허허연):기뻐하는 모양.

自喻適志與(자유적지여):‘自’는 ‘마음 내키는 대로’의 뜻. ‘喻’는 기뻐하는 것. ‘適’은 빈틈없이 꼭 맞는다는 뜻. ‘與’는 감탄의 뜻을 나타낸다. 즉 마음 내키는 대로 즐거워함이 평소의 뜻과 부합된다는 뜻.

俄然(아연):꿈에서 갑자기 깨는 모양.

蘧蘧然(거거연):깜짝 놀라 당황하는 모양. 흐리멍덩한 눈으로 두리번거리는 인간의 천한 모양이 눈에 보이듯이 재미있게 묘사된 표현이다.

則必有分矣(즉필유분의):상식적으로 생각할 때, 꼭 구별이 있어야 함. 이 문장은 다음에 ‘而未知其辨也’ 또는 ‘而何以分焉’과 같은 구가 생략되어 있다.

物化(물화):인간세편의 ‘萬物之化’나 덕충부편의 ‘物之化’와 같다. ‘이 세상의 모든 물사(인간도 포함한다)는 그 자체로 실재하는 것이 아니라 끊임없이 변화해 마지않는다.’라고 하는 도가의 근본적인 견해를 보여주는 말이다. 그런 까닭에 도가에서는 物을 실재하게 하는 유일한 근거를 구하는 것이다.

【補說】장주가 호랑나비가 된 꿈을 빌려, 세상 물사의 변화에 대한 깊은 사색을 추구하고 있다. 단편이지만 경쾌한 필치와 생동하는 장면 전환으로 우화의 묘미를 다하고 있다. 이 우화를 〈구작자 · 장오자문답〉의 일부로 보는 설과, 〈망량 · 영문답〉의 일부로 보는 설이 있는데 그 주제 · 문세 등으로 보아 독립된 우화로 봄이 마땅하다.

【餘說】〈호접몽〉의 우의

이 우화는 문장이 훌륭할 뿐 아니라 인생을 꿈에 비유한 착상이, 인생의 허무함과 번거로움을 한탄하는 자들에게 지대한 공감을 불러 일으켜 널리 알려졌고 '莊周夢', '胡蝶之夢' 등의 성어를 만들어 냈으며 즐겨 시문에 사용되고 있다.

이 우화 주제와 비슷한 내용의 작품이 후에 소설·희곡 등으로 만들어져 인생의 불가사의함을 동경하는 자들의 감흥을 불러일으켰다. 예를 들면 '당나라 심기제(沈旣濟)의 소설 ≪심중기(沈中記)≫에 나오는 '한단지몽(邯鄲之夢)'이나 이공좌(李公佐)의 소설 ≪남가태수전(南柯太守傳)≫에 나오는 '남가일몽(南柯一夢)' 등이 그것으로, 인생무상을 강조하기는 하나 이 우화의 착상을 근본으로 하고 있다. 그리고 이것들은 원대(元代)의 희곡 ≪황량몽(黃粱夢)≫, 명대(明代)의 희곡 ≪한단기(邯鄲記)≫·≪남가기(南柯記)≫ 등으로 발전했다.

인간의 영혼이 신체로부터 떨어져 자유롭게 돌아다닌다는 것을 믿던 태고 시대에는 어떠했든 간에, 인생에 대하여 생각하게 된 시대 이후에는 누구나 꿈과 현실에 구별이 있음을 알고 있었다. 장주 자신도 그것을 말했을 뿐더러 오히려 인생을 꿈이나 물거품 같은 것이 아닌 가장 귀중한, 애착을 가져야 할 것으로 이야기했다. 그러나 인간에게는 그것을 꿈이라 체념하여 현실과 비현실을 섞어 하나로 하는 심정이 이렇게도 오래 계속되고, 또 그런 사정이 현대에서도 없다 할 수 없다. 꿈과 깸을 엄격히 구별해야 한다면 그 '깸(大覺)'은 어디에 있는가. 여기서 장주는 '物化'를 지적하여 이것을 사색해야 한다고 했다. 그것은 과연 어떤 것인가?

곽상(郭象)은 '만물은 자연스럽게 이루어졌더라도 각각 독화(獨化)하는 것이다. 조물주가 운명을 예정해 놓은 것은 아니므로 만물은 각각의 내면인 자연을 지켜, 자랑할 것도 다른 것에 의지할 것도 없이 부지불식 간에 생사(化)한다. 그러므로 인간은 운명을 사소한 데까지 따져 고락함 없이 호랑나비가 되면 호랑나비로서 즐기고, 장주가 되면 장주로서 그 뜻을 펴는 것처럼 자신이 처한 그때에 자유·자적해야 한다. 이것이 物化의 뜻이다.'라고 해설했다. 곽상의 설에 큰 잘못은 없다 하더라도 '獨化'나 자유·자적을 지나치게 강조했으며 과대한 자아주의(自我主義)라 할까, '인생은 행락(行樂)일 뿐!'이라고 하는 것과 같은 찰나적 향락주의에 치우친 감이 없지 않다.

　무릇 꿈은 현실의 반영이고 회의이며 도피이고 위자(慰藉)이며 이상화(理想化)이고 초월이며, 그것이 현실과 대비되어 사색되는 정도에 부응하여 그 심천(深淺)의 의의를 만든다. 장주도 헛되게 꿈을 동경하여 꿈과 현실을 혼교(混交)하고 있는 것이 아니다. 이 우화에서는 첫째로 현실의 고루함과 꿈의 자유스러움을 대치시킴으로써 작은 세계에 집착하는 인간의 추함으로부터의 해방과 초월을 탐색하고, 둘째로 호랑나비의 즐거움과 인간의 고뇌를 같은 物의 차원에 놓음으로써 천지간에 존재하는 만물이 그에 의해 죽고 사는 유일한 道를 추구했다. 천도편(天道篇)에 이 우화의 취지를 부연한 것으로 생각할 수 있는 논설이 있는데 그것은 '天地의 德'을 명확하게 하는 자는 하늘과 화합하고 '천락(天樂)'을 얻는다는 것을 주요 골자로 하고 있다. 그에 의해 추찰하면 이 우화가 시사하는 탐구는 '널리 살아 있는 物의 참 생의(生意)를 자신 안에 감득하여 말없이 조용함 속에서 스스로에게 만족하고, 타인이나 타물과도 자연스럽게 조화하여 평온하며, 그럼에도 충실한 생을 보내는 것이 '物化'이다.'에 귀결하게 된다. 단, 〈대각우화〉에서 이야기하는 바에 의하면 이러한 '大覺'은 가볍게 이야기해서는 안 된다. 그 전에 인생의 고뇌와 이상을 심각하게 추구하는 경험을 쌓아 그에 의해 꿈도 현실도 초월해 가지 않으면 안 되기 때문이다.

제3편
양생주(養生主)

    인간의 생명을 안락하게 장양(長養)하는 법을 주제로 한 것들을 모 았으며 편중의 '養生'이란 말을 취하여 편명으로 삼았다. '養生'은 도 가의 한 교의였다. '主'는 근본이라는 뜻. 이 편은 한 개의 논설, 세 개의 우화, 한 개의 잠언으로 구성되어 있다.

제1장 연독이위경지설(緣督以爲經之說)

吾生也有涯, 而知也無涯. 以有涯隨無涯, 殆已. 已而爲知者, 殆而已矣. 爲善無近名, 爲惡無近刑, 緣督以爲經, 可以保身, 可以全生, 可以養親, 可以盡年.

우리의 일생은 유한한데 알아야 할 것은 무한히 많다. 유한한 일생으로 무한한 물사를 다 알려고 애쓰면 일생을 허비하게 될 뿐이다. 그럼에도 지혜를 쓰려고 하는 자는 전적으로 일생을 망치려는 것이다. 그러므로 좋은 일을 행해도 세상의 좋은 평판을 얻지 않게 하고 나쁜 일을 행해도 형벌을 받지 않게 하는 것처럼 어느 쪽에도 치우치지 않고 자신의 내면을 법으로 삼으면 타인에게서 비난받지 않고 자신을 지키는 것도, 화 없이 생명을 안전하게 하는 것도, 일가를 평화롭게 하여 부모를 섬기는 것도, 타고난 수명을 다하는 것도 가능하다.

【語義】吾生也……可以盡年:이 한 절은 양생주 전편의 총론이다. 단, 주제라고 말할 수는 없다.

　　而知也無涯(이지야무애):인간이 알아야 할 것은 한없이 많음. 인간이 무엇을 어떠한 방법으로 알아야 할 것인가는 고대 사상상의 문제였다.

　　以有涯隨無涯殆已(이유애수무애태이):유한한 것으로 무한한 것을 따르려 하면 위태할 뿐임. 자기상실이 됨을 가리키는 말이다.

　　已而爲知者殆而已矣(이이위지자태이이의)'已而'는 '已然而'와 같으며 '그럼에도 불구하고 ～하다'의 뜻. '而已矣'는 앞 구의 '殆已'의 '已'보다도 영탄의 뜻을 강하게 나타내는 말. ≪노자≫ 제71장에 '알면서도 모르는 것처럼 하는 것이 최상이요, 모르면서도 아는 것처럼 하는 것은 병이다 (知不知上, 不知知病)'라고 했다.

爲善無近名(위선무근영):'名'은 명예.

爲惡無近刑(위악무근형):가끔 좋지 않은 일을 하더라도 그것이 형벌을 받을 만큼 심한 짓은 아니라는 뜻. 앞의 '爲善'에 대한 대구를 만들기 위해 '爲惡'이라 했을 뿐, 나쁜 일을 저질러도 좋다는 뜻으로 말한 것은 결코 아니다.

緣督以爲經(연독이위경):'緣'은 따르다·좇다의 뜻. '經'은 항상 지켜야 할 법칙. '督'은 이이(李頤)래, '中正'의 '中'의 뜻으로 해석하는 게 통설로 되어 있다. 단, '督'에는 '中'의 뜻이 없으므로 '督'을 '中'의 뜻으로 해석한 것이 앞뒤 문맥으로 추정한 것인지, 옛음이 비슷한 다른 글자 뜻에서 취한 것인지는 그 근거가 명확하지 않다.

【補說】 인간이 자신의 수명을 안락하게 보존하기 위해서는 지혜를 과신하지 않아야 하며, 또 '督'에 근거해야 할 것을 설하고 있다.

【餘說】 양기술(養氣術)에 관하여

뒤에 나오는 각의편(刻意篇)에, 심호흡으로 끊임없이 신선한 기(氣)를 체내에 불어넣고 머리나 신체의 굴신(屈伸) 운동을 하여 몸을 강건하게 함으로써 장수(長壽)를 보지(保持)하는 술(術)을 닦는 자가 나온다. 이러한 술은 후에 도가에서 말하는 '조식도인(調息導引)의 술'이 되었다.

이러한 술이 언제 어떻게 생겨났는지는 명확하지 않은데 맹자가 말한 '호연지기(浩然之氣)'도 이러한 술에서 영향을 받았으리라 생각된다.

'호연지기'란 정의 실행의 대기상(大氣象), 큰 용맹심을 가리킨다. 용감하려면 기(氣)의 충실이 필요하다. 맹자가 志, 즉 마음에 의한 정의(正義)의 통일을 주장한 것은 맹자 독자의 주장이지만 인간 신체의 활력으로서 氣가 존재함을 인정한 것은 양기술의 주장에 영향 받은 바 큰 것이다. 이처럼 당시 널리 유행했던 양기술에 관한 주장은 도가 양생설(養生說)의 한 지주(支柱)가 되었다. 장주뿐만 아니라 일반 도가에서는 인간 마음의 자주성(自主性)을 인정하지 않으므로 모든 物의 공통 활력인 氣를 인간에게도 그 근본 요인으로 생각하지 않을 수 없었으며 그 氣의 보지, 즉 생명을 길이 보존하기 위한 것을 설하기 위해 氣를 기르는 것을 중심으로 하는 양기술에 접근하려 했을 것이다.

도가 일파의 논(論)으로 생각되는 ≪관자≫ 심술하편이나 내업편 등에는 양기(養氣)·양형(養形)이 양생설임을 명료하게 보여 주는 내용이 실려 있다.

이 〈연독이위경지설〉도 이러한 양생술을 그 배경으로 하고 있음은 의심할 여지가 없다. 또, ≪장자≫의 여러 편에 氣·德에 관해 말하고 있는 것에도 이러한 류의 양생설과 관련되어 있는 것이 적지 않다. 단, 양기·양형은 양생술이라는 기술을 주로 하고 있음에 비해 ≪장자≫의 여러 설은 체인(體認), 또는 그에 이르는 내성(內省)을 氣의 근원으로 보고 있는 것이다.

제2장 포정해우:신기우화(庖丁解牛:神技寓話)

庖丁爲文惠君解牛. 手之所觸, 肩之所倚, 足之所履, 膝之所
踦, 砉然嚮然. 奏刀, 騞然莫不中音. 合於桑林之舞, 乃中經
首之會. 文惠君曰, "譆, 善哉. 技蓋至此乎."
庖丁釋刀, 對曰, "臣之所好者, 道也. 進乎技矣. 始臣之解牛
之時, 所見無非牛者. 三年之後, 未嘗見全牛也. 方今之時,
臣以神遇, 而不以目視. 官知止, 而神欲行. 依乎天理, 批大
郤, 導大窾. 因其固然. 技經肯綮之未嘗, 而況大軱乎.
良庖歲更刀. 割也. 族庖月更刀. 折也. 今臣之刀十九年矣.
所解數千牛矣. 而刀刃若新發於硎. 彼節者有閒, 而刀刃者無
厚. 以無厚入有閒, 恢恢乎其於遊刃, 必有餘地矣. 是以十九
年而刀刃若新發於硎.
雖然, 每至於族, 吾見其難爲, 怵然爲戒. 視爲止, 行爲遲, 動
刀甚微. 謋然已解, 如土委地. 提刀而立, 爲之四顧, 爲之躊
躇. 滿志. 善刀而藏之."
文惠君曰, "善哉. 吾聞庖丁之言, 得養生焉."

요리사 정이 문혜군의 명을 받아 소를 가르게 되었다. 손으로 소를 만져
나감에 따라, 즉 어깨에 소의 머리나 다리를 올려놓고, 소가 움직이지 않게
발로 소를 밟고, 한쪽 무릎으로 소를 누르면서 고기를 잘라냄에 따라 고기
가 가죽이나 뼈에서 떨어져 나가며 경쾌한 소리를 냈다. 그 소리는 옛날 훌
륭한 음악인 상림(桑林)의 무곡(舞曲)과 합치되고, 나아가서는 경수(經首)

의 성대한 음악과 일치했다.

문혜군이 감탄하여 말했다.

"아, 훌륭하도다! 사람의 기술이 저렇게까지도 될 수 있단 말인가?"

요리사 정은 칼을 옆에 놓고 대답했다.

"신(臣)이 가장 좋아하는 것은 道입니다. 道는 사람의 기술보다 훨씬 뛰어납니다. 처음에 제가 소를 잡게 되었을 때, 저의 눈에 비친 것은 모두 소로 보였습니다. 그로부터 3년이 지난 뒤에 이미 소의 모습은 눈에 들어오지 않고 오직 제가 갈라내야 할 부분만 보이게 되었습니다. 이제는 소를 신기(神技)로 다룰 뿐, 눈으로는 보지 않습니다. 저의 눈·손·마음의 작용은 멈추고, 제가 알지 못하는 정기(精氣)의 영묘한 작용만이 행해지고 있습니다. 다시 말씀드리면 소의 몸에 자연스럽게 갖추어져 있는 힘줄을 따라 칼을 살과 뼈, 또는 가죽 사이의 큰 틈에 넣고 그 사이로 지나가게 하여 본디부터 갈라낼 수 있게 되어 있는 곳을 따라 칼을 나아가게 합니다. 그러므로 저는 뼈와 살이 단단하게 붙어 있는 곳을 무리하게 가르려는 따위의 기술을 부려 본 적이 없습니다. 하물며 큰 뼈를 자르려는 일 따위야 말해 무엇하겠습니까?

세상에서 흔히 훌륭한 요리사라 불리는 자들도 일 년마다 칼을 바꿉니다. 그들은 때때로 고기를 잘못 자르기 때문입니다. 예사 요리사들은 일 개월마다 칼을 바꿉니다. 그들은 뼈를 자르기 때문입니다. 지금 이 칼은 사용한 지 19년이나 됩니다. 그 동안 잡은 소는 어림잡아 삼사천 마리나 됩니다. 그런데도 이 칼은 이제 막 숫돌에서 들어 올린 것처럼 날이 예리합니다. 뼈와 살이 붙어 있는 관절에는 틈이 있고, 칼날은 더없이 얇아 두께가 없습니다. 두께가 없는 것을 틈에 넣기 때문에 칼날을 자유자재로 놀리는 데 여유가 있습니다. 그러므로 저는 이 칼을 19년 동안이나 사용했지만 칼날이 이제 막 숫돌에 간 것처럼 날카롭습니다.

비록 그러하나 아직도 뼈나 근육에 칼을 넣을 때마다 저는 일의 어려움을 알고 마음이 긴장하여 신중해집니다. 시선이 한 곳에 집중되며 손놀림은 더디어지고 칼의 움직임은 미묘해집니다. 그런 가운데 마치 쌓여 있던 흙더미가 저절로 무너져 내리는 것처럼 일시에 고기가 해체되어 밑에 쌓입니다. 저는 칼을 잡고 선 채로 머뭇거리며 주변을 둘러보고 한동안 자신이 한 일도 모르는 채 멍하니 있습니다. 이윽고 제가 한 일을 알고 만족스럽게 생각합니다. 그 다음에 비로소 칼을 깨끗이 닦아 제자리에 놓아둡니다."

정의 이야기를 다 들은 문혜군이 말했다.

"참으로 훌륭하도다! 나는 요리사 정의 말을 듣고 양생의 법을 깨달았노라."

【語義】庖丁(포정):요리사인 정(丁). '庖'는 부엌. '丁'은 본디 '사용인(使用人)'이란 뜻인데 여기서는 사람 이름으로 쓰인 것 같다. ≪여씨춘추≫에 '宋나라의 庖丁은 소를 잘 잡았다.'라고 했다.

文惠君(문혜군):晉의 최찬·사마표 등은 양(梁)나라의 혜왕(惠王)을 가리킨다고 했지만 확증이 없다. 전국시대에 군(君)이라 칭하는 것은 平原君·春申君 등의 예에서 알 수 있듯, 國君(국군)보다 하위에 있는 영주를 가리킬 때 많이 쓰였다. 어떤 인물인지는 알 수 없지만 어떤 영주였던 것 같다.

解牛(해우):소를 잡아 가죽·뼈·살 등을 갈라내는 것.

手之所觸(수지소촉):손을 댐. '所'는 '……하면'의 뜻을 나타낸다. 이하 所履·所踦의 '所'도 같다.

踦(의):기대는 것. 소의 다리나 머리를 어깨에 대고 가르는 것을 뜻한다.

倚(기):한쪽 무릎으로 소의 몸이 움직이지 않게 꼭 누르는 것을 가리킨다. 이상 '……所'의 말이 계속 이어져 있는 것은 소 잡는 모습의 신속함을 표현하기 위한 것이다.

砉然嚮然(획연향연):고기가 가죽이나 뼈에서 떨어져 나갈 때 나는 소리를 형용한 것. '砉'은 칼로 뼈를 바를 때 가죽이 뼈에서 떨어져 나가면서 내는 소리. '嚮(響의 차자)然'은 '砉然'보다 큰 소리.

奏刀騞然……:'奏'는 '進'의 뜻. '刀'는 난도(鸞刀)일 것이다. 칼날이 칼등 쪽으로 휘어진 큰 칼로 손잡이에 난(鸞) 모양의 방울이 달려 있었다. '騞然'은 의성어. 앞의 '砉然'과 본디 동음인데 소 잡는 소리가 경쾌하게 울리는 것을 나타내기 위해 각기 다른 말을 사용한 것이다.

桑林之舞(상림지무):은(殷)나라 탕왕(湯王) 때 정해진 무악(舞樂)의 이름이라 한다. ≪여씨춘추≫ 고악편(古樂篇)에 의하면 탕왕은 夏의 걸왕(桀王)을 토벌하고 백성을 구했으므로 그것을 기념하기 위해 음악을 지어 '대호(大護)'라 이름했다고 한다. '상림(桑林)'은 탕왕이 기우제를 지내던 곳이자 殷의 후계국인 宋나라의 성지(聖地)이므로 그곳에서 연주하던 음악이란 뜻에서 대호를 상림의 악(樂)이라 한 듯하다.

乃中經首之會(내중경수지회):여기서 '乃'는 '그 위에, 더 나아가'의 뜻. '經首'는 황제(黃帝)가 만들고 그 후에 요(堯)임금이 증수하여 상제를 제사지내기 위해 썼던 음악인 '함지(咸池)' 속의 한 악장이다. 여기서는 전설상의 고악(古樂)을 들어, 소를 잡는 소리의 미묘함을 과장하여 표현한 것이다. '會'는 음악의 훌륭함을 가리킨다.

譆(희):갑자기 감탄할 때 내는 소리.

技蓋至此乎(기개지차호):여기서 '蓋'는 감탄의 뜻을 나타내는 조사.

所見無非牛者(소견무비우자):눈에 비치는 것은 모두 소로 보임. 물(物:대상)에 완전히 지배되는 것을 가리킨다.

未嘗見全牛也(미상견전우야):소 전체가 눈에 들어오지 않고, 오직 잘라내야 할 부분만이 보이는 것을 가리킨다. 즉 감각과 의식이 대상과 일치하는 것을 뜻한다.

官知止而神欲行(관지지이신욕행):앞의 '以神遇, 而不以目視'를 일반화하여 표현한 것이다. '官知'는 오관(五官:目·耳·口·鼻·體)에 의한 감각과 그에 의해 일어나는 마음의 의식적인 작용을 말하며 '神欲'은 정기(精氣)의 영묘한 작용, 즉 인간의 후천적인 의식을 초월한 천연의 교묘함을 말한다.

依乎天理(의호천리):소의 몸에 있는 본디의 힘줄을 따라.

批大郤(비대극):'批'는 틈새에 칼이나 꼬챙이 등을 박아 넣는 것. '郤'은 '隙'과 동자로 '틈'을 가리킨다.

導大窾(도대관):'導'는 '通'의 뜻. '窾'은 속이 빈 구멍. 나아가, 공간을 뜻한다.

因其固然(인기고연):본디부터 갈라낼 수 있도록 되어 있는 대로.

技經肯綮之未嘗(기경긍경지미상):'技未嘗經肯綮'을 도치한 것. '經'은 '固然'에 의하지 않고 멋대로 칼질하는 것을 가리킨다. '肯'은 뼈에 살이 단단하게 붙어 있는 곳. '綮'은 매듭.

大軱(대고):'軱'는 뒤틀린 큰 뼈.

族庖(족포):'族'은 '衆'의 뜻.

發於硎(발어형):'發'은 '撥'과 같이 '들어 올리다'의 뜻. '硎'은 숫돌.

以無厚入有間(이무후입유간):칼날에 두께가 없는 것은 아니지만 매우 얇은 것을 '無厚'라 하여 無의 경지를 상징적으로 표현하고 있다. 소요유편의 〈무하유향우화〉에서 말한 것처럼 無의 경지야말로 절대 자유인 것이다.

恢恢乎(회회호):매우 넓어 아무런 장애도 받지 않는 모양.

遊刃(유인):머뭇거림 없이 칼질하는 것을 가리킨다.

雖然(수연):이 이하의 서술은 신기(神技)가 의도적으로 얻을 수 있는 것이 아님을 말한다. 〈대각우화〉에 '見卵而求時夜'라 한 것처럼 갑자기 명인인 체하는 자에 대한 훈계이다.

至於族(지어족):'族'은 뼈나 근육이 뭉쳐 있는 곳을 가리킨다.

怵然爲戒(출연위계):'怵然'은 매우 두려워하면서 정신을 긴장시키는 모양. '爲'는 다음의 '視爲止'나 '爲之四顧'의 '爲'와 같이 '그 때문에 일부러'의 뜻을 나타낸다.

謋然已解(획연이해):고기가 일시에 해체되는 것을 가리킨다. '謋然'은 갈라져 흩어질 때의 소리를 나타낸 말이다.

如土委地(여토위지):쌓여 있던 흙이 저절로 무너져 내리듯이, 뼈에서 분리된 고기가 자연스럽게 떨어지는 것을 가리킨다. '委'는 저절로 무너진다는 뜻.

爲之四顧爲之躊躇(위지사고위지주저):'謋然已解'된 것을 어슴푸레하게 깨닫고 어떻게 된 것일까, 과연 목적한 대로 된 것일까, 아직 해야 할 일이 남아 있을까 등을 생각하여 의아해하면서 잠시 주변을 돌아보다 일이 끝났음을 알고 차차 본디의 자신으로 돌아오는 모양을 표현한 것이다. 교향악단의 지휘자가 지휘에 몰입하여 연주가 끝난 다음 잠시 무심의 경지에서 멍한 채 청중들의 환호 소리가 귀에 들어오지 않는 것과 같은 경우다.

滿志(만지):생각대로 되어 있는 것. 여기에 이르러서야 자신으로 돌아와 겨우 일의 결과를 아는 것이다. 겨우 두 자로서 이러한 것을 표현한 문세는 참으로 음미해 볼 만한 것이다.

善刀而藏之(선도이장지):칼에 묻은 피나 기름 따위를 닦아 칼을 다시 제자리에 둠.

得養生焉(득양생언):무사·건강하게 수명을 보지하는 道를 깨달음.

이 道가 무엇인지 확실하게 이야기되어 있지 않아 이 道에 관해서 여러 설이 있다. 음식에 의한 양생보다는 자신이 가지고 있는 본래의 생기를 자연스럽게 기르는 것을 가리킬 것이다.

【補說】 문혜군이 당시 비천한 신분의 사람으로 생각되었던 요리사 정(丁)으로부터 들은, 소 잡는 법에 관한 이야기에서 암시를 얻어 인간에게 가장 절실한 양생의 道를 깨우쳤다고 하는 재미있는 우화이다. 그러나 정이 19년 동안의 수련 끝에 신기에 도달했다는 점에 중요한 의의가 있고, 또 그 점에서 예로부터 사람들에게 잘 알려져 있는 것이다. 서술이 경쾌한 명문이다.

【餘說】 기예(技藝) 완성의 이론

〈신기우화〉의 주안점은 문혜군의 말에서 생각해 보면 인간의 수명을 안락하게 누리는 道를 설하는 데 있다. 단, 그것이 어떤 道인지는 좀처럼 추정할 수 없다. 그 까닭은 이 우화가 포정의 신기를 설하는 데 주력하고, '養生'은 다만 덧붙여진 이야기에 지나지 않기 때문일 것이다. 이러한 문제는 차치하고 이 우화의 주제는 기예의 완성은 인간의 기교를 초월하여 신기가 되어야 함을 설하는 데 있다. 이것이 이 우화의 주요 부분이며 우리에게도 중요한 문제인 것이다.

외편의 달생편 · 전자방편 등에, 매미를 잡는 묘기, 열어구의 사술(射術) 등 기예에 관한 몇 개의 우화가 실려 있다. 또 ≪여씨춘추≫ 정통편에는 사술의 명수인 양유기(養由基), 말을 감정하는 명인인 백락(伯樂) 등과 함께 이 포정이 거론되어 있다. 이것들을 보면 당시 기예에 관한 설화들이 있었고, 이 우화는 그것들에 속하든지 아니면 적어도 그것들을 기초로 했을 가능성이 크다.

　사술, 말을 감정하는 법, 해우술과 같은 기예가 어찌하여 이처럼 많은 사람들의 관심을 끌었던 것일까? 시대의 풍조가 당시 비천한 신분으로 여겨졌던 자의 기예까지도 중시했던 것일까? 그렇지 않으면 도가의 이단적인 입장이 그것을 논할 만한 가치가 있는 차원의 것으로 끌어올린 것일까? 도가에서는 주로 인생의 문제를 추구하는데 필시 그 인간에 대한 응시(凝視)가 이러한 문제를 묵인하지 않았을 것이리라. 그래서 여기에 기예론 내지 예술론이라 할 수 있는 것을 제시하게 된 것이다.

　도가의 일파 중에는 인간이 한마음 한뜻으로 내성하여 物과의 접촉에 따른 사심·망상·사념 등을 없애고 허심의 상태에 이르면 인간의 감각·의식·기교 등을 초월한, 하늘로부터 받은 생명력, 즉 '정기'가 귀신처럼 신비한 작용을 발휘하여 언제 어떠한 물사를 대하더라도 아무런 잘못 없이 행동하게 된다고 주장한 자가 있었다. 그 파가 꼭 기예의 문제를 거론했다고는 말할 수 없지만 그 이론은 기예의 향상에 적용시킬 수 있으며, 또 그렇게 함으로써 그 이론이 구체적으로 명백해진다. 왜냐하면 우선 자기 욕구와 그 대상의 긴장된 대립 관계가 없는 단순한 명상적 내성은 무의미하며, 내성은 대립을 극복한 기예 향상의 과정에서만이 행해지기 때문이다.

　기예는 기교 및 그 향상을 바라는 의욕과 기교를 받게 되는 대상의 긴장된 관계와, 나아가 그 끊임없는 훈련을 불가결한 요건으로 하는데 그 의욕과 대상의 사이에야말로 수많은 과오와 실패에 꺾이지 않는 반성적 사색이 절실하게 필요하며 그 훈련을 쌓으면 쌓을수록 사색이 주밀미세(周密微細)하게 깊어진다. 그러면 기도적(企圖的)인 망상도 사행적(射倖的)인 사념도 없어지며 오직 마음과 기(技)와 대상의 일치를 구하는 데 정신이 모여져, 이른바 '허심'에 근접하게 된다. 이 우화는 이러한 것을 보여 주는 좋은 예이다.

이 우화에는 '始解牛之時'부터 '方今之時'에 이르기까지의 체험, 특히 '每至於族'의 경우 정신 집중이 실로 간절하게 제시되어 있는 것이다. 이 우화는 앞서 말한 도가 일파의 이론을 구체적으로 표현한 뛰어난 작품이다. 이 이론을 ≪장자≫의 사변으로 그대로 받아들여도 좋다. 앞서 기술한 것처럼 〈천뢰우화〉에서 말한 '유일한 道'를 구하기 위해서는 세상의 물사에 대한 괴롭고 끝없는 사색을 통해야만 하는 것이다. 그 괴롭고 끝없는 악전고투는 인생 문제와 기예 향상의 문제에 있어서 그 영역의 넓고 좁은 차이가 있다 해도 자기 연성(自己鍊成)의 사색에 있어서는 서로 공통점을 갖는다. 〈유무궁우화〉의 '遊無窮'의 경지도 이러한 과정을 거쳐 도달할 수 있다.

그런데 ≪장자≫에는 특색 있는 귀결을 강조하기 위해 부득이 구극적 경지를 보여 주는 논설 · 우화가 많다. 따라서 자칫하면 그 도달점인 절대 자유나 쾌락이 지나치게 강조되어 있어 사색의 과정이 간과될 염려가 있다. 그에 비해 이 우화는 그 과정이 너무도 명확하게 제시되어 있어 ≪장자≫에 있어 매우 귀중한 것이다. 도가 일파의 '虛心'에 국한되지 않고 '道'에 있어서도, '無竟'에 있어서도 일반 도가가 구극하고자 하는 것을 기예의 완성적 경지에 의해 약여(躍如)하게 제시할 수 있기 때문이다.

그 완성적 경지는 이 우화에서 '官知止, 而神欲行'이라 말하는 것처럼 범용한 인간의 재지(才知)를 초월한, 바로 '정기(精氣)'라 할 수 있는 천재(天才)의 발양(發揚)이리라. 여기에는 心 · 技 · 對象의 삼자가 완전히 일치한 '기예의 참[眞]'이 있어야만 하는 실연(實演) 내지는 제작이 있다. 따라서 그것은 '依乎天理'라 한 것처럼 〈천뢰우화〉의 '天鈞' 또는 '寓諸庸'의 구현, 결국 최고도의 자연스런 운용이다. 실연자에게는 어떠한 조작도 없는 '遊無窮'의 절대 자유이며, 또 다른 어떠한 것에도 의존하지 않는 것에 만족하는 것이다. 이 우화가 고악(古樂)에 비유하고 있는 것처럼, 오직 그 기예만이 지니고 있는 쾌락이기도 하다.

이상과 같이 도가의 이론이 기예에 적용된 것은 거꾸로 기예를 주로 하여 말하자면 기예의 향상이 이론화된, 기예 향상의 구극적 경지, 즉 참된 가치가 명백하게 된 것임에 틀림없다. 기예를 향상시키기 위해서는 선례로서 익히지 않으면 안 될 많은 유형이 있고, 또 그 대상에 관한 많은 지식이 필요하다. 이 우화에는 '不以目視', '官知止' 등이 이야기되어 있는데 이미 말했듯이 연성(鍊成)이 기예 향상의 불가결한 과정이므로 그것은 익혀야 될 선례의 유형이나 대상에 관한 지식을 단순히 버리라는 뜻이 아니라 부단한 연성을 쌓아 기존의 기술과 지식을 숙지한 위에 기예자의 독창적 힘이 가해져 그 이상의 기예를 창출해 내는 것을 뜻하는 것으로 해석하지 않으면 안 된다.

인간 문제의 '虛心'도 거의 이와 비슷한 의미이리라. 결국 완성의 경지는 기존의 형식을 완전히 소화한 다음 그로부터 초월하는 창조의 세계이다. 여기에 이른바 '進乎技矣'한 '道'가 행해지는 것이다. 이 道는 실제에 있어서는 기예자의 힘이 가해진다고 해도 그 개인의 기교보다 발전한 것이기 때문에 기예자가 운용하는 것이라 할 수 없고, 향상된 기교와 대상의 일치 위에 나타나는 실연 내지는 제작품에 들어 있는 것, 즉 창조적 가치이다. 그것은 기예자가 주관적으로 만들려고 하는 의도를 초월하여 오히려 기예나 작품이 자연스럽게 구현되는 것이며 문자 그대로 '신기'이다. 바꿔 말하면 도가는 기예 그 자체에 진가를 정립한 기예론 내지 예술론을 준비했던 것이다. 이 우화는 이런 의미에서 불후의 가치를 지니고 있다.

도가의 기예 중시는 유가의 순자에게도 많은 영향을 주었다. 순자는 순(舜) · 후직(后稷)과 함께, 글자를 만든 창힐(倉頡), 음악의 기(夔), 활을 만든 수(倕), 수레를 만든 해중(奚仲), 마차 모는 기술의 조보(造父) 등을 들어 그들이 불후의 명성을 얻은 것은 각각 전문 기예에 정통했기 때문이라고 했다(≪순자≫ 해폐편 참조). 그런데 순자는 도가에서 주장하는 虛心과 거의 같은 정신 집중을 학문 수양의 道를 체득하는 것에 적용하고, 또 그것은 자주 자유(自主自由)한 인격자이자 인륜 질서를 유지시키고 제정하는 仁者 · 聖王이 되는 것을 구극한다고 주장했다. 이처럼 자유스런 인격의 대성은 공자의 '志學'에서 시작하여 '일흔 살에는 하고자 하는 대로 행동해도 법도에서 벗어나지 않았다(七十而從心所欲, 不踰矩)'에 이르는 가르침에 이미 제시되었던 것이다. 그러나 그것은 어디까지나 자기 마음의 고양을 주로 하는 것이었다.

순자는 '군자는 저 좋은 행위가 완전하지 않고, 순수하지 않은 상태를 아름답다고 할 수 없음을 안다. 따라서 경서를 읽고 익힘으로써 이를 꿰뚫고, 사색함으로써 이에 통달하고, 뛰어난 인물의 입장에 자신을 두어 처신한다.(君子知夫不全不粹之不足以爲美也. 故通數以貫之, 思索以通之, 爲其人以處之)'라고 했다. 요컨대 유가에서 말하는 허심 · 정신 집중은 자기를 초월하는 것보다는 자기에 철저하여 통일적이며 자주적 인격을 이루는 것에 종결하는 것이었다. 이에서 연역하면 유가는 도가와 달리 기예를 어디까지나 기예자의 인격을 나타내는 도구라고 생각했던 것 같다. '언어를 더없이 바르게 하여 그 안에 지성을 담는 것은 자신을 바르게 지키기 위함이다.(修辭立其誠, 所以居業也)'(≪주역≫ 문언전)라고 한 것처럼 문장도 그 사람의 진실한 인격을 드러내지 않으면 안 된다고 생각했던 것이다.

이 우화보다 나중에 지어졌다고 생각되는 ≪주역≫ 계사전에 '사물의 도리를 연구하고, 나아가 사람이 쉽게 이를 수 없는 경지에 도달하려는 평소의 연구 생활은 후일 그것을 세상에 활용하여 천하의 큰일을 성취하기 위함이다(精義入神, 以致用也)'라 했다. 이 우화 외에도 ≪장자≫ 중에 실린 기예에 관한 우화들이나 이 ≪주역≫의 표현으로 인간의 행위나 예능의 극치는 다름 아닌 신기라고 하는 생각이 일반에게 널리 미쳐, 특히 회화·시 등 고도의 기교를 요하는 예술에서는 그것이 곧 그것을 제작하는 근본 이념이 되었으며, 또 그것을 근간으로 하는 예술론이 나오게 되었다. 중국에서는 말할 것도 없고 일본·우리나라 등에서 예도·무도(藝道·武道) 등 굳이 道를 이야기하는 것은 그 근본을 살펴보면 이 〈포정해우우화〉에서 비롯된 것이라 할 수 있다.

제3장 공문헌 · 우사문답:양신우화(公文軒 · 右師問答:養神寓話)

公文軒見右師而驚. 曰, "是何人也. 惡乎介也. 天與, 其人與." 曰, "天也. 非人也. 天之生, 是使獨也. 人之貌有與也. 以是知其天也. 非人也. 澤雉十步一啄, 百步一飮. 不蘄畜乎樊中. 神雖王不善也."

문헌공이 전에 우사(右師)였던 자를 보고 너무 변한 그의 모습에 깜짝 놀라 물었다.

"이게 누구인가? 어찌하여 절름발이가 되었는가? 불행한 운명 때문인가 아니면 인간 세상의 잘못 때문인가?"

우사였던 자가 말했다.

"하늘이 정해 놓은 대로일 뿐입니다. 인간의 잘못 때문이 아닙니다. 하늘이 저를 낳을 때 이처럼 한 발이 되도록 만드신 것입니다. 사람들은 날 때부터 각각 다른 모양의 얼굴과 모습을 가지고 태어납니다. 이로써 제가 양 발이 갖추어진 사람들과 달리 한 발이 된 것도 하늘이 정해 놓은 일임을 알 수 있습니다. 결코 인간의 잘못 때문이 아닙니다. 저 연못가에 사는 꿩은 하늘이 정해 놓은 대로 열 발짝 걸어 한 번 모이를 쪼아 먹고, 백 발짝 걸어 마른 목을 축이는 자유스러움을 누립니다. 귀한 사람의 정원에서 사육되기를 바라지 않습니다. 그 순진한 정기는 왕처럼 융숭한 대접을 받더라도 마음에 부합된다고 할 수 없습니다. (저도 인간의 외면만의 일에는 마음 쓰지 않기 때문에 순진한 정기를 기르고 있습니다.)"

【語義】公文軒(공문헌):성은 公文, 이름은 軒인 송(宋)나라 사람이라고 사마표(司馬彪)·성현영(成玄英) 등은 해석했는데 이는 필시 다음에 나오는 '右師'가 宋나라의 관명인 데서 추측한 것이리라. '文軒'은 아름답게 장식한 수레이므로 여기서는 그러한 수레에 타고 영광을 과시하는 公이란 뜻을 지닌 '文軒公'의 도언으로 해석하지 않으면 안 된다.

右師(우사):춘추시대 宋나라의 관명으로 육경(六卿) 가운데 최고위였다. '右師'를 현재 그 지위에 있는 사람으로 보느냐, 전에 그 지위에 있던 사람으로 보느냐에 따라 본문의 해석이 달라지는데 여기서는 후자 쪽을 상정한 듯하다.

介(개):'跀(월:발을 베어 끊음)'·'刖(월:발꿈치를 베는 형벌)' 등과 통용되며 한쪽 발을 쓰지 못하는 것을 가리킨다. 중국 고대에 쓰인 跀·刖 등은 발을 자르는 형벌이라는 뜻이지만 발을 모두 절단하는 것은 아니고, 한쪽 다리의 무릎 관절을 부수어 한쪽 발의 보행 기능을 없애 버리는 형벌이었다.

天與其人與(천여기인여):'天'은 운명·병 따위의 불행. 또 태어날 때부터 정해진 것. '人'은 후천적인 과오에 의한 것, 즉 인위. '其'는 '본디부터'의 뜻. '與'는 감탄의 뜻을 담은 가벼운 의문을 나타내는 조사.

天也(천야):한쪽 발을 잘린 것조차 자연스럽게 정해진 운명이라고 달관하고 있는 것이다. 앞과 같이 '天' 자를 사용하고 있으나 어조가 다르다.

人之貌有與也(인지모유여야):'貌'는 안형(顔形)·용모. '與'는 '천부(天賦)'의 뜻. 각각의 사람에게 하늘이 내려 준 용모가 다른 것처럼 정도의 차이는 있을망정 절름발이가 되는 것도 천명이란 뜻이다.

澤雉(택치):못 주변에 사는 꿩.

不蘄畜乎樊中(불기축호번중):'蘄'는 '祈'의 차자로 '바라다·원하다'의

뜻. '畜'은 사육되는 것. '樊'은 궁원의 울타리 안. 일설에는 '새장'의 뜻
이라 한다. 예의에 이것저것 구속이 많은 귀족 고관의 생활을 암시하
는 말이다.

  神雖王不善也(신수왕불선야):해석하기 난해한 구로 여러 설이 있다.
'神'은 정기(精氣). '王'은 왕처럼 융숭한 대접을 받는 것. 즉 우사는 왕
처럼 융숭한 대접을 받더라도 일원(一元)인 정기가 마음과 일치하는 것
은 아니기 때문에 왕공과 같은 고위 고관의 사람을 무시한다는 뜻을 비
치고 있는 것이다.

【補說】 당시의 실력자인 공문헌과, 일찍이 영화를 누리는 지위에 있었으
  나 전과가 있어 야인이 된 우사의 문답을 빌려 인간의 현세적인 지위나
  그에 수반되는 영화 따위를 잊고 모든 것을 천운에 맡기는 것이야말로
  바로 순진한 생활 방식임을 설하고 있다. 즉 실패나 불행을 인간 경쟁
  의 일로 생각하면 자신의 불운을 슬퍼하여 비굴해지거나 타인과의 불공
  평함에 대항하여 분노하게 되지만 모든 것을 천운이라 생각하여 달관하
  면, 즉 알몸으로 태어난 인간의 맨 처음으로 돌아가 생각하면 인간 본래
  의 생기가 모든 번뇌를 없애고 소생됨을 이야기하고 있다.

  이러한 종류의 주제를 다룬 우화는 주로 뒤에 나오는 덕충부편에 모
아져 있다.

제4장 진실조노담지사:안시처순우화(秦失弔老聃之死:安時處順寓話)

老聃死. 秦失弔之. 三號而出.
弟子曰, "非夫子之友邪."
曰, "然."
"然則弔焉若此, 可乎."
曰, "然. 始也吾以爲其人也. 而今非也. 向吾入而弔焉, 有老者哭之, 如哭其子, 小者哭之, 如哭其母. 彼其所以會之, 必有不蘄言而言, 不蘄哭而哭者. 是遁天倍情, 亡其所受. 古者謂之遁天之刑. 適來夫子之時也, 適去夫子之順也. 安時而處順, 哀樂不能入也. 古者謂是帝之縣解."

　　노담이 죽었다. 진실이 조문하러 갔다. 그는 세 번 소리 내어 울며 노담의 죽음을 슬퍼한 다음 곧 나와 버렸다.
　　그의 제자가 그 모습을 보고 물었다.
　　"저분은 선생님의 친구가 아닙니까?"
　　"친구다."
　　"그렇다면 조문의 예를 갖추지 않고 그와 같이 해도 괜찮습니까?"
　　진실이 대답했다.
　　"괜찮다. 처음에는 나도 저들처럼 하는 것이 죽은 사람을 위하는 것이라 생각했다. 그런데 지금은 그것이 옳지 않다고 생각하여 나온 것이다. 앞서 내가 방에 들어가 조문할 때 나이를 먹은 자들은 마치 자기 자식이 죽은 것처럼 울며 아우성치고, 젊은 사람들은 마치 자기 어머니가 죽은 것처럼 울며 아우성쳤다. 저들이 이곳에 모인 것은 애도하지 않아도 되는데 굳이 떠들어 대고, 울고불고할 필요까지는 없는데 굳이 탄식하고 슬퍼하기 위해서이다. 이것은 자연스런 인간 생사의 진실함에 어긋나며 인간이 부여받은 명을 잊고 있는 것이다. 옛날에는 이것을 아무도 피할 수 없는 하늘의 정함을 피하려는 극악한 죄라 했다. 우연히 이 세상에 온 것은 선생께서 인생의 때를 얻었던 것이며, 또 우연히 이 세상을 떠난 것은 선생께서 때의 추이에 따른 것이다. 이처럼 생사를 마음 편히 때의 추이에 그대로 맡겨 두면 죽음을 슬퍼하고 태어남을 즐거워하는 따위의 어리석은 감정이 끼어들 여지가 없다. 옛날에는 이처럼 예의 자연스런 추이에 모든 것을 맡기는 것을 '상제가 내린 형벌로부터의 해방'이라 했다."

【語義】 老耼(노담):도가의 시조라 일컬어지는 노자를 가리킨다. ≪사기≫ 노자전에 의하면 성은 李, 이름은 耳, 자는 伯陽, 또 老耼(耼은 속자). 진(陳)의 고현(苦縣:하남성 鹿邑縣)에서 태어나 주(周)의 주하사(柱下史:도서관장)가 되었다. 공자의 내방을 받고 예(禮)를 가르쳤으며 그 후 세상의 어지러움을 피하여 낙읍(洛邑)을 떠나려 했는데 함곡관을 나서다 관윤(關尹) 희(喜)의 청에 의해 ≪도덕경≫(≪노자≫) 5천 자를 저술했다. 언제 어떻게 죽었는지는 분명하지 않다. 이것은 노자의 죽음을 전하는 유일한 기록인데 과연 실전(實傳)한 것인지 아닌지는 알 수 없다.
　　秦失(진실):사람 이름. 전기(傳記)는 불명. '秦失'이 '進失(진실:나아가 숨음)'과 동음이자 '疾(질:빠름)'의 완언임을 생각하면 인생이 덧없이 지나감이 빠르다는 것을 안다는 뜻의 이름을 지닌 인물로 설정된 듯하다.
　　三號而出(삼호이출):'號'는 소리 내어 울며 슬퍼하며 안타까운 정을 하소연하는 것. 친구는 죽은 자의 곁에서 상사(喪事)를 돕는 것이 당시의 예였다.

吾以爲其人也(오이위기인야):'其人'은 노담을 가리킨다.

而今非也(이금비야):여러 사람의 모습을 보고 노담을 위하는 일이 아님을 알았다고 말하는 것이다.

老者哭之如哭其子(노자곡지여곡기자):늙은 사람들은 마치 자기 자식이 죽은 것처럼 곡을 함. 곡자(哭者)가 노담을 위해서라기보다는 자기 감정에 빠져 지나치게 슬퍼하는 것을 표현한 것이다.

彼其所以會之(피기소이회지):'彼'는 곡자를 가리킨다. '其'는 여기서는 '之'의 뜻. '會'는 會集의 뜻. '之'는 '哭之'의 之처럼 노담의 죽음을 가리킨다. '彼'는 노담을, '之'는 중인(衆人)을 가리키며 '會'는 사람들의 마음을 합치게 한다는 뜻으로 해석하는 설이 있는데 이는 잘못이다. 이 설이 통한다면 다음에 '不蘄言'이라 하고 또 '夫子'라 칭한 의의가 분명하지 않게 된다. 이 우화가 노담을 비난하는 내용의 것으로 잘못 해석되는 것은 이 일설에 의한 것이다.

遁天倍精(둔천배정):'倍遁天精'과 같다. 인간의 생사가 정하여진 것을 일부러 위배하는 것. '遁'은 도망쳐 숨는 것. '天'은 천명으로, 생사가 정해져 있는 것. '倍'는 어기는 것. '精'은 진정(眞精).

忘其所受(망기소수):'其所受'는 인간이 하늘로부터 받은 생명. 엄밀하게는 '性' 또는 '德'을 가리킨다.

遁天之刑(둔천지형):천명이란 누구도 피할 수 없는 것이다. 그것을 억지로 피하려는 것은 도리에 어긋나는 허위의 죄다. '刑'은 '罪'와 같다.

適來(적래)·適去(적거):'適'은 가끔·우연히. 그러나 '우연'이 전연 알 수 없는 사이에 돌연히 일어나는 일을 뜻하는 데 비해 '適'은 언제인지는 알 수 없지만 필연적으로 이루어지는 일임을 가리킨다.

安時而處順(안시이처순):인생을 달관하여 어떤 근심에도 구애되지 않고 마음 편히 그때그때의 자연스런 추이에 맡기는 것을 가리킨다. 이 구는 '安處時順'을 두 문장으로 나누어 표현한 것이다. ≪장자≫의 사생관(死生觀)을 대표하는 명제인데 단순히 운명에 따르는 것과는 다르다. 이에 관한 상세한 설명이 바로 뒤의 덕충부편에 나오는 여러 설이다.

帝之縣解(제지현해):고대에는 인간의 불행, 불운을 하늘이 주는 형벌이라고 믿었다. '帝'는 상제(上帝), 즉 천신(天神). '縣'은 머리를 매달다. 나아가, 목을 매는 형벌을 본뜻으로 하는 글자다. 따라서 이 말은 하늘이 내린 형벌로부터 해방된다는 뜻으로 해석해야 한다. ≪장자≫에서는 인간의 세속적 생활, 생사를 천현(天縣:縣은 刑)으로 보고 있다. '縣解'는 대각(大覺)이며 그 자유 또는 대왕생(大往生)이기도 하다.

【補說】 이 절은 노담의 죽음을 둘러싼 진실(秦失)과 그의 제자의 문답을 빌려 생사에 얽매인 세속의 감정이 인생의 자연스러움에 어긋나는 것임을 지적하고, 인생이 때의 추이에 따라 지나가는 것임을 달관하여 그에 순응하는 것이야말로 인생 고뇌로부터의 이탈과 자유임을 설하고 있다.

노담은 장생구시술(長生久視術)을 지키고, 또 세인으로부터 이름을 얻으려 하지 않았던 인물이다. 그런 사람에게도 죽음은 있었고, 이것을 탄식하고 슬퍼한 사람들이 있었다. 노담이 그렇게 하도록 한 것으로 보면 이 우화의 요점은 복잡해지는데 그런 해석은 그릇된 것이라는 것을 이미 語義에서 밝혔다.

죽은 자에게는 그가 누구였든지 죽은 다음의 비탄의 정은 무용한 것인데 살아 있는 자에게는 곧 생명을 잃게 될 것과 내일을 기약할 수 없는 운명에 대한 두려움, 애환의 단절에 대한 아쉬움 등 만감이 어린다. 특히 장례를 중시했던 중국에서는 짐짓 비탄에 빠지는 척하는 작위가 없지 않았다. 여기에 바로 죽은 자와 살아 있는 자의 대조가 있다.

生을 기뻐하고 死를 슬퍼하는 것이 모두 유해한 것은 아니다. ≪장자≫에서도 그것을 아주 물리친 것은 아니다. 그래서 진실도 처음에는 '三號'했던 것이다. 인간에겐 감정에 치우치는 경향이 있다. 죽음에 대한 두려움뿐 아니라 생의 환희도 뿌리 없는 풀처럼 허위(虛僞)·혹닉(惑溺) 속에 떠다니는 것이다. 그래서 인간은 한번 태어나면 언젠가 꼭 죽는다는 필연적인 사실을 달관하는 것이 중요하다. 이 필연성에의 순응을 자각하면 삶의 고통도 죽음의 두려움도 없이 자연스런 감정을 갖게 될 것이다. '安時而處順'은 인구에 회자되는 명언이다.

제5장 위신설(爲薪說)

指窮於爲薪, 火傳也, 不知其盡也.

땔나무를 땔 때 다 타서 꺼지려는 장작을 손가락으로 밀어 불에 넣고 새로운 장작을 보충하여 불씨를 꺼뜨리지 않으면 불은 언제까지라도 꺼지지 않고 계속 탄다. 이와 마찬가지로 인간의 생명도 그 근본이 되는 氣를 없애지 않고 키워 나가면 오래도록 계속되는 것이다.

【語義】 指窮……:成玄英은 이 글을 앞의 글에 이어지는 것으로 보았고 또 그에 따르는 학자가 많은데 어떻게 해석하더라도 앞 글과의 연관성은 희박하다. 필시 ≪장자≫의 편자가 편 머리의 문장과 호응시키려고 잠언을 써 두었던 것이리라. 본서에서는 앞의 글과는 연관이 없는 것으로 보아 처리했다.

指窮於爲薪(지궁어위신):이 다섯 자는 자의·어법에 따라 해석하기가 참으로 어렵다. 옮겨 적는 과정에서 잘못이 있었던 것 같다. 이 구에 관해서는 여러 설이 있는데 본서에서는 곽상의 설을 좇았다. 곽상의 설에도 무리가 없지 않은데 이에 관해서는 餘說에서 밝혔다. 이 글에 관한 해석 몇 가지를 살펴보면 다음과 같다. ① '火'는 生을, '薪'은 身을 뜻한다. 몸에는 한(限)이 있어도 生에는 종시(終始)가 없음을 설하고 있다(宋의 呂惠卿). ② '指'는 손가락으로 센다는 뜻. 헤아릴 수 있는 땔나무에는 한(限)이 있지만 불에 태우면 어떤 나무도 모두 타는 것처럼 생사가 같음을 설하고 있다(明의 焦竑). ③ '指'를 역시 센다는 뜻으로 보면서도, 앞으로 탈 땔나무가 이미 타버려 없어진 땔나무의 슬픔을 알지 못함을 설하고 있다고 하는 설(淸의 王夫之). ④ '薪'은 인간의 신체를, '火'는 인간의 정신을 뜻한다. 손가락으로 가리키는 땔나무에는 한도가 있지만 옮겨 붙는 불은 꺼지지 않듯이 정신은 죽지 않음을 설하고 있다(林雲銘). ⑤ '爲'는 '取·作'의 뜻이다. 손으로 땔나무를 취하는 데는 한계가 있지만 자연스럽게 붙이 옮겨 붙는 대로 두면 불은 결코 꺼지지 않음을 설하고 있다(俞樾, 王先謙).

【餘說】〈위신설(爲薪說)〉의 해독(解讀)

이 문장 속의 '指窮於爲薪'은 참으로 풀기 어렵다. 예부터 많은 해석이 시도되었으나 아직도 수긍할 만한 설은 나오지 않고 있다.

'신화(薪火)'를 우유(寓喩)에 사용한 예가 ≪순자≫ 대략편(大略篇)·≪여씨춘추≫ 응동편(應同篇) 등에 있는데 '薪火'는 공통의 도리 위에는 필연적으로 동일 현상이 성립함을 말하는 예증이었다. 이러한 사실에서 추론하면 이 우화는 도리에 관하여 논하고 있는 것은 사실이지만 ≪순자≫나 ≪여씨춘추≫가 주변에의 연소(延燒)를 예로 들어 설명하는 데 비해 직선적·영속적 설명을 주로 하고 있다. 그렇다면 원문은 '指薪於爲窮'으로 되어 있었는데 薪과 窮의 위치가 바뀌어 전해진 것 같다. 이 경우 '指'는 '示'의 차자이며 '爲'는 '其'의 차자이다. ≪묵자≫ 잡수편(雜守篇)에 '有以知爲所爲'라 한 것처럼 '其' 대신 '爲'를 쓴 것은 당시에 있었던 일이다. '指薪於爲窮'이란 불이 꺼지려고 할 때 장작을 계속 보충한다는 뜻이다. 따라서 전문의 우의는 혁혁한 공명·영화·환락보다도 착실하게 생명의 불꽃을 연장해 가는 것을 뜻하게 되리라.

본서에서는 곽상의 설을 좇았는데 그 전문을 소개하면 다음과 같다.

"窮은 盡(진:다함)의 뜻. 爲薪은 장작을 앞으로 미는 것. 장작을 앞으로 미는 것은 손가락으로 한다. 손가락으로 장작을 앞으로 밀면 불이 옮겨 붙어 꺼지지 않는다. 마음이 납양(納養:氣를 받아들여 生을 기르는 것)을 얻는다. 命이 이어져 끊이지 않는다. 양생은 생명이 생기는 연유를 명확하게 한다. 時는 다시 오지 않으며 한 순간도 머무르지 않는다. 사람의 생명도 그와 같다. 한 호흡에서 다음 호흡으로 이어질 뿐. 좀 전의 호흡은 지금의 호흡이 아니다. 납양으로 명이 이어진다. 앞서의 불은 지금의 불이 아니다. 장작을 대어 불이 옮겨진 것이다. 불이 옮겨지듯 명이 계속되려면 양생을 얻어야 한다. 다한 뒤에도 다시 이어지는 것을 세상에서 어찌 알 수 있겠는가."

"窮盡也. 爲薪猶前薪也. 前薪以指. 指盡前薪之理. 故火傳而不滅. 心得納養之中. 故命續而不絶. 明夫養生乃生之所以生也. 夫時不再來. 今不一停. 故人之生也. 一息一得耳. 向息非今息. 故納養而命續. 前火非後火. 故爲薪而火傳. 火傳而命續由夫養得其極也. 世豈知其盡而更生哉."

이러한 곽상의 해설에는 '爲'를 '前'으로 해석하고 '指'에 대하여 '前薪指理'라 한 점 등 무리가 없지 않다. 그러나 어찌 되었든 곽상의 해석은 그 후의 모든 해석의 기준이 되고 있으므로 본서에서도 부득이 그의 해설을 좇아 번역했다.

불전(佛典)에는 장작을 인간의 형체에 비유하고 불을 영혼에 비유하여, 눈에 분명하게 보이는 불은 한 개의 장작에서 다해 버릴 것 같으나 실은 다른 장작에 옮겨 붙는 것처럼 영혼은 멸하여 없어지는 형체를 통해 불멸한다는 것을 설한 것이 있다. 또 이에서 나아가, 스승이 제자에게 학문을 전하는 것을 '傳薪' 또는 '薪傳'이라 일컫는 성어가 생겼다. 불전의 이 설은 후에 여혜경(呂惠卿)이나 임운명(林雲銘) 등의 해석에 많은 영향을 미쳤다.

제4편
인간세 (人間世)

    '人間世'란 세간(世間), 실사회(實社會)라는 뜻. 나누어 말하면 '人間'은 사람들의 모임, '世'는 연대. ≪장자≫의 편자가 개인의 참된 삶의 방법을 설한 양생주편의 뒤를 이어서는 실사회에서의 사람들의 존재 방법을 설해야 했으므로 '인간세'라 이름하고 그것을 주제로 한 7개의 우화와 한 개의 잠언을 이 편에 모았다고 생각된다.

    곽상은 이 편의 주장을 요약하여 '사람들과 무리를 지으면 사람들로부터 떠날 수 없다. 인간 사회에서 변고란 언제 닥칠지 모르는 일이다. 무심(無心)하여 자신을 무용(無用)하는 것만이 변화에 적응하여 아무런 해도 입지 않는 길이다.'라고 했다. 각 우화는 거의 비슷한 요지를 담고 있으나 긴밀한 연관을 갖고 있지는 않다.

제1장 중니·안회문답:심재우화(仲尼·顔回問答:心齋寓話)

顔回見仲尼請行.

曰, "奚之."

曰, "將之衞."

曰, "奚爲焉."

曰, "回聞, 衞君其年壯, 其行獨, 輕用其國, 而不見其過. 輕
用民死, 死者以國, 量乎澤, 若蕉. 民其無如矣. 回嘗聞之夫子.
曰, '治國去之, 亂國就之, 醫門多疾.' 願以所聞思其則. 庶幾
其國有瘳乎."

안회가 스승인 중니를 만나 뵙고 여행길에 오르고 싶다고 여쭈었다.

중니가 물었다.

"어디로 가려느냐?"

"위(衞)나라로 가려 합니다."

"그곳에서 무엇을 하려느냐?"

안회가 대답했다.

"저는 '위나라 군주는 젊어 혈기 왕성할 뿐 아니라 그 행동이 독선적이
고 아무 생각도 없이 나라를 다스리며, 자신의 잘못을 반성하려 하지 않고
함부로 백성을 전쟁에 내몰아 죽은 사람이 성 안에는 말할 것도 없고 못
가에까지 겹겹이 쌓여 있어 마치 화공(火攻)을 당한 것 같다. 백성들은 벌
써 아무것도 할 수가 없다'고 들었습니다. 저는 일찍이 선생님으로부터 삼
가 다음과 같은 말을 들었습니다. 그것은 '道를 행하려는 자는 이미 다스

려지고 있는 나라는 피하고, 어지러운 나라에 가야 한다. 의원의 문전에는 많은 병자가 모인다고 하는 속담이 있다'는 말씀이었습니다. 삼가 그 말을 받들어 병환을 다스려 보고자 합니다. 다시 위나라 백성들이 일어서게 되지 않을까요?"

【語義】顔回(안회):공자의 뛰어난 제자. 노(魯)나라 사람으로 성은 顔, 이름은 回, 자는 子淵. 공자보다 30세 연하. 빈궁하였으나 학문을 매우 좋아했다. 과묵 겸퇴(寡默謙退)하고 덕행을 쌓아 공자의 두터운 사랑을 받았다. 30여 세에 죽자 공자는 그의 죽음을 슬퍼하여 몸을 떨며 울었으며 '아아, 하늘이 나를 망치려는구나! 하늘이 나를 망치려는구나(噫, 天喪子. 天喪子)'(≪논어≫ 선진편)라고 했다. ≪논어≫에 전하는 안회의 인물은 여기에 보이는 것과는 다르지만 ≪논어≫ 태백편에 '유능하면서도 무능한 사람에게까지 묻고, 학식이 많으면서도 적은 사람에게까지 물으며, 덕이 찼는데도 없는 듯이 하고, 남에게서 욕을 당해도 따지고 다투지 않았다. 옛날 내 벗 하나가 이와 같은 일을 실천했느니라.(以能問於不能, 以多問於寡, 有若無, 實若虛, 犯而不校. 昔者吾友, 嘗從事於斯矣)'라고 한 증자의 말에서 알 수 있듯, 도가의 풍을 지닌 인물이었다.

仲尼(중니):유가의 시조인 공자(B.C. 551~B.C. 479)의 자(字). 그런데 여기서는 도가의 道를 체득한 인물로 설정되었다. 餘說을 참조하기 바란다.

回聞(회문):'回'는 안연의 이름. 부모·스승·군주 등에게는 자신의 이름을 말하는 것이 예였다.

衛君(위군):'衛'는 당시 하남성 복양(濮陽)에 도읍했던 나라. 여기의 '衛君'이 역사적으로 실존했던 인물을 가리키는 것인지, 아니면 단순히 상정된 군주인지는 명확하지 않다.

死者以國量乎澤若蕉(사자이국양호택약초):이 문장은 예부터 난해한 것으로 여겨졌으며 그만큼 여러 가지로 해석되었다. 본서에서는 '죽은 사람이 널리 못가에까지 겹겹이 쌓여 있어 마치 화공(火攻)을 당한 것 같다.'로 해석한다. '以'는 '於' 또는 '乎'와 같다. '量'은 겹겹이 쌓여 있다는 뜻. '蕉'는 '焦·樵(유:나무를 높게 쌓아 놓고 불을 지름)'의 차자로 '樵 (초:불을 사름)'와 통용된다. 들판에 불을 놓아 적을 모조리 불태워 죽이는 화공이 고대의 잔인한 전법이었음을 생각하면 이 문장의 '蕉'는 화공을 뜻한다고 보아야 할 것이다.

治國去之亂國就之(치국거지난국취지):≪논어≫에 의하면 계씨(季氏)의 가신(家臣)인 공산불요(公山不擾)가 계씨에게 반기를 들고 공자를 부르자 공자는 그에 응해 자신을 써 주는 사람이 있으면 그 나라를 동쪽의 주(周)나라로 만들겠다고 했으며 진(晉)나라 대부인 조간자(趙簡子)의 가신 필힐(佛肸)이 독립을 꾀해 공자를 불렀을 때에도 '不善한 사람의 나라에 들어가서는 안 된다'고 하는 자로(子路)의 충고에도 불구하고 가려고 했다(이상 양화편). 이들 사실이 이 표현에 해당하는지도 알 수 없다. 그렇지만 공자가 여러 나라의 정치에 참여했지만 그것은 온화·양순·공손·검소·겸양 위에서 자연스럽게 이루어지는 것을 뜻했다(학이편). 이 문장은 치평(治平)을 구하는 유가의 목적을 과장하여 희화화한 것이다.

思其則(사기칙):'則'은 동사로서 '본받다·모범삼다'의 뜻. '其'는 '是'의 뜻.

瘳(추):병이 낫는 것.

【補說】〈심재우화〉제1절의 전단이다. 안회가 공자를 뵙고 위나라의 군주의 德을 바로잡으려 한다는 자신의 뜻을 진술하고 있다. ≪논어≫에 의

하면 안회는 '착한 일을 하고도 자랑하지 않고, 공을 세우고도 드러내지 않는다(無伐善, 無施勞)'(공야장편)는 것을 목표로 한 인물이었다. 그런 인물에게마저도 이와 같은 뜻을 피력케 한 이 우화의 필치에는 다분히 유가의 덕치를 희화화한 흔적과, '유가의 사람들은 소란을 자기 출세의 좋은 기회로 삼는가?'라는 빈정거림이 담겨 있는 것이다.

仲尼曰, "譆, 若殆往而刑耳. 夫道不欲雜. 雜則多, 多則擾, 擾則憂, 憂而不救. 古之至人. 先存諸己, 而後存諸人. 所存於己者未定, 何暇至於暴人之所行.

且若亦知夫德之所蕩, 而知之所爲出乎哉. 德蕩乎名, 知出乎爭. 名也者, 相軋也. 知也者, 爭之器也. 二者凶器, 非所以盡行也. 且德厚信矼, 未達人氣, 名聞不爭, 未達人心, 而彊以仁義繩墨之言, 術暴人之前者, 是以人惡有其美也. 命之曰菑人, 菑人者, 人必反菑之. 若殆爲人菑夫.

且苟爲悅賢而惡不肖, 惡用而求有以異. 若唯無詔 王公必將乘人而鬪其捷. 而目將熒之, 而色將平之, 口將營之, 容將形之, 心且成之. 是以火救火, 以水救水. 名之曰益多. 順始無窮. 若殆以不信厚言, 必死於暴人之前矣.

且昔者, 桀殺關龍逢, 紂殺王子比干. 是皆脩其身, 以下傴拊人之民, 以下拂其上者也. 故其君因其脩以擠之. 是好名者也. 昔者, 堯攻叢·枝·胥敖, 禹攻有扈. 國爲虛厲, 身爲刑戮. 其用兵不止, 其求實無已. 是皆求名實者也. 而獨不聞之乎. 名實者, 聖人之所不能勝也. 而況若乎.

雖然, 若必有以也. 嘗以語我來."

이 말을 듣고, 중니는 다음과 같이 말했다.

"아아, 네가 위나라에 가게 되면 형벌을 받아 틀림없이 죽게 될 것이다. 무릇 우리들이 지키는 道는 이리저리 어지러워지면 좋지 않다. 어지러워지면 마음이 여러 갈래로 나뉜다. 마음이 여러 갈래로 나뉘면 흔들린다. 흔들리면 불안하여 닫힌다. 자신의 마음이 불안하여 닫혀 있으면 다른 사람을 구할 수 없다. 옛날, 道에 달통했던 사람은 먼저 자기 안에 道를 갖추고, 그로부터 다른 사람에게도 道를 갖추게 하려고 했다. 너는 자신이 갖추어야 할 道를 아직 갖추지 못하였는데 어찌 난폭한 행동을 바로잡을 여력이 있겠느냐?

또 너는 인간의 순수한 덕이 그 본질을 잃어버린 이유와 인간의 천박한 지혜가 생겨나게 되는 까닭을 아느냐? 순수한 덕은 세속의 헛된 명분 때문에 무너지고, 천박한 지혜는 인간의 추악한 다툼에서 일어난다. 요컨대 명분이란 인간의 뼈와 살을 깎는 경쟁이며 지혜란 인간의 추악한 다툼의 도구이다. 이 두 가지는 재앙의 도구로서 인간의 바른 행위를 성취시키는 방법이 될 수 없다.

그래서 덕이 충실하고 성실함이 견고해도 상대방의 자연스런 기분에 진실로 접근하지 못하거나 명예를 다투려 하지 않더라도 상대방의 마음을 완전히 알지 못하여 무리하게 강압하려는 듯이 仁·義 등의 설교를 난폭자 앞에서 늘어놓으면 이는 결국 상대방이 바라지 않는데도 틈을 보아 자신은 더없이 훌륭하다고 명예를 과시하는 것이 된다. 그러므로 이런 짓을 하는 사람을 '재앙을 부르는 사람'이라고 한다. 재앙을 부르는 사람은 자신이 재앙을 부를 뿐만 아니라 다른 사람들도 틀림없이 이 사람에게 재앙을 준다. 너는 틀림없이 다른 사람에게서 재앙을 받게 될 것이다.

그렇지 않고 상대방이 너의 예상처럼 설사 현명함을 좋아하고 어리석음을 싫어한다고 하면 굳이 너의 설을 써서 다른 사람보다 뛰어나게 되려 하겠느냐? 네가 아무런 말을 하지 않더라도 그와 같은 성격의 왕과 여러 고

관들은 틀림없이 다른 사람을 눌러 자신의 승리를 구하려 할 것이다. 그렇게 되면 너의 시선은 당혹하여 동요되고, 너의 낯빛은 어떻게든지 사태를 진정시키려 하게 되고, 말없이 있는 것이 고통스러워 입으로 변명을 늘어놓으며 태도에 나타내 버리게 되니 결국 자신의 의견을 표명한 것과 같게 된다. 이것은 화재를 막으려는 데 불을 붙이고, 홍수를 막는 데 냇물을 유입시키는 것처럼 물사를 더욱 어지럽게 할 뿐이다. 이와 같은 것을 '익다(益多:지나치게 많음, 또는 넘침)'라고 한다. 이것은 처음부터 아무리 행해도 끝나는 법이 없다. 이러한 이유로 너는 상대방의 신용도 얻지 못하면서 장황하게 설명하다 틀림없이 난폭자 앞에서 죽임을 당할 것이다.

그러므로 옛날, 걸(桀)은 관용봉을 죽였고, 주(紂)는 왕자인 비간을 죽였다. 관용봉이나 비간은 모두 자신의 몸을 바르게 닦고, 신하의 신분으로 다른 사람이 다스리는 백성을 잘 길러 하위에 있으면서 상위에 있는 자를 배척했던 자들이다. 그래서 그 군주는 몸을 닦는 것을 구실 삼아 그들을 물리쳤다. 이것은 명분을 중히 여긴 자들이 자신의 몸을 망친 실례이다. 또 옛날 요(堯)는 총(叢)·지(枝)·서오(胥敖)를 쳤고, 우(禹)는 유호(有扈)를 쳤다. 총·지·서오·유호 등의 나라는 국성(國城)이 황폐해져 언덕이 되고 백성은 끊어져 버렸으며 군주는 형벌에 처해져 죽임을 당했다. 이들 나라가 끊임없이 군대를 동원하고 끝까지 실리를 구하는 것을 그치지 않았기 때문이다. 이것은 실리를 구한 자들이 자신의 몸을 망친 실례이다. 이상과 같은 일은 너도 들어서 알고 있을 것이다. 물사의 명(名)과 실(實)이란 성인으로서도 잘못 없이 대처하기 어려운 것이다. 하물며 너에게 있어서랴!

자, 그렇다고는 하지만 네가 그곳에 가려는 데에는 나름대로 까닭이 있을 것이다. 어디 내게 그것을 이야기해 주지 않겠느냐?"

【語義】譆(희):탄식하여 내는 소리.

夫道不欲雜(부도불욕잡):'雜'은 어지러이 뒤섞이는 것. 안회가 위군(衛君)의 행위, 백성의 고통, 공자의 가르침 등 여러 가지 것을 묻고 있는 것을 가리키는데 다음에 나오는 '一'의 복선이기도 하다.

憂而不救(우이불구):이 '而'는 '則'과 같은 뜻.

至人(지인):지덕(至德)을 지닌 사람. 道에 통달한 사람.

先存諸己而後存諸人(선존제기이후존제인):《논어》에 '마음을 공경히 하여 자신을 닦는다(脩己以敬)', '자신을 닦아 백성을 편안하게 한다(脩己以安人)'(이상 헌문편)라고 한 것처럼 자신을 닦아 그 덕이 널리 다른 사람들에게까지 미치게 하는 것은 유가의 가르침인데 이 '자기 확립'은 유가뿐 아니라 모든 사상가에 있어서 근본적인 문제일 것이다. '存'은 정립·안정의 뜻. '諸(之於)'는 道를 가리킨다.

若亦……乎哉:'亦'은 '果' 또는 '其'와 같으며 의문의 뜻을 나타내는 조사. '乎哉'는 의문을 나타내는 조사 '乎'에 여정을 더하는 조사 '哉'가 더해진 것.

夫德之所蕩(부덕지소탕):이 '德'은 도가에서 제창하는, 인간이 하늘로부터 받은 순수한 작용을 가리킨다. '蕩'은 제멋대로 행동하는 것. 여기서는 그 본질을 잃는 것을 뜻한다.

名也者相軋也(명야자상알야):'軋'은 수레가 삐걱거린다는 뜻에서 변하여 경쟁하는 것을 뜻한다.

知也者爭之器也(지야자쟁지기야):'器'는 도구·방법·수단. 이 구는 〈천뢰우화〉에서 '大知閑閑, 小知閒閒'이라 한 것과 거의 같은 뜻을 담고 있다.

盡行(진행):올바른 몸가짐을 닦는 것.

且德厚信矼(차덕후신강):'且'는 발어(發語)의 조사. '矼'은 견고하다는 뜻. 이 이하 '未達人心'까지의 글에서는 '未達人氣'와 '未達人心'이 주요한 조건이다.

未連人氣(미달인기):'氣'는 의식이나 지각을 초월한 자연스런 감동. 이것이 '德'이나 '信'보다 중요한 위치를 점하고 있음에 주의를 기울일 필요가 있다.

仁義繩墨之言(인의승묵지언):'인(仁:인간으로서의 바름)', '의(義:세상의 道를 지킴)' 등 인간을 틀에 가두어 구속하는 유가의 설. '繩墨'은 나무를 바르게 자르기 위해 치는 먹줄. 나아가, 규칙에 의한 강제적 구속을 뜻한다.

術(술):'述(술:의견을 말함)'의 차자.

有其美也(유기미야):'有'는 자신의 뛰어남을 과시한다는 뜻.

菑(재):'災(재:재앙)'와 동자.

爲人菑夫(위인재부):'爲'는 수동의 뜻을 나타내는 조사. '夫'는 감탄의 뜻을 나타내는 조사.

苟爲……:가정을 나타내는 문형.

惡用而求有以異(오용이구유이이):'而'는 '若·女·汝'와 같다. 다음에 나오는 '而目', '而色'의 '而'도 같다. '異'는 매우 뛰어난 것.

若唯無詔(약수무조):'唯'는 여기서는 '雖(수:비록)'와 동자. '詔'는 여기서는 신하가 군주에게 고한다는 뜻.

必將乘人而鬪其捷(필장승인이투기첩):'乘'은 능가하다. 밀어젖히고 우위에 서는 것. '捷'은 승리.

而目將熒之(이목장형지):'熒'은 '眢(앵:눈이 아찔해지는 것)'의 차자. 가만히 있으려 해도 상대방이 위압적으로 나오므로 당혹하여 시선이 움직이는 것을 말한다.

而色將平之(이색장평지):입으로 말하지는 않고 낯빛을 부드럽게 하여 상대방의 투쟁심을 가라앉히는 것을 뜻한다.

口將營之(구장영지):침묵할 수 없어 입으로 그 생각을 말하게 되는 것을 가리킨다.

容將形之(용장형지): '形'은 밖으로 드러내는 것. 찬·부(贊·否) 어느 쪽인지 자신의 의견을 태도로 나타내지 않을 수 없게 되는 것을 뜻한다. 여기에 '容'을 말한 것은 다음에 '端而虛'를 말하기 위한 복선이다.

心且成之(심차성지): 결국 자신의 의견을 표명한 것과 같게 되는 것을 뜻한다.

以火救火(이화구화): 불길을 잡으려는 데에 불을 놓아 오히려 화재를 격화시키는 것과 같은 유해무익한 헛수고를 하는 것을 뜻한다.

益多(익다): 과다(過多)의 뜻.

順始無窮(순시무궁): '益多'를 보충 설명하는 구이다. 처음부터 순(順)을 좇아 바르게 행동하려 해도 전혀 끝이 없음을 가리킨다.

桀(걸): 하(夏)왕조 최후의 왕. 은(殷)나라 탕왕(湯王)에게 추방당했다. 殷의 주왕(紂王)과 함께 무도한 폭군을 대표하는 인물이다.

關龍逢(관용봉): 關은 성, 龍逢은 자. 걸왕(桀王)의 현신으로 성실하게 왕을 섬겼으나 결국 걸왕에게 죽음을 당했다고 한다.

紂(주): 商(상:殷)왕조 최후의 왕. 주(周)의 무왕(武王)에 의해 왕위에서 쫓겨났다.

王子比干(왕자비간): 주왕(紂王)의 삼촌. 주왕의 무도함을 강력하게 간하자 주왕은 '성인의 심장에는 7개의 구멍이 있다고 하는데 그것을 보고 싶다'며 그의 가슴을 찢어 죽였다고 한다.

皆脩其身(개수기신): '脩'는 '修'와 동자.

傴拊(구부): 도와서 양육함.

拂其上(불기상): '拂'은 '弗(불:굽은 것을 바로잡는 것)'의 차자.

擠之(제지): '擠'는 밀어내다·밀어젖히다.

叢(총)·枝(지)·胥敖(서오): 모두 국명(國名)인데 '枝'는 '忮'를 잘못 베낀 것으로 '膾', 즉 '鄶'의 차자일 것이다. '叢'은 '宗·崇'과 같다.

禹攻有扈(우공유호):우(禹)는 전설상의 인물로 요·순(堯·舜)을 섬기고, 당시의 대홍수를 다스려 중국 9주를 안정시켰으며 순임금으로부터 제위를 물려받아 처음으로 세습의 하(夏)왕조를 열었다고 한다. '有扈'는 섬서성 호현(鄠縣)에 있었다고 하는 나라. ≪사기≫ 하본기(夏本紀)에 의하면 우(禹)의 아들 계(啓)에 의해 멸망된 것으로 되어 있다.

國爲虛厲(국위허려):나라가 폐허가 되는 것을 가리킨다. 여기의 '國'은 앞의 '叢·枝·胥敖'를 가리킨다. 이이(李頤)는 '집에 사람이 없는 것을 虛라 하며 죽어 후사(後嗣)가 없는 것을 厲라 한다.'고 했다.

其求實無已(기구실무이):여기서 '實'은 직접적으로는 실리를 가리키고 있지만 物의 실질·실체의 뜻도 포함하고 있다.

是皆求名實者也(시개구명실자야):여기의 '名' 자는 옮겨 적는 과정에서 잘못하여 끼어들어간 것이다. 이 구는 앞의 '是好名者也'에 대응하는 구이다.

若必有以也(약필유이야):'以'는 '所以'와 같다.

語我來(어아래):'來'는 재촉의 뜻을 나타내는 조사.

【補說】〈심재우화〉 제1절의 후단이다. 스승인 중니가 안회의 뜻을 비평한 것이다. 그 비평은 논술의 줄거리에 명료함이 약간 결여되어 있기는 하지만 명실(名實)이라는 범주를 들고, 주로 유가의 仁·義와 선악의 주장이 명실에 집착하여 道에 이르지 못함을 지적한 것이다. 즉 명분이나 지혜가 속세의 흉기임을 주장한 다음, 자신으로서는 덕을 닦고 忠·信을 지켜 명예를 구하려 하지 않더라도 현명하지 못한 군주에게 仁·義를 설하면 그 일이 이미 선악의 명분을 다투는 것이 됨을 지적하고, 또 반대로 현명한 군주를 대하면 賢·不賢의 의식이 있는 한 잠자코 있

으려 해도 그렇게 되지 못한다는 구체척인 예를 들고 있다. 이러한 분석은 인간 감정의 기미를 예리하게 파헤친 것이다. 그리고 나서 마지막으로 역사에서 명실을 추구한 나쁜 예를 들어 성인으로서도 그 잘못으로부터 벗어날 수 없음을 논하고 있다.

顔回曰, "端而虛, 勉而一, 則可乎."
曰, "惡, 惡可. 夫以陽爲充, 孔揚, 采色不定. 常人之所不違, 因案人之所感, 以求容與其心. 名之曰 '日漸之德不成.' 而況大德乎. 將執而不化, 外合而內不訾. 其庸詎可乎."

그러자 안회가 물었다.

"그러면 태도와 동작을 단정하게 하고 잡념이 일어나지 않게 마음을 비우고 오직 한 가지 것에 마음을 집중하면 괜찮을까요?"

중니가 대답했다.

"아아, 어찌 괜찮겠는가. 그런 식으로 물사를 진척시키려는 마음을 잔뜩 지니고 있으면 의기만 너무 높아지고 낯빛조차 침착하지 못하게 될 것이다. 더욱이 그렇게 허심하게 한 가지 것에 마음을 집중하려는 것은 어느 누구도 거스르지 않는 것을 목표로 하여 다른 사람들이 느끼는 바에 자신의 생각을 맞추고, 겨우 자기 마음의 평안함만을 얻으려 하는 것이다. 이것을 '날마다 닦아야 할 덕이 성취되지 못한다'고 하는 것이다. 하물며 이렇게 해서 참된 덕이 닦여질 리가 있겠느냐? 자신의 처사만을 고집하여 물사의 변화에 대응하지 못할 것이며 외면으로는 타인과 가락이 맞아도 자신의 속마음은 그와 일치하지 않으리라. 그러한 것이 어찌 괜찮은 것이겠느냐?"

【語義】 端而虛(단이허):‘端’은 용모나 태도 등을 단정하게 하는 것. ‘虛’는 허심(虛心)하게 되는 것. 이것들은 앞의 ‘有其美’나 ‘益多’보다는 앞선 심경이다.

勉而一(면이일):한 가지 것에 마음을 집중하는 것. 앞의 ‘道不欲雜’을 받고 있는 말로 철저한 내성(內省)을 가리킨다.

惡(오):앞서 나온 ‘譆’가 의아해하는 기분을 나타내는 데 비해 이것은 강한 혐오의 뜻을 나타내는 감탄사이다.

以陽爲充孔揚(이양위충공양):‘陽’은 음양을 말할 때의 陽으로 靜에 대하여 動, 유약에 대하여 강건 등의 성질을 가리키는데 여기서는 단정 · 면강(端正 · 勉强) 등이 의식적 행위이기 때문에 그것을 양성의 것으로 보아 ‘陽’이라 한 것이다. ‘充’은 마음을 충족시키는 것. ‘孔’은 ‘매우 · 몹시’의 뜻. ‘揚’은 ‘陽’과 같은 뜻. 양기가 지나치면 심신의 중화를 깨뜨리게 된다. 의기가 지나치게 고양되었다고 해석해도 좋다.

采色不定(채색부정):‘采’는 ‘彩(채:채색)’의 차자. ‘采色’은 여기서는 안색을 가리킨다. 신심의 조화를 깨뜨리기 때문에 낯빛도 일정하지 않은 것이다.

常人之所不違(상인지소불위):‘常’은 ‘尙(상:공경하다)’의 차자. ‘人之所不違’는 누구와도 공통되는 감정으로 거스르는 바가 없는 것.

因案(인안):‘因’은 ‘뒤따르다 · 복종하다’의 뜻. ‘案’은 ‘按(안:손으로 어루만지다)’의 차자로 여기서는 ‘의지하다’의 뜻.

以求容與其心(이구용여기심):자기 혼자 마음을 편안하게 하려는 것에 지나지 않음을 가리킨다. ‘容與’는 ‘豫(예:편안하게 쉬는 모양)’의 완언.

日漸之德(일점지덕):날마다 조금씩 진보하는 덕. ‘漸’은 조금씩 나아간다는 뜻.

執而不化(집이불화):‘執’은 집착. ‘不化’는 물사의 변화에 대응하여 적정한 처치를 하지 못하는 것을 가리킨다.

外合而內不訾(외합이내부자):지금까지 '不訾'를 글자 뜻 그대로 '비방하지 않음'의 뜻으로 해석하고 있는데 그러면 의미가 통하지 않는다. 이 구는 '將執而不化'에 대응하는 구이다. '執'과 '化'가 반의어임을 생각하면 이 구의 '外'와 '內', '合'과 '不訾'는 각기 반의어여야만 하므로 '不'는 군글자이며 '訾'는 '미워하여 배척한다'는 뜻이 된다. 또 '不'를 글자 뜻 그대로 해석하고 '訾'를 자형이 비슷한 '皆(개:두루 미치다, 화합하다)'의 오자로 해석해도 통한다. 따라서 이 구의 뜻은 안회의 생각은 다른 사람이 감동하는 바에 맞추려고 하므로 외면으로는 다른 사람과 뜻이 맞는 것 같지만 내면에 있어서는 그렇지 않다는 것이다.

其庸詎可乎(기용거가호):'庸詎'는 주로 반어의 뜻을 나타내는 의문사. '어찌 ~하겠는가?'의 뜻.

【補說】〈심재우화〉제2절의 전단이다. 앞 절에서 안회의 뜻이 세속 명실(名實)의 범주 내에 있다고 한 중니의 비평을 감안하여 안회가 정신을 모아 허심(虛心)을 이루는 내성(內省)에 철저하면 어떻겠느냐고 하자 중니는 그것이야말로 한층 의식적인 행위이며, 특히 자기 한 사람의 심적 안정만을 꾀하려는 것으로 다른 사람과의 조화는 이룰 수 없다고 비평하고 있다.

【餘說】〈심재우화〉와 《관자》 심술 하편의 관계

본절은 앞 절보다 사고방식을 한층 진전시킨 것인데 앞 절이 유가의 설에 대한 비판을 담고 있다고 하면 이 절은 도가 일파의 설에 대한 비판을 담고 있다고 생각할 수 있다.

《관자》 심술 하편·내업편 등에 의하면 인간이 태도·동작을 엄정하게 하여 잡념을 떨어버리고 고요하게 내성하여 한마음으로 정신을 모으면 마침내는 그 신체에 머물고 있는 정기가 영묘한 작용을 발휘하여 어떠한 물사에도 조금의 잘못도 없이 대응하게 된다고 한다. 이 절에서 안회가 말하는 '端而虛, 勉而一'은 이러한 주장과 흡사하다.

내성을 목적으로 하는 내성은 한층 의식적인 행위이며, 내성에 불철저할 뿐 아니라 내성으로서 불안정하다. 이 우화의 '以陽爲充'이란 비평은 안회에 대해서만 아니라 《관자》 심술 하편 등에 나오는 의식적 내성의 주장에 대한 것이기도 하다. 특히 심술 하편 등에는 정기에 이르는 방법으로서 '세상의 물사로 감각을 어지럽히지 말라. 감각으로 의식의 통일을 어지럽히지 말라'고 설하고 있다. 이것은 물사로 맺어지는 사람들과의 관계를 무리하게 단절하거나 사람들 누구나 감지하는 것만을 받아들여 가락을 맞추는 것으로 어느 쪽이 되었든 자신과 타인의 관계를 오히려 강하게 의식하고, 오직 자신의 심적 안정만을 구하는 것이다. 중니의 '常人之所不違……'라는 비평은 바로 이에 해당하는 내용이다. 이처럼 이 절에 나오는 중니의 평언은 안회에 대한 말일 뿐 아니라 《관자》의 심술 하편·내업편 등의 설에 대한 것이었다고 보아도 좋다.

그런데 중니의 평언이 양편의 주장을 전적으로 배격했던 것은 아니다. 이 우화와 두 편의 주장 사이에는 많은 유사점이 있다. 오히려 이 우화와 그들 편은 같은 계통이라고 말해도 좋다. 단, 이 우화는 심술 하편의 주장을 답습하면서 다른 취향을 보이고 있다. 이들의 상위점은 심술 하편이 '精氣'에 지나치게 많은 것을 기대하는 것에 비해 이 우화는 '虛'의 철저와 '道'의 의의를 강조하고 있다는 것이다. 그것도 심술 하편의 주장을 발전시킴으로써 성립하고 있다. 특히 여기서는 안회의 제언을 배격하고 있지만 그 제언이 지금부터 앞으로의 서술과 사색의 과정이 되고 있다.

"然則我內直而外曲, 成而上比.
內直者, 與天爲徒. 與天爲徒者, 知天子之與己, 皆天之所子.
而獨以己言, 蘄乎而人善之, 蘄乎而人不善之邪. 若然者, 人
謂之童子. 是之謂與天爲徒.
外曲者, 與人之爲徒也. 擎跽曲拳, 人臣之禮也. 人皆爲之,
吾敢不爲邪. 爲人之所爲者, 人亦無疵焉. 是之謂與人爲徒.
成而上比者, 與古爲徒. 其言雖敎讁之實也, 古之有也. 非吾
有也. 若然者, 雖直不爲病. 是之謂與古爲徒. 若是則可乎."
仲尼曰, "惡. 惡可. 大多政, 法而不諜. 雖固亦無罪. 雖然止
是耳矣. 夫胡可以及化. 猶師心者也."

안회가 여쭈었다.

"그렇다면 저는 안(마음)을 바르게 지키면서 밖(다른 사람들과의 일)에
있어서는 저의 의지를 굽혀 그들과 장단을 맞추고, 또 옛날부터의 가르침
에 맞게 물사를 이루도록 하겠습니다.

안을 바르게 지키는 자는 하늘과 동료가 됩니다. 하늘과 동료가 된 자는
존귀를 극한 천자도, 누추하게 꿈틀거리는 저 같은 자도 모두 하늘이 평등
한 자로서 세상에 냈다는 것을 알고 있습니다. 그러므로 저의 설을 어떤 사
람이 좋은 설이라 했다며 따라야 한다고 하거나, 혹은 어떤 사람이 나쁜 설
이라 했다며 물리쳐야 한다는 따위의 요구를 하지 않습니다. 세상 사람들
은 이런 사람을 세상을 모르는 아이라고 합니다. 이런 아이야말로 바로 하
늘과 동료가 되었다고 말하는 것입니다.

밖으로 자신을 굽혀서 다른 사람과 박자를 맞추는 자는 세상 사람들과
동료가 됩니다. 팔꿈치를 펴 두 손을 높이 들고 무릎을 꿇고 엎드리며 머

리를 숙이고 몸을 굽히는 것은 세상의 신하된 자의 예의입니다. 세상 사람들 모두가 그렇게 한다면 제가 어찌 그렇게 하지 못할 리가 있겠습니까? 다른 사람들이 행하는 것을 하면 세상 사람들이 저를 비난하는 일은 없겠지요. 이처럼 하는 것을 바로 세상 사람들과 동료가 된 것이라고 합니다.

예부터의 가르침에 맞게 물사를 이루는 자는 옛날의 성인과 동료가 됩니다. 제가 설하는 것은 실제로는 사람들을 가르치거나 사람들의 잘못을 책하거나 하는 것이지만 그것은 옛날 성인이 했던 것이며 제가 새삼스럽게 저지르는 일은 아닙니다. 이와 같은 사람은 그 설하는 바가 바른 것이지만 명실(名實)의 잘못에 저촉된다고 꺼릴 것이 없습니다. 이와 같은 것을 옛날의 성인과 동료가 된다고 하는 것입니다. 이상과 같이 하면 괜찮지 않을까요?"

중니는 그것을 평하여 말했다.

"아아, 어찌 괜찮겠는가. 해야만 할 것이 너무 많고, 법칙이 갖추어져 있다 해도 실용하기에 적절하지 않다. 너의 생각은 고루하기는 하지만 사람들로부터 비난받을 만큼 잘못되지는 않았다. 그렇지만 오로지 그것뿐이다. 끊임없이 변화하는 물사의 변화에 도저히 잘못 없이 대처하지는 못한다. 의연하게 자신의 생각을 마음의 지주로 삼고 있을 뿐이다."

【語義】 內直而外曲(내직이외곡):자신의 안이라 할 수 있는 마음은 바르게 닦지만 밖으로 나타내는 행위는 세상의 사람들과 장단을 맞추는 것. '曲'은 의식적으로 곧은 것은 굽히는 것.

成而上比(성이상비):스스로 일을 완수하지만 그것은 예부터의 道를 따른 것임. '上'은 '古'의 뜻. '比'는 '합치시키다·같게 하다'의 뜻.

與天爲徒(여천위도):'徒'는 동료·한패. 하늘과 동료가 된다는 것은 인간 생존의 공통·보편적인 근거에 입각하여 행동하는 것을 가리킨다.

知天子之與己皆天之所子(지천자지여기개천지소자):하늘을 근거로 하여 이렇게까지 명백하게 인간의 평등관을 보인 예는 예로부터 없던 일이다. '之與'는 '與'와 거의 같은 뜻인데 단 '之' 앞의 말을 특별히 강하게 제시한다.

而獨以己言蘄乎而人善之……:그 생존이 유일 공통의 근거에 입각하여 있는 한 선악의 가치 차별이 없는 것을 가리킨다. '而人'의 '而'는 '此'와 같은 뜻. 사람들 중에 있는 자를 가리킨다.

童子(동자):통상 미성년자, 즉 소년·소녀를 말하지만 여기서는 아직 세속에 대한 사려·분별이 없는 아동을 가리킨다. 세속에서는 어리석은 존재로 보지만 도가에서는 순수한 인간을 상징하는 것으로 본다. '童'에는 암우(暗愚)하다는 뜻이 포함되어 있다.

擎跽曲拳(경기곡권):정중하게 배례(拜禮)를 행하는 동작을 가리킨다. '擎'은 홀(笏)을 쥐고 팔꿈치를 펴 높이 들어 올리는 것. '跽'는 무릎을 꿇고 몸을 구부리는 것. '曲'은 머리를 숙여 몸을 구부리는 것. '拳'은 '卷'의 차자로 몸을 둥글게 굽히는 것.

無疵(무자):'疵'는 '訾(자:비난하다)'의 차자.

其言雖敎謫之實也(기언수교적지실야):'其'는 안회 자신을 가리킨다. '謫'은 꾸짖는 것.

不爲病(불위병):두려워서 꺼리는 일이 없음.

大多政(대다정):'大'는 '太(태:매우)'의 뜻. '政'은 필시 '岐'를 잘못 베낀 것이라 생각되는데 글자 뜻 그대로 해석해도 의미가 통한다. '政'은 규칙대로 해야만 하는 것.

法而不諜(법이불첩):법칙은 갖추어져 있으나 실용하기에 적절하지는 않음. '諜'은 '接'의 차자로 보아야 한다. 절실하다는 뜻.

雖固亦無罪(수고역무죄):물(物)에 구애되어 있는 완고함은 있으나 사람들로부터 비난받는 것과 같은 잘못은 없음. '固'는 고루(固陋:견식이 좁은 것)의 뜻.

夫胡可以及化(부호가이급화):성현영(成玄英) 이래 '化'는 타인을 감화시킨다는 뜻으로 해석하고 있는데 다음 절의 '萬物之化'를 말하는 것으로 보지 않으면 안 된다. 만물의 변화에 과오 없이 대처하지 못하는 것을 가리킨다.

猶師心者也(유사심자야):한층 의연하게, 자신의 잘못된 생각을 근본으로 하는 것을 말한다.

【補說】〈심재우화〉제2절의 후단이다. 안회가 전단과는 방향을 달리하여 자신을 버리고 그 행위의 기준을 하늘이나 세인(世人), 또는 옛 성현에게서 구하려 하는 데 대해 중니가 그것은 통일을 결한 데다 절실함이 없고, 특히 자기의 주관에 구애되는 폐단에 사로잡혀 있음을 지적하고 있다. 그러나 안회의 생각이 전단의 내성(內省)의 철저와 함께 '허(虛)'를 철저하게 하고 있음에 중요한 이치가 있다.

【餘說】〈심재우화〉와 《관자》 백심편(白心篇)의 관계

이 우화 속에 실린 중니의 비평은 단순히 유가의 선왕의 道를 조술(祖述)함을 표방하고 있는 안회의 말을 대상으로 삼고 있을 뿐 아니라 다른 사상에 관해서도 언급하고 있다고 생각된다. 묵가에서는 그 설하고자 하는 바의 정당성을 제시하는 근거로서 이른바 '삼표(三表)'라 하여 '옛날 성왕의 일을 근거로 하는 방법', '일반 백성들의 이목으로 느낄 수 있는 보편적인 승인을 얻는 방법', '정치로 실용되는 방법' 등을 드는데 이 가운데 앞의 두 방법은 이 우화의 '成而上比'와 '外曲'에 해당한다고 할

수 있다. 이로 미루어 보면 이 우화에 나오는 중니의 비평은 묵가에서
주장하는 설도 그 대상으로 삼고 있다고 할 수 있다. 그런데 가장 뚜렷
하게 그 비판의 대상으로 삼은 것은 ≪관자≫ 백심편의 내용이라고 생
각된다. 백심편에는 '이것을 위로는 하늘을 따르고 그 다음으로는 사람
을 따른다'고 설한 것이 있는데 이 '天·人'은 이 우화의 '內則而外曲'의
근본이 되었음에 틀림없다. 또 이 우화의 '成而上比'와 같은 내용의 것
도 나와 있다. 이러한 점을 감안하면 이 우화는 단순히 도가의 설을 명
확하게 하는 데 그치지 않고 제가(諸家), 특히 도가 일파의 주장을 비판
하고 있어 당시의 대단히 진보된 사색의 단면을 보여 주고 있는 것이다.

顔回曰, "吾無以進矣. 敢問其方."
仲尼曰, "齋. 吾將語若. 有而爲之, 其易邪. 易之者, 皞天不
宜."
顔回曰, "回之家貧. 唯不飮酒, 不茹葷者, 數月矣. 若此, 則
可以爲齋乎."
曰, "是祭祀之齋, 非心齋也."
回曰, "敢問心齋."
仲尼曰, "若一志, 無聽之以耳, 而聽之以心. 無聽之以心, 而
聽之以氣. 聽(耳)止於耳(聽), 心止於符. 氣也者, 虛而待物者
也. 唯道集虛. 虛者心齋也."
顔回曰, "回之未始得使, 實自回也. 得使之也, 未始有回也.
可謂虛乎."
夫子曰, "盡矣. 吾語若. 若能入遊其樊, 而無感其名. 入則鳴,
不入則止. 無門無毒, 一宅而寓於不得已. 則幾矣.

絕迹易, 無行地難. 爲人使, 易以僞, 爲天使, 難以僞. 聞以
有翼飛者矣, 未聞以無翼飛者也. 聞以有知知者矣, 未聞以無
知知者也. 瞻彼闋者, 虛室生白, 吉祥止止. 夫且不止, 是之
謂坐馳. 夫徇耳目內通, 而外於心知, 鬼神將來舍. 而況人乎.
是萬物之化也, 禹·舜之所紐也. 伏戲·几蘧之所行終. 而況
散焉者乎."

중니의 말에 난감해진 안회가 말했다.

"저는 이제 더 이상 생각할 수 없습니다. 어떻게 해야 좋을지 부디 그 방법을 가르쳐 주십시오."

중니가 말했다.

"재계(齋戒)하라. 내 너에게 말하노니 재계하는 것을 행하기 쉽다고 생각하거나 간단하다고 생각하면 하늘이 좋게 생각하지 않을 것이다."

안회는 중니의 가르침의 뜻을 알지 못하여 다시 물었다.

"저의 집은 빈한합니다. 술도 마시지 못하고 향기로운 채소도 먹지 못한지 벌써 수개월이나 지났습니다. 이러한 생활을 하면 그것으로 재계하는 것이라고 해도 좋지 않을까요?"

중니가 말했다.

"그것은 제사지내기 위한 재계이지 내가 말하는 마음의 재계는 아니다."

그러자 안회는,

"마음의 재계란 무엇을 말하는 것인지, 삼가 여쭙겠습니다."

라고 다시 물었다.

중니가 말했다.

"너는 마음의 여러 가지 움직임을 오직 하나에 집중 통일하여 물사를 귀로 듣지 말고 마음으로 듣도록 하라. 좀 더 정확히 말하면 영감을 닦아 맑게 하여 마음으로 듣는 것이 아니라 기(氣)로 듣도록 하라. 요컨대 귀는 快 · 不快 등의 감정을 더하지 않도록 음성을 받아들일 뿐 다른 일은 하지 않도록 하고, 마음은 善 · 惡 등의 의식을 더하지 않도록 물사에 투영되는 인상을 받아들일 뿐 다른 일은 하지 않도록 하여라. 그렇게 하면 氣가 無의 상태에서 모든 물사에 대응하게 된다. 道는 이 無의 상태 속에서 성취된다. 이 無의 상태가 되는 것이 마음의 재계이다."

안회가 마음의 재계를 행한 다음, 중니에게 물었다.

"제가 마음의 재계를 행할 수 없던 때는 정말로 예전과 같은 저였습니다. 그런데 마음의 재계에 맡기게 되자 완전히 제가 없게 되었습니다. 이것을 無의 상태라 말할 수 있을까요?"

중니 선생은 이렇게 말했다.

"너는 성취한 것이다. 내 너에게 말하겠다. 너는 세상의 명실의 울타리 안에 들어가 놀게 되더라도 그 명분에 마음이 움직여서는 안 된다. 물사가 닥친다면 응하지만 오지 않으면 고요하게 멈추어 있어라. 사람을 불러들이는 문도 세우지 않고, 사람을 막는 담도 세우지 않고, 오로지 하나의 無의 道를 지키고, 꼭 움직이지 않으면 안 될 경우에만 움직이도록 몸을 맡겨 두면 거의 완전한 것이다.

잠시 속세로부터 떠나는 것은 쉽지만 평생 대지를 밟지 않고 사람들과 사귀지 않는 것은 대단히 어렵다. 사람들과 사귀고 세상의 관습에 부림을 당하는 자가 되면 거짓 일만 행하기 쉽지만 道와 일체가 되어 하늘을 섬기는 자가 되면 거짓 일은 할 수 없게 된다. 날개가 있기 때문에 날 수 있다고는 들었지만, 날개가 없는데도 날 수 있다고는 듣지 못했다. (그러나 그나는 도리는 바로, 날 수 있어도 날지 않는 데 있다.) 그와 마찬가지로 지혜가 있기에 물사를 아는 자가 있다고는 들었지만, 지혜가 없는데 아는 자

가 있다고는 듣지 못했다. 그러나 사실은 무지(無知)야말로 물사를 진실로
아는 것이다. 그 증거로 저 문이 닫혀 있는 곳을 보면 텅 빈 방안에 신령의
모습이 홀연히 나타나 이 세상의 행복이 머무는 것이다. 무지 무심의 상태
야말로 明知의 道다. 그렇다 하더라도 텅 빈 방안의 신령조차도 영원히 머
무르고 있다고는 할 수 없으며 이와 같은 것을 '좌치(坐馳:모습은 허심하
게 고요히 앉아 있는 것 같아도 氣는 달아나 버림)'라 하는 것이다. 그러므
로 눈에 비치고 귀에 들리는 대로 물사를 받아들이고, 약은 체하는 마음으
로 뭔가를 꾀하려는 일을 완전히 멈추고 무의 상태로 되어 가면 귀신이 들
어와 묵는 것처럼 道와 일체인 明知가 갖추어지는 것이다. 하물며 이 세상
온갖 물사의 변화에 대응하는 따위의 일쯤이야!

　무릇 이 세상 온갖 물사의 변화는 옛날의 성왕인 우(禹)나 순(舜)도 그에
구속되어 신고(辛苦)했던 것이며 더 나아가 상고의 성제(聖帝)인 복희(伏
羲)나 수인(燧人)도 평생에 걸쳐 영위했던 것이다. 하물며 그에 도저히 미
치지 못하는 많은 사람들에 있어서랴! 더할 나위 없이 삼가고 재계하지 않
으면 안 될 것이다."

【語義】 齋(재):재계(齋戒).
　有而爲之(유이위지):'有'는 보통 때엔 하지 않는 일을 새삼스레 한다
는 뜻. '而'는 그 앞에 있는 동사나 조동사의 뜻을 강하게 하는 말. '之'
는 '齋'를 가리킨다. 즉 이 구는 '齋'를 특별히 의식하여 행하는 것을 문
제 삼고 있는 것이다. 따라서 직접적으로는 다음에 안회가 '제사의 齋'
를 말한 것과 대응한다.
　其易邪(기이야):통상 반어로서 해석된다. 그렇게 해도 통하지만 단순
한 의문의 뜻으로 보는 것이 좋다.
　易之者皞天不宜(이지자호천불의):'之'는 '有而爲之'를 가리킨다. 따라

서 '不宜'는 의식적으로 재계하는 것을 부정하고, 그것이 무의식적으로 이루어질 만큼 철저하지 않으면 안 된다는 것을 말하는 것이다. 즉 '心齋', '氣虛'를 말하기 위한 복선이다. '皥天'은 앞의 '與天爲徒'의 天을 받는 말이다. 昊天(호천)과 같은 뜻. 명명백백한 하늘이라는 뜻.

回之家貧(회지가빈):≪논어≫ 옹야편(雍也篇)에 다음과 같은 말이 보인다. '현자로다, 안회는! 한 소쿠리 밥과 한 표주박 물로 누추한 곳에서 산다. 사람들은 그것을 견디지 못하고 근심하거늘 안회는 그 즐거움을 바꾸지 아니한다. 참으로 현자로다, 안회는!(賢哉回也. 一簞食, 一瓢飮, 在陋巷. 人不堪其憂. 回也不改其樂. 賢哉回也)'

不茹葷者(불여훈자):'茹'는 채소를 먹는 것. '葷'은 향기가 나는 채소. 여기서는 맛이 좋고 영양가가 많은 채소를 가리킨다.

一志(일지):의식을 집중하는 것. 앞의 '勉而一'을 받아 이것을 깊게 하려는 것이다.

無聽之以耳而聽之以外(무청지이이이청지이외):대상(物)에 의해 움직이기 쉬운 청각과 같은 감각에 의존하지 않고 인간의 주체적인 마음, 즉 통각(統覺)에 의해 인식하는 것.

無聽之以心而聽之以氣(무청지이심이청지이기):주체적인 마음에 의한 것이 아니라 천생인 기(氣)의 자연스런 감응에 의한 것임을 말하고 있다. '氣'는 만물 생성의 동질(同質)·동원(同源)의 인소(因素)이며 따라서 인간 개개의 생명의 원질(原質)이고 육체의 활력이며 거기에는 이른바 천지 생육(유일한 생명 원리)의 성격이 갖추어지게 된다. 이 氣의 영묘함을 강조하여 정기, 또는 神이라 한다. 氣가 생명의 원질이면 곧 육체를 조직하는 질료여야만 하는데 고대에는 이러한 생각이 희박했다.

聽止於耳(청지어이):'耳止於聽'을 잘못 옮겨 쓴 것으로 보아야 한다.

心止於符(심지어부):'符'는 '印', 즉 인상(印象)을 뜻한다.

氣也者虛而待物者也(기야자허이대물자야):'待'는 대응하는 것을 가리킨다. '氣'는 통상 風이나 息처럼 공허 무형(空虛無形)으로 더욱이 만물에 있어서는 존재인(存在因)이 되며 동일한 속성·작용을 하는 것으로 되어 있다. 그러나 여기서는 그 氣가 공허한 것이라고 말하고 있는 것이 아니다. 氣에 관하여 '虛'란 우선 후천적·작위적 의식을 없애는 것, 즉 허심하게 되는 것을 뜻하며 다음으로 그 허심을 통하여 비로소 氣가 영묘한 작용을 하는 상태가 됨을 말한다.

唯道集虛(유도집허):虛야말로 道와 합치하는 것임을 뜻한다. '集'은 많은 것이 모인다는 뜻이 아니라 '이루어지다'의 뜻.

未始得使(미시득사):'使'는 맡긴다는 뜻. 따라서 완전히 虛가 되는 것을 뜻한다.

未始有回也(미시유회야):전적으로 망아(忘我)의 상태가 되는 것을 말한다.

夫子(부자):이 우화를 끝냄에 즈음하여 그의 설의 중요한 것을 나타내기 위해 앞에서 '仲尼'라 했던 것을 '夫子'라 한 것이리라.

若能入遊其樊(약능입유기번):여기의 '能'은 '乃'와 같다. '樊'은 본디 새나 동물 등을 기르기 위한 울타리인데 여기서는 명실(名實)의 범위 내, 즉 세속을 가리킨다.

入則鳴不入則止(입즉명불입즉지):物이 오면 대응하지만 오지 않으면 굳이 안달하며 사려(思慮)하지 않는 것을 가리킨다. '鳴'은 '鳥·樊'과 관계되는 말인 듯하다.

無門無毒(무문무독):'門'은 출입구. '毒'은 '壔(도:보추)'의 차자. 집을 안과 밖으로 나누는 담. 따라서 이 구는 物을 부르지도 않고 거부하지도 않는다는 뜻을 은연중에 나타내고 있다.

一宅而寓於不得已則幾矣(일택이우어부득이즉기의):'一宅'은 앞의 '無

門無毒'과 연관되는 말로 오로지 한 거소에 정주(定住)하는 것, 즉 〈천뢰우화〉에서의 '無適'과 같다. 道와 일체가 되는 것. '不得已'란 주관적 의도를 지니지 않고 자연스럽게 物에 대응하는 것을 가리킨다. 이른바 '정인(靜因)의 道'이다.

絶迹易無行地難(절적이무행지난):사람이 일시 이 세상을 떠나는 것은 쉽지만 땅을 밟지 않는 것은 어려움. 즉 속세에서 사람들과 사귀지 않을 수 없음을 가리킨다.

爲天使(위천사):앞의 '與天爲徒'와 같으나, 하늘에 순종한다는 뜻을 강조하는 말이다.

聞以有翼飛者矣未聞以無翼飛者也(문이유익비자의미문이무익비자야):다음에 나오는 '聞以有知知者矣……'를 말하기 위한 수사이다. 무위(無爲:虛)야말로 미경험의 물사에도 잘못 없이 대처하는 근본임을 말하고 있다.

瞻彼闋者虛室生白(첨피결자허실생백):'瞻'은 바라보는 것. '闋'은 문을 닫는 것. '彼闋者'란 神을 제사지내는 방을 가리킨다. 통상 그 방은 집안 깊은 곳에 있으며 제례에도 주제자(主祭者) · 주부 외에는 출입할 수 없었다. '虛室'은 사람의 기척이 없는 제실(祭室)을 가리킨다. '白'은 '魄(백)'과 같으며 神의 뚜렷하지 않은 형상을 가리키는 것으로 해석하지 않으면 안 된다. '生白'이란 神이 내림하는 것을 가리킨다.

吉祥止止(길상지지):'吉祥'은 행복 · 좋은 일. '止止'에서 뒤의 止는 음조를 고르기 위한 조사. '瞻彼闋者'부터 '夫且不止'까지는 神이 허실(虛室)에 내림하는 비유를 들어 심재(心齋)하면 神氣와 道가 일체가 되고 그 영묘한 작용을 얻을 수 있음을 말하고 있다.

是之謂坐馳(시지위좌치):이 구는 앞의 은유(隱喩)로부터 정의(正意)로 돌아가 말하고 있다. '坐馳'는 앉아 있으면서 달리는 것, 즉 신체는 고요히 앉아 있지만 기가 흩어져 버린 것을 가리킨다. 모습은 재계하고 있는 것 같아도 자칫하면 심재로부터 벗어나게 되므로 항상 그 점을 주의하지 않으면 안 된다는 것을 말하고 있다.

夫徇耳目內通而外於心知鬼神將來舍(부순이목내통이외어심지귀신장래사):‘徇’은 ‘循’과 같은 뜻. 그대로 따른다는 뜻. ‘徇耳目內通’은 앞의 ‘耳止於聽’이라 말한 것과 모순인 것 같지만 이것은 청각·시각을 작용시키는 것을 말하는 것이 아니고, 앞의 ‘入則鳴’과 대응하는 것으로 物이 이목(耳目)에 닿는 대로 하여 어떠한 작위도 가해지지 않는 것을 말한다. ‘內通’의 內는 다음의 ‘外於……’의 外와 대조되는 수사이므로 ‘內通’은 어떠한 장애도 없이 마음속에 들어가는 것을 가리킨다. ‘外於心知’는 앞의 ‘不入則止’에 대응하는 것으로 인간의 주관적 의식을 버리는 것을 가리킨다. ‘鬼神’은 앞의 ‘生白’을 받는 말로 ‘神과 같이 밝은 지혜’라는 뜻을 내포하고 있다.

而況人乎(이황인호):‘人’은 인사(人事), 이른바 ‘物의 化’이다. 즉 이 구는 어떠한 물사에도 정통하는 것을 가리킨다.

是萬物之化也(시만물지화야):이 구의 앞에는 앞글을 맺는 말로서 ‘是所以應萬物之化也’와 같은 종류의 구가 있어야 하는데 생략된 것으로 보아야 한다.

禹舜之所紐也(우순지소뉴야):‘紐’는 ‘묶이다’의 뜻으로 해석해야 한다. 즉 이 구는 전설상의 성왕인 순·우도 만물의 化에 얽매여 고생했다는 것을 말하고 있다.

伏戲(복희):‘伏’ 대신 ‘宓·處·包·庖’ 등으로도 쓰며 ‘戲’ 대신 ‘羲·犧’ 등으로도 쓴다. 중국을 처음으로 연 삼황(三皇:伏戲·神農·燧人) 중 한 사람으로 태호(太皡)라 불렀으며, 성은 風. 사신인수(蛇身人首). 처음으로 수렵과 어업을 가르쳤고 혼례를 정했으며 팔괘를 만들고 결승

(結繩)을 대신하는 문자를 만들었다 한다.

几蘧(궤거):상수(向秀)는 고대의 제왕을 가리킨다고 했고, 성현영(成玄英)은 삼황(三皇) 이전 문자가 없던 때의 제왕을 가리킨다고 해석했는데 모두 근거가 없는 설이다. 문일다(聞一多)는 '几'는 '人'을, '蘧'는 '遽'를 잘못 베낀 것으로 보아 人遽는 遽人, 즉 燧人을 가리키는 것으로 해석했는데 따를 만한 설이다. 燧人은 ≪한비자≫ 오두편(五蠹篇)에 의하면 처음으로 인민에게 나무 위에서 사는 법을 가르친 유소씨(有巢氏)의 뒤에 세상에 나와 불을 만들어 음식물을 굽거나 끓이거나 하는 법을 가르친 상고의 제왕이다.

況散焉者乎(황산언자호):'散'은 작다·열등하다. '焉'은 '之於'와 같다. 즉 '散焉者'는 신화에 나오는 제왕이나 전설상의 왕보다 열등한 존재인 안회나 위군(衛君), 그 밖의 많은 사람을 가리킨다.

【補說】이상은 〈심재우화〉의 마지막 절이다. 중니가 더 이상 생각할 것이 없다는 안회에게 우선 재계(齋戒)의 비유로써 심재(心齋)에 관해 가르친다. 심재란 물사에 접하여 내성(內省)을 철저하게 하고 감각·지각을 닦아 맑게 하여 완전히 무사무념하게 되어 인간의 순일(純一)한 생명 바로 그것인 氣로써 道를 영감(靈感)하는 것이다. 다음으로 중니는 그 망아무사(忘我無私)가 현실에서 허명에 흔들리지 않는 것이며 더 없이 자연스럽게 모든 물사에 대응하고 그 독립을 잃지 않는 것임을 가르치고, 따라서 그것이야말로 절대의 진실이자 절묘한 明知임을 칭송하면서, 신중하게 물사에 대응할 것을 훈계하고 있다.

이처럼 無에 철저하게 되어 道를 영감한다는 근본 주장은 〈천뢰우화〉의 주장과 같은데 〈천뢰우화〉가 物 그 자체의 존재를 부정하고 物을 존재시키는 유일한 근거인 道를 추구하는 데 비해 이 우화는 인간 생명 활동의 근본인(根本因)인 氣를 주로 하여 물사는 끊임없이 변화하면서도 道를 간직하고 있다고 생각하여 그에 대응하는 실천적인 氣 본연의 자세를 문제 삼고 있는 것이다.

또 〈천뢰우화〉에서는 세속에서의 고뇌가 사색을 추진하는 계기였는데 이 우화에서도 더없이 명료하게 세속에서의 고뇌라 할 수 있는 안회의 여러 사고가 구극적인 道의 영감에 이르기 위해서 반드시 거쳐야 할 단계로 제시되고 있는 것이다. 단, 그 道가 아무 전제 없이 제창되어 있기 때문에 '成而上比'라고 한 고도(古道)가 어떤 道에 집약·총합되는지 명확하지 않은 것처럼 추론의 치밀함을 결하고 있는 부분도 있지만 예를 들어 '天使'는 앞 절의 '與天爲徒'를, '一志'는 '勉而一'을 받고 있는 것처럼 그 맥락의 대략을 더듬을 수 있다.

요컨대 인간은 무엇보다 세속적인 명실의 번뇌로부터 벗어나야 비로소 진실 탐구를 위해 출발할 수 있는 것이다. 그리고 탐구의 道란 그 하나는 '端而虛, 勉而……'이라 한 것처럼 자기 스스로의 내성을 깊게 하는 것이며, 다른 하나는 '內直而外曲, 成而上比'라 한 것처럼 보편적인 객관적 원리·원칙을 구하는 것이다. 그 위에 그것들이 모든 주관적 의식을 불식한 후 '氣'와 '道'의 일치라 할 수 있는 자기의 심오한 곳에서 합일하면 유일한 실천적 진실이 된다고 논하고 있다.

【餘說】 공자를 등장시켜 우화를 구성한 의도

《장자》 속에는 공자가 등장하는 우화가 많이 실려 있다. 공자는 상황에 따라 체도자, 자기 문하의 제자보다도 열등한 자, 방외인(方外人: 국외자), 노자에게 조롱당하는 자 등 실로 여러 모습으로 묘사되어 있다. 또 공자가 등장하는 우화 중에는 공자와 그의 제자의 대화 형식으로 이루어진 것이 한 무리를 이루고 있다.

〈심재우화〉는 공자와 그의 제자의 대화가 진행됨에 따라 주제를 추구하며 전개되고, 또 無의 道를 체인하는 것이 독자(獨自)의 현실적·실천적 의의를 명확하게 한다는 탁견을 주장하고 있다는 점 등에서 공자와 그의 제자의 대화군(對話群) 중에 가장 뛰어난 작품이다. 이처럼 도가의 중요한 주장을 해명하는 데 도가의 선각(先覺)을 빌리든지 또는 구작자(瞿鵲子)·장오자(長梧子)와 같은 오유(烏有:가공)의 인물을 등장시키지 않고 왜 굳이 반대 학파의 인물인 공자와 그의 고제(高弟) 안회의 대화를 빌린 것일까?

이 점에 관해서 곽말약(郭沫若)은 이 우화는 전혀 가공의 것이 아니라 안씨학파(顔氏學派)가 전하고 있던 안자(顔子)의 학풍의 기록을 본떠 이른바 '중언(重言:重說)'으로 수식을 더한 것인 듯하다고 추상했다(≪十批判書≫ 儒家八派的批判). ≪논어≫에 의하면 공자는 증석(曾晳)의 초속(超俗)에 찬동했던 것처럼 그 자신이 도가적 경향을 지니고 있었고, 그의 고제 안회는 누구보다도 도가적 경향을 강하게 띤 인물이었으며, 또 그러한 사실이 ≪장자≫ 속에서도 자주 거론되고 있다. 유·도 양파의 관계가 그 초기에 있어서는 그다지 반목하는 상태가 아니었는지도 모르겠다. 그런 의미에서 곽씨(郭氏)의 가설은 흥미가 있다. 그러나 이 우화가 유·도 양파의 초기 관계를 이야기하고 있다고는 생각되지 않는다.

≪관자≫ 속에는 본디 도가의 문헌이었을 것으로 생각되는 심술 상(心術 上)·심술 하(心術 下)·백심(白心) 및 내업(內業) 등 네 편이 실려 있는데 그 중 가장 오래된 심술 상편에서는 神을 제사하여 무심무념 속에서 영감을 얻는 비유를 들어, 주상(主上)으로서 신하를 다스리고 물사를 처리하는 자는 무사(無私)의 허정(虛靜) 속에 明知를 얻어 이른

바 '靜因의 道'로써 물사에 대응해야 한다는 것을 주장하고 있다. 〈심재우화〉에서 말하는 '심재(心齋)'는 심술 상편의 주장을 기본으로 하여 그것을 주상에게만이 아니라 일반인의 물사에 대응하는 道에까지 발전시킨 것이다.

심술 상편의 주장은 물사를 기준으로 하는 경향이 강해 인간의 수동적인 대응을 중시하는 폐단이 있다. 그래서 심술 하편에서는 인간 활동의 오묘함인 정기에 기대하고, 전의일심(專意一心)의 내성에 의해 정기를 발휘하고, 주체적인 物의 통어(統御)를 밝히려 하고 있다. 그러나 이 설의 취약점은 인간의 주체성을 강조하기 위해 객관적인 道의 의의를 희박하게 한 데 있다. 그러므로 백심편은 객관적인 道에의 수순을 강조하고 있는 것이다. 〈심재우화〉에 이들 양편의 주장에 대한 비판과 섭취가 있다는 것은 이미 앞 절 餘說에서 지적한 바 있다. 그리고 〈심재우화〉는 심술 하편과 백심편의 주장을 총합하여 진일보한 사색을 전개시키고 있다. 양편을 총합했다는 것은 ≪관자≫의 내업편과 같은데 내업편이 심술 하편의 주장을 근거로 하고 있는 데 비해 〈심재우화〉는 심술 상편에서 말하는 허정(虛靜)을 탐구함과 동시에 〈천뢰우화〉의 설로써 그것을 철저하게 하고 氣와 道의 일체화를 주장하고 있다.

이와 같이 검토해 보면 이 우화는 유가와 도가의 초기적 관계를 나타내는 것이 아니라 공자·안회의 구도(求道)를 환골탈태하여 도가의 설 자체의 발전을 도모하기 위해 지어졌을 가능성이 크다고 해야 할 것이다. 이 우화는 공자나 그의 제자들에 관한 설화가 많이 전해지던 때 그것을 소재로 하여 지어진 것인지도 모르겠다. 단 그것은 옛것을 전승하는 면목을 지닌 작품이라기보다는 구성이 훌륭한 작품이라고 해야 할 것이다.

우리는 결국 유가의 종사(宗師)인 공자와 그의 고제 안회를 억지로 개종시켜 도가의 설을 추종하는 인물로 묘사한 기상천외함에 흥미를 느끼게 된다. 또 그것이 공자를 도가의 발아래 두려는 은밀한 의도를 담고 있다는 사실과 유가에 대한 신랄한 야유를 담고 있다는 사실도 알 수 있다. 그러나 그것은 경박한 야유가 아니다. 도가가 자가의 설에 대한 반성적 비판과 발전을 꾀하고 있다는 점을 중시하지 않으면 안 될 것이다.

제2장 섭공·중니문답:승물유심우화(葉公·仲尼問答:乘物遊心寓話)

葉公子高將使於齊. 問於仲尼曰, "王使諸梁也甚重. 齊之待
使者, 蓋將甚敬而不急. 匹夫猶未可動也. 而況諸侯乎. 吾甚
慄之. 子嘗語諸梁也, 曰, '凡事若小若大, 寡不道以懽成. 事
若不成, 則必有人道之患, 事若成, 則必有陰陽之患. 若成若
不成而後無患者, 唯有德者能之.' 吾食也, 執粗而不臧. 爨無
欲清之人. 今吾朝受命而夕飲冰. 我其內熱與. 吾未至乎事之
情, 而旣有陰陽之患矣. 事若不成, 必有人道之患. 是兩也,
爲人臣者, 不足以任之. 子其有以語我來."
仲尼曰, "天下有大戒二. 其一命也. 其一義也. 子之愛親, 命
也. 不可解於心. 臣之事君, 義也. 無適而非君也. 無所逃於
天地之間. 是之謂大戒. 是以夫事其親者, 不擇地而安之. 孝
之至也. 夫事其君者, 不擇事而安之. 忠之盛也. 自事其心者,
哀樂不易施乎前. 知其不可奈何而安之若命, 德之至也. 爲人
臣子者, 固有所不得已. 行事之情而忘其身. 何暇至於悅生而
惡死. 夫子其行可矣.

섭(葉)의 영주인 자고가 주군인 초왕의 명령으로 제(齊)나라에 사자로 가
게 되었다. 그는 중니를 찾아뵙고 다음과 같이 물었다.

"우리 군(君)께서는 저를 사자로 삼은 것을 더없이 중요한 일이라 하셨습
니다. 그런데 제나라에서 사신을 대우하는 것을 보면 표면상으로는 정중한
듯해도 내실에 있어서는 그리 중요한 일이라 생각하는 것 같지 않습니다.

비천한 인간이라 하더라도 그 뜻을 바꾸게 하는 것은 어려운 일입니다. 하물며 제후의 뜻을 쉬이 바꿀 수 있겠습니까? 저의 사명은 도저히 이루어질 수 없는 것이어서 어떻게 해야 좋을지 몹시 두렵습니다.

선생께서는 전에 제게 다음과 같이 가르치셨습니다. 그것은 '모든 물사는 그것이 작고 쉬운 일이건 중요한 일이건 바른 道에 의하지 않고는 그 회답이 이루어지는 일이 거의 없다. 道에 의하지 않아 물사가 성립되지 않고 끝나면 반드시 인간 세상의 규정에 의한 재난이 생긴다. 요행히 물사가 성립되면 세상의 규정에 의한 재난은 없더라도 틀림없이 신체의 자연스런 조화를 깨뜨린 재난이라 할 수 있는 병이 생긴다. 물사가 성립되건 성립되지 않건 전혀 재난을 받지 않는 것은 오로지 道를 체득한 유덕자에게만 가능한 일이다.'

라고 하는 것이었습니다. 저는 거친 음식을 먹을 뿐이며 밥을 짓기 위해 불을 때는 데도 너무나 조금씩밖에 땔 수가 없어 그 불 옆에서는 서늘함을 바랄 사람이 없을 정도입니다. 그런데 저는 아침에 사신이 되라는 명령을 받고 저녁인 지금에는 얼음물을 마시고 싶게 되었습니다. 저의 내장이 열병에 걸린 것처럼 뜨거워진 것이 아닐까요? 저는 아직 사명을 행해야 할 경우에 부닥치지도 않았는데 벌써 신체의 조화를 깨뜨린 재난을 받고 있습니다. 이제 사신으로서의 사명이 뜻대로 이루어지지 않으면 저는 틀림없이 세상의 규정에 의한 재난마저 당하게 됩니다. 이 두 가지 재난을 신하된 자로서 도저히 감당할 수가 없습니다. 선생께서는 부디 제가 사신으로 가야 할지 말아야 할지 가르쳐주시기 바랍니다."

중니가 대답했다.

"이 세상에는 더없이 중요한 계율 두 가지가 있습니다. 그 하나는 명(命)이라 하며 다른 하나는 의(義)라 합니다. 자식이 부모를 사랑하는 것은 태어나면서부터 정해진 命입니다. 그것을 자식의 마음에서 없애는 것은 불가능합니다. 신하가 군주를 위해 진력하는 것은 이 세상에 태어난 자가 마땅히 힘써야 할 義입니다. 이 세상에 생존하는 자가 어디에 가더라도 사람들을 다스리는 군주가 없는 곳은 없습니다. 이 세상에 사는 한 군주를 섬기는 일에서 달아날 수가 없는 것입니다. 그렇기 때문에 命과 義를 더없이 중요한 계율이라고 하는 것입니다. 때문에 부모를 섬기는 자는 어떤 경우에 처하더라도 부모를 안심시켜야 합니다. 그것이 최상의 孝입니다. 군주를 섬기는 자는 어떤 일을 명령받더라도 군주를 안심시켜야 합니다. 그것이 최상의 忠입니다.

이처럼 孝든 忠이든 오로지 그것에만 자신의 마음을 기울이는 자는 눈앞의 경우나 일의 난이(難易) 따위로 슬퍼하거나 기뻐하는 등 감정을 바꾸는 일을 하지 않습니다. 命이나 義가 사람의 힘으로는 어떻게 할 수 있는 것이 아님을 알아, 주어지고 정해진 대로 마음을 편히 갖고 따르는 것이 더없이 깊은 德입니다. 이처럼 신하이며 자식된 자에게 있어서는 본디부터 자신의 의지와는 관계없이 필연적으로 그렇게 될 수밖에 없는 것이 있습니다. 그래서 있는 그대로의 일을 행하고, 자신의 幸·不幸, 利·不利 따위는 잊어버리는 것입니다. 어찌 자신의 삶과 영화를 기뻐하고 죽음을 당하는 것을 싫어하는 생각을 할 여유가 있겠습니까? 선생께서는 사신이 되어 가시는 것이 좋겠지요.

【語義】 葉公子高(섭공자고):성은 沈, 이름은 請梁. '子高'는 그의 자. 楚(호북성 江陵縣에 도읍을 정했었는데 B.C. 504년, 宜城縣으로 도읍을 옮김)의 공족(公族)으로 葉(섭:하남성 葉縣)에 봉해졌다. 德이 높고 楚나라의 백성으로부터 두터운 신망을 얻었으며 B.C. 479년(공자의 沒年에 해당함), 백공(白公)이란 자가 모반하자 그것을 평정하는 데 큰 공을 세웠다. 난을 평정한 다음엔 葉에 은퇴했다. ≪사기≫ 공자세가에 의하면

B.C. 489년, 공자는 蔡에서 葉으로 들어갔으며 또 그 수년 후에 陳과 蔡 사이의 들판에서 곤란을 겪을 때 楚나라에서 군대를 보내어 구원해 주었다는 기록이 있는데 그 진위는 의심스럽다. ≪논어≫에도 술이편과 자로편에 섭공의 이름이 보이므로 공자와 섭공이 면식 관계에 있었음은 확실한데 과연 섭공이 齊나라에 사자로 간 적이 있는지, 또 그때 공자에게 가르침을 청한 사실이 있었는지는 꼭 사실(史實)에 비추어 진위를 논해야 할 문제는 아니리라.

齊(제):산동성 임치현(臨淄縣)에 도읍을 두었던 대국.

不急(불급):매우 중요한 일이라고는 생각하지 않는 것.

匹夫(필부):비천한 남자. 하찮은 인간.

子嘗語(자상어):'子'는 중니, 즉 공자를 가리킨다.

若小若大(약소약대):'若'은 '혹은'의 뜻

寡不道以懽成(과부도이환성):'寡'는 '～한 것은 거의 없다'는 뜻. '不道以懽成'은 '以不道懽成'의 도언. '懽'은 '讙(환:합의)'의 뜻.

人道之患(인도지환):인간이 설정한 규칙에 의한 재난, 즉 형벌을 가리킨다.

陰陽之患(음양지환):신체의 음기(陰氣:신중·비애 등을 가리킨다)와 양기(陽氣:활동·강건·희열 등을 가리킨다)의 부조화에 의한 재난, 즉 병기(病氣)를 가리킨다.

不臧(부장):정백(精白)하지 않은 것을 가리킨다.

爨無欲清之人(찬무욕청지인):밥을 짓기 위해 불을 땔 때, 불을 너무나 조금씩 때어 불 옆에서도 서늘함을 바라는 사람이 없을 정도라는 뜻. '清'은 '清'의 차자로 '시원하다·서늘하다'의 뜻.

是兩也(시양야):통설에서는 이 구를 앞 글에 연속되는 것으로 보아 독해하는데 본서에서는 이 구 다음의 글머리에 오는 글로 보아 해석했다.

其有以語我來(기유이어아래):'來'는 재촉의 뜻을 나타내는 조사.

命也(명야):'命'은 천명·숙명의 뜻. 인간의 자유의지로는 변경시킬 수 없는 기정의 필연성을 가리킨다. 즉 이 우화는 父子의 관계나 孝를 숙명으로 간주하고 있는 것이다. 이것은 父子의 道를 오륜(五倫)의 으뜸으로 치는 유가의 사고와 흡사하다. 유가는 그것을 숙명보다도 자율적 규범으로서 간주하고 있어 이것과는 다르다.

臣之事君義也無適而非君也無所逃於天地之閒(신지사군의야무적이비군야무소도어천지지간):≪논어≫에는 "자로가 말했다. '출사하지 않는 것은 義가 아니다. 장유(長幼)의 예절도 버릴 수 없는데 군신(君臣)의 예를 어찌 버릴 수 있겠는가?'(子路曰, 不仕無義. 長幼之節, 不可廢也. 君臣之義, 如之何其廢之)"(미자편)라 했으며 ≪묵자≫에는 "나라에서 살다 국군(國君)에게 죄를 지으면 이웃 나라로 도피할 수는 있다. 그런데 그의 부모 형제 및 그를 아는 모든 사람들은 틀림없이 이렇게들 말할 것이다. '경계하지 않으면 안 될 것이며 삼가지 않으면 안 될 것이다. 그 누가 나라에서 살면서 국군에게 죄를 짓고도 괜찮을 수 있겠는가?'(處國得罪於國君, 猶有鄰國所避逃之, 然且親戚兄弟所知識, 共相儆戒, 皆曰, 不可不戒矣, 不可不愼矣. 誰亦有處國, 得罪於國君, 而可爲也)"(天志 上篇)라고 했다.

不擇地(불택지):어디에서도. 즉 어떠한 경우에 있어서도.

自事其心(자사기심):마음에 기약하는 것, 즉 사친(事親) 또는 사군(思君)을 한마음으로 힘쓰는 것. '事'는 힘쓴다는 뜻.

哀樂不易施乎前(애락불이이호전):눈앞의 일로 감정이 쉽게 변하는 일이 없는 것을 가리킨다. '施'는 '迻(이:移와 동자)'의 차자. '前'은 '其心'에 대응하는 말로 '地'나 '事'를 가리킨다.

所不得已(소부득이):자신의 의지로 그렇게 하는 게 아니라 필연적으로 그렇게 되지 않으면 안 되는 것.

行事之情(행사지정):있는 그대로의 事를 행함. 즉 작위를 가하지 않고 일을 하는 것을 가리킨다.

其行可矣(기행가의):‘其可行矣’의 도언이다.

【補說】섭공과 공자의 문답 중 전반에 해당한다. 섭공이 제(齊)·초(楚) 두 나라의 관심이 일치하지 않기 때문에 사신이 되어 가도 별 성과가 없을 것을 걱정하여 자신의 거취에 대해 공자에게 묻고 있는 것이다. 공자는 命과 義는 인력으로는 어찌할 수 없는 필연적인 것이므로 그러한 일에 대해서는 마음을 편히 갖고 따르지 않으면 안 된다는 견지에서 섭공에게 사신으로서의 임무에 너무 마음을 쓰지 말고 일을 떠날 것을 권하고 있는 것이다.

丘請復以所聞. 凡交, 近則必相靡以信, 遠則必忠之以言. 言必或傳之. 夫傳兩喜兩怒之言, 天下之難者也. 夫兩喜必多溢美之言, 兩怒必多溢惡之言. 凡溢之類妄. 妄則其信之也莫. 莫則傳言者殃. 故法言曰, ‘傳其常情, 無傳其溢言, 則幾乎全.’ 且以巧鬪力者, 始乎陽, 常卒乎陰. 泰至則多奇巧. 以禮飮酒者, 始乎治, 常卒乎亂. 泰至則多奇樂. 凡事亦然. 始乎諒, 常卒乎鄙. 其作始也簡, 其將畢也必巨.
[夫]言者, 風波也. 行者, 實喪也. 夫風波易以動, 實喪易以危. 故忿設, 無由巧言偏辭. 獸死不擇音, 氣息茀然, 於是竝生心厲. 剋核太至, 則必有不肖之心應之, 而不知其然也. 苟爲不知其然也, 孰知其所終. 故法言曰, ‘無遷令, 無勸成.’ 過度益也. 遷令勸成殆事. 美成在久, 惡成不及改. 可不愼與.

> 且夫乘物以遊心, 託不得已以養中, 至矣. 何作爲報也. 莫若
> 爲致命, 此其難者."

　제가 들어 알고 있는 바를 조금 말하고자 합니다. 무릇 나라와 나라 사이에 일어나는 교제는 두 나라가 서로 가까울 경우에는 반드시 양국의 군주가 직접 만나 맹약을 주고받지만 서로 멀 경우에는 외교사령(外交辭令)으로써 자국의 성의를 보이는 법입니다. 이렇게 말로써 일을 하는 데에는 필히 그 말을 중개하여 전하는 사람이 있습니다. 그런데 말을 전하는 사람으로서 본디 이해를 달리하는 양국 군주에게 똑같이 기뻐하고 슬퍼할 말을 전한다는 것은 지극히 어려운 일입니다. 양국 군주를 모두 기뻐하도록 하려면 필히 사실보다 꾸며 극구 칭찬하는 말을 많이 해야 하며, 양국 군주를 모두 노하게 하려면 사실보다도 나쁘게 비난하는 말을 해야 합니다. 무릇 사실을 과장하는 말은 모두 허위입니다. 허위에는 군주로 하여금 그것을 믿게 할 수 있는 근거가 없습니다. 근거가 없으면 그 말을 전하는 사람에게 당연히 책임이 물어지며 또 그에 합당한 재난이 내려집니다. 그래서 예로부터의 격언을 전하는 ≪법언(法言)≫에는 '있는 그대로의 진실을 전하여 과장되이 전해지지 않도록 하면 거의 사명을 완수했다고 해도 좋다'고 했습니다.

　무릇 교묘한 수단으로 능력을 나타내는 자는 처음에는 이기고 있는 것 같아도 결국에는 지게 되며, 어떻게 해서라도 이기려고 하면 도리에서 벗어난 여러 가지 수단을 동원하게 됩니다. 예의작법(禮儀作法)에 따라 연회를 벌이는 자도 처음에는 법식에 맞게 잘 보내지만 으레 끝 무렵에 가서는 어지럽게 됩니다. 쾌락을 지나치게 추구하게 되어 평소의 모습과는 달리 노래와 춤을 즐깁니다. 인간이 영위하는 모든 물사도 이와 같습니다. 처음에는 선량한 마음이었던 것이 으레 마지막에 가서는 비천한 마음으로 변하게 되며, 처음 시작할 때에는 별것 아니라고 생각했던 것이 끝나려 할 때가 되어서는 틀림없이 중대한 결과가 되어 있는 것입니다. 즉 인간이 영위하는 물사에는 나쁜 작위가 더해지게 마련입니다.

게다가 인간의 말은 바람이나 물결처럼 정함이 없으나 인간의 행위는 물사의 성패와 결부되어 있습니다. 바람이나 물결처럼 정함이 없는 말은 인간의 마음에 의해 변하기 쉽고, 물사의 성패와 결부되어 있는 행위는 인간의 몸을 위험에 빠뜨리기 쉬운 것입니다. 그러므로 어느 쪽 군주가 되었든 일단 화를 내기라도 하면 어떠한 교묘한 말로도, 또 어떤 달변자도 달랠 수가 없는 것입니다. 짐승이 죽음을 눈앞에 두면 큰소리로 울부짖고 숨소리가 격해지며 흉포한 마음이 일어나는데 군주도 그와 같이 격한 태도가 극도에 이르면 필히 좋지 못한 마음이 끓어오를 뿐 아니라 자신이 어떻게 해서 그렇게 된지도 모르는 것입니다. 군주가 그러한 사실을 자각하지 못한다고 하면 사신으로서 말을 전하는 자에게 어떤 형벌이 내려지는 결과가 초래될지 알 수 없습니다. 그래서 ≪법언≫에서는 '군주의 명령을 자기 멋대로 바꾸어서는 안 된다. 억지로 성공하려고 노력해서는 안 된다'고 말하고 있는 것입니다. 있는 그대로의 물사보다 좋게 하려는 것이 앞서 이야기한 '과장의 거짓'입니다. 보다 좋게 하려고 명령을 바꾸거나 성공시키려고 노력하거나 하는 것은 물사를 실패시킵니다. 물사가 훌륭하게 이루어지는 데에는 긴 시간이 필요한데 일단 나빠지면 고칠 수 없는 것입니다. 선생께서 사신으로서 초왕의 명령을 전하기 위해서는 충분히 주의하지 않으면 안 됩니다.

무릇 물사가 이루어져 나가는 데 모든 것을 맡겨 자신의 자유를 지키고 필연을 좇아 행하며 자신의 안[內]인 본성(精氣)을 길이 기르는 것이 사람에게 있어 최상의 道입니다. 그러므로 선생께서는 이것저것 살피고 생각하여 제나라의 군주에게 고하는 일은 하지 마십시오. 초왕이 명령한 대로 그대로 전하는 것이 가장 좋을 것입니다. 이러한 일이 어찌 어려운 일이 겠습니까."

【語義】請復以所聞(청부이소문):'復'는 '다시 · 거듭'의 뜻. '所聞'은 성자 · 현자 등으로부터 들어 알고 있는 것.

必相靡以信(필상미이신):'靡'는 '縻(미:매다 · 묶다)'의 차자. '以信'은 말에 의하지 않고 직접 진심으로 통하는 것. 군주들이 서로 맹약을 나누는 것을 가리킨다.

忠之以言(충지이언):상대방에게 성의를 보이기 위해 '言(언:외교사령. 즉 자기의 감정을 감추고 교묘하게 상대방의 감정을 조정하여 상대방에게 호감을 주는 사교적인 말)'을 사용하는 것. '忠'은 성의를 다하는 것.

兩喜兩怒(양희양노):양국의 군주가 모두 기뻐하거나 또는 모두 노여워하는 것.

溢美(일미):사실보다 과장되게 칭찬하는 것. '溢'은 도를 지나치는 것.

其信之也莫(기신지야막):'莫'은 '寞(막:공허하다 · 헛되다)'의 차자. 믿을 만한 근거가 없는 것을 가리킨다.

法言(법언):사람이 법칙으로서 지켜야 할 말. 격언.

無傳其溢言則幾乎全(무전기일언즉기호전):'言'과 '全'은 압운. '幾'는 '거의 ~하다'의 뜻. '全'을 성현영은 '몸의 안전을 보전하다'의 뜻으로 해석했고 또 이에 따르는 학자가 많은데 여기서는 사명을 완수하는 것과 관계되는 말이므로 '사명을 완수'한다는 뜻으로 보아야 한다.

始乎陽常卒乎陰(시호양상졸호음):성현영이 '陽'은 喜, '陰'은 怒를 가리킨다고 해석한 이래 이를 따르는 학자가 많은데 여기서는 교기(巧技)를 다투는 것과 관계가 있는 말로 쓰였으므로 곽상이 시사한 것처럼 '陽'

은 勝을, '陰'은 敗를 가리키는 것으로 보아야 한다.

泰至則多奇巧(태지즉다기교):技를 다투는 마음이 극단에 치달으면 도리를 벗어나 技까지도 이용하게 됨. '泰'는 '太(태:大와 같다)'의 차자.

以禮飮酒者始乎治常卒乎亂(이례음주자시호치상졸호란):≪시경≫ 소아(小雅) 〈빈지초정(賓之初筵)〉에 '손님을 모아 잔치 시작할 적엔 다들 온화하고 공손했네. 취하기 전엔 위의(威儀)가 엄정하더니 취하자 위의가 허술해지네. 자리 떠나 옮겨다니며 신선 된 듯 옷소매 날리네. 취하기 전엔 위의가 빈틈없더니 취한 뒤엔 위의가 허술해지네. 그래서 취하면 질서를 모른다 했네(賓之初筵, 溫溫其恭. 其未醉止, 威儀反反. 曰旣醉止, 威儀幡幡. 舍其坐遷, 屢舞僊僊. 其未醉止, 威儀抑抑. 曰旣醉止, 威儀怭怭. 是曰旣醉, 不知其秩)'라고 했다. '以巧鬪力'과 '以禮飮酒'는 다음의 '凡事亦然'을 말하기 위한 구체적인 예이다. 즉 인간의 영위에는 무용 유해(無用有害)한 작위가 가해지는 것을 가리킨다.

始乎諒常卒乎鄙(시호량상졸호비):'諒'은 착한 마음가짐. 진심을 가리킨다고 하는 설도 있다. '鄙'는 야비, 천박한 마음.

其作始也簡其將畢也必巨(기작시야간기장필야필거):'作'은 '시작하다 · 일어나다'의 뜻. '簡'은 간략 · 간소 · 경이(輕易). '巨'는 大 · 重大.

夫言者風波也(부언자풍파야):'夫'는 저본에는 없지만 곽상의 注 및 성현영의 疏本에 의해 보충했다. '風波'는 어디에 가더라도 정함 없이 불어 가고 표류하는 것처럼 그 자체에 일정한 힘이 없다는 것의 비유이다.

行者實喪也(행자실상야):'實'은 '喪(상:잃다)'에 짝하는 말로 '得'의 뜻. 즉 행위는 절실하게 그 득실 성패와 관계된다는 것을 말하고 있다.

故忿設無由巧言偏辭(고분설무유교언편사):통상 곽상의 설을 좇아 '無由'에서 구를 끊어, '사람이 분노를 일으키는 데에는 달리 이유가 없다. 오직 교언편사(巧言偏辭)에 의해서일 뿐이다.'로 해석하고 있는데 그럴 경우 '故'가 무엇을 받으며 또 '巧言偏辭'가 다음의 무엇에 걸리는지 문맥이 명확하지 않게 된다. 본서에서는 왕부지(王夫之)의 설을 좇아 해석한다. 이 문장은 다음에 나오는 '獸死, 不擇音'의 비유에 대응하는 것이며 또 '忿'은 '行'과 관련된 말이다. '設'은 뜻밖에 일어나는 것. '無由'는 유용하게 쓰이지 못하는 것. '偏辭'의 '偏'은 '巧'에 대한 말임에서 추론하면 '諞(편:교묘하게 말을 잘 둘러맞추는 자)'의 차자이다. '諞'으로 되어 있는 판본도 있다.

獸死不擇音(수사불택음):맹수가 죽음에 임박해서 울부짖는 것을 가리킨다. 이 이하 '於是竝生心厲'에 이르기까지는 앞글을 받으면서 '剋核太至' 이하의 서술을 이끌어 내는 비유적 표현이다.

茀然(발연):物이 몹시 성한 모양. 여기서는 숨쉬는 것이 격한 모습을 가리킨다.

於是竝生心厲(어시병생심려):'竝'은 맹렬하다는 뜻. '心厲'는 '厲心'과 같다. 몹시 거칠어진 마음을 가리킨다.

剋核太至(극핵태지):'剋核'은 '勀(극:극심함)'의 첩운 완언이다. 따라서 이 문장은 앞의 '忿設'을 받으면서 한 걸음 더 나아가 '獸死' 때처럼 격한 태도가 극도에 달한 것을 가리키고 있다.

不肖之心(불초지심):'不肖'는 '비슷하다', 나아가 '어리석다'는 뜻인데 여기서는 군주의 방자한 잔인함을 가리킨다. 다만 그것을 분명히 말하지 않고 군주에 어울리지 않는다고 말한 것이리라.

苟爲不知其然(구위부지기연):여기의 '爲'는 가정의 뜻을 나타내는 조사.

無遷令無勸成(무천령무권성):'令'은 군주의 명령. '遷'은 바꾸는 것. '勸'은 '勤(근:힘쓰다)'과 같다. 무리하게 애쓰는 것.

過度益也(과도익야):'益'은 '溢(일:넘치다)'의 원자이다.

美成在久(미성재구):이 구는 다음의 '惡成不及改'를 이끌어 내기 위한 수사이다.

乘物以遊心(승물이유심):물사가 자연스럽게 이루어져 나가는 것에 맡기고, 자신은 마음 편히 자유를 지키는 것을 가리킨다. 도가 특유의, 물사에 대처하는 이상적 경지를 나타내는 말이다. '遊心'의 '遊'는 '逍遙遊'의 遊나 〈포정해우우화〉에 나오는 '遊刃'의 遊와 같다.

託不得已以養中(탁부득이이양중):'託不得已'는 〈심재우화〉의 '寓於不得已'와 같다. 자연스러움에 좇아 행동하는 것. '養'은 자연스럽게 기르는 것. '中'은 '衷'과 같다. 인간의 내부인 마음이며 天成의 德이며 정기이다.

何作爲報也(하작위보야):'作'은 작위를 더한다는 뜻. '爲'는 다음에 나오는 '爲致命'의 爲와 같이 아래의 동사를 정중하게 이르는 말. '報'는 고한다는 뜻으로 다음의 '致命'과 같은 뜻의 말인데 齊나라의 군주를 주로 하여 말을 바꾸어 표현한 것이다.

致命(치명):초왕(楚王)의 명령을 그대로 전하는 것을 가리킨다.

此其難者(차기난자):곽상은 법언을 알지 못하는 자에게 어려운 일임을 말하는 것이라고 해석했지만, 섭공의 '爲人臣者, 不足以任之'에 대응하는 말임을 생각하면 성현영의 설을 좇아 반어의 뜻을 나타내는 말로 해석해야 한다. 즉 '그것이 어찌 어려운 일이겠습니까?'의 뜻.

【補說】 섭공의 물음에 대한 공자의 답변으로 앞 절에 이은 후반부이다. 공자는 좀 더 진전하여 양국 군주를 똑같이 만족시키려면 과장된 말을 많이 해야 된다는 점, 인간이 하는 일에는 나쁜 작위가 더해진다는 점, 상대방의 마음에 들지 않는 행동은 자신을 파멸시킨다는 점을 지적하고, 《법언》을 인용하여 초왕이 명령한 그대로 전하고 일이 이루어져 나가는 데 모든 것을 맡겨야 한다고 가르치고 있다. 이와 함께 그렇게

하는 것이야말로 물사의 필연에 좇는 것이며 나아가 자신의 자유와 독립을 확립하는 길이라고 논하고 있다.

【餘說】〈승물유심우화〉의 의미

이상의 섭공과 중니의 문답은 ≪장자≫ 속에 있는 공자와 당시 사람의 대화를 빌려 구성한 우화 가운데 하나다.

이 우화에서 공자는 일면으로 자못 유가의 조사(祖師)다운 특색을 구비한 인물로 묘사되어 있다. 공자가 '父子有親', '君臣有義'를 인간으로서 피할 수 없는 필연적 사실로 보아, 섭공에게 군명에 좇을 것을 가르치고 있는 것은 그 좋은 예이다. ≪장자≫뿐 아니라 일반적인 도가 본래의 주장은 예를 들어 소요유편에서 매우 유능한 관리를 조소하고, 또 제물론편에서는 이해에 얽매이지 않고 사생(死生)에도 움직이지 않는 것을 설하고 있는 것처럼 충·효의 세속적 도덕을 비판하고, 인간은 가정이나 국가에 구속되지 않고 무위무심의 절대적 자유를 누려야 하는 것이다. ≪중용≫에 君臣·父子·夫婦·昆弟·朋友의 맺음을 천하의 오달도(五達道)라 한 것처럼 '父子有親', '君臣有義'를 인간의 필연적 사실로 본 것은 유가의 전형적인 설이다. 이 우화는 짐짓 이러한 유가의 설을 빌리고 있는 것이다. 공자가 ≪법언≫을 칭송하여 섭공을 타이르고 있는 것도, 고전을 중시하는 유가의 풍을 보여 준다.

그런데 공자가 순수한 유가의 인물로만 묘사되어 있지 않다. 공자가 섭공에게 군명을 좇아 그대로만 전해야지 애써 성공을 거두려고 노력하지는 말라고 가르치고 있는데 이는 결코 유가의 정신이라고는 할 수 없을 것이다. ≪중용≫에, '따라서 군자는 평이하게 처신하고 명을 기다리며, 소인은 위험하게 처신하고 요행을 바란다(故君子居易以俟命, 小人

行險以徽幸)'라 한 것처럼 유가에서도 일언(溢言)이나 무용한 작위를 지지하는 것은 결코 아니다. 단, '군자는 자신이 처한 자리에 맞게 행동하고, 그 밖의 것을 바라지 않는다.(君子, 素其位而行, 不願乎其外)'라고 한 것처럼 유가에서는 자신이 처한 상황에 최선의 노력을 경주하는 것을 본지(本旨)로 삼고 있다. 사자(使者)가 된 자는 어디까지나 자신이 책임을 지고 교섭을 하며, 임기응변이 필요하면 당연히 능소능대(能小能大)하게 대처하여 군명을 완수해야 하는 것이다. 그런데 이 우화에서 공자가 '且夫乘物以遊心, 託不得已以養中, 至矣'라고 한, 자기 독립과 정신의 자유를 보지할 것을 주장하는 데 이르러서는 앞의 〈심재우화〉에서 본 것처럼 명확하게 도가의 설을 논하고 있는 것이다.

이상의 사실로 추론하면 이 우화는 필시 도가의 설을 채록한 자가 유가의 설에도 깊은 관심을 보여, 그것들을 절충하여 이 우화를 지은 것이라 생각할 수 있다. 그런데 이 절충이 이 우화로 하여금 〈심재우화〉가 무위무심의 천래(天來)의 道를 절대의 道라 하는 데 반해 군명을 절대의 道라 한 것과 같은 이질성과, 또 〈심재우화〉가 망아(忘我)의 광대한 자유를 논함에 비해 겨우 정신적인 안정을 구할 것을 논하는 옹색함을 느끼게 한다.

그렇다 하더라도 이 우화의 주장을 인생의 여러 현실에 적용해 보면 별종(別種)의 흥미가 있을 것이다. 인간에게 있어서는 〈심재우화〉의 위군(衛君)에 대한 안회의 경우처럼 그 거취를 자신의 자유의지로써 결정할 수 있는 경우도 있지만 이 우화의 초왕에 대한 섭공의 경우와 같은 경우도 있다. 그 경우에 과연 어떻게 해야 될까? 유가라면 자신의 모든 노력을 기울여야만 하겠지만 이 우화에서는 군부(君父)의 명령을 자신의 힘으로는 어떻게 할 수 없는 냉엄한 천명으로 간주하고 그것을 '不得已'에 맡겨야만 道의 필연성에 따른 '자기 정신의 자유가 확보되는 신경지(新境地)가 열린다고 설하고 있다. 즉 이 우화는 유가에서 중시하는 군부의 명을 인간이 극한에 몰린 현실의 경우로 상정하고 그에 도가의 설을 응용해 본 것이다.

제3장 안합·거백옥문답:입어무자우화(顏闔·蘧伯玉問答:入 於無疵寓話)

顏闔將傳衛靈公太子, 而問於蘧伯玉曰, "有人於此. 其德天 殺. 與之爲無方, 則危吾國, 與之爲有方, 則危吾身. 其知適 足以知人之過, 而不知其所以過. 若然者, 吾奈之何."

蘧伯玉曰, "善哉問乎. 戒之愼之, 正女身哉. 形莫若就, 心莫 若和. 雖然, 之二者有患. 就不欲入, 和不欲出. 形就而入, 且 爲顚爲滅, 爲崩爲蹶. 心和而出, 且爲聲爲名, 爲妖爲孽. 彼 且爲嬰兒, 亦與之爲嬰兒. 彼且爲無町畦, 亦與之爲無町畦, 彼且爲無崖, 亦與之爲無崖. 達之入於無疵.

汝不知夫螳蜋乎. 怒其臂以當車轍, 不知其不勝任也. 是其才 之美者也. 戒之愼之, 積伐而美者以犯之, 幾矣.

汝不知夫養虎者乎. 不敢以生物與之. 爲其殺之之怒也. 不敢 以全物與之. 爲其決之之怒也, 時其飢飽, 達其怒心. 虎之與 人異類, 而媚養己者, 順也. 故其殺者, 逆也.

夫愛馬者, 以筐盛矢, 以蜄盛溺. 適有蚊虻僕緣, 而拊之不時, 則缺銜, 毁首, 碎胸. 意有所至, 而愛有所亡. 可不愼邪."

안합이 위(衛)나라 영공(靈公)의 태자를 보좌하는 사람으로 정해지자 그는 거백옥에게 가르침을 청했다.

"여기 어떤 사람이 있습니다. 그 사람의 타고난 성격은 더없이 잔혹합니다. 그래서 제가 그와 함께 무도한 짓을 하면 우리나라가 위험해집니다. 그렇다고 해서 그 사람과 함께 정도에 합당한 일을 하려 하면 제 생명이 위험해집니다. 그 사람의 지혜는 오직 다른 사람의 잘못을 파헤치는 데 능할 뿐이며 자기 자신이 왜 잘못을 저지르는지 반성하는 데에는 무척 어둡습니다. 이런 사람을 제가 어떻게 해야 좋을까요?"

거백옥이 대답했다.

"좋은 물음입니다. 삼가고 조심하여 선생의 몸을 바르게 하십시오. 그러기 위해서는 선생의 용모나 태도를 단정하게 하고 마음을 평화롭게 지니는 것이 가장 중요합니다. 그렇지만 그것에도 결점이 있습니다. 왜냐하면 단정하기 위해서는 여러 가지 물사로 마구 어지럽혀지지 않도록 하고, 평화롭기 위해서는 그것을 물사에 나타내어 조화와 안정을 깨뜨리는 일이 없도록 해야 하기 때문입니다. 용모나 태도가 단정하더라도 물사가 들어오면 그에 끌려 잘못을 범하고 위험에 빠지게 됩니다. 마음이 평화로워도 그것을 드러내면 세상으로부터 명성을 얻고 마침내는 질투를 받아 여러 가지 재난을 겪게 됩니다. 그러므로 상대방이 어린 아이처럼 행동하면 선생도 그렇게 하고, 상대방이 절도 없이 행동하면 선생도 그렇게 하고, 상대방이 방종하게 행동하면 선생도 그렇게 하십시오. 그렇게 하여 상대방과 어떠한 구별과 차별이 없는 경지에 들도록 하십시오.

선생께서도 사마귀란 놈을 아시겠지요. 그 녀석은 두 앞발을 높이 들고 수레가 오고 있는 길에 떡 버티고 있다가 수레바퀴에 깔려 죽고 맙니다. 자신의 힘으로는 수레바퀴를 감당할 수 없다는 것을 모르기 때문입니다. 이것은 자신의 능력이 어떤 物보다 뛰어나다고 믿는 자의 예입니다. 참으로 삼가지 않으면 안 될 일로서, 자신의 능력이 뛰어나다는 것을 과시하고 다른 사람을 업신여기는 것은 더없이 위험한 일입니다.

선생께서도 저 호랑이를 기르는 자를 아시겠지요. 그는 결코 호랑이에게 살아 있는 먹이를 주지 않습니다. 호랑이가 살아 있는 동물을 죽여 야성의 횡포함이 다시 살아나는 것을 두려워하기 때문입니다. 또 먹이를 통째로 주는 법이 없습니다. 통째로 던져 준 먹이를 잡아 뜯으면서 횡포한 성질을 다시 찾게 되는 것을 두려워하기 때문입니다. 호랑이를 기르는 자는 호랑이가 너무 배가 고프거나 부르거나 하지 않도록 알맞게 먹이를 주어 호랑이의 거친 야성이 드러나지 않도록 합니다. 호랑이가 비록 자신을 길러 주는 사람이라고는 하지만 자신과 다른 동물인 사육사를 잘 따르는 것은 사육사가 호랑이의 성질에 자연스럽게 따르고 있기 때문입니다. 단, 호랑이가 사육사를 물어 죽이는 일이 생기는 것은 사육사가 호랑이의 성질을 거스르기 때문입니다.

무릇 말을 사랑하는 자는 광주리에 말똥을 받아내고 큰 조개껍데기에 말오줌을 받아내는 등 매우 정성을 들여 말을 보살핍니다. 그런데 우연히 모기나 등에가 말 등에 붙어 있는 것을 보고 그것들을 쫓기 위해 갑자기 말 등을 치면 말은 놀라 재갈을 부수거나 주인의 머리를 받거나 가슴을 찹니다. 이처럼 物을 사랑하는 개인적인 마음이 깊으면 깊을수록 사랑하는 사실은 잃어져 가는 것입니다. 그래서 사람이 다른 物에 대응하는 데에는 참으로 삼가지 않으면 안 되는 것입니다."

【語義】顏闔(안합):노(魯)나라의 현인으로 성은 顏, 이름은 闔. 전기(傳記)는 명확하지 않다.

傳(부):보좌관. 측근에 있으며 보좌하는 역의 하나.

衛靈公太子(위영공태자):靈公은 B.C. 534~B.C. 439년 재위. 태자의 이름은 괴외(蒯聵). 영공의 총희(寵姬) 남자(南子)를 미워하여 그녀를 죽이려다 실패하여 국외로 도망했다. 그 후 여러 차례 고국에 돌아와 공위(公位)에 오르기를 꾀하여 한 번은 성공했는데 다시 국외로 달아났다. 그의 귀국 때 공자의 제자 자로(子路)가 이를 저지하려다 전사했다.

'太子'의 太가 저본에는 '大'로 되어 있는데 成玄英疏本에 의해 고쳤다.

蘧伯玉(거백옥):성은 蘧, 이름은 瑗, 자는 伯玉. 위(衛)나라의 현대부(賢大夫)로 헌공(獻公:B.C. 576~B.C. 544년 재위)·양공(襄公:B.C. 543~B.C. 535년 재위)·영공(靈公)을 섬겼다. 공자의 선배이며 공자가 제국을 유력하던 도중 그의 집에 묵은 적이 있었다. 사람됨이 매우 겸손했으며 매일 잘못을 줄이기 위해 힘썼다고 한다.

有人於此(유인어차):태자를 가리키는 데 '여기 어떤 사람이 있습니다.' 라고 표현한 것이다.

其德天殺(기덕천살):'德'은 타고난 인품. '天殺'은 하늘로부터 받은 잔혹함. '殺'은 '추기숙살(秋氣肅殺:쌀쌀한 가을 기운이 나무나 풀을 스쳐 말리어 죽임)'의 殺과 같은 뜻으로 物을 고사쇄락(枯死衰落)시키는 것과 같은 엄한 것을 가리킨다.

無方(무방):무도(無道). 폭역(暴逆).

與之爲有方則危吾身(여지위유방즉위오신):〈심재우화〉의 '且苟爲悅賢而惡不肖, 惡用而求有以異'와 거의 같은 주장이다.

其知適足以知人之過(기지적족이지인지과):여기서 '適'은 '啻(시:다만 ~일 뿐)'의 뜻.

不知其所以過(부지기소이과):반성할 줄 모르는 것을 가리킨다.

吾奈之何(오내지하):'奈何'는 '如何'와 같다.

戒之愼之(계지신지):'戒愼之'를 정중하게 표현한 것이다. 조심해야 한다는 뜻.

正女身哉(정여신재):〈심재우화〉의 '先存諸己' 참조.

形莫若就心莫若和(형막약취심막약화):〈심재우화〉의 '端而虛, 勉而一' 참조. 단, 〈심재우화〉에서의 마음의 전일(專一)보다는 마음의 평정을 강조하고 있다. '就'는 '修(수:조정하다, 가지런히 하다)'의 차자. '和'는 내심(內心)의 안정을 가리킨다.

之二者有患(지이자유환):'之'는 '此'와 같다. '患'은 결점.

就不欲入(취불욕입):'入'은 외물(外物)이 들어오는 것.

和不欲出(화불욕출):마음속의 안정된 조화를 깨뜨리기 때문이다.

爲顚爲滅(위전위멸):'爲顚滅'과 같다. '顚'은 발에 걸려 넘어지는 것. '滅'은 통상 '絶(절:다하다)'의 뜻으로 해석하지만 여기서는 '沒(몰:함몰하다, 빠지다)'의 뜻으로 해석해야 한다. 추수편의 '滅足'을 참조.

爲崩爲蹶(위붕위궐):'爲崩蹶'과 같다. '崩'은 갑자기 넘어진다는 뜻. '蹶'은 무엇엔가 발이 걸려 넘어진다는 뜻. 이상의 顚滅·崩蹶은 인생의 실패를 비유한 말이다.

爲聲爲名(위성위명):'爲聲名'과 같다. 허영(虛榮)을 얻는 것.

爲妖爲孽(위요위얼):'爲妖孽'과 같다. '妖'는 '祅(요:재앙)'의 차자. '孽' 은 '孼(얼:재앙)'의 차자.

嬰兒(영아):어린아이. 이해하거나 분간하지 못하는 자에 대한 비유이다. 〈심재우화〉의 '童子'와는 다른 뜻이다.

町畦(정휴):두 자 모두 밭을 경계 짓는 길을 뜻하는데 여기서는 절도 (節度)를 뜻하고 있다.

無崖(무애):끝이 없는 것. '崖'는 '厓(애:끝, 제한)'와 같다.

達之入於無疵(달지입어무자):결국 상대방과 어떠한 차별도 없는 경지에 이르는 것을 가리킨다. '達'은 나아가 그 극점에 이르는 것, '疵'는 흠, 나아가 '구별·차별'의 뜻. '達'을 '悟(오:깨닫다)'의 뜻(成玄英의 설), 상대방의 뜻과 통한다는 뜻(林雲銘의 설), 또 '疵'를 '병·고민'의 뜻(成 玄英의 설)으로 해석하는 것은 적당하지 않다. 이 구는 〈심재우화〉의 '無門無毒'과 거의 같은 주장이다. 더욱이 '彼且爲嬰兒' 이하 '亦與之爲 無崖'까지는 〈심재우화〉의 '與人之爲徒'와 다름없이, 오로지 한마음으

로 상대방에게 수순(隨順)하는 것을 뜻한다(郭象의 설), 상대방을 거스
르지 않고 자연스럽게 교화하는 것을 뜻한다(林雲銘의 설)는 설 등이 있
는데 그 주장의 중점은 '無疵'에 있으며 다음의 '意有所至而愛有所之'에
대응한다. 그 표현은 약간 치우친 감이 있지만 수순보다는 주관적 의식
을 세우지 않는 것을 역설하고 있는 것이다.

螳蜋(당랑):사마귀. 당랑(螳螂). 곤충의 일종으로 몸길이 8cm 내외.
앞발이 톱날을 붙인 것처럼 날카롭게 발달해 있어(이것을 '螳螂의 斧'라
한다), 그것을 곤두세우고 작은 곤충을 덮쳐 잡아 먹는다. 이 우화에 나
오는 '螳蜋當車轍'은 자신의 역량도 모르고 경솔하게 강적과 대적하려
는 어리석음을 의미하는 성어이다.

車轍(거철):수레의 바퀴 자국. 여기서는 수레가 굴러오는 길을 가리
킨다.

是其才之美者也(시기재지마자야):'美'는 다른 사람보다 뛰어난 것.

積伐而美者(적벌이미자):'積伐'은 드러낸다는 뜻. '而'는 여기서는 '其'
와 같다. 郭象은 '汝'의 뜻으로 해석했고, 또 이에 따르는 학자가 많은데
굳이 顔闔의 일에 국한시킬 필요는 없다. 일반론으로 보는 게 더 좋다.

幾(기):'危'의 차자이다. '위험하다, 불안하다'의 뜻.

時其飢飽(시기기포):호랑이가 너무 배가 고프거나 부르게 되지 않도
록 먹이를 알맞게 주는 것을 가리킨다.

達其怒心(달기노심):'達'은 '通'의 뜻. 상대방의 노하려고 하는 마음을
노하지 않게 하기 위해 배출구를 갖게 하는 것을 뜻한다.

故其殺者(고기살자):여기의 '故'는 역접의 조사인 '而'와 거의 같은 뜻
으로 쓰였다. 즉 '그런데도'의 뜻.

以筐盛矢(이광성시)'筐'은 광주리. '矢'는 '屎(시:똥)'의 차자. 말똥을
가리킨다.

以蜄盛溺(이신성뇨):'蜄'은 큰 조개. '溺'은 오줌.

適有蚉虻僕緣(적유문맹복연):'蚉'은 '蚊(문:모기)'과 동자. '虻'은 '蝱(맹:등에)'과 동자. '僕'은 '附(부:달라붙다)'의 차자.

缺銜(결합):'缺'은 부순다는 뜻. '銜'은 재갈.

意有所至而愛有所亡(의유소지이애유소망):이것은 말을 기르는 주인과 말의 관계로부터 발전하여 일반론화한 것으로 이 우화의 주제이기도 하다. '所……所……'는 '~하면 할수록'의 뜻. '意'는 개인적인 마음, 즉 주관적인 애정을 가리킨다.

【補說】 이상은 위나라 태자를 이끄는 방법을 물은 안합의 질문에 대한 거백옥의 답변을 통해 다른 사람에 대응하는 방법을 설하고 있다. 그 방법은 우선 자신의 용모와 태도를 단정하게 하고 마음을 평화롭게 하여 자신을 바르게 보전하는 것을 근본으로 하는데 그것만으로는 불충분하며 상대방의 성격에 자연스럽게 순응하여 그와 어떠한 차별도 없는 경지에 이르지 않으면 안 되는 것이다. 어떠한 차별도 없기 위해서는 '당랑지부(螳螂之斧)'와 같은 우매한 자부(自負)를 지녀서는 안 된다는 것은 굳이 말할 것까지도 없으며 호랑이를 기르는 자의 예에서 알 수 있듯, 상대방의 성격을 충분히 이해하고 그에 순응해야 하며 더 나아가 말을 사랑하는 자가 말에게 상해를 입게 되는 교훈적인 예에서 알 수 있듯, 거기에는 어떠한 사심(私心:개인적이며 주관적인 애증)도 개입되어서는 안 되며 오로지 무사 무심(無私無心)으로 대응해야 하는 것이다.

【餘說】 '就不欲入, 和不欲出'의 의미

종래에는 '形莫若就, 心莫若和'의 '就'에 그 글자 뜻이 아닌 '따르다·

좇다'의 뜻을 무리하게 부여하거나 '形'을 '心'에 짝하는 말이 아니라 '외면'의 뜻으로 해석하거나 했다. 그래서 다음에 왜 '之二者有患', 또 '就不欲入, 和不欲出'이라 했는지 명확하지 않았을 뿐 아니라 거백옥의 가르침은 오로지 상대방에 대한 순응만을 강조하는 듯이 잘못 해석되는 경향이 있었다.

'就'는 예를 들면, 就를 음부(音符)로 하는 '축(蹴)'이 '두려워하고 삼가다'의 뜻을 나타내는 것처럼(≪예기≫ 애공문편의 '蹴然避席' 참조), 본디 踧(축:삼가다)·縮(축:오그라져 작아지다)·肅(숙:삼가다)·俶(숙:정돈하다) 등과 동음이며 '삼가 바르게 하다'의 뜻으로 쓸 수 있는 글자다. 이런 의미로 이 구에 적용해도 통하지만 '就'는 본디 '修'와 동음이며 그와 통하는 글자였으리라 생각된다. '들다·오르다'를 본뜻으로 하는 '就'가 '成就', '日就月將' 등의 예처럼 '이루다'의 뜻을 지니고 있는 것은 '就'가 '修'와 통용되어 '修'의 '끝내어 정리하다'의 뜻을 갖게 되었기 때문이라고 보지 않으면 안 된다. 이 구에서는 '就'가 '和'와 상대되는 말임에서 추론하면 '就'를, '肅·俶'보다는 '修'의 차자로 해석하는 것이 옳을 것이다. '形'은 '心'에 견주면 용모·태도·동작 등을 가리키는 말임은 두말할 필요가 없다. 결국 ≪관자≫ 심술 상편에 '形이 바르지 않으면 德이 오지 않으며 中精하지 않으면 마음이 다스려지지 않는다'고 했듯이 도가의 일파에는 용모·태도를 단정하게 함과 동시에 정기(精氣)를 길러 마음의 안정을 얻어야 한다고 주장한 것이 있는데 이 우화의 '形莫若就, 心莫若和'는 이 '形正·中精'의 주장에서 나온 것으로 그 도달점을 표현하고 있는 것이다. 바꾸어 말하면 거백옥의 가르침은 어느 일면에서는 도가 일파의 주장을 기조로 하고 있는 것이다.

'形莫若就, 心莫若和'는 말할 것도 없이 자신을 바르게 하는 것을 뜻하는데 자기의 태도의 단정함이나 마음의 평화를 강조하면 개아(個我)

의 보전만을 주로 하는 구별이 생기게 된다. 특히 위 일파의 주장을 기조로 하고 있다면 그것은 같은 편에서 '物로써 官을 어지럽히지 말라. 官으로써 心을 어지럽히지 말라.'고 설하여 애써 다른 사물과의 접촉을 끊어 마음의 안정과 조화를 보전하려고 한다는 점에서 이 개아 중심의 경향이 현저해진다.

거백옥의 가르침인 '就不欲入, 和不欲出'은 이러한 경향을 지적한 것이며 '形就而入, 且爲顚爲滅……'은 한층 더 나아가 그 폐해를 지적한 말이다. 그래서 '形正·中精'의 주장에 근거를 두면서 한편으로는 그 개아에 치우친 설을 타파하고 '彼且爲嬰, 亦與之爲嬰兒……'라 한 것처럼 상대방이 하는 데 적극적으로 순응할 것을 설하고 있다. 상대방이 하는 대로 그에 순응한다는 것은 오직 상대방을 따르는 것을 뜻하는 건 아니다. 상대방과 아무런 구별도 없는 경지에 이르는 것을 뜻한다. 그것을 '당랑지부(螳螂之斧)' 이하의 우의에서 살펴본다면 자부심을 버리고 상대방의 성품을 이해하고, 특히 사심 없이 무심(無心)하게 대응하는 것이다. 요컨대 '자신의 形과 心을 바르게 보전하면서 他에 무심하게 대응하여 자연스런 조화를 빚어내는 것'이라고 해석해야 할 것이다. 단, 그 자연스런 조화는 아직 명확하게 설명되어 있지 않다.

그런데 앞서 지적한 것처럼 〈심재우화〉에서 안회가 '端而虛, 勉而一'이라고 주장한 것도 위의 도가 일파의 주장을 근거로 한 것이었다. 결국 이 거백옥의 가르침과 〈심재우화〉는 동일한 주장을 공통된 기조로 삼고 있다고 생각된다. 이 점에서 비교해 보면 〈심재우화〉에서 안회의 주장에 대해 중니가 그것은 결국 개아에 집착하는 것이라고 비평한 것은 거백옥이 '就不欲入, 和不欲出'라고 한 것과 취지를 같이한다. 이것들의 비평에 대하여 〈심재우화〉에서 안회가 '與天爲徒', '與人爲徒', '與古爲徒' 등 天道·人道·古聖에의 동조를 설한 것과 이 우화에서 거백옥이

상대방에의 순응을 설하고 있는 것은 광협(廣狹)의 차이는 있더라도 논리의 전개 방법이 흡사하다고 말할 수 있을 것이다. 그뿐만 아니라 〈심재우화〉의 '無門無毒'에 대한 거백옥의 '無疵', 즉 '虛'에 대하여 '無意'와 같이 그 귀결에 있어서도 서로 일치하는 점이 있다.

그런데 거백옥의 가르침은 앞서 지적한 것처럼 타인에의 수순만을 설하는 것이 아닌데 자신과 타인과의 조화된 현실을 명확하게 제시하지 못한 만큼, 오직 타인에의 순응만을 강조한다는 오해를 불러일으킬 요인을 적지 않게 가지고 있다. 이런 의미에서 이 우화는 완벽한 구성을 지닌 논(論)이라고는 할 수 없다. 이에 비해 〈심재우화〉는 虛에 철저하다. '虛氣'와 道의 일체로부터 物과의 순응·조화에 이르기까지 통일적으로 설명되어 있다. 〈심재우화〉 쪽이 정연한 체계를 갖춘 論을 계통적으로 전개시키고 있다. 이것들의 비교에서 보면 거백옥의 가르침과 〈심재우화〉는 함께 도가 일파의 주장을 추진하려 했던 것으로 생각된다. 그런데 실은 안합과 거백옥의 문답이 〈심재우화〉에 앞서 지어졌으며 또 그 분본(粉本:초벌그림. 본보기가 될 만한 시문)이 된 것은 아닐까?

제4장 장석 · 역사문답:대용우화(匠石 · 櫟社問答:大用寓話)

匠石之齊. 至乎曲轅, 見櫟社樹. 其大蔽[數千]牛, 絜之百圍.
其高臨山, 十(千)仞而後有枝. 其可以爲舟者, 旁十數. 觀者
如市. 匠伯不顧, 遂行不輟.
弟子厭觀之, 走及匠石. 曰, "自吾執斧斤以隨夫子, 未嘗見材
如此其美也. 先生不肯視, 行不輟, 何邪."
曰, "已矣. 勿言之矣. 散木也. 以爲舟, 則沈, 以爲棺槨, 則速
腐, 以爲器, 則速毁, 以爲門戶, 則液樠, 以爲柱, 則蠹 是不
材之木也. 無所可用. 故能若是之壽."

목수인 석(石)이 제자를 데리고 제(齊)나라에 갔다. 곡원 땅에 도착하여
그곳의 신목(神木)을 보았다. 그 크기는 수천 마리의 소를 덮어 가릴 정도
로 줄기의 둘레는 백 아름, 높이는 산을 내려다볼 정도로, 땅에서 백 발도
넘는 높은 곳에서부터 가지가 나 있었다. 그것을 베어 배를 만들면 수십 척
은 좋이 만들 수 있었다. 그 나무를 구경하는 사람들이 마치 시장에 몰린
사람처럼 많았다. 그런데 목수의 우두머리인 장석(匠石)은 거들떠보지도
않고 그대로 앞으로 걸어갔다.

제자는 걸음을 멈춘 채 넋을 잃고 바라보다가 스승이 다른 쪽으로 가버리
자 놀라 정신을 차리고 급히 스승의 뒤를 쫓아갔다. 그리고 이렇게 말했다.

"제가 목수가 되고자 도끼를 손에 잡고 선생님을 따른 이래 이처럼 좋은
목재는 본 적이 없습니다. 그런데도 선생님께서는 거들떠보지도 않으시고
이렇게 척척 앞으로 걸어가시니, 어찌된 것입니까?"

장석이 대답했다.

"그만! 말하지 말라. 쓸모없는 나무다. 배를 만들면 금방 가라앉을 것이고, 관을 만들면 곧 썩을 것이며 그릇을 만들면 쉽게 부서져 쓸 수 없고, 문이나 창을 만들면 진이 흘러나와 더러울 뿐이며 기둥을 만들면 나무굼벵이가 들끓게 된다. 재목으로 쓸 수 없는 나무다. 쓰일 곳이 없어 저토록 오래 살 수 있는 것이다."

【語義】 匠石(장석):'匠'은 목수(木手). '石'은 그의 이름.

曲轅(곡원):어느 곳인지는 분명하지 않으나 지명이다. 成玄英이 '그 길이 굽어 있는 것이 마치 숭산(崇山) 서쪽 환원(轘轅)의 길 같다'고 했는데 숭산의 환원은 산길이 길고 험한 데다 이리저리 굽어져 있어 천하의 험소(險所)로 알려졌던 곳이다.

櫟社樹(역사수):태고에는 씨족이 집단생활을 유지하는 데 중요한 성지(聖地)의 산·못 등에 있는 나무를 그 수호신에게 가까이할 수 있는 신목(神木)으로서 제사지냈다. 이런 풍습에서 후세에는 성지에 흙으로 단을 쌓고(이것을 '社'라 함) 그 위에 나무를 심어 그 지역의 신을 제사지냈다. 여기서는 '櫟(력:상수리나무)'을 곡원 땅의 신목으로 하여 '櫟社'라 한 것이리라.

其大蔽牛(기대폐우):저본에는 '數千'이란 두 자가 없지만 '百圍'와의 대우(對偶)로 미루어 생각하면 이 두 자가 있어야만 하므로 成玄英疏本에 의해 보충했다. 극도의 과장된 표현이다. 다음의 '百圍', '臨山', '千仞', '十數', '如市' 등도 같다. 신목의 영이(靈異)와 제자의 경탄을 표현한 것이다.

絜之百圍(혈지백위):'絜'은 둘레를 측량하는 것. '圍'에 관해서는 여러 설이 있다. 여기서는 '아름' 정도로 번역해 둔다.

臨山(임산):'臨'은 내려다보는 것. 그 자리에 있다는 뜻이 아니다.

十仞(십인):저본에는 '十仞'으로 되어 있는데 崔譔本에 의해 '千仞'으로 고쳤다. '一仞'은 한 발(약 6척).

旁十數(방십수):'旁'은 '方(방:틀림없이)'의 차자. 옛날에는 곁, 한쪽 나뭇가지 등의 뜻으로 해석했다. '十數'는 十을 단위로 하여 셈, 즉 '數十'의 뜻.

如市(여시):시장에 군중이 모이듯 많은 사람이 모인 것을 가리킨다.

匠伯(장백):목수의 우두머리. 장석(匠石)을 가리킨다. '伯'은 '長'의 뜻. 다음에 그의 제자가 나오기 때문에 표현을 바꾼 것이다.

行不輟(행불철):발을 멈추지 않고 계속 나아감.

散木(산목):쓸모없는 나무.

棺槨(관곽):관(棺). '棺'은 시체를 넣는 관. '槨'은 관 주위를 다시 싸는 관. 중국에서는 관곽을 엄중하게 만들어 사체가 썩지 않도록 하려 했다.

液樠(액만):'樠'은 '漫(만:더럽히다)'의 차자. 나무의 진이 더럽게 흘러나오는 것을 가리킨다.

蠹(두):'蠹'의 속자이다. 나무굼벵이. 나무 속에 기생하며 나무를 갉아 먹고 산다.

無所可用故能若是之壽(무소가용고능약시지수):소요유편의 '無所可用, 安所困苦哉' 참조.

匠石歸. 櫟社見夢曰, "女將惡乎比予哉. 若將比予於文木邪. 夫柤・梨・橘・柚・果蓏之屬, 實熟則剝. [剝]則辱, 大枝折, 小枝泄. 此以其能苦其生者也. 故不終其天年, 而中道夭, 自掊擊於世俗者也. 物莫不若是.

且子求無所可用, 久矣. 幾死, 乃今得之, 爲子大用. 使子也
而有用, 且得有此大也邪. 且也若與子也, 皆物也. 奈何哉其
相物也. 而, 幾死之散人. 又惡知散木."
匠石覺而診其夢, 弟子曰, "趣取無用, 則爲社, 何邪."
曰, "密. 若無言, 彼亦直寄焉. 以爲不知己者詬厲也. 不爲社者
且幾有翦乎. 且也彼其所保, 與衆異. 而以義譽之, 不亦遠乎."

목수 우두머리 석이 제나라 여행에서 돌아왔다. 그날 밤 신목인 역사(櫟
社)의 영이 석의 꿈속에 나타나 따져 물었다.

"그대는 대체 나를 무엇에 비교하려고 하는가? 세상에서 쓸모 있는 나무
라고 칭찬하는 나무들과 비교하려고 하는가? 저 풀명자나무·배나무·귤
나무·유자나무·쥐참외 등은 과일이 익으면 곧 사람들 손에 큰 가지는 꺾
이고 작은 가지는 무리하게 당겨져 굽어진다. 훌륭한 능력을 지녔기 때문
에 오히려 자신의 생명이 괴로움을 당하는 것이다. 그래서 하늘로부터 받
은 자기 수명을 다하지 못하고 도중에 죽고 스스로 세속으로부터 두들겨 맞
게 된다. 세상의 物이라고 하는 것은 모두 이와 같은 것이다.

또 내가 세상에 쓸모없는 것이 되길 원해 온 지 오래되었다. 수명이 다하
게 된 지금에 와서야 그 원이 이루어지게 되어 나는 그것을 나의 참된 쓸모
[用]로 삼고 있다. 잠시라도 내게 세간의 몸으로서 유용함이 있었다면 어
찌 이렇게까지 크게 될 수가 있었겠는가? 나나 그대나 함께 멸하여 가는
물(物)에 지나지 않는다. 물끼리 물의 용(用)·불용(不用)을 품정(品定)하는
것이 가능하겠는가? 그대와 같이 죽음에 얽매여 있는 변변치 못한 것이 어
찌 '쓸모없는 나무다.'라는 말을 할 수 있겠는가?"

장석은 잠이 깨어 그 꿈의 의미를 생각했다. 그때 그의 제자가 물었다.

"세상에서 쓸모없는 것이 되려는 마음을 지켰던 그가 오히려 세인들로부터 숭상받는 사(社)의 신목이 되었으니 이는 대체 어찌된 일입니까?"

장석이 대답했다.

"쉿. 아무 말도 하지 말라. 저것은 다만 신목에 깃들어 있는 것에 지나지 않는다. 자기 자신을 모르는 자가 헐뜯는 말을 한다고 생각하여 신목의 영이 되어 나타난 것이다. 사(社)의 신목이 아니더라도 쓸모없는 것[無用]을 지키는 한 잘리는 일은 없을 것이다. 저것이 자신의 안전을 보전하는 법은 세상 사람들의 방법과는 동떨어진 것이다. 그런데 그것을 세간의 귀(貴) · 비(卑)를 기준으로 하여 선악을 평가하려 하니 이 얼마나 잘못된 일이겠는가?"

【語義】 文木(문목):풍치 있는 나무. '文'은 '美'의 뜻. 앞의 '散木'에 짝하는 것으로 세상에서 유용한 나무로 인정되는 나무를 가리킨다.

　　租梨橘柚果蓏(사리귤유과라):'租'는 '樝(사)'의 속자. 풀명자나무. 모과(木瓜)의 일종으로 열매의 맛이 몹시 심. 설탕에 절여 먹는다. '梨'는 배. '橘'은 귤. '柚'는 유자. '果蓏'는 과라(果蓏)와 같으며 쥐참외. 다년생 상록덩굴식물로 열매에서는 기름을 뽑고 약용으로도 쓴다. 뿌리는 녹말의 원료가 된다. 통설에 '果'를 수목의 열매, '蓏'를 덩굴식물의 열매로 나누어 해석하는데 이는 적당하지 않다.

　　[剝]則辱(박즉욕):저본에는 '剝' 자가 없는데 成玄英疏本에 의해 보충했다. '剝'은 잡아뜯는 것처럼 벗기는 것. '辱'은 여기서는 꺾어지거나 부러지는 것을 가리킨다.

　　小枝泄(소지예):'泄'는 '抴(예:끌어당김)'의 차자.

　　中道夭(중도요):'中道'는 '中途'와 같다. '夭'는 '殀'의 차자. 젊어서 죽는 것.

　　掊擊(배격):두 자 모두 '두드리다 · 치다'의 뜻.

幾死(기사):'幾'는 '近'의 차자로 '거의 ~에 가깝다'의 뜻.

使子也而有用(사여야이유용):'也'는 '子'를 제시하는 조사. 또 '而'는 '能'과 같다.

奈何哉其相物也(내하재기상물야):그 자체에 본질을 지니지 못하여 잠시의 현상에 지나지 않는 것이 다른 것의 가치를 규정하려는 것은 불가능한 일임을 가리킨다. 제물론편의 '道行之而成, 物謂之而然'이라 한 데에 근거한 것이다.

診其夢(진기몽):'診'은 꿈의 좋고 나쁨을 점치는 것.

趣取無用(취취무용):'趣'는 마음의 준비.

密(밀):'謐(밀:조용함)'의 차자. 그런데 여기서는 주위 사람에게 조용히 하라는 '쉿'의 뜻으로 쓰였을 것이다.

彼亦直寄焉(피역직기언):'寄'는 신목에 잠시 깃들어 있는 것. 즉 그 신령은 신목 자체의 영이 아니라 별도의 신령(필시 社神일 것이다)임을 가리킨다. 다음에 신목 이외의 나무에 관해 말하기 위해 이것을 말한다.

詬厲(구려):'詬'는 '후'라고도 읽으며 몹시 욕을 하는 것. '厲'는 '詈(리:욕하며 꾸짖음)'의 차자.

且幾有翦乎(차기유전호):여기서 '且'는 '其'와 같다. 물음의 뜻을 강하게 하는 조사. '幾'는 '豈'와 같다. '翦'은 '자르다·깎다'의 뜻.

以義譽之(이의예지):세간의 도리를 기준으로 하여 선악을 평가하는 것을 말한다.

【補說】 이상 두 단의 장석·역사문답은 목수 우두머리 석과 제자의 문답을 빌려 그와 함께 신목의 영을 등장시켜 이른바 무용(無用:특히, 세속적 공리주의에 시달리는 유용성을 부정하는 무용)이야말로 세속을 초월하여 자신의 자유 독립을 완전하게 하는 것임을 설하고 있다. 당시

통념으로 낮은 신분의 사람인 목수가 '無用'의 도리를 알고 있다는 것
도 신랄한 야유이며 또 신목이 '산목(散木)'이며 나아가 산목이기 때문
에 참된 '대용(大用)'이 있다는 것도 흥미로운 역설이다.

【餘說】 '무용목(無用木)'의 유형에 관하여

대목(大木)을 초들어 이른바 '無用의 用'의 우의를 취한 이야기는 장
석·역사문답 외에도 많다. 앞서 소요유편의 혜자·장자문답에 대호·
저수(大瓠·樗樹)가 보이며, 이 우화 다음에 상구(商丘)의 大木이 있고
또 산목편(山木篇)에 산중 不材의 大木이 있다. 이들 大木을 빌려 우화
를 구성한 작품은 ≪장자≫에서 한 군(群)을 이루고 있다. 세속에서 부
재(不材)의 존재로 천대받으며 묵묵히 자신의 '大用'을 이루고 있는 거
목은 도가의 반속주의(反俗主義)를 주장하기 위해 알맞은 제재였을 것
이다.

이것들 중, 혜자·장자문답에 나오는 대호·저수는 그 표현에 비교
적 문식이 없으면서도 비유의 묘를 얻고 있는데 과연 이들 우화의 선구
였는지 아닌지는 아직 명확하게 밝힐 수 없다. 이 우화 다음에 나오는
상구의 大木은 그 주장하는 바가 한층 소박하다. 이것들과 비교하면 장
석·역사문답은 우선 신목이 큰 나무지만 쓸모가 없다고 하는 묘사에
힘을 기울이고, 다음으로 신령을 등장시켜 '無用'의 주장을 제창시키는
등 줄거리가 복잡하여 표현뿐 아니라 구성에 있어서도 손이 많이 간 작
품이다. 특히 마지막 절에서 '彼亦直寄焉'이란 설명을 두어 일반적 교훈
을 이끌어 내고 있는 것도 장황하다. 이것은 우화 구성의 흥미를 한층
더하기 위해 후에 가필했기 때문일 것이다.

南伯子綦遊乎商之丘. 見大木焉. 有異. 結駟千乘, 隱將芘其
所藾. 子綦曰, "此何木也哉, 此必有異材夫."
仰而視其細枝, 則拳曲而不可以爲棟梁. 俯而視其大根, 則軸
解而不可以爲棺槨. 咶其葉, 則口爛而爲傷. 嗅之, 則使人狂
酲, 三日而不已. 子綦曰, "此果不材之木也. 以至於此其大
也. 嗟乎, 神人以此不材."
宋有荊氏者. 宜楸·柏·桑. 其拱把而上者, 求狙猴之杙者斬
之. 三圍四圍, 求高名之麗者斬之. 七圍八圍, 貴人·富商之
家, 求禪傍者斬之. 故未終其天年, 而中道之夭於斧斤. 此材
之患也.
故解之, 以牛之白顙者, 與豚之亢鼻者, 與人有痔病者, 不可
以適河. 此皆巫祝以知之矣. 所以爲不祥也, 此乃神人之所以
爲大祥也.

남백자기가 상구(商丘)를 구경했다. 그는 그곳에서 큰 나무를 보았다. 그
것은 이 세상의 것이라고는 생각할 수 없는 것이었다. 네 필의 말이 끄는
수레 천 대를 이어 놓아도, 그 나무의 그늘에 덮여 모두 보이지 않을 정도
였다. 자기는 감탄하여 말했다.

"무슨 나무일까, 좋은 재목감이 틀림없어!"

그런데 고개를 들어 잔가지를 쳐다보니 꼬불꼬불하게 굽어 있어 마룻대
나 들보로는 쓸 수가 없었다. 또, 그 큰 뿌리 부분을 내려다보니 여러 조각

으로 갈라져 있어 관(棺)을 만들 수도 없었다. 잎을 씹어 보니 어찌나 독한 지 입 주위가 짓물러져 상했다. 냄새를 맡아 보니 악취가 심해 삼 일이 지 나도 술에 취한 듯 머리가 어지러울 것 같았다. 자기가 다시 말했다.

"이것은 전혀 재목감이 될 수 없군. 그래서 이렇게까지 커질 수 있었던 것이야. 아아, 이와 마찬가지로 저 지극한 道를 체득한 사람도 이 나무처럼 전혀 쓸모가 없기 때문에 그 위대함을 이루는 것이다."

(이와는 반대의 예로 다음과 같은 일을 들 수 있다.)

송(宋)나라에 형씨(荊氏)라 불리는 땅이 있다. 토질이 좋아 노나무·잣나 무·뽕나무 등이 잘 자란다. 그런데 그 나무들의 굵기가 한 웅큼쯤 되면 원 숭이를 잡아 맬 말뚝을 구하려는 자가 베어간다. 굵기가 서너 아름쯤 되면 큰 집을 짓기 위해 나무를 구하려는 자가 베어 간다. 좀 더 자라 일여덟 아 름쯤 되면 귀인(貴人)이나 대상(大商)의 집에서 쓸 관을 만들려는 자가 베 어 간다. 따라서 그곳 나무들은 하나같이 천수를 누리지 못하고 도중에 도 끼에 맞아 요절하고 만다. 이것은 그 나무들이 이 세상에 유용함을 갖추었 기에 그것이 재난을 부른 것이다.

그래서 왜 쓸모없는 것이 천수(天壽)를 보전하고 오히려 쓸모 있는 것이 중도에서 넘어지는지, 그 이유는 이마가 흰 소, 코끝이 위를 향해 있는 돼 지, 치질이 있는 자는 하(河)를 제사지내는 희생물이 되지 않아 하(河)에 던져져 그곳에서 떠다니는 신세가 되지 않는다는 사실로 명백해진다. 이것 들은 모두 세상에서 불길하게 여기는 것들이며 희생(犧牲)이 될 수 없다는 것을 저 신을 제사지내는 자들도 잘 알고 있다. 그러나 그 때문에 그것들이 생명을 잃지 않고 구제되는 것이다. 따라서 신을 제사지내는 자들과 마찬 가지로 세속에서 인간들이 좋지 않은 것으로 여기는 것, 그것이야말로 지 극한 道를 체득한 사람이 가장 좋게 여기는 것이다.

【語義】南伯子綦(남백자기):제물론편〈천뢰우화〉에 나오는 남곽자기를 본뜬 것이리라. 일설에 '伯'은 '郭'의 차자라고 한다(馬敍倫의 설).

商之丘(상지구):상구(商丘). '之'는 商에 속한다는 뜻을 강조하기 위한 말이리라. 商丘는 옛날에는 古商이라고도 했고, 商(殷) 민족 발상의 성지이자, 商의 후예인 송(宋)나라의 성지여서 宋나라는 이것을 수도의 이름으로 삼았다. 지금의 하남성 商丘市에 있었다.

有異(유이):'有'는 '爲(위:~이다)'와 같다. '異'는 보통과는 매우 다른 것.

結駟千乘(결사천승):여기서 '結'은 하나로 이어 놓는다는 뜻. '駟'는 네 필의 말이 끄는 수레. '乘'은 차량을 세는 수사(數詞).

隱將芘其所藾(은장비기소뢰):'芘'는 '庇(비:덮어 가리다)'의 차자. '藾'는 덮여 가려지는 것.

異材(이재):이 이하의 '材'는 재질의 뜻에 재능·유효성의 뜻을 겸하고 있다.

拳曲(권곡):꼬불꼬불 구부러져 있는 것. '拳'은 '卷(권:구부리다·굽히다)'의 차자.

棟梁(동량):마룻대와 들보. 가옥에 있어서 가장 중요한 부분들이다.

軸解(축해):나무의 속이 구부러져 있음(成玄英의 설), 나뭇결이 굽어어지러움(焦竑의 설), '軸'은 '岫' 또는 '喌'의 차자이며 속이 텅 비었음(馬敍倫·吳汝綸의 설), 나뭇결이 없음(關鋒의 설) 등 여러 설이 있지만 어느 것도 적합하지 않다. 나무가 여러 조각으로 갈라져 있는 것을 가리키는 것이리라.

咶其葉則口爛而爲傷(지기엽즉구란이위상):'咶'는 '舐(지:핥다)'와 동자.

狂酲(광정):'酲'은 술에 몹시 취하는 것.

神人(신인):여기서는 인간의 모습을 한 신이란 뜻과 지인(至人:道를 체득한 사람)이란 뜻을 겸하고 있을 것이다.

荊氏(형씨):여기서는 지명.

宜楸柏桑(의추백상):'宜'는 지미(地味:흙의 메마르고 기름진 성질. 土理)가 적당하다는 뜻. '楸'는 노나무. 낙엽고목(落葉高木)으로 재질이 견고하여 기구를 만드는 데 쓰인다. '柏'은 잣나무. '桑'은 뽕나무. 모두 유용하게 쓰이는 나무들이다.

拱把而上(공파이상):'拱'은 아름, '把'는 웅큼. '而上'은 '以上'과 같다.

狙猴之杙(저후지익):원숭이를 묶어 두는 말뚝.

高名之麗(고명지려):'名'은 '宀(면:집)'의 차자. 옛날에는 글자 뜻 그대로 '榮顯', '高明' 등의 뜻으로 해석했다. '麗'는 '欐(려:들보)'의 차자.

禪傍(선방):관(棺)을 만드는 데 쓰는, 이음매 없이 한 장으로 된 널빤지를 가리킨다.

故解之(고해지):그 이유를 해명함. 종래, 해제(解除:郭象의 설), 해사(解祠:羅勉道의 설), 즉 봄에 黃帝·冥羊·馬行·陰陽使者를 제사지내는 것, 또는 그것에서 미루어 생각하여 죄를 덜고 복을 구하는 제사의 뜻으로 해석한 것은 '故'를 받으면서 갑자기 그러한 이야기를 한다는 점이 아무래도 어색하므로 부적당한 해석임이 명백해진다. 어떤 주장이나 명제에 관하여 '解'라 말한 다음 그 구체적인 예를 들고 그로써 증명하는 것은 고대에 사용된 논증법의 하나이다. 물론 이 경우는 그것과는 약간 다르며 위의 '不材', '有材'의 두 사실에서 '所以爲不祥也' 이하의 결론을 유도하기 위한 것인데 '解之'의 밑에 그 추론을 증명하는 구체적인 예를 들고 있다는 것은 같다.

牛之白顙(우지백상):이마가 하얀 소. 하(河)에 제사지낼 때에는 붉은 털의 소나 누른빛의 털을 지닌 소를 희생(犧牲)하는 것이 통례였다. 불순한 잡색은 불길하다고 여겼기 때문일 것이다.

豚之亢鼻(돈지항비):코끝이 위를 향해 있는 돼지. 코끝이 위로 올라갔다는 것은 상공(上天)의 氣를 호흡한 것이기 때문이라고 생각하여 河를 제사지내는 데 불길하다고 생각했던 듯하다.

人有痔病者(인유치병자): '痔'는 치질. 河를 제사지내는 데 사람을 희생으로 삼은 것은 은대(殷代)의 통례였고 전국시대에도 이것을 행한 지방이 있었다.

適河(적하): 강 가운데 떠다니는 것을 가리킨다.

巫祝以知之矣(무축이지지의): '巫祝'은 여기서는 신에게 봉사하는 자를 가리킨다. 구분하자면 '巫'는 강신(降神)을 유도하는 무녀이며 '祝'은 신에게 제주(祭主)의 뜻을 전하는 자. 당시 이들은 신성시되지 않았을 뿐 아니라 혐오의 대상이었다. '以'는 '매우·잘'의 뜻.

所以爲不祥也此乃神人之所以爲大祥也(소이위불상야차내신인지소이위대상야): 역설이다. '神人'은 앞의 '神人以此不材'의 神人과 같다. 河神만을 가리키는 것이 아니다. 세속을 초월한 신, 즉 지인(至人)을 가리킨다. '祥'은 '吉'의 뜻이지만 여기서는 선한 것으로 평가되는 것을 가리킨다.

【補說】 이상은 남백자기가 상구의 大木을 보고 '神人不材'를 깨달은 것을 근본으로 하여 형씨 땅의 楸·柏·桑이 그 유용성 때문에 천수를 누리지 못하는 실례를 들어, 결국 神人의 物에 대한 평가는 세속의 그것과는 상반되며 物의 유용성을 부정한다는 결론을 이끌어 내고 있다.

'宋有荊氏者' 이하의 문장을 자기(子綦)의 '神人以此不材'에 이어지는 말로 간주하여 해석하는 학자도 있는데 외편에도 이러한 예가 있는 것처럼 이 문장 전체는 독백이나 대화가 아니라 부분적으로 자기의 말을 끌어들여 그것을 부연한 논술 형식으로 구성되어 있다고 보아야 할 것이다.

제6장 지리소지양신:망덕우화(支離疏之養身:忘德寓話)

支離疏者, 頤隱於齊, 肩高於頂, 會撮指天, 五管在上, 兩髀
爲脅. 挫鍼治繲, 足以餬口, 鼓筴播精, 足以食十人. 上徵武
士, 則支離攘臂於其閒. 上有大役, 則支離以有常疾, 不受功.
上與病者粟, 則受三鍾與十束薪.
夫支離其形者, 猶足以養其身, 終其天年. 又況支離其德者乎.

지리소는 심한 꼽추로 아래턱이 배꼽을 가리고 두 어깨가 이마보다도 높이 있으며 머리를 묶은 상투는 달랑 하늘을 향해 솟아 있고 창자는 위쪽에 있는데도 두 넓적다리는 옆구리에 닿아 있어 참으로 눈 뜨고는 볼 수 없이 추한 모습을 하고 있었다. 그런데 바느질이나 세탁일로 자신의 생계를 해결할 수 있고, 또 사람들이 흘린 곡물을 주워 그것을 작은 키에 담아 까부르면 그것으로 열 명이나 되는 가족을 양육할 수 있었다. 그뿐만이 아니라 나라에서 군사를 모을 때에는 징집당한 사람들 사이를 아무 걱정 없이 보란 듯이 팔을 걷어붙이고 활보했고, 나라에서 큰 공사를 일으켜 일꾼을 징발할 때에는 불치의 병을 앓는 자라 하여 언제나 대상에서 제외되어 맡겨지는 일이 없었다. 그러면서도 나라에서 민간의 병자에게 곡물을 나누어 줄 때에는 어김없이 석 종(鍾)의 곡물과 열 단의 땔감을 받았다.

이처럼 세상의 사람들과 달리 신체가 지리(支離:不具)한 자인데도 자신의 생활을 유지하고 타고난 생명을 보전할 수 있는 것이다. 하물며 세속의 상덕(常德:도덕 관념)을 지리(支離:파기 망각)하는 자에게 있어서 인간의 진실한 삶을 영위하는 일쯤이야!

【語義】支離疏(지리소):'支'는 '갈리다·가르다'의 뜻. '離'는 '가르다·흩어지다'의 뜻. '疏'는 '나누다·나뉘다'의 뜻. 요컨대 신체와 정신이 바르게 갖추어진 세상 사람들과 비교하면 매우 심한 불구자, 또 그러한 뜻의 이름을 가진 자로 설정된 인물이다. 전국시대의 다른 사상가들은 논설 가운데 불구자를 등장시키는 예가 거의 없는데 유독 도가의 반역 정신은 적극적으로 온갖 불구자들을 좋은 제재로 삼았던 것이다.

頤隱於齊(이은어제):'頤'는 아래턱. '齊'는 '臍(제:배꼽)'의 차자. 이것은 꼽추의 모습을 과장되게 표현한 것이다.

會撮指天(회촬지천):'會'는 '髻(괄:상투를 틀거나 쪽을 찌는 것. 髻과 같다)'의 차자. '撮'은 '繓(촬:묶다·매다)'의 차자. 묶은 머리가 위쪽으로 꼿꼿하게 선 것을 가리킨다.

五管(오관):폐(肺)에 통하는 기관(氣管)처럼 오장(五臟:心·腎·肺·肝·脾)에 통하는 관(管)을 가리킨다. 단, 여기서는 내장을 가리키는 말일 것이다.

兩髀爲脅(양비위협):'髀'는 넓적다리. '脅'은 '脇(협:옆구리)'과 같다.

挫鍼治繲(좌침치해):'挫'는 '按(안:누르다)'의 뜻, '鍼'은 針(침:바늘)과 같다. '挫鍼'은 바느질하는 것을 가리킨다. '繲'는 세탁한 옷.

餬口(호구):생계(生計)를 세움.

鼓筴播精(고책파정):작은 키로 키질하여 곡물을 잘 가려냄. '筴'은 작은 키[箕]. '播'는 키질하여 돌 따위를 날려 없애는 것. 즉 까부르는 것.

攘臂於其閒(양비어기간):징집되는 사람들 사이를 팔을 걷어붙이고 손을 흔들면서 돌아다님. 징병당할 염려가 없는 지리소가 용자(勇者)인 듯이 활보하는 것을 나타낸, 참으로 야유에 찬 필치이다.

大役(대역):국가에서 토목 공사 등의 일에 백성을 징발하여 일을 시키는 것.

功(공):할당되는 일.

粟(속):조. 여기서는 곡물의 뜻으로 쓰였다.

三鍾(삼종):'鍾'은 용량의 단위. 一鍾은 육곡사두(六斛四斗)로 약 124
리터. '斛'은 열 말. 휘. '斗'는 말.

支離其德(지리기덕):세상의 도덕관념을 타파할 뿐 아니라 자신의 그
러한 의식조차도 잊어버리는 것을 가리킨다.

【補說】 이상은 추악한 몰골의 지리소가 그 수명을 안전하게 한다는 예화
에서, 인간의 참된 삶의 방법은 세상의 가치를 부정하고 초월하는 것에
있다는 것을 연역하고 있는 것이다.

【餘說】 '지리기덕(支離其德)'의 의미

이 〈망덕우화〉의 의의를 이해하기 위해서는 뒤에 나오는 대종사편의
〈좌망우화〉와 비교하여 고찰할 필요가 있다. 즉 〈좌망우화〉에서 안회
는 인의(仁義)를 잊고 예악(禮樂)을 잊으며 그 위에 '墮枝體, 黜聰明, 離
形去知'에 이르러야 비로소 대도(大道)와 일체가 된다고 말하고 있다.
'墮枝體, 黜聰明'이라고 해도 물론 신체나 지각을 일부러 손상시키거나
파멸시키는 것은 아니다. 인생의 참된 道에 이르기 위해서는 세상의 의
리·도덕을 잊고 무엇에도 구애되지 않는 정신으로 사색하지 않으면 안
될 뿐 아니라 골똘히 생각하면 자신의 마음에 항상 따라다니는 미망을
타파하고 무아를 실현하지 않으면 안 된다. 그 자아 멸각(自我滅却)의
심각함을 비유적으로 표현한 것이 본 餘說의 명제이다. 그리고 이 명제
가 구체적인 인물로 묘사된 것이 이 우화에 등장하는 지리소다. 그는 자
아 부정의 상징이다. 어쩌면 이 우화는 〈좌망우화〉보다 나중에 만들어

진 것인지도 모른다. '支離其德'이란 '坐忘'과 같이 '망아(忘我)를 뜻하는 것임에 틀림없다.

그렇지만 '꼽추처럼 태어나면서부터 불구인 것은 운명으로서 감수한다 하더라도 과연 지리소처럼 비렁뱅이 생활을 하며 오직 수명을 보전하기만 하면 좋다는 것인가?'라는 반문도 일어나게 되리라. 확실히 비렁뱅이라도 좋으니 그저 오래 생존하기만 하면 좋다는 것일까? 여기에는 역설이 담겨 있다. 사지가 온전하고 세속에서 획득한 지위도 있고 물질적 생활도 여유 있는 자가 비렁뱅이보다도 다른 사람에게 더 크게 의존하며 온갖 부정 불의를 범하는 경우는 없을까? 맹자는, 외출하기만 하면 잔뜩 취해 집에 돌아와 처첩에게 항상 귀인과 함께 식사했다고 자랑을 늘어놓는 자가 있었는데 귀인의 내방이 없는 것을 수상히 여긴 처첩이 남편의 뒤를 따라가 보니 실은 장례식을 치르는 곳을 전전하며 남은 고기와 술을 얻어먹는 것이었다는 이야기를 예로 들어, 세상에서 영달을 구하려는 인간 중에는 이 남자처럼 허영과 기만에 찬 가증스러운 인간들이 셀 수 없이 많다는 신랄한 야유를 한 적이 있다. 굳이 맹자의 이야기를 예로 들지 않더라도 지리소의 생활이 훨씬 성실한 것이리라.

더욱이 여기에는 비렁뱅이의 생활이 아니라 가족도 훌륭히 양육하는 당당한 한 인간으로서 지리소가 묘사되어 있을 뿐 아니라 흉한 몰골 때문에 비참함을 겪는 인간으로 묘사되어 있지도 않다. 필자가 지리소를 추악한 몰골의 꼽추로 묘사한 것은 외모만 반듯한 세상 사람들을 야유하고, 오히려 외면적인 추함 속에 진실한 것이 있다는 역설을 펴기 위해서일 것이다. 불구자를 제재로 한 우화는 다음의 덕충부편에 많은데 그것들에도 이 우화에서 볼 수 있는 역설이 담겨 있다.

제7장 접여지가(接輿之歌)

孔子適楚. 楚狂接輿遊其門曰,
"鳳兮鳳兮何如德之衰也
來世不可待往世不可追也
天下有道聖人成焉
天下無道聖人生焉
方今之時僅免刑焉
福輕乎羽莫之知載
禍重乎地莫之知避
已乎已乎臨人以德
殆乎殆乎畫地而趨
迷陽迷陽無傷吾行
吾行卻曲無傷吾足"

공자가 초(楚)나라에 여행했다. 그때 초나라의 기인(奇人)인 접여(接輿)가 공자가 묵고 있는 집 문 앞을 왔다 갔다 하며 다음과 같이 노래했다.

"봉(鳳)이여, 봉이여!
네가 춤추며 나타나더라도 세상 사람들이 바르게 행동하지 못하는 것은 어찌할 수 없으리.
앞으로 올 세상 기대할 수 없고, 지나간 덕치의 세상 붙잡을 수 없네.
성인은,

천하에 道가 행해지면 그것을 완수하고,

道가 행해지지 않으면 홀로 道를 지키고 생을 보전한다네.

지금의 세상,

형벌에 걸리지 않고 생을 보전하기만 하면 다행인 세상.

행복은 가볍기가 깃털 같아 잡히지 않고,

재앙은 무겁기가 땅과 같아 피할 수 없네.

그만두어야 하리, 그만두어야 하리!

이런 세상에서 바른 행위 가르치려는 일 따위.

위태로워라, 위태로워라!

이런 세상에다 예의의 道를 세워 그 속에서 내닫는 일.

나 이제 이런 세상 떠나려 하네.

어지럽게 자라난 가시나무여, 가시나무여!

내 가는 길 막지 마라.

물러서고 돌아가 다시 길을 잡으면

그런 대로 발을 상하지 않고 나아갈 수 있으리……."

【語義】孔子適楚(공자적초):≪사기≫ 공자세가에 의하면 공자가 초(楚:당시 호북성의 宜城縣에 수도가 있었다)에 간 것은 陳・蔡 사이에서 위난을 당한 후 초나라의 초빙을 받아들여 이루어진 것으로 공자는 일 년도 채 머물지 않고 위(衛)나라로 돌아가게 되었다. 그때 공자의 나이 63세, 초광접여(楚狂接輿)의 일도 그때 있었던 일이다. 그런데 공자가 楚의 초빙으로 楚나라에 갔다는 것은 사실이 아니라고 하는 설이 유력하게 주장되고 있다. 여기서는 楚나라에 가는 도중에 일어난 일로 보았다. 그렇게 하는 것이 내용과 어울린다.

　　楚狂接輿(초광접여):'狂'은 기인(奇人). 괴짜. 재지(才知)가 있으면서도 영달을 구하지 않고 빈곤 속에서도 마음 내키는 대로 자유를 누리는 자. '接興'는 소요유편에 나오는 '接興'와는 다른 인물이다. 여기의 '接興'는 ≪논어≫ 미자편(微子篇)에도 나오므로 실존 인물인 듯한데 '接興'라는 말이 粗·麤·胥(조·추·서:신분이 낮은 관리) 등의 완언임을 생각하면 신분이 낮아진 사람이라는 뜻의 통칭이었으리라고 생각된다. ≪고사전(高士傳)≫에는 '接興'에 관해, '성은 陸, 명은 通, 接興는 그의 자이다.'라고 되어 있지만 ≪고사전≫은 후세에 추필(追筆)된 책이어서 그 진위가 명확하지 않다.

鳳兮(봉혜):'鳳'은 신화나 전설상의 영조(靈鳥)로 이 새가 나타나면 국가가 잘 다스려진다고 한다. 일설에는 성인이 나라를 다스려야만 이 새가 나타난다고 했다. 여기서는 鳳을 은연중 공자에 비겨, 鳳의 출현에 세상이 잘 다스려지길 바라는 마음에서 '鳳兮鳳兮'라 한 것이라고 보아야 한다. 또 ≪논어≫ 미자편에 '楚狂接興歌而過孔子'라는 말이 있는 것처럼 '鳳兮' 이하는 시로서의 형태를 갖추고 있다. 그것을 개행(改行)하여 기록했을 뿐이다. '兮'는 가조(歌調)를 고르는 말. 압운의 문자는 衰·追(脂部韻), 成·生·刑(耕部韻), 地·避(之部韻), 陽·行(陽部韻), 曲·足(侯部韻).

何如德之衰也(하여덕지쇠야):'何如'는 여기서는 '如何'와 같다. 통상 ≪논어≫ 미자편에 '何德之衰'라 한 것과 대조하여 鳳, 즉 공자가 나타나야 할 때가 아닌데도 나타난 것을 책망하는 뜻으로 해석하는데 다음 구의 '來世', '往世' 모두 세정(世情)에 관계되는 말임을 생각하면 鳳이 나타나도 세상에서 덕이 날로 쇠약해져 가는 것은 어찌할 수 없을 것이라는 뜻으로 해석해야 할 것이다.

來世不可待往世不可追也(내세불가대왕세불가추야):앞으로 잘될 것을 기대할 수도 없고 옛날 좋았던 일이 재현되는 것도 생각할 수 없는 것을 가리킨다.

聖人生焉(성인생언):이 ‘聖人’은 유가적인 聖人. 덕을 닦아 사람들을 교화하는 자. ‘成’은 道를 완수하는 것. ‘焉’은 강하게 단정하는 뜻을 나타내는 조사. 성인이 홀로 道를 지키면서 그 생명을 보전하는 것을 가리킨다. ≪논어≫ 태백편(泰伯篇)에는 ‘굳게 道를 믿으며 학문을 좋아하고 목숨이 붙어 있는 한 道를 지킨다. 위태로운 나라에 가지 않고 어지러운 나라에 머물지 않는다. 천하에 道가 있으면 나아가고 道가 없으면 숨는다(篤信好學, 守死善道. 危邦不入, 亂邦不居. 天下有道則見, 無道則隱)’라 했고, ≪맹자≫ 등문공편(滕文公篇)에는 ‘뜻을 얻어 세상에 쓰이면 천하의 백성과 함께 정도(正道)를 행하고, 뜻을 얻지 못할 경우에는 홀로 道를 행할 뿐이다(得志與民由之, 不得志獨行其道)’라고 했다. ‘天下有道’ 이하는 ≪논어≫, ≪맹자≫ 등에서 취한 말일 것이다. 단, 이 ‘道’는 도가의 道가 아니라 유가의 道, 즉 윤리이다.

福輕乎羽莫之知載(복경호우막지지재):이 이하 네 구는 화복(禍福)은 용이하게 피할 수도 맞이할 수도 있는 것인데 지금 세상에서는 그것이 이루어지지 않는다는 것을 뜻한다. 郭象은 지금 세상의 사람들이 그렇게 하지 않는다는 뜻으로 해석했다. 그래도 뜻은 통하지만 앞의 ‘免刑’과 다음의 ‘已乎’, ‘殆乎’ 등과 연관하여 생각하면 지금 세상에 처한 자들의 고경(苦境)을 말하는 것으로 보지 않으면 안 된다. ‘載’는 손으로 잡는다는 뜻.

畫地而趨(획지이추):다음의 ‘吾行’의 복선이 되는 표현이다. 좁은 구역을 설정하고 그 안에서만 내달림. 즉 공자가 ‘위태로운 나라에 가지 않고 어지러운 나라에 머물지 않는다(危邦不入, 亂邦不居)’(≪논어≫ 태백편), 또 ‘현자는 어지러운 세상을 피한다. 그 다음엔 어지러운 나라를 피한다. 그 다음엔 예에 벗어난 낯빛을 피한다. 그 다음엔 예에 벗어난 말을 피한다(賢者辟世. 其次辟地. 其次辟色. 其次辟言)'(≪논어≫ 헌문편)라고 했듯이 예의를 강조하고 자신의 주장을 받아들일 군주를 구하고 자신의 뜻에 맞지 않는 군주를 피했던 사실, 즉 '사람을 피하는 것(辟人)'을 풍자한 것이다.

迷陽(미양):초(楚) 땅에서 자라는 가시나무의 이름. 가지가 길고 아름다운 꽃을 피우며 또 식용되는데 줄기와 가지에 가시가 무척 많다. 그 가시를 지금 세상의 고난에 비유한 것이다.

곰行(오행):'길을 가는 것'으로 삶의 방법, 또는 태도를 비유한 것이다.

卻曲(각곡):'卻'은 물러나다 · 되돌아오다. 즉 앞의 '畫地而趨'에 대응하는 말로 물러서거나 방향을 바꾸거나 하는 것으로 세상의 고난을 피하면서 그 생명을 보전한다는 뜻을 담고 있다.

【補說】 초나라의 기인(奇人) 접여가 공자가 천하에 그 道를 펴려고 여러 나라를 유력하다 마침 남방의 대국 초나라에 들르려 하자, 들어 보란 듯이 노래하여 공자의 일을 풍자하고 있다. 접여의 노래는 혼탁한 세상에 날아 내려온 鳳처럼 공자가 시세를 잘못 만난 성인임을 동정하다가 그 시세의 고통을 개탄하고, 공자가 가르침을 펴려는 것의 위험성을 지적하고 마지막으로 '곰行卻曲無傷吾足'이란 풍자, 즉 시세에 좇아 일신의 안전을 구하는 것이 인생의 道라고 하는 결론을 담고 있다. 서술에 변화가 많고 해학미가 있어 매우 흥미 있는 작품이다.

【餘說】 접여와 공자

≪장자≫ 중에는 공자의 제국 유력에서 제재를 취한 것이 적지 않다. 그것에는 귀중한 인생 경험으로서 고찰해 보아야 할 문제가 포함되어

있다고 생각했기 때문일까? 어쨌든 앞의 이야기도 그런 것들 가운데 하나다. 이 이야기는 《논어》 미자편에도 실려 있다. 단, 같은 화제지만 몇 가지 상위점이 있다. 우선 《논어》에 실린 전문을 살펴보도록 하자.

楚狂接輿歌而過孔子. 曰, 鳳兮鳳兮, 何德之衰. 往者不可諫, 來者猶可追. 已而已而, 今之從政者殆而. 孔子下欲與之言. 趨而辟之. 不得與之言.

초나라의 광인 접여가 노래를 부르며 공자 곁을 지나갔다.
"鳳이여, 鳳이여. 어찌하여 덕이 쇠하여졌는가? 지나간 것은 어쩔 수 없고 지금부터가 중요하네. 멈추어야 하리, 멈추어야 하리, 지금의 정치에 따르려는 것은 위험할 뿐이네."
공자는 수레에서 내려 그와 이야기하고자 했다. 접여는 바삐 달려 그곳을 떠났다. 공자는 그와 이야기할 수 없었다.

이상의 것과 《장자》에 실린 접여의 이야기를 비교하면 글머리의 부분은 논외로 하고, 같은 접여의 노래인데도 번잡함과 간결함, 시형(詩形)의 정·부정(整·不整)의 차이가 있을 뿐 아니라 《논어》 쪽은 '來者猶可追'라 하여 장래의 개과자성(改過自省)을 기대하고 있는 것처럼 시의 의미도 상당히 다르다. 특히 《논어》에는 《장자》에 없는 '孔子下……' 이하의 문장이 더 있다.
시형이 갖추어져 있지 않고 간략하다는 점에서 생각하면 《논어》에 나오는 접여의 노래는 《장자》의 그것보다 뒤에 나오고 그것이 간략하게 된 것인지도 모른다. 그런데 시의 의미가 달라졌다는 점에서 생각하면 단정할 수는 없지만 이 노래가 《논어》에 나오는 접여의 노래에 의해 개수(改修)되었거나 다른 텍스트가 있어 그로써 시의 표현이 정리되었는지도 모른다. 그러나 무엇보다도 중대한 상위점은 ≪장자≫에서는 접여가 노래만을 전하고 있는 데 비해 ≪논어≫에서는 접여의 노래 뒤에 일어난 일을 중시한다는 데 있다. ≪논어≫ 쪽이 노래에 고박(古朴)한 아미(雅味)를 지니고 있으며 노래 뒤의 공자의 태도에도 흥미가 있다.

공자는 접여와 대화하고자 했으나 뜻을 이루지 못했다. 공자가 접여를 만났더라면 과연 무슨 말을 했을까? 장저(長沮) · 걸익(桀溺)의 경우처럼 '내가 이 세상 사람들과 더불어 살지 않고 누구와 더불어 살겠는가?(吾非斯人之徒與而誰與)'(≪논어≫ 미자편)라고 했을까, 아니면 비록 자로(子路)가 대신 한 말이나 하조(荷蓧)의 경우처럼 '그것은 자기 한 몸의 결백을 지키기 위해 대륜(大倫)을 어지럽히는 짓이다(欲潔其身而亂大倫)'(≪논어≫ 미자편)라고 했을까? 만약 대화를 가졌더라면 어떠한 내용의 것이었을까 하는 끝없는 탐색을 하게 된다. 그것은 도가적 사변을 초월하여 유가적 사변을 비약시키도록 하고 있는 것이다. 그것이 ≪논어≫에서의 흥미이다.

제8장 산목자구지잠(山木自寇之箴)

> 山木自寇, 膏火自煎也. 桂可食. 故伐之. 漆可用. 故割之. 人
> 皆知有用之用, 而莫知無用之用也.

산의 나무는 자신을 해치고 등불은 자신을 태운다. 그것은 육계(肉桂)가
식용되기 때문에 베어지고 옻이 도료가 되기 때문에 베어지는 것과 같다.
세상 사람들은 쓸모 있는 것이 유익하다는 것을 알 뿐, 쓸모없는 것에야말
로 참된 용도가 있다는 것을 알지 못한다.

【語義】 山木自寇(산목자구):산에 있는 나무가 자신을 해침. 역설이다. 산
에 자라는 나무는 사람들에게 유용하게 쓰이기 위해 자라는 것이 아닌
데 결국 사람들에게 유용하게 쓰이는 재(材) 때문에 벌채된다. 유용하
게 쓰이는 것을 '스스로를 해치는 것'이라고 잘라 말한 것이 흥미 있다.
일설에 산의 나무는 도끼자루가 되고, 그 도끼에 의해 또 다른 나무가
잘리게 되는 것을 말한다(關鋒氏의 설)고 해석한 것이 있는데 적당하지
않다. '寇'는 해치는 것.

膏火自煎也(고화자전야):이것도 역설적 표현이다. 등불이 빛을 내는
것을 의인화하여 등불이 빛을 내기 위해 자신을 태우는 것으로 본 것이
다. '膏火'는 동물이나 식물의 기름에 면 또는 헝겊으로 만든 심지를 넣
어 불을 붙이는 등불. 이상 두 구는 단적으로 역설을 제시하고, '桂可食'
이하는 이유를 밝히고 있다. 이러한 표현의 변화에 주의할 필요가 있다.

桂(계):육계(肉桂). 계수나무의 두꺼운 껍질. 향기가 있으며 식용되

고 조미료로 쓰인다.

漆(칠):옻나무. 낙엽고목(落葉高木)으로 수액(樹液)은 도료로 쓰인다.

有用(유용)·無用(무용):세속의 가치에 의해 쓸모 있다느니 없다느니 하는 것을 가리킨다.

【補說】 이상 한 절을 접여의 노래에 이어지는 것으로 보는 학자가 많은데 인간세편을 끝내면서 그 요지를 잠언(箴言:격언) 풍으로 매듭지은 것이리라. 짧은 문장을 나열하고 그 위에 배열의 변화를 꾀했다. 또 伐·割 등처럼 압운이 쓰였고, '用' 자를 거듭 사용한 점 등 간결하면서도 음미해 볼 만한 문장이다.

제5편

덕충부(德充符)

'德充符'란 덕이 충실하여 자연스럽게 겉으로 드러난다는 뜻.
《장자》의 편자가 이름붙인 것으로 앞의 인간세편이 주로 도가적
삶의 방법을 제시하고 있는 데 비해 이 편은 도가의 道를 체득한 사람
이 다른 사람을 감화시킨다는 내용의 우화 4개를 모으고 그와 관련된
논(論)·대화를 수록하고 있다.

제1장 상계·중니문답:화덕유심우화(常季·仲尼問答:和德遊心寓話)

> 魯有兀者王駘. 從之遊者, 與仲尼相若.
> 常季問於仲尼曰, "王駘兀者也. 從之遊者, 與夫子中分魯. 立不敎, 坐不議, 虛而往, 實而歸. 固有不言之敎, 無形而心成者邪. 是何人也."
> 仲尼曰, "夫子聖人也. 丘也直後而未往耳. 丘將以爲師. 而況不若丘者乎. 奚假魯國. 丘將引天下而與從之."

   노(魯)나라에 월형(刖刑)을 당해 절름발이가 된 왕태(王駘)라는 자가 있었다. 그를 따르며 가르침을 청하는 자는 중니의 제자만큼 많았다.

   중니의 제자인 상계(常季)가 중니에게 물었다.

   "왕태는 형을 받은 절름발이입니다. 그런데도 그를 좇아 배움을 청하는 자가 선생님을 좇는 자만큼이나 많아, 그는 선생님과 함께 노나라의 젊은 이를 둘로 나누어 가진 듯합니다. 그는 서서 특별히 가르치는 것도 아니고 앉아서 특별히 도리를 논하는 것도 아닌데 가르침을 청하는 자는 텅 빈 마음으로 갔다가 충분히 만족하여 돌아옵니다. 굳이 말로는 나타내지 않지만 자연스럽게 감화시키는 가르침을 체득하여 밖으로 드러내지 않으면서도 가르침을 청한 자 각각의 마음을 깨우쳐 주는 자일까요? 도대체 그는 어떤 사람인가요?"

   중니가 대답했다.

   "그는 성인(聖人)이다. 나는 그만 기회를 놓쳐 그를 아직 만나지 못했을 뿐이다. 나도 그를 스승으로 삼아 배우려고 한다. 하물며 나보다 못한 자

들이야! 어찌 노나라 사람만이겠는가? 나는 천하 사람들을 이끌고 가 그
를 따르려 한다."

【語義】兀者王駘(올자왕태):'兀'은 '趼(월:跀과 동자)'의 차자. 한쪽 발을 자
르는 형벌을 가리킨다. '王駘'는 '駘'가 느린 말을 가리킴을 생각하면
'王'에는 다음에 나오는 '王先生'의 '王'의 뜻이 담겨 있으며 매우 우열
(愚劣)한 자, 요컨대 세속에서 보면 우열하지만 사실은 몹시 유덕(有德)
하다고 하는 역설을 구체화하기 위해 설정한 인물이다.

　相若(상약):같음.

　常季(상계):成玄英은 노(魯)나라의 현인이라고 했지만 확증이 없다.
≪경전석문≫에는 일설을 들어 공자의 제자라고 했다. '常'은 다음에 나오
는 '其與庸亦遠矣'의 '庸', 즉 범상(凡常), 세간(世間)의 것과 같다는 뜻을
지니고 있으며 '季'는 젊은 사람이란 뜻이다. 공자의 제자로 설정된 인물인
듯하다.

　實而歸(실이귀):만족하여 돌아옴.

　固有不言之敎無形而心成者邪(고유불언지교무형이심성자야):이것이
이 우화에 실려 있는 자연 감화의 원칙이다. '不言之敎'는 ≪노자≫ 제2
장에 '성인은 無爲에 몸을 두고, 不言의 가르침을 행한다(聖人居無爲之
事, 行不言之敎)'라 한 것과 같이 도가에서 주장하는 교육의 원칙이다.
'無形'은 밖으로 나타나지 않는 것, '心成'은 상대방이 자연스럽게 마음
으로 깨닫는 것.

　聖人(성인):德이 완전무결한 사람.

　直後而未往耳(직후이미왕이):'直'은 곧·바로·그만. '後'는 시기를 놓
친 것을 가리킨다. 다른 사람보다 늦었다는 뜻이 아니다.

　奚假魯國(해가노국):'奚'는 의문을 나타내는 조사. '假'는 '但(단:오직)'의 뜻.

丘將引天下而與從之(구장인천하이여종지):천하의 젊은이들을 데리고 가 따르겠다는 것은 두말할 것도 없이 지나친 과장이다.

【補說】이상은 〈화덕유심우화〉의 제1절이다. 상계와 중니의 문답 형식을 취하고 있다. 형벌을 받은 불구자일 뿐 아니라 필시 용모마저 추악하여 세상 사람들이 꺼렸을 왕태(王駘)라는 자가 중니보다도 제자를 많이 모아 '不言之敎'로 실효를 거두어 중니로 하여금 천하의 젊은이들을 모아 그의 제자가 되고 싶다는 경탄을 발하게 하고 있다. 왕태와 같은 체도자(體道者)야말로 다른 사람을 감화시킬 수 있다는 이 우화의 주제를 다루고 있다.

常季曰, "彼兀者也. 而王先生. 其與庸亦遠矣. 若然者, 其用心也, 獨若之何."
仲尼曰, "死生亦大矣 而不得與之變. 雖天地覆墜, 亦將不與之遺. 審乎無假, 而不與物遷, 命物之化, 而守其宗也."
常季曰, "何謂也."
仲尼曰, "自其異者視之, 肝膽楚越也. 自其同者視之, 萬物皆一也. 夫若然者, 且不知耳目之所宜, 而遊心乎德之和, 物視其所一, 而不見所喪. 視喪其足, 猶遺土也."

상계가 다시 물었다.

"그 사람은 형벌을 받아 절름발이가 된 사람입니다. 그런데도 선생님보다 훌륭하다고 하니, 그 사람은 세상 사람들과는 멀리 있는 셈입니다. 그런

자는 마음 씀이 대체 어떨까요?"

중니가 대답했다.

"인간에게 생사는 중대한 문제다. 그런데도 그 사람은 이 때문에 마음을 바꾸는 법이 없다. 하늘과 땅이 무너져내려도 그 사람은 무너지지 않을 것이다. 그 사람은 物의 거짓 없는 진실을 명확하게 알고 있으므로 物과 함께 허무하게 변화하는 일이 없다. 요컨대 物을 자연스런 변화에 그대로 맡기고 자신은 그 근본의 道를 지키는 것이다."

상계가 다시 물었다.

"그것을 좀 더 구체적으로 말하면 어떤 의미입니까?"

중니가 대답했다.

"物을 서로 다른 가치관에서 보면 한 몸 속에 있는 간(肝)과 쓸개처럼 더없이 가까운 것도 서쪽의 초(楚)나라와 동쪽 끝의 월(越)나라처럼 몹시 떨어져 있는 것으로 생각할 수 있다. 그런데 物은 그 근본이 같다는 점에서 생각하면 모두 같다. 이 만물이 같다고 하는 근본을 지키는 자는 귀에 들리고 눈에 보이는 세간의 평판과 용모의 아름다움에 기(氣)를 멈추지 않고 그 진실을 명확하게 하여 마음을 자신의 근본인 덕의 조화에 두어 자유를 보전하고, 널리 物에 적용되는 하나의 道로 모든 物을 보아 차별을 두지 않으므로 어떤 物이 다른 物보다 부족한 점을 전연 문제 삼으려 하지 않는다. 그러므로 그는 자신이 한쪽 발을 잃은 것 따위는 마치 흙을 버리듯이 아무렇지도 않게 생각한다."

【語義】 而王先生(이왕선생):'王'은 '旺'과 같다. 성대하다는 뜻. '先生'은 중니를 가리킨다.

其與庸亦遠矣(기여용역원의):'庸'은 세상 일반 사람을 가리킨다. '亦'은 여기서는 어조를 고르고 강조하는 말. '바야흐로' 정도의 뜻. '遠'은 멀리 떨어져 있다는 뜻.

死生亦大矣而不得與之變(사생역대의이부득여지변):제물론편의 설결·왕예문답에 나오는 '死生無變於己'와 같은 주장이다.

雖天地覆墜亦將不與之遺(수천지복추역장불여지유):설결·왕예문답의 '至人神矣. 大澤焚而不能熱……'을 참조하기 바람. '遺'는 '隤(퇴:무너지다)'의 차자.

審乎無假而不與物遷(심호무가이불여물천):'無假'는 거짓이 없는 것, 즉 道에 근거하는 德을 가리킨다.

命物之化而守其宗(명물지화이수기종):'守其宗而命物之化'의 도치 표현이다. '宗'은 德에 대비한 道를 가리킨다. 萬物一化, 인간도 하나의 物에 지나지 않는다는 것이 도가의 근본 주장이지만 인간이 道와 합일하면 그 정신은 物에 의한 변화가 있을 수 없다. 앞의 '不與物遷'과 대구가 되어야 하므로 이 구는 '物의 化를 命한다'는 뜻으로 해석하지 않으면 안 된다.

自其異者視之肝膽楚越也(자기이자시지간담초월야):서로 다른 가치관에서 보면 간과 쓸개처럼 매우 근접해 있는 것도 서쪽의 초(楚)나라와 동쪽의 월(越)나라처럼 멀리 떨어져 있는 것으로 보이는 것을 가리킨다. 제물론편 〈천뢰우화〉의 '天下莫大於秋豪之末, 而大山爲小'라 한 것과 같은 사고방식이다.

自其同者視之萬物皆一也(자기동자시지만물개일야):〈천뢰우화〉의 '天地與我竝生, 而萬與我爲一'과 같은 사고방식이다. 그 동일점은 道를 추구하는 데 있다.

耳目之所宜(이목지소의):성(聲), 즉 세간의 평판과 색(色), 즉 용모의 아름다움을 가리킨다. 《노자》 제12장에 '靑·黃·赤·白·黑의 五色은 사람의 눈을 멀게 한다. 宮·商·角·徵·羽의 五音은 사람의 귀를 멀게 한다. 酸·苦·甘·辛·鹹의 五味는 사람의 입을 상하게 한다 (五色令人目盲. 五音令人耳聾. 五味令人口爽)'고 했다.

遊心乎德之和(유심호덕지화):자신의 德을 조화 안정시켜 마음의 자유를 보전하는 것. 이것이 이 우화의 실제적인 교훈이다. 餘說 참조.

猶遺土也(유유토야):흙을 버리듯이 대수롭지 않게 생각하는 것을 가리킨다. '遺'는 '棄(기:버리다)'의 차자.

【補說】〈화덕유심우화〉의 제2절이다. 중니가 상계의 물음에 답하여 왕태의 훌륭함은 모든 物에 공통되는 근원의 진실을 명확하게 하고 그것을 지켜 세속적 현상에 동요하지 않는 '유심호덕지화(遊心乎德之和)'에 있다고 말한다. 이 '유심호덕지화', 즉 마음의 자유를 보전하라는 것이 이 우화의 근본 주장이다.

常季曰, "彼爲己. 以其知得其心, 以其心得其常心. 物何爲最之哉."
仲尼曰, "人莫鑑於流水, 而鑑於止水. 唯止能止衆止. 受命於地, 唯松柏獨也在. 冬夏靑靑. 受命於天, 唯舜獨也正. 幸能正生以正衆生.
夫保始之徵, 不懼之實, 勇士一人雄入於九軍. 將求名而能自要者而猶若是. 而況官天地府萬物, 直寓六骸, 象耳目, 一知之所知, 而心未嘗死者乎. 彼且擇日而登假. 人則從是也. 彼且何肯以物爲事乎."

상계가 괴이하게 생각하여 다시 물었다.

"선생님의 말씀에 의하면 저 사람은 단지 자신을 위하여 마음을 부릴 뿐입니다. 지혜를 작용시켜 物의 근본을 마음으로 깨닫고, 그 마음을 작용시켜 끊임없이 그 근본을 지켜 변하지 않는 마음, 즉 德의 조화를 깨닫습니다. 그런데 다른 사람들이 어째서 그 사람을 우러러 모여드는 것일까요?"

중니가 대답했다.

"사람은 흐르는 물에 자신의 모습을 비춰 보려 하지 않고 멈추어 있는 물을 거울로 삼는다. 오직 멈추어 있는 물만이 物의 모습을 보여 줄 수 있듯이 고요한 마음만이 모든 행동의 근거가 될 수 있다. 요컨대 대지로부터 생명을 받은 것 중 소나무와 잣나무만이 길이 그 생명을 보전한다. 다른 식물이 말라 죽는 겨울이건 그것들이 시드는 여름이건 언제나 변함없이 푸르고 무성하다. 하늘로부터 생명을 받은 인간 중에서는 오직 성인으로 추앙받는 순(舜)임금만이 바르다. 이처럼 요행히 바르게 오래 산 사람조차 많은 사람들이 기준으로 삼는 바가 된다. (하물며 生死·非常의 변화에도 구애되지 않고 고요하게 마음을 德의 조화 속에 놀게 하는 사람이 중생들을 모여들게 하지 않을 수 있겠느냐.)

무릇 타고난 德을 간직하면 어떠한 것도 두려워하지 않는 용기가 충일하여 용사 한 사람이 적의 대군 속으로 뛰어드는 것과 같다. 명예를 구할 것을 자신에게 맹세한 용자조차도 이러하다. 하물며 저 사람처럼 조물주와 일체가 되어 천지의 운행을 관장하고 만물의 생멸을 한 곳에 모으며 단지 인간의 신체를 빌린 존재로서 귀·눈 등의 기관으로 하여금 감각을 영위토록 하고 그 지각을 통한 지식을 오직 하나로 통일하며 그 마음이 신체와는 달리 사멸되지 않는 자에게 있어서는 걱정될 것이 있겠는가? 인간에게는 죽음이 있다 하더라도 저 사람은 좋은 날을 가려 끝없는 저쪽으로 유유하게 올라갈 것이다. 다른 사람들이 그에게 모여든 것이지 그가 사람들에게 가르침을 베풀거나 명성을 구하려 사람들을 모으는 일 따위를 하겠는가?"

【語義】 彼爲己以其知得其心(피위기이기지득기심):이하 '物何爲最之哉'까
　　지는 왕태(王駘)는 자기 자신을 닦고 있을 뿐인데 왜 사람들에게 감화
　　를 미치는지에 관해 묻는 것이다. '爲己'는 ≪논어≫ 헌문편(憲問篇)의
　　'옛날 학문하던 사람들은 자기를 위해 했다(古之學者爲己)'와 같은 사상
　　에 근거한 것인지도 모른다.

　　物何爲最之哉(물하위최지재):'物'은 왕태를 좇아 노는 자를 가리킨다.
　　'最'는 '冣(취)'로 써야 한다. 흔히 '冣(취:모으다·쌓다)'의 뜻으로 '最'
　　를 쓴다.

　　唯止能止衆止(유지능지중지):'止' 자를 거듭 사용하여 최초의 止의 뜻
　　을 강조하고 있다. 최초의 '止'는 위의 '止水'의 비유를 받아 '정지(靜止)',
　　즉 허심(虛心)하게 되어 그 德을 깨닫는 것을 말하며 겸하여 德과 그
　　德의 작용을 의미한다. 두 번째 '止'는 확실하게 막아낸다는 뜻. 마지막
　　'止'는 다른 사람들의 모습, 즉 행동을 가리킨다.

　　受命於地(수명어지)·受命於天(수명어천):대구를 만들기 위해 天·
　　地로 나누어 말한 것이다. 하늘로부터 생명을 받아 태어나는 것. 단, 앞
　　뒤 문맥으로 생각하면 그 생명은 德이다.

　　唯松柏獨也在冬夏靑靑(유송백독야재동하청청):'也'는 여정(餘情)을 더
　　하기 위한 조사. '在' 자 앞에 '正' 자가 있는 판본도 있다. 일설에 '在'를
　　'正'으로 바꿔 써야 한다는 설도 있다. 또, '夏' 자 뒤에 '常' 자가 있는 판
　　본도 있다. 이 두 구는 ≪논어≫ 자한편(子罕篇)에 '날씨가 추워진 뒤에
　　라야 소나무와 잣나무가 더디 시드는 것을 알 수 있다(歲寒然後知松柏
　　之後彫也)'라 한 것에 근거한 듯하다.

　　唯舜獨也正辛能正生以正衆生(유순독야정행능정생이정중생):'幸' 자

앞에 '在萬物之首'가 있는 판본도 있다. 郭象注·成玄英疏를 참고하여 뒷사람이 보입(補入)한 것으로 생각된다. 여기에 유가에서 존숭하는 성인인 순(舜)임금을 둔 것은 유가설에 대한 배려 때문일 것이다. 단, 순임금이 직접 백성을 교화하는 것이 아니라 그 생(生:생육·성장)을 바르게 간직함으로써 백성들의 生을 바르게 한다고 한 것에 주의해야 한다. 즉 생명을 간직함을 주로 하지 교화를 강조하는 것이 아니다.

夫保始之徵不懼之實(부보시지징불구지실):德을 간직한 결과 어떠한 것도 두려워하지 않는 용기가 충실하게 됨. '保始'는 앞의 '守其宗', 즉 순수한 德을 가리킨다. ≪노자≫ 제55장에, '덕을 두터이 지닌 사람은 갓난아이와 같다. 독충도 물지 않고 사나운 짐승도 덤벼들지 않고 사나운 새도 채가지 않는다(含德之厚者, 比於赤子. 蜂蠆虫蛇弗螫. 攫鳥猛獸弗搏)'라고 했다.

雄入於九軍(웅입어구군):'雄'은 무용(武勇). '九軍'은 대군(大軍)의 뜻. 一軍은 12,500명.

將求名而能自要者(장구명이능자요자):'將'은 '以'의 뜻. 다음의 '求名'을 강하게 제시하고 있다. '而'는 '將求名'을 제시하기 위한 조사. '自要'는 자기 자신에게 구하다, 즉 스스로 기대하는 것.

官天地府萬物(관천지부만물):천지 음양을 지배하고 만물의 출납을 관장함. 즉 전 우주를 통할하는 것을 가리킨다. 이것은 조물주의 활동이자 道의 활동이다. 소요유편 〈유무궁우화〉의 '乘天地之正, 而御六氣之辯, 以遊無窮'과 〈막고야산신인우화〉의 '之人也, 之德也, 將旁礴萬物以爲一'과 같은 취향의 표현이다.

直寓六骸象耳目一知之所知(직우육해상이목일지지소지):다만 잠시 인간의 몸을 빌려 귀·눈 등의 감각을 영위시켜 지식을 통일시키고 있음. 즉 조물주와 일체인 자가 잠시 인간이 되어 인간의 활동을 하는 것을 가리킨다. '六骸'는 머리·몸·사지(四肢·두 팔과 두 다리), '象'은 여기서는 인상(印象)을 구성하는 것을 가리킨다. 즉 物의 구체적인 형태 이전의 것이 象이다. 뒤집어 말하면 감각기관이 物과 접촉하여 구성하는 인상 내지는 표상이다. 여기서는 그 象을 동사로서 사용하고 있다. '一知之所知'는 '所知', 즉 지식만을 통일하는 것이 아니라 '지(知:지각)'의 작용도 포함해야 하므로 엄밀히 말하면 '一知之所以知'라고 해야 할 것이다. 또, 이 같은 사람의 생리적 작용의 통일적 주체는 기(氣) 내지는 정기(精氣)라는 것이 도가의 통상적인 견해이다. 여기서는 그에 대신하여 불사(不死)의 마음을 들고 있다.

心未嘗死者乎(심미상사자호):'心'을 영구불멸의 것으로 삼고 있다. 단 이 '心'은 〈천뢰우화〉의 인간적인 마음이 아니라 정기에 의한 마음, 道를 지키는 마음, 요컨대 德이다.

彼且擇日而登假(피차택일이등가):여기서 '且'는 위의 말을 강하게 제시하는 조사. 다음 문장의 '彼且'의 '且'도 같다. '擇日'은 좋은 날을 택하는 것. 단, 일부러 가려내는 것을 뜻하는 게 아니라 〈안시처순우화(安時處順寓話)〉의 '適來·適去'를 주체적으로 표현한 것일 뿐이다. '登假'의 '假'는 '遐(하:멀어지다, 매우 멀다)'의 차자. 등격(登格)과 같은 뜻. 하늘에 오르는 것을 가리키며 천자의 죽음을 직접적으로 표현하지 않고 이렇게 표현한 것이다. 여기서는 앞에 사람의 신체(六骸·耳目·心知)를 서술하고 있으므로 그 죽음은 결국 〈유무궁우화〉의 '遊無窮', 제물론 편 〈부지이해우화〉의 '遊乎四海之外' 등과 같은 뜻이며 불사(不死)일 뿐 아니라 절대 자유인 것이다. 진한대(秦漢代)에 성한 신선설(神仙說)에서는 수행을 쌓아 불로불사(不老不死)의 경지에 오른 선인(仙人)은 등하(登遐)한다고 했는데 이 우화는 왕태를 선인으로 취급하지는 않았다.

【補說】이상은 〈화덕유심우화〉의 제3절이다. '遊心乎德之和'란 결국 '자신의 변치 않는 마음을 기르는 것이 아닌가, 그것이 어떻게 하여 많은 사람들과 화합할 수 있게 하는가?'라는 상계의 반문에 중니가 답하여 '그는 物의 근원을 궁구하여 변치 않는 마음을 지니고 있으므로 모든 物을 물거울처럼 바르게 받아낼 뿐 아니라 한 사람의 몸으로 모든 物을 포화하고, 동시에 영원불멸하므로 의식적으로 애쓰려 하지 않는다.'라고 설하고 있는 것이다.

【餘說】 '德'과 '和'에 관하여

　　이상의 〈화덕유심우화〉는 형(刑)을 받아 절름발이가 된 왕태가 공자보다도 많은 심복자를 모으고, 공자가 그에 감복하여 그 이유를 해설한다고 하는 이야기의 구성이 매우 재미있는데 '審乎無假', '命物之化, 而守其宗也', '遊心乎德之和', '唯止能止衆止' 등 도가 사상의 특색을 나타내는 중요한 주장과 명제가 실려 있어 주목해야 할 작품이다. 그런데 이 우화에 실린 그들 명제 사이의 설명에는 많은 비약이 있어 그 상호관계를 포착하기 어렵다. 필시 이 우화에 앞서 지어진 논(論)이 있었든지, 아니면 적어도 기성의 주장을 근거로 하여 이 우화가 이루어진 것같다. 또, 중니와 상계의 문답 형식을 취하고 있듯이 다분히 유가설을 의식한 점도 있다. 이러한 사실들은 차치하고 이 우화의 설을 이해하기 위해서는 '德'의 의미와 어째서 '和'가 문제가 되는지부터 생각하지 않으면 안 된다.

　　우리들이 통상 사용하고 있는 '德'이란 말의 의미는 전적으로 유가의 사고를 그 근본으로 하고 있다. 仁·義·禮·知·信 따위 윤리적 행위의 가치를 말하는 것이다. ≪논어≫에 '덕을 닦지 않는 것, 배움을 익히

지 않는 것, 의를 듣고도 실천하지 않는 것, 불선을 고치지 않는 것, 이
것들이 내가 걱정하는 것이다(德之不脩, 學之不講, 聞義不能徒, 不善不
能改, 是吾憂也)'(술이편), '성실과 신의에 힘쓰고 의를 행하려는 것이
덕을 높이는 것이다(主忠信, 徒義, 崇德也)'(안연편)라고 한 것처럼 德은
후천적인 강학(講學), 실천적 훈련 등에 의해, 즉 적극적으로 도덕률을
수득(修得)함으로써 충실해지며 발전하는 것이다. 또 그 수득의 정도에
따라, '덕은 외롭지 않다, 꼭 이웃이 있다(德不孤, 必有隣)'(이인편)고 한
것처럼 좋은 감화를 미칠 뿐 아니라 타인을 지도하는 힘이 되기도 한다.

이러한 유가의 논(論)에 비해 도가에서 제창하는 德은 각 개인뿐 아니
라 일반 개개의 物이 物로서 성립되는 개별적이고 선천적인 본질을 가
리킨다. ≪관자≫ 심술상편에는 '德은 道가 머무는 데 있으며 物을 얻음
으로써 생겨난다'고 했다. 보편적인 道가 개별화·구체화된 것이 德이
라는 것이다. 뒤의 천지편에서는 物의 존재를 생성 과정의 분석에 의해
다음과 같이 설명하고 있다.

'泰初有無. 無有無名, 一之所起. 有一而未形, 物得以生, 謂之德. 未形
者有分, 且然無間, 謂之命. 留(流)動而生物, 物成生理, 謂之形…… 후략'

요컨대 德은 보편적 진실성을 갖춘, 더 나아가 物 그 자체의 유일한
본질이다. 이 우화에서 '無假'라 하여 '德'을 이야기하고 있는 것은 이것
을 가리키는 것이다.

그런데 物은 그 자체로는 존재하지 않고 道에 의해 끊임없이 생멸의
변화를 계속하는 것에 지나지 않는다는 것이 도가의 근본적인 사고다.
그래서 '聖人不從專於務'라 하는 것처럼 物은 사색·행동의 대상이 되
지 않는다는 것이 거듭 되풀이되는 주장이다. 또 이것은 物로부터의 이

탈을 강조하는 것도 된다. 物을 부인하고 그로부터 초출(超出)해야 한다는 것은 이미 〈천뢰우화〉 중에 그 상론(詳論)이 실려 있다. 그런데 物이 道에 의해 생기(生起)하면 物 자체도 道의 진실성을 나누어 가져야만 한다. 요컨대 物에도 각각 진실이 존재한다고 생각하지 않으면 안 되게 된다. 德은 이처럼 物의 현존재에 관해 고찰해야만 할 경우 현저하게 문제로 부각되는 것이다. 物의 진실한 존재를 고찰하려면 그것과 한때의 환상에 지나지 않는 현상으로서의 物을 변별하지 않으면 안 된다. 도가 가운데는 物의 현존재를 자연스러운 것, 진실한 것으로 포용하는 사고를 제시한 자가 있는데 이 우화는 그것에 앞서 眞과 假의 변별을 강조하고 있는 것이다.

도가의 德은 物 그 자체로 성립하는 선천적 본질이므로 유가에서 설하는 것과는 달리 후천적 훈련을 필요로 하지 않는다. 말할 것도 없이 후천적 여러 조건은 德 본래의 작용을 저해한다. 특히 세상의 지혜 · 명성 · 욕망 · 평가 · 규율 등의 후천적 여러 조건이 얽힌 인간의 현존재로서는 그것들을 일소(一掃)하고 내성(內省)을 깊게 하여 德을 회복시켜 자득(自得)하는 것이 긴요하다. 이 우화에서 왕태가 자신이 절름발이라는 사실도 잊고 死生이나 天地의 대변화인 物에 전연 마음이 동요되지 않았다는 것은 그 구체적인 예라 할 수 있다. 또, '審乎無假, 而不與物遷'이라 한 것은 그 자득을 설하고 있는 것이다. '唯止能止衆止'라고 하여 '止'를 강조한 것도 이와 연관된 것이다. 德은 각각의 외적 조건을 부정하는 내성에 의해 깨닫게 되는 것이다.

그런데 德이 物의 유일한 본질이라면 德을 갖춘 현존재의 物은 개별적이며 그것만으로 완결적이어서 다른 物과는 적극적 관계를 갖지 않게 될 것이다. 예를 들면 앞의 인간세편에 나오는 신목(神木)의 경우 그 德은 큰 나무가 된, 이른바 '大用'에 있으며 그것은 세속에서는 전연 무용의 것이므로 다른 物과는 거의 무관계한 것이다. ≪한비자≫ 해로편(解老篇)에 '몸을 보전하는 것을 德이라 한다.'라고 한 것은 완결적으로 일신의 보전이 德이라는 것을 주장하는 것이다. 이렇다면 보편적이며 포화적인 道와 개별적이며 완결적인 德 사이에는 서로 모순되는 성격이 있게 되며 그럼에도 道가 德에 의해 구현된다고 하면 이 모순을 어떻게 해결해야 할지가 중요한 문제가 된다.

일반적으로 도가의 사고방식에서 구도(求道)의 방향으로서는 현세를 초월하고 절대의 자유를 확보하는 데서나 物의 시비를 포화하는 道를 체득하는 데서나 物에 구애되는 것을 부정하고 개아(個我)를 확립하는 것이 중요한 계기가 되지만, 이미 道를 체득한 자가 道를 구현하는 방향으로서는 어느 정도든 다른 物과 서로 관계되는 한 그것과의 적극적인 관계를 설명할 필요가 있다. 실은 物의 德을 생각하는 것, 즉 物의 참된 존재를 생각하는 것은 이처럼 物과 物의 적극적 상호관계를 생각하는 방향을 규정하고 있는 것이다. 그리고 상계가 '彼爲己'라고 한 것은 이 문제를 지적하고 있는 바, 요컨대 이 우화는 物과 物의 참된 관계를 규명하려는 것이며 그에 대한 답으로 '德의 조화'라는 주장을 들고 있다. 德에는 다른 物과 화합하려는 작용이 있다고 하는 것이다. 그리고 '和'를 거론하고 있는 것은 유가설의 영향이라고 생각할 수 있다.

사람들의 和合이라고 하는 것은 ≪논어≫ 학이편(學而篇)의 '예의 구실은 조화에 귀함이 있다(禮之用, 和爲貴)'고 한 것을 필두로 하여 유가에서도 매우 중요시했던 문제다. 인간이 사회적 생활을 영위하는 데는 그 사회를 구성하는 사람들과 적극적인 협동 일치가 없으면 안 되기 때문이다. 단 유가에서 화합은 윤리적 질서의 분한(分限)과 규정이 있어야만 실현된다고 생각했다. ≪순자≫ 영욕편(榮辱篇)에는 '예의야말로 사람들로 하여금 사회생활을 하게 하고 하나로 화합되게 하는 道'라는 요지의 글이 실려 있다. 이런 점에서 유가의 예의는 인간의 분한을 규정하는 것이며 음악은 그 화합을 달성하는 것이어서 이 양자가 어울려야 인륜 질서가 완전하게 달성된다고 제창하고 있다.

단, 도가 사상의 영향을 받은 《중용》에서는 '喜怒哀樂의 情이 아직 나타나지 않은 것을 中이라 한다(喜怒哀樂之未發, 謂之中)'고 하여 인간의 선천성에 '화합의 因'이라 할 수 있는 중정(中正)함이 갖추어져 있다고 했다. 그런데 이어서 '喜怒哀樂의 情이 나타나 모두 절도에 맞는 것을 和라 한다. 中은 천하의 大本, 즉 天命의 性이며 천하의 理는 모두 이에서 나오는 道의 本體이다. 和는 천하의 達道, 즉 性에 좇는다는 뜻이며 천하고금의 것이 모두 이에 의해 행해지는 道의 작용이다(發而皆中節, 謂之和. 中也者天下之大本也. 和也者天下之達道也)'라고 하여 결국 화합은 절도를 그 선행 조건으로 해야 한다고 했다. 이에 대해 도가에서는 德 그 자체에 화합적 성격 내지는 기능이 갖추어져 있다고 주장한다. 이 우화에서 '德의 和'를 제창하는 것도 그러한 것이다. 뒤에 나오는 〈재전덕불형우화(才全德不形寓話)〉에는 '德者成和之脩也'라 했고, 또 선성편(繕性篇)에도 '夫德和也'라 했다.

德 그 자체에 화합적 성격 내지 기능이 있다면 그 德을 갖춘 사람은 구체적으로 어떻게 행동할까? 德이 개별적이고도 완결적인 것임을 생각하면 그것은 그 사람이 사람으로서 완성되어 있는 쾌적함, 바꾸어 말하면 어떠한 物에도 침범당하지 않는 독립의 존엄을 지니고, 어떠한 일에도 불만 없는 자유로운 평안을 보전하는 것이 그 근본 뜻이라고 해석하지 않으면 안 된다. 이 우화에 '遊心乎德之和'라고 표현된, 전혀 거북함 없는 자유스러움은 이 존엄과 평안 속에 있을 것이다. 또, 뒤에 나오는 〈재전덕불형우화〉에서 德이 완전한 인간을 하늘이 준 재능을 보전하고 있는 인간이라고 한 것은 이것의 완성을 말하는 것이다. 특히 德은

외적 조건을 부정하는 내성(內省)에 의해 오득(悟得)되는 것이므로 다른 物이 그 德에 간섭할 여지가 전혀 없다. 〈재전덕불형우화〉에서는 이 점을 강조하여 '死生存亡, 窮達貧富, 賢與不肖, 毁譽, 飢渴寒暑, 是事之變, 命之行也. 日夜相代乎前, 而知不能規乎其始者也. 故不足以滑和, 不可入於靈府. 使之和豫, 通而不失於兌. 使日夜無郤, 而與物爲春. 是接而生時乎心者也. 是之謂才全'이라 하고 있다.

사람들과 화합하기 위해서는 우선 자기 자신의 심신의 조화·안정이 이루어지지 않으면 안 된다. 이것이 선행되지 않으면 아무리 질서와 절도가 갖추어져 있더라도 그것은 외연적인 화합에 지나지 않는다. 또 간섭하지도 않고 비굴하게 복종하지도 않으며 전혀 구속됨이 없는 자유스런 정신으로 사람들과 대하지 않으면 안 된다. 이런 의미에서 볼 때 이 우화의 '遊心乎德之和'란 이 화합의 기본을 명확하게 밝히고 있는 명언이다. 그러나 이것만으로는 사람들과 적극적으로 사귈 수 없으며 자신의 정신 속에 멈추어 있게 된다. 그래서 이 우화에서 상계가 '以其心得其常心. 物何爲最之哉'라는 반문을 하는 것이다. 더욱이 뒤에 나오는 〈재전덕불형우화〉에서는 '不可入於靈府'에 이어서 '使之和豫, 通而不失於兌. 使日夜無郤, 而與物爲春. 是接而生時乎心者也. 是之謂才全'이라는 명문구(名文句)를 잇고 있는데 그것만으로는 오히려 그 정신·주의를 현저하게 할 뿐이라고 말하지 않으면 안 된다.

물론 이 우화나 뒤의 〈재전덕불형우화〉나 그것이 의식적 행동이라고는 말할 수 없겠지만 다른 物과의 적극적인 관계를 생각하고 있다. 과연 德은 이 관계를 충족시킬 수 있을까? 그럴 수 있다는 근거로 이 우화가 들고 있는 첫 번째는 물거울의 비유를 들어, 멈추어 있는 물에는 物의 모습이 잘 비쳐 보인다, 즉 내성에 의해 道를 체득하여 德을 갖춘 사람은 잘못 없이 다른 사람에게 대응할 수 있다는 것이며, 두 번째는 송백

(松柏)이나 순(舜)처럼 德을 얻은 자가 스스로 生을 바르게 하는 것으로 다른 사람의 生을 바르게 한다는 것이며, 세 번째는 신비적 표현이라 할 수 있는 것으로 그 의미를 요약하면 그 德이 조물주와 일체가 되기 때문이다. 즉 道와 완전하게 일치하여 영구불변하기 때문이라는 것이다.

그런데 이것들이 과연 충분한 근거가 될 수 있을까? 물거울이나 명경(明鏡)은 이 우화에서만 아니라 일반적으로 도가가 즐겨 사용하는 비유다. 멈추어 있는 물이나 맑은 거울은 '무심무아(無心無我)'의 심경에 비유되고 그 物의 모습을 비춰 주는 것은 物에 대응하고 잘못이 없는 德이나 명지(明知)에 비유되며 더욱이 그것들을 훌륭하게 하나로 합쳐 보여 주기 때문이다. 그런데 무심무아는 구도(求道)의 방향이며 德이나 명지는 道를 실현하는 방향이다. 그 사이에는 방향의 전환이 있어야만 하는데 이 비유는 어떠한 설명도 없이 그것을 하나의 실체로 처리해 버리고 있는 것이다. 구도의 방향에서 본다면 物에 대응하여 잘못 없는 德이나 明知는 기대에 지나지 않는다.

이 우화에서 물거울에 덧붙여 '唯止能止衆止'라고 하는 명제도 이와 다름없다. 맨 앞의 '止'에는 내성에 의한 德의 오득(悟得)과 오득(悟得)된 德과 德의 효용이 동일시되어 포함되어 있는 것이다. 적어도 물거울의 비유에서 말하면 그것은 物이 그 모습을 물에 비치기를 기다리지 않으면 안 되는 것처럼 그 '德의 和'는 여전히 한 사람의 몸속에 머물러 있을 것이다. 그래서 다음에 德을 얻은 자가 스스로 生을 바르게 하여 다른 사람의 生을 바르게 하는 것을 이유로 하고 있지만 이것도 일신을 주로 하고 있을 뿐 아니라 다른 사람을 바르게 하는 것을 강조하면 화합이 아니라 지도(指導)가 되고 말 것이다.

마지막의 이유에 이르면 그것은 德의 작용이라기보다는 道의 작용이라고 해야 할 뿐 아니라 너무나도 다른 物과 동떨어진 것이 될 것이다. 그것은 대포화(大包和)를 제시하는 것과 비슷하며 실은 초월자의 만물 통합으로 만물과의 자연스런 화합을 설하는 데는 걸맞지 않은 것으로 생각된다. 이처럼 말하는 것은 공자보다 훨씬 뛰어난 교육자로서 왕태를 묘사하려고 한 우화의 구성에 기인하기도 하지만 주된 이유는 '萬物皆一也'의 만물평등관에 착안하면서 이와 상반되는 듯한 '審乎無假, 而不與物遷, 命物之化, 而守其宗也'라 하여 物의 진가(眞假)를 엄별하고, 왕태 한 사람만이 체도자, 즉 참된 성덕자(成德者)라고 규정한 때문일 것이다. 단 한 사람만의 걸출한 인물 주변에는 사람들의 참된 화합은 없을 것이다.

이것과 비교하면 뒤의 〈재전덕불형우화〉에서 전덕자(全德者)는 德을 바깥으로 나타내지 않는 자이다. '德不形者, 物不能離也'라 설한 것은 흥미 있다. 말하자면 사람이 그 德을 떨어뜨려 다른 物과 같은 차원에 설 경우에는 다른 物과 떨어지지 않는 조화 관계가 생긴다고 하는 특별한 견해를 보이고 있는 것이다. 그런데 〈재전덕불형우화〉는 德을 개별적이며 완결적인 '才'의 면과 그 조화적인 불형(不形)의 德의 일면으로 나누고 있어 한층 과도적인 설을 보여 준다. 더구나, 이것들보다도 진보한 것으로는 뒤의 재유편의 〈물자화우화〉처럼 자기 스스로도 다른 것도 현실의 진실한 경지에서 자유스러운 대조화(大調和)가 있다는 것을 설하는 것도 있다.

요컨대 이 우화는 도가의 입장에서 다른 物, 다른 사람과의 화합을 주된 문제로 삼고 화합의 기본을 제시하여 그 점에서는 유가보다 심오한 점이 있지만 여전히 미해결의 문제를 남기고 있다.

제2장 신도가 · 자산대화:유어형해내지우화(申徒嘉 · 子産對話:遊於形骸內之寓話)

申徒嘉兀者也. 而與鄭子産同師於伯昏無人. 子産謂申徒嘉
曰,"我先出則子止. 子先出則我止."
其明日又與合堂同席而坐. 子産謂申徒嘉曰,"我先出則子止.
子先出則我止. 今我將出. 子可以止乎, 其未邪. 且子見執政
而不違, 子齊執政乎."
申徒嘉曰,"先生之門, 固有執政焉, 如此哉. 子而說子之執
政而後人者也. 聞之, 曰,'鑑明則塵垢不止. 止則不明也.'久
與賢人處, 則無過. 今子之所取大者, 先生也. 而猶出言若是,
不亦過乎."
子産曰,"子旣若是矣, 猶與堯爭善. 計子之德, 不足以自反
邪."
申徒嘉曰,"自狀其過, 以不當亡者衆, 不(而)狀其過以不當存
者寡. 知不可奈何, 而安之若命, 唯有德者能之. 遊於羿之彀
中, 中央者中地也. 然而不中者, 命也. 人以其全足, 笑吾不
全足者, 衆矣. 我怫然而怒. 而適先生之所, 則廢然而反. 不
知先生之洗我以善邪. 吾與夫子遊, 十九年矣. 而未嘗知吾兀
者也. 今, 子與我遊於形骸之內, 而子索我於形骸之外. 不亦
過乎."
子産蹵然改容更貌, 曰,"子無乃稱."

신도가는 형벌을 받아 절름발이가 된 사람이다. 그런데 정(鄭)나라의 재상인 자산과 함께 백혼무인을 스승으로 하여 배웠다. 어느 날, 자산이 신도가와 함께 걷는 것을 싫어하여 신도가에게 말했다.

"내가 먼저 나가면 자네는 뒤에 남게. 자네가 먼저 나간다면 내가 뒤에 남겠네."

그 다음 날, 두 사람은 또 같은 자리에 동석하게 되었다. 자산은 거듭 신도가에게 말했다.

"내가 먼저 나가면 자네는 뒤에 남게. 자네가 먼저 나간다면 내가 남겠네. 나는 지금 나가려네. 자네는 뒤에 남겠는가 아니면? 그런데 일국의 재상을 보고도 경의를 표하여 뒤로 물러나려 하지 않는 것은 자네가 재상과 같은 신분의 사람이라는 것을 보여 주자는 속셈인 듯한데?"

신도가가 대답했다.

"우리처럼 같은 스승을 섬기고 있는 제자들 사이에도 재상이니 뭐니 하는 신분의 구별이 있을까요? 당신도 스스로 재상이라는 사실이 못내 즐거워 다른 사람을 업신여기는 부류입니까? 이런 말을 들어 보셨는지요, '거울이 맑으면 티끌이 앉을 수 없고 때가 묻을 수 없다. 그런데 일단 더러움이 묻으면 거울은 흐려진다'라는. 이 거울처럼 현인은 오랫동안 같이 있는 사람의 마음을 비추어 허물이 없게 합니다. 이제 좋은 것을 배우려고 당신이 스승으로 삼고 있는 사람은 우리의 선생이십니다. 그런데도 그런 말을 한다는 것은 마치 거울에 더러움이 묻듯 선생님의 현명함을 가리는 것이며 잘못을 범하는 것이 되지 않을까요?"

자산은 그 말을 듣고 분연히 따져 물었다.

"절름발이 주제인 자네가 그런 말을 해? 요(堯)임금처럼 德이 높은 사람을 상대로 누가 더 선한가를 다투려 하는가? 자네의 德을 헤아려 보면 자네는 그런 말을 해도 좋은지 어떤지 반성할 수도 없는 사람이네."

신도가가 조용히 말했다.

"세상에는 자신의 잘못을 말하면서 팔을 잘리는 형벌을 받을 정도는 아니라고 주장하는 자는 많지만 그 잘못을 용서하여 발을 그대로 두어서는 안 된다고 주장하는 자는 거의 없습니다. 잘못을 범하거나 형벌을 받는 따위는 인간의 힘으로는 어떻게도 할 수 없는 것임을 깨닫고 마음 편히 그 운명에 따르는 것은 오직 참된 유덕자만이 할 수 있습니다. 예를 들면 활의 명인인 예(羿)가 시위를 당긴 화살의 사정거리 안에서 놀면 그 한복판에서 노는 자는 명중당할 게 뻔합니다. 그런데도 화살에 맞지 않는다고 하면 그것은 사람의 지혜로는 헤아릴 수 없는 운명입니다. 나는 한쪽 발을 잃어 다른 사람이 가끔 저를 피합니다. 발뿐 아니라 인간의 몸은 언젠가는 없어지게 마련인데 세상에는 자신에게 두 발이 온전히 있다는 것을 과시하여 제 발이 하나라는 것을 비웃는 자가 많습니다. 그럴 때면 나도 모르게 화가 치밀어 오릅니다. 그런데 선생님이 계신 곳에 가면 산뜻하게 본디의 기분으로 돌아오게 됩니다. 이것은 선생님이 선덕으로 나의 마음을 닦아 깨끗이 해 주시기 때문이 아닌지 모르겠습니다. 나는 선생님 밑에서 배운 지 19년이나 되었습니다. 그런데 그동안 단 한 번도 나 자신이 절름발이라는 사실을 느낄 수가 없었습니다. 그런데 지금, 그대와 나는 선생님의 경우와 마찬가지로 정신적 세계에서 교제해야 하는데 그대는 나에게 육체적 일을 문제 삼는 세속의 사귐을 구하고 있습니다. 이것이 바로 잘못이 아닐까요?"

그러자 자산은 태도를 공손히 하고 안색을 고쳐 이렇게 말했다.

"알겠소. 그만 나무라시오."

【語義】 申徒嘉(신도가):'申'은 '사(司)'의 뜻으로 쓰였다. '司'가 그 음이 비슷한 '申'으로 표기된 것이다. 이런 경우 '申'을 '司'의 '음전(音轉)의 文字'라 한다. 따라서 '申徒'는 육경(六卿)의 하나인 사도(司徒:토지·인민

을 관장했다)이다. '嘉'는 이름.

鄭子産(정자산):'鄭'은 서주(西周) 말기에 일어난 나라로 지금의 하남
성 신정시(新鄭市)에 수도를 두었다. 전국시대 초기에 멸망했다. '子産'
은 춘추시대 말기에 활약했던 인물로 정(鄭)나라의 명재상이었다. 성은
공손(公孫), 명은 교(僑). '子産'은 그의 자. 집안이 낮은 공족(公族) 출
신이었으나 고위자를 뛰어넘어 어려운 국정을 맡았다. 당시 鄭나라는
晋·楚 두 강대국 사이에 위치하여 압박을 받았는데 교묘한 외교술로
국위를 유지하고 국정 개선에 힘써 형법을 제정하고 풍속을 바로잡았
다. B.C. 522년에 망했다. 晋의 숙향(叔向), 齊의 안영(晏嬰), 衛의 거
백옥(蘧伯玉) 등과 함께 공자로부터 '앞 시대의 현인'이란 말을 들었다.
특히 공자는 자산을 평하여 '그 사람만이 옛날의 바른 사랑을 알고 있었
다(古之遺愛也)'(≪춘추좌씨전≫ 昭公 20년)라고 했다. 이 우화는 이러
한 역사에 등장하는 인물을 제재로 삼고 있는 것이다.

伯昏無人(백혼무인):'伯'은 '長(장:뛰어나다)'의 뜻. '昏'은 '暗(암:어둡
다, 어리석다)'의 뜻. 즉 '伯昏無人'은 매우 어둡고 어리석다는 뜻의 이
름을 지닌 인물로 설정된 인물이다. 전자방편·열어구편 등에는 '伯昏
瞀人'으로 되어 있다. '瞀'도 '暗'의 뜻.

我先出則子止(아선출즉자지):낮은 신분의 사람이나 연소자는 귀한 신
분의 사람이나 연장자와 함께 걷지 않고 뒤에서 따라가는 것이 예의라
고 말하고 있는 것이다.

其未邪(기미야):이 '未'는 否(부:아니)와 같다.

執政(집정):정치의 실권을 쥐고 있는 사람. 재상.

子而說子之執政而後人者也(자이열자지집정이후인자야):여기서 '而'는
앞의 '子'를 제시하는 조사. '說'은 '悅(열)'의 차자. 여기서는 자만(自慢)
의 뜻. '也'는 통설처럼 결정의 뜻을 나타내는 조사로 보아도 되나, 의

문의 뜻을 나타내는 조사인 '邪'와 같다고 보는 쪽이 좋다. 그런데 여기서는 앞의 '如此哉'에 대하여 약간 어조를 진정시켜 비난하는 기분을 담고 있다.

鑑明則塵垢不止……: 이 문장 앞의 '聞之'의 '之'를 成玄英은 '鑑明' 이하 '久與賢人處則無過'까지를 가리키는 것으로 보아, '鑑'은 '賢人'을, '塵垢'는 '過'를 비유한 것이라고 해석했고, 이에 따르는 학자가 많다. 그런데 그렇게 하면 비유와 본의의 표현이 어울리지 않을 뿐 아니라 '今子之所取大者' 이하와 순조롭게 접속되지 않는다. '止則不明也'까지를 가리킨다고 보아야 한다. '鑑明'은 伯昏無人을, 더 나아가서는 현인을 비유한 것이며 '塵垢'는 자산을 비유한 말이다. 통렬한 야유이다. 그렇기 때문에 다음에 자산이 분격하는 말이 있는 것이다. '塵垢'는 티끌과 먼지. 나아가, 추악함·불결함의 뜻.

子旣若是矣(자기약시의): '是'는 절름발이인 것을 가리킨다. 자산이, 해서는 안 될 말을 드디어 입에 올리고 만 것이다. '矣'는 어조의 강함을 나타내는 조사.

猶與堯爭善(유여요쟁선): 자산이 자기도 모르게 스스로를 성인인 요(堯)임금에 비유한 듯한 말투다. 통설처럼 평서문으로 보아 해석해도 통하지만 어조가 급격한 점으로 보아 '善' 다음에 반문을 나타내는 의문사인 '乎'가 생략된 문장으로 보아야 할 것이다.

不足以自反邪(부족이자반야): '不足'은 '不能'의 뜻. '反'은 '반성'의 뜻.

自狀其過以不當亡者衆不狀其過以不當存者寡(자상기과이부당무자중불상기과이부당존자과): '衆'과 '寡'가 상반되는 뜻의 글자임을 고려하면 '不狀'의 '不'은 '而'를 잘못 베낀 것으로 보아야 한다. 고문헌에는 '而'를 '不'로 잘못 베낀 예가 적지 않다. 종래에는 원자(原字)대로 해석하여 문의가 순조롭지 않았다. '狀'은 백상(白狀), 즉 분명하게 말하는 것. 이 이하의 말에는 조용한 어조 속에 신랄한 풍자가 담겨 있다.

安之若命(안지약명):안심하고 운명에 좇음. '若'은 '從'의 뜻.

羿(예):전설상의 인물로 중국 고대에 10개의 태양이 나타났을 때 그 가운데 9개를 활로 쏘아 떨어뜨려 1개만이 빛나도록 했다고 하며, 또 하(夏)나라 때 유궁국(有窮國)의 임금으로 궁술(弓術)의 명인이었는데 정치를 돌보지 않아 신하에게 죽임을 당했다고 한다.

彀中(구중):힘껏 당겨진 활의 시위를 떠나 살이 날아갈 수 있는 거리. '彀'는 살이 날아갈 수 있는 거리.

怫然(불연):매우 화를 내는 모양.

不知先生之洗我以善邪(부지선생지세아이선야):'不知'는 앞의 〈화덕유심우화〉의 '立不敎, 坐不議'와 같은 취향이다. 先生이 적극적으로 가르치지 않기 때문일 것이다. '洗'는 마음을 씻어 깨끗이 하는 것.

遊於形骸之內(유어형해지내):신체적인 것을 잊고 정신적인 교류로 사귀는 것을 가리킨다.

蹴然(축연):두려워하여 삼가는 모양. 숙연(肅然)과 같다.

改容更貌(개용경모):태도와 안색을 고쳐 단정하게 함.

無乃稱(무내칭):'無乃'는 '~하지 말아 달라'는 부탁의 표현. '稱'은 이야기하는 것.

【補說】 정나라의 명재상 자산과 절름발이 신도가의 문답을 통해 세속적인 신분·지위의 차별은 말할 것도 없고, 인간으로서 누구나 느끼게 되는 육체적인 미추의 감정도 떨쳐 버리고 오직 혼무(昏無)를 스승으로 하여, 즉 무엇에도 구애되지 않는 무심의 경지에 이르러야 비로소 '심우(心友: 德友)'가 있다는 것을 설하고 있다. 참된 사귐은 이처럼 일체의 외적 조건을 버린 경지에서 비로소 성립된다는 것은 진실이리라.

제3장 무지 · 중니 · 노담문답:천형우화(無趾 · 仲尼 · 老聃問答:天刑寓話)

魯有兀者叔山無趾. 踵見仲尼.

仲尼曰, "子不謹, 前旣犯患若是矣. 雖今來, 何及矣."

無趾曰, "吾唯不知務, 而輕用吾身. 吾是以亡足. 今吾來也, 猶有尊足者存. 吾是以務全之也. 夫天無不覆, 地無不載. 吾以夫子爲天地. 安知夫子猶若是也."

孔子曰, "丘則陋矣. 夫子胡不入乎. 請講以所聞."

無趾出. 孔子曰, "弟子勉之. 夫無趾兀者也. 猶務學以復補前行之惡. 而況全德之人乎."

無趾語老聃曰, "孔丘之於至人. 其未邪. 彼何賓賓以學子爲. 彼且蘄以諔詭幻怪之名聞. 不知至人之以是爲己桎梏邪."

老聃曰, "胡不直使彼以死 · 生爲一條, 以可 · 不可爲一貫者, 解其桎梏, 其可乎."

無趾曰, "天刑之. 安可解."

노나라에 형벌을 받아 한쪽 발을 잘려 절름발이가 된 숙산무지란 자가 있었다. 그가 어느 날 공자의 뒤를 따라와 만나 뵙기를 청했다. 공자는 그를 보고 대뜸 이렇게 말했다.

"당신은 행동을 삼가지 않았기 때문에 전에 이런 재난을 만났던 것이오. 이제 나의 가르침을 받으러 왔지만 어찌 원상태로 될 수 있겠소?"

공자의 말에 무지가 대답했다.

"저는 인간으로서 진정 힘써야 할 것이 무엇인지를 몰랐기에 세상의 관습대로 경솔하게 행동했던 것입니다. 그래서 이렇게 한쪽 발을 잘렸습니다. 이제 제가 가르침을 청하기 위해 온 것은 한쪽 발은 잃었지만 아직 발보다 더 중요한 것이 남아 있다는 것을 알았기 때문입니다. 저는 아직 제게 남아 있는 그 귀중한 것을 잘 보전하려고 삼가 가르침을 청한 것입니다. 무릇 하늘은 일체의 物을 덮고, 대지는 모든 것을 그 위에 싣고 있는 바 저는 선생을 저 천지와 같이 박식하고 높은 덕을 지녔다고 생각했습니다. 그런 분께서 이처럼 말씀하시리라고는 꿈에도 생각하지 못했습니다."

그러자 공자가 태도를 바꾸어 말했다.

"제가 어리석었습니다. 선생께서는 안으로 들어오지 않으시겠니까? 제가 들어 알고 있는 것을 말씀드리도록 하겠습니다."

무지는 그 자리를 떠났다. 그 뒤 공자는 제자들을 모아 놓고 다음과 같이 말했다.

"제자들이여, 힘써 배워라! 저 무지는 형벌을 받아 불구자가 된 사람이다. 그럼에도 학문에 힘써 지난날의 잘못을 보상하려 한다. 하물며 사지가 멀쩡한 자가 되어 학문에 힘쓰지 않는다면 어찌 되겠느냐?"

한편 무지는 이상의 일을 노담(老聃)에게 말했다.

"공구(孔丘)가 지인(至人)의 경지에 이르려면 아직 멀었더군요. 그런데도 어째서 빈번히 당신한테 배움을 청하러 오는 것일까요? 그는 매우 괴이한 것을 얻고 싶어 하며 거짓 명성을 널리 구하려 하지만 지인은 바로 그것을 인간의 자유를 저해하는 차꼬나 수갑쯤으로 여긴다는 것을 그는 모르는 것 같습니다."

노담이 그에 답하여 말했다.

"그렇다면 생사를 고락의 구별 없이 다만 하나로 이어진 것으로 보고, 物의 可·不可를 인간의 지혜로 구별하려 하지 않고 오직 하나로 생각하는 지인이 그 수갑과 차꼬를 풀어주도록 하면 어떨까, 그렇게 하면 될 텐데……."

무지는 노담의 말에 고개를 저으며 말했다.

"공구는 태어나면서부터 하늘이 내린 형벌을 받고 있습니다. 어떻게 해도 빠져나올 수 없습니다."

【語義】 叔山無趾(숙산무지):'叔山(작은 산이라는 뜻)'은 지명이고, '無趾'는 절름발이라는 뜻. 한쪽 발의 발자국이 없다는 뜻의 이름인데 '無趾'에는 〈심재우화〉에서 '無行地難'이라 한 것과 같은 뜻이 담겨 있어, 세속의 형적(形跡)에 전혀 구애받지 않는 체도자(體道者)라는 의미가 숨어 있다.

踵見(종견):'踵'은 뒤를 쫓는 것. 무지가 공자를 사모한다는 것이다.

尊足者(존족자):'尊' 자 다음에 '下' 자가 생략되어 있다. 발, 즉 육체보다 높은 것은 마음의 德이다.

공자(孔子):앞에서는 공자의 자인 '仲尼'라 부르다 공자를 비판할 단계인 여기에 와서 '공자'라 높여 부르고 있다. 다분히 야유적인 말투인 것이다.

陋(루):견식이 좁고 얕은 것.

胡不入乎(호불입호):이른바 반어적인 표현인데 여기서는 정중히 상대방에게 들어오기를 권하고 있는 것이다.

復補(복보):'復'은 '覆(복:덮다, 가리다)'의 차자. 즉 보상하는 것을 가리킨다.

全德之人(전덕지인):여기서는 절름발이에 상대되는 말로 사지가 멀쩡한 사람을 가리킨다.

賓賓(빈빈):'빈빈(頻頻)'과 같다. 자주, 빈번하게.

以學子爲(이학자위):여기서 '爲'는 의문을 나타내는 조사.

誠詭幻怪(숙궤환괴):'誠詭'는 '조궤(弔詭)'와 같다. 매우 괴이한 일. '幻'은 거짓·속임수. '怪'는 일반적인 것이 아닌 것. 仁·義 따위를 가리킨다.

桎梏(질곡):차꼬와 수갑. 자유를 몹시 구속당하는 것의 비유이다.

以死生爲一條(이사생위일조):생사를 초월하여 안주하는 것을 가리킨다. '條(조:긴 가지)'는 '條(조)'의 차자. '條'는 긴 벼리[綱]로 그물의 위쪽 코를 꿴 굵은 줄. 나아가 사물을 총괄하여 규제하는 것, 곧 도덕·법칙·규율 따위. 〈부지이해우화〉의 '死生無變於己'나 〈안시처순우화〉의 '安時而處順'과 같은 주장이다.

以可不可爲一貫(이가불가위일관):可·不可의 구별 없이 본디 하나인 것을 가리킨다. 〈천뢰우화〉의 '可乎可, 不可乎不可, 道行之而成'과 같은 주장이다. 노담은 이런 체도자란 바로 무지와 같은 사람이라는 것을 은연중에 말하고 있다.

天刑之(천형지):세속적인 명예·생사·가치 등에 구속되는 것은 공자로서는 피할 수 없는 욕망임을 가리킨다. 〈안시처순우화〉에 나오는 '帝之縣解'에 상대되는 말이다.

【補說】 이 우화의 전단에서는 무지와 공자의 회견 시에 있었던 대화를 빌려, 세상에서 고덕·박식하다는 평판을 얻은 공자도 무지의 참뜻을 알지 못하고 구태의연하게 자신의 학문을 지킨다는 것을 나타내고, 후단에서는 무지와 노담의 대화를 빌려, 공자는 세속의 명성에 구애되어 어떻게 해도 지인이 될 수 없다는 것을 설하고 있다. 이 우화의 본의를 말하면 세속의 명성을 얻기 위해 학문·덕행을 고집하면 결코 사생·시비를 달관할 수 없다는 것인데 그러한 본의는 차치하고, 이 우화의 구성과

서술이 매우 재미있다. 특히 무지가 떠난 뒤 공자가 제자들을 모아놓고 젠 체하며 가르치는 모습은 참으로 멋지게 희화화한 것이다.

【餘說】〈천형우화〉의 구성에 관하여

이상의 〈천형우화〉는 편 제목인 '덕충부(德充符)'를 설명하려는 작품이라기보다는 공자의 학문을 비난하는 방법과 이야기의 구성에 주된 흥미를 둔 작품인 듯하다.

≪장자≫, 예를 들어 천지편에는 공자가 노자에게 사람의 성(性)에 관해 가르침을 청하는 대목이 있고, 지북유편에는 왕도(王道)에 관하여 가르침을 청하는 대목이 있는 것처럼 공자와 노자의 문답 형식을 취한 작품이 적지 않다. 그것들은 하나의 유형, 즉 군(群)을 이루고 있다. 성립 연대의 선후는 분명하게 정할 수 없지만 이 우화도 그에 속한다는 것은 '彼何賓賓以學子爲'라 하는 말에 의해 명확해진다. 공자는 노자의 제자로 묘사되어 있는 것이다.

그런데 공자와 노자의 문답형식을 취한 우화에는 대부분 두 사람의 직접 대화가 많고, 특히 노자의 공자에 대한 비판이 많은데 이 우화에는 노자처럼 道를 깨달은 무지라는 인물이 설정되고, 그들의 대화로 공자가 비평되는 복잡한 구성이 갖추어져 있다. 또 전반부에 공자와 무지의 대화를 실어 공자를 비평의 대상으로 삼기 위한 사실적인 근거를 마련한 방법 등이 이 우화를 한층 흥미 있는 것으로 만들고 있다.

제4장 애공·중니문답:재전덕불형우화(哀公·仲尼問答:才全 德不形寓話)

魯哀公問於仲尼曰, "衛有惡人焉. 曰哀駘它. 丈夫與之處者, 思而不能去也. 婦人見之, 請於父母曰, '與爲人妻寧爲夫子 妾'者, 十數而未止也. 未嘗有聞其唱者也. 常和人而已矣. 無 君人之位以濟乎人之死, 無聚祿以望人之腹. 又以惡駭天下. 和而不唱, 知不出乎四域, 且而雌雄合乎前. 是必有異乎人者 也. 寡人召而觀之, 果以惡駭天下.

與寡人處, 不至以月數, 而寡人有意乎其爲人也. 不至乎期 年, 而寡人信之. 國無宰. 寡人傳國焉. 悶然而後應. 氾而若 (氾若而)辭. 寡人醜乎. 卒授之國. 無幾何也, 去寡人而行. 寡 人卹焉若有亡也. 若無與樂是國也. 是何人者也."

仲尼曰, "丘也嘗使於楚矣. 適見狗子食於其死母者. 少焉眴 若, 皆弃之而走. 不見已焉爾, 不得類焉爾. 所愛其母者, 非 愛其形也. 愛使其形者也. 戰而死者, 其人之葬也, 不以翣資, 則者之屨, 無爲愛之. 皆無其本矣. 爲天子之諸御, 不爪翦, 不穿耳. 取妻者止於外, 不得復使. 形全猶足以爲爾. 而況全 德之人乎. 今哀駘它, 未言而信, 無功而親, 使人授己國, 唯 恐其不受也. 是必才全而德不形者也."

노나라의 애공이 중니에게 물었다.

"위나라에 못생긴 사내가 하나 있는데 애태타라 한다. 그런데 그와 함께 지내 본 남자들은 모두 마음이 끌려 그의 곁을 떠나지 못한다. 또 여자들이 보면 역시 마음이 끌려 부모에게 '다른 사람의 처가 되기보다는 애태타의 첩이 되고 싶습니다.'라고 청한다는데 그런 여자가 몇 십 명에 그치는 게 아니다. 그렇지만 그가 다른 사람 앞에 나서서 무언가 설한 적이 있다는 소리는 들어 본 적이 없다. 항상 다른 사람의 의견에 맞장구칠 뿐이다. 사람들을 다스리는 군주의 자리에 있어 사람들을 죽음으로부터 구해주는 것도 아니고, 재산이 매우 많아 배고픈 사람들을 배불리 먹여 주는 것도 아니다. 그저 몹시 추할뿐으로 세상 사람들을 놀라게 할 뿐이다.

다른 사람의 의견에 맞장구칠 뿐으로 자신의 의견을 주장하는 일이 없고, 그가 지닌 지혜는 고작 자기가 살고 있는 촌리의 일에 국한되어 있다. 그럼에도 불구하고 그의 앞에 늘 많은 사람들이 모인다는 것은 필시 다른 사람과는 다른 뛰어난 점이 있기 때문일 것이다. 그래서 나는 그를 불러 만나 보았는데 아니나 다를까, 천하에 둘도 없는 추악한 몰골의 사내였다. 그런데 그와 함께 지낸 지 몇 개월도 지나지 않아 나는 그의 사람됨을 깊이 생각하게 되었다. 그리고 일 년도 지나지 않아 그를 신용하게 되었다. 마침 그때 나라에 정무를 처리할 자가 없었다. 그래서 국정을 그에게 맡기려 했다. 그는 마음에 내키지 않는 제안을 마지못해 받아들이려는 듯도 했고, 거절하려는 듯도 했다. 나는 내 뜻이 분명하게 실현되지 않는 것 같아 부끄러워졌다. 그래서 마침내 국정을 그에게 떠맡겨 버렸다. 그런데 그는 곧 나를 버리고 떠나 버렸다. 나는 맥이 풀려 무엇인가 귀중한 것을 잃은 것 같다. 이젠 이 나라를 함께 다스리며 즐거워할 사람이 없어진 것 같다. 그는 대체 어떤 사람일까?"

중니가 대답했다.

"제가 전에 초나라에 간 적이 있습니다. 그때 우연히 새끼 돼지들이 죽은 어미 돼지의 젖을 빨려고 하는 것을 보았습니다. 잠시 후 새끼 돼지들이

놀라 모두 어미 돼지를 버리고 달아나 버렸습니다. 죽은 어미 돼지가 젖을
잘 먹여 주지 않았기 때문입니다. 즉 전의 살아 있던 어미 돼지와는 달랐
기 때문입니다. 이에서 살펴보면 새끼 돼지가 진실로 어미 돼지를 사랑하
는 것은 어미 돼지의 몸이 아니라 그 몸을 움직이게 하는 것, 즉 그 근본인
덕(德)입니다. 이러한 것은 전사자를 황급하게 장사지내는 데는 평소와는
달리 깃털로 장식한 화려한 관을 쓰지 않고, 형벌을 받아 발이 잘린 자의
신발은 아무도 아깝게 여기지 않는 것과 같습니다. 어느 것도 그 근본이 되
는 것이 없기 때문입니다. 이와는 반대로 천자를 모시는 여자는 손톱을 자
르거나 귀걸이를 달기 위해 귀에 구멍을 내거나 하지 않습니다. 또 이제 막
아내를 맞은 남자는 부모님의 집 밖에 거주하여 더 이상 부모로부터 부림
을 받지 않으려 합니다. 이것은 몸속의 정기를 해치지 않기 위해서입니다.
그저 몸만을 완전하게 갖추고 있는 자조차 이처럼 그 근본인 것을 귀중하게
여기지 않으면 안 되는 것입니다. 그러니 덕이 완전한 인간이 그 근본인 덕
을 귀중하게 여긴다는 것은 말할 것도 없습니다. 이제 애태타는 아무 말을
하지 않는데도 신뢰받으며, 공덕을 베풀지 않는데도 모두가 친밀하게 여기
며, 그에게 국정을 위임하려는 사람이 혹시 그가 그 일을 맡지 않으면 어
떻게 할까를 걱정하게 하는 인물입니다. 그야말로 재능을 완벽하게 갖추고
그 덕을 안에 감춘 채 밖으로 드러내지 않고 있는 인물임에 틀림없습니다."

【語義】 哀公(애공):춘추시대 말기 노(魯)나라의 군주. B.C. 495~B.C.
468 재위. 이름은 장(將). 공자는 애공 11년에 제국 유력에서 돌아와 애
공 16년에 죽었다. ≪예기(禮記)≫ 중에 애공편이 있고 ≪순자≫에 애
공편이 있는 것처럼 전국시대부터 漢代에 걸쳐, 애공과 공자의 문답 형
식을 취한 설화가 많이 지어졌다. 이 우화도 그 일종.
  惡人(악인):용모가 몹시 추한 남자.

哀駘它(애태타):'哀駘'는 추한 모습을 가리키며 '它'는 이름이라는 설(李頤의 설)과 '哀'는 성이며 '駘它'는 이름이라는 설(馬敍倫의 설) 등이 있는데 '駘它'의 고음(古音)이 '委蛇'와 같았던 점에서 생각하면 꼽추, 또는 신경마비로 인해 몸이 떨리는 사람을 가리키는 말이리라. 또 '駘'에는 '어리석다'라는 뜻이 있고 '它'는 낙타의 등을 가리키는 말도 되므로 '어리석은 꼽추'라는 뜻으로 해석할 수도 있다. 어느 쪽 해석을 따르더라도 가엾은 불구자라는 뜻의 이름을 지닌 인물로 상정된 것으로 해석할 수 있다.

丈夫(장부):성년 남자. '婦人'에 상대되는 말.

未嘗有聞其唱者也常和人而已矣(미상유문기창자야상화인이이의):덕충부편 첫머리에 나오는 〈화덕유심우화〉의 '立不教, 坐不議'와 거의 같은 뜻이다. '唱'은 선창, 즉 남에 앞서서 외치는 것. '和'는 맞장구치는 것.

無聚祿以望人之腹(무취록이망인지복):'祿'은 녹미(祿米). 급여로 받는 쌀. '聚祿'은 앞의 '君人之位'에 대하여 대부(大夫)의 신분을 가리킨다. '望'은 망월(望月)의 '望'과 같다. 채우다, 가득 차다, 만족시키다의 뜻.

和而不唱(화이불창):이 구는 앞의 '未嘗有聞其唱者也'와 중복된다. 이 구 이하 '是必有異乎人者也'까지는 애공이 애태타를 만나 보게 되는 이유가 된다. 그래서 중복되는 말임에도 다시 한 번 초든 것이다.

知不出乎四域(지불출호사역):겨우 자기 주거지 근처의 일밖에 알지 못함. ≪노자≫에 '일어서서 보면 바로 이웃에 있는 나라가 가시거리 안에 있어 닭과 개의 소리를 서로 들을 수 있다. 사람들은 늙어 죽을 때까지도 결코 왕래하지 않는다. 그럴 필요가 없기 때문이다.(鄰邦相望, 雞犬之聲相聞. 民至老死不相往來)'(80장)라고 한 것처럼 견문이 더없이 소박한 것을 가리킨다.

且而雌雄合乎前(차이자웅합호전):'且而'는 '而'를 강조한 표현. '雌雄'

은 앞의 婦人·丈夫를 가리키는 말이다. 남녀의 구별 없이 많은 사람이 모여드는 것을 가리킨다.

寡人(과인):'德이 부족한 사람'이라는 뜻으로 군주의 자칭(自稱).

有意(유의):'意'는 깊이 마음에 새기는 것.

期年(기년):일 년 동안.

宰(재):태재(太宰). 국정을 총리(總理)하는 자.

悶然(민연):마음에 두지 않는 모양, 별 관심이 없는 모양 등 제설이 있다.

氾而若辭(범이약사):본디 '氾若而辭'로 되어 있던 구이다(奚侗의 설). '氾若'은 일정하지 않은 모양. 정함이 없는 모양.

醜乎(추호):부끄러워하는 것.

卹焉(휼언):걱정하는 것.

嘗使於楚矣(상사어초의):'使'대신 '遊'로 되어 있는 판본도 있고, '使' 자가 빠져 있는 판본도 있다.

㹠子(돈자):'㹠'은 '豚(돈:돼지)'의 속자.

食於其死母(식어기사모):죽은 어미 돼지의 젖을 먹으려 함.

眴若 (현약):'眴'은 '恂(순)'의 차자. 두려워하는 것. '眴若'은 두려워 뒷걸음질치는 것.

不見己焉爾(불견기언이):어미 돼지가 새끼 돼지를 잘 돌보지 않는 것 을 가리킨다. '見'은 수신(受身)의 뜻을 나타내는 조사. '爾'는 '耳'와 같다.

使其形者(사기형자):이 우화에서는 '재덕(才德)'을 가리킨다.

不以翣資(불이삽자):'翣', '資'에 관해서는 여러 설이 있다. '翣'은 장 례에 쓰이는 도구. '資'는 '次(차:行列)'의 차자.

諸御(제어):'御'는 군주의 곁에 있으면서 시중을 드는 여자.

不爪翦(부조전):손톱을 깎지 않는 것은 정기(精氣)를 손상시키지 않기 위해서이다.

取妻者止於外不得復使(취처자지어외부득부사):처를 얻은 남자는 외숙(外宿)시켜 숙직시키지 않는다(崔譔의 설), 집안의 잡무에는 힘쓰지 않게 한다(林震銘의 설)는 설 외에도 여러 설이 있다. '使'는 ≪예기≫ 예운편(禮運篇)에 '삼년상을 치르는 자나 이제 막 결혼한 자는 제후·경·대부가 일 년 동안은 부리지 않는다(三年之喪, 與新有昏者, 期不使)'라 한 것과 관계되는 말로 부림을 당하는 것을 가리킨다.

足以爲爾(족이위이):'爾'는 '然'과 같은 뜻. '然'은 정신이 흩어져 없어지지 않는 것.

全德之人(전덕지인):앞의 〈천형우화〉에 나오는 '全德之人'과는 다르며 글자 뜻 그대로 德이 완전한 인간, 즉 다음의 '才全而德不形者也'와 같다.

才全而德不形(재전이덕불형):도가에서 주창하는 德을 '才'와 '德'으로 나누어 설명하고 있는 것으로 才와 德은 본디 하나다. 굳이 나누어 말하면 '才'는 태어나면서부터 인간에게 갖추어진 재능·능력을 말한다. 이에 대해 '德'은 여기서는 '才'의 근본이 되며 본질이 되는 것을 가리킨다. 일설에 천부(天賦)를 才, 자득(自得)을 德이라 했는데(陸長庚의 설) 여기서 말하는 德은 유가에서 말하는 德처럼 후천적인 수양에 의해 얻을 수 있는 것이 아니다.

【補說】〈재전덕불형우화〉의 제1절이다. 애공과 공자의 문답을 빌려, 용모는 매우 추악하지만 미덕을 발휘하는 애태타라는 인물을 묘사하여 그가 그와 같은 미덕을 지닐 수 있음은 재능이 완벽하고 그 덕이 밖으로 드러나지 않기 때문이라고 설하고 있다.

인물의 상정이나 서술 방법 등에는 차이가 있지만 그 주제는 앞의 〈화덕유심우화〉와 비슷하다.

哀公曰, "何謂才全."
仲尼曰, "死生存亡, 窮達貧富, 賢與不肖, 毀譽, 飢渴寒暑,
是事之變, 命之行也. 日夜相代乎前, 而知不能規乎其始者
也. 故不足以滑和, 不可入於靈府. 使之和豫, 通而不失於兌.
使日夜無郤, 而與物爲春. 是接而生時乎心者也. 是之謂才全."
"何謂德不形."
曰, "平者水停之盛也. 其可以爲法也. 內保之而外不蕩也. 德
者成和之脩也. 德不形者, 物不能離也."

애공이 물었다.

"무엇을 재전(才全:재능이 완벽한 것)이라 하는가?"

중니가 대답했다.

"삶의 기쁨, 죽음의 슬픔, 가난하고 비천함, 부(富)하고 영화로움, 현우
(賢愚)의 차이, 수치와 영예, 굶주림·목마름·추위·더위 등의 고통은 모
든 인간 현상의 변화이며 운명의 순환일 뿐입니다. 그것들은 밤낮으로 눈
앞에 번갈아 가며 일어나는 것인데 그 근본 원인은 인간의 지혜로는 헤아릴
수 없습니다. 따라서 그런 것으로 덕의 和가 어지럽혀져서도 안 되며 그것
들을 마음에 담아 어지러워져서도 안 됩니다. 그것들을 여유 있게 조화시
키고 달관하여 항상 마음의 평정함과 안락함을 잃지 않도록 해야 합니다.
즉 낮과 밤이 자연스럽게 갈마드는 것에 순응하고, 나아가 다른 物을 봄과
같은 온화함 속에 포용합니다. 이것은 여러 가지 物과 응접하고 봄과 같은
온화함이 마음속에서 자라도록 언제까지나 마음의 여유를 보전하는 것입
니다. 이처럼 하는 것을 재능이 완벽하다고 하는 것입니다."

애공이 다시 물었다.

"무엇을 덕이 밖으로 드러나지 않는 것이라 하는가?"

중니가 대답했다.

"평정은 저 거세게 흐르는 물이 정지한 경우에 비로소 이루어지는 극치입니다. 이 평정함이야말로 모든 고하(高下)의 수준이라 할 수 있습니다. 이것은 안에 그 극치를 지니고 밖으로 동요하지 않는 것입니다. 그런데 인간의 내부에 있는 덕은 모든 物을 조정하여 화합시키는 성격을 완전하게 담고 있습니다. 그러므로 이 수준의 비유대로 덕을 내부에 보전하면서도 그것을 조금도 밖으로 나타내 보이지 않을 수 있는 자야말로 만물로 하여금 자연스럽게 따르게 하므로 모든 物은 이 사람으로부터 떨어져 나갈 수 없는 것입니다."

【語義】 而知不能規乎其始者也(이지불능규호기시자야):인간의 지혜로는 그 근본 원임을 규명할 수 없음. 그 경과나 결과에 관해서는 논할 수 있지만 필히 그것이 일어난다는 것을 사전에 헤아리는 것은 곤란하다. '規'는 '규정하다·헤아리다'의 뜻.

故不足以滑和(고부족이골화):'滑'은 '汩·搰(골:흐리게 하다, 어지럽히다)'의 차자.

靈府(영부):靈, 즉 정신이 있는 곳. '정사(精舍)'와 같다.

使之和豫(사지화예):그것들을 여유 있게 조화시킴. '之'는 앞의 '死生存亡' 이하의 여러 '事'를 가리킨다.

通而不失於兌(통이부실어태):'通'은 앞에서 말한 事에 통달·달관하는 것. '兌'는 '悅'과 같다. 마음이 평안하고 즐거운 것을 가리킨다.

使日夜無郤(사일야무극):낮과 밤으로 하여금 틈이 없게 함. 시간의 추이에 조금의 어긋남도 없이 순응하기 때문이다.

與物爲春(여물위춘):봄처럼 온화한 가운데 생기가 가득한 것을 말한다. 앞의 구가 자연의 필연성에 좇는 것을 말하는 데 비해 이 구는 그것이 사람이나 物의 자유가 된다는 것을 말하고 있다.

是接而生時乎心者也(시접이생시호심자야):실로 명언이다. '接'은 만물과 응접하는 것. '生時乎心'란 항상 자신의 마음이 주인이 되어 적의(適宜)를 얻고 있는 것을 가리킨다. 구체적으로 말하면 신선하게 그때그때를 향수(享受)하는 것.

平者水停之盛也(평자수정지성야):평정(平靜)함은 물이 정지(靜止)하고 있을 때에만 이루어질 수 있는 극치이다. 즉 앞의 〈화덕유심우화〉의 '鑑於止水'처럼 마음속에 허정(虛靜)이 있는 것이야말로 만법(萬法)의 근본임을 말하는 비유적 표현이다. 천도편(天道篇)에서는 '水靜猶明. 而況精神聖人之心靜乎. 天地之鑑也. 萬物之鏡也'라 했다.

德者成和之脩也(덕자성화지수야):德이란 만물을 조화시키는 완전체임을 가리킨다. '脩'는 '修'와 동자.

德不形者物不能離也(덕불형자물불능리야):德은 物의 존재인(存在因)으로서 개별화의 경향을 지니고 있는데 그것을 현생에 나타내지 않음으로써 오히려 만물 공통의 존재 근거인 道의 보편성과 이어지며 만물과 일원(一元)인 관계를 보전한다는 것을 말하고 있는 것이다.

【補說】〈재전덕불형우화〉의 제2절이다. 앞절에서 '才全而德不形'이라 한 것을 해설하고 있다. 즉 '才全'이란 인사(人事)의 변화에 일희일우(一喜一憂)하지 않고 자연스런 行에 순응하며 나아가 항상 物과 조화하는 적의(適宜)함을 지녀 德의 和를 깨뜨리지 않는 것이며 '德不形'이란 지수(止水)의 수준처럼 허심무위(虛心無爲)에 철저하여 사욕(私欲)이나 자부(自負)에 의해 자신의 德을 사람들에게 드러내는 일 없이 德의 和를

지키는 것이다. 이렇게 하면 다른 사람들이나 물사(物事)도 자연스럽게 조화된다고 주장하고 있다. 그런데 이 해설에서는 재능에서 덕(德)으로의 순서로 되어 있지만 인간에게 내재하는 것의 본말로 말하면 德이 근본이며 재능은 德에 근거하는 동시에 심외(心外)의 사상(事象)과 접하여 작용하는 것이다. 그러므로 실제에 있어서 德의 和를 보지하려면 재성(材性)·지능의 사용을 삼갈 필요가 있으며 그렇게 함으로써 德의 和가 자신도 모르는 사이에 자연스럽게 드러나는 것이다.

> 哀公異日以告閔子, 曰, "始也, 吾以南面而君天下, 執民之紀而憂其死, 吾自以爲至通矣. 今, 吾聞至人之言, 恐吾無其實, 輕用吾身, 而亡吾國. 吾與孔丘, 非君臣也. 德友而已矣."

애공은 그 후 어느 날, 이 이야기를 중니의 제자인 민자건(閔子騫)에게 말하고 다음과 같이 덧붙였다.

"예전에 나는 엄숙하게 남면(南面)하여 천하의 인민 위에 지상(至上)의 군주로서 군림하고, 인민을 다스리는 큰 법을 집행하여 인민이 궁핍하여 죽는 일이 없도록 배려하는 것을 물사(物事)의 도리에 통한 것이라고 생각했다. 그런데 이제 지인(至人)의 이야기를 듣고, 나는 실제로는 道에 통하지 못했으며 가볍게 행동하여 나라까지도 멸하여 버리지나 않을지 두려워하게 되었다. 나와 공구는 엄중한 신분의 차이가 있는 군주와 신하 사이가 아니다. 어떠한 구별도 없이 함께 덕으로써 사귀는 벗이다."

【語義】 異日(이일):'他日'과 같다. 어떤 날. 일설에 '異'는 '翼(익:翌)'의 오

기(誤記)라 한다(馬敍倫의 설).

　閔子(민자):공자의 문인(門人). 십철(十哲)의 한 사람으로 덕행이 뛰어났으며 효심이 두터웠다. 성은 閔, 이름은 손(損), 자는 자건(子騫). 공자보다 15세 연하이다.

　南面(남면):군주는 당상에서 남쪽을 향하여 앉고 신하는 당하에서 북면(北面)하여 군주를 대하는 것이 고대의 예의였다.

　君天下(군천하):애공이 노나라의 군주라 해서 '천하에 군림한다'고 말한 것은 과장된 표현이다.

　民之紀(민지기):백성을 다스리는 큰 법.

　至通(지통):물사(物事)에 정통한 것.

　至人之言(지인지언):공자의 말을 가리킨다.

　德友(덕우):심우(心友)와 같은 뜻. 지위나 빈부의 차이에 전혀 마음 쓰지 않고 오로지 德으로써 사귀는 벗.

【補說】〈재전덕불형우화〉의 제3절이다. 德에 있어서는 군신의 구별 없이 인간은 모두 평등하게 화동(和同)해야 함을 말하고 있다. 이 우화에서는 중니(공자)가 지인(至人)으로 묘사되어 있다. 앞의 우화에서는 명예욕에 사로잡힌 가련한 인간으로 묘사되어 있는 등, ≪장자≫ 중에는 실로 여러 모습으로 공자가 묘사되어 있다. 이것은 이들 우화가 한 사람의 손으로 같은 시기에 만들어진 것이 아니기 때문인데 이들 우화 구성의 변화는 매우 재미있다.

【餘說】〈재전덕불형우화〉의 사상

　이상의 〈재전덕불형우화〉는 앞의 〈화덕유심우화〉처럼 다른 사람과의 화합을 주된 문제로 삼고 있는데 〈화덕유심우화〉보다 나중에 다른 사람이 지은 작품인 것 같다. 불구자로서 비웃음이나 당할 애태타가 많은 사람들을 매혹시킨다는 구상은 앞의 우화와 비슷한데 묘사가 한층 상세하며 내용에도 변화가 있다. 구성도 복잡하며 앞 우화의 상계(常季) 대신 공자의 주군인 애공을 등장시키고, 공자의 제자 민자건과의 후일담까지 추가하여 앞 우화에서는 왕태의 후진(後塵)을 경모해 마지않는 해설자에 지나지 않던 공자를, 지인(至人)이자 군주의 덕우(德友)로서 추존하고 있다. 이 우화는 앞의 우화에서는 볼 수 없는 새로운 취향을 보여 주고 있다. 이러한 취향은 구성뿐 아니라 이 우화에 담긴 사상에도 나타나 있다.

그 하나는 '德'을 德과 才로 나누고 있다는 것이다. 德과 才가 각각 무엇인지는 정의되어 있지 않아 명확하지 않지만 '才'의 글자 뜻과 '與物爲春', '接而生時於心' 등의 서술을 근거로 추정하면 '才'는 각 개인이 태어나면서부터 갖추고 있는 마음, 즉 감각 · 의식 · 통각(統覺) 등처럼 각 개인의 천부의 능력이며 나아가 다른 物에 대응하여 작용하는 것이다. 이에 비해 '德'은 道에 의해 규정된 보편 공통의 인간 본질이며 또 '才'의 근본이 되는 것이리라.

또 하나는 전덕(全德)의 인간에 관해 '才全而德不形'이라 설하고 있다는 것이다. 이것은 과연 무슨 뜻일까? 우선 '德'에 관해 생각해보자. 이 우화에서 '德者成和之脩也'라 하여 德을 완전한 조화체로 보고 있는 것은 앞의 우화와 같은데 앞의 우화가 德의 직접적인 포괄적 화합을 설하는데 이 우화는 '德不形', '德不形者, 物不能離也'라고 설한다. '德不形'이란 통상인에게 있어서는 德을 그대로 유지하는 것, 아니 德에 되돌아가는 것, 나아가 德의 근원인 道에 되돌아가는 것이다. '內保之而外不蕩也'라고 한 것은 이 德에의 집주(集注)를 말하는 것이리라. 道에 되돌아가면 만물은 각각 참된 物로서 성립하므로 '物不能離也'라 하게 되는 것이며 이에 참된 화합이 성립될 것이다. 이것은 뒤의 재유편(在宥篇)의 〈물자화우화(物自化寓話)〉에서, 자기를 부정해야만 만물이 각기 성장을 완수하는 자연스런 대조화가 있다고 하는 주장과 같다. 이 우화의 작자는 〈물자화우화〉류의 사상을 알고 있었는지도 모르겠다. 어쨌든 이 우화의 '吾與孔丘, 非君臣也. 德友而已矣'라는 것은 이러한 사상에 근거한 것이리라. 지위·신분·능력 등의 후천적인 차별을 단호히 불식해 버려야만 인간들은 각기 성덕자(成德者)로서 참된 사귐을 맺게 될 것이다. '德友'라고 한 것은 실로 명언이다.

그런데 이 우화는 德은 드러나지 않는다고 하면서 지수(止水:停水)의 비유를 들어 정지한 수면이 수평(水平)의 표준이 되는 것처럼 그 德이 천하의 법칙이 됨을 강조하고 있다. 德이 천하의 법칙이 된다면 德은 겉으로 드러나는 것이라고 하지 않으면 안 된다. 그럼에도 이 우화에서 '德은 드러나지 않는다'고 주장하는 것은 인간의 선천적인 것을 '德'과 '才'로 나누어 德은 보편적인 화합의 근거가 되므로 드러나지 않고 才가 되어 드러난다고 생각했기 때문일 것이다. 그렇다 하더라도 앞서 말한 것처럼 '德은 드러나지 않는 것'으로서 德을 추구하는 것과 德이 才의 근거가 되어 나타난다고 하는 것은 거의 모순에 가깝다. 이러한 것에 관해서는 이 우화는 아무런 설명도 해명도 하고 있지 않다.

이상과 같이 德은 완전한 조화체이며 천하의 법칙이므로 그것을 근본으로 하는 才가 자신의 평안함을 어지럽히지 않고서 대화합을 실현하는 것은 그리 어렵지 않게 이루어질 듯하다. 조화체인 德을 근본으로 하므로 才도 조화체가 될 것이다. 그래서 이 우화는 한편으로는 '事之變', '命之行' 등 조화를 어지럽히는 것들을 거부하고, 나아가 다른 한편으로는 '使之和豫, 通而不失於兌'라고 하는 대화합을 실현하여 그에 의해 才가 완벽하게 보전된다고 주장하고 있는 것이다.

그런데 조화를 어지럽히는 것으로서 거부되는 것과 대화합을 실현하기 위해 포용되는 것은 무엇으로 변별될까? 그것이 才의 주관적인 배려에 의한 것이 아니라면 재차 才가 德과 합치하는지 아닌지를 살피고, 또 德 그 자체로서 실현한다고 하는 두 가지의 사변이 필요하리라. 이 점에 대해서 이 우화는 그것을 자명한 사실인 것처럼 보아 아무런 설명도 더하지 않고 있는 것이다.

요컨대 이 우화는 앞의 〈화덕유심우화〉와는 달리 한 사람의 德이 다른 사람들을 포괄하는 것이 아니라 자신뿐 아니라 다른 사람도 만족하는 화합이 이루어져야 한다고 하여 그 보편 공통의 근거로서 '德'을, 그 화합을 적극적으로 실현하는 것으로서 '才'를 들고 있다. 이것은 현실적인 화합 성립의 문제를 지향하고 그 윤곽을 묘사한 것이다. 그러나 착의(着意)에 머물렀을 뿐 그 실현을 충분히 설명하고 있다고는 말하기 어렵다. 이것은 한 사람의 一德一才를 중심으로 하여 설명하는 한 어렵지 않을까? 실제로는 모든 물사(物事)가 공평무사하게 진행되고 그 질서가 잘 보전되더라도 상대방이 화합할 의지를 가지고 있지 않으면 성립되지 않으며 그렇다고 그것을 강제하는 것은 오히려 화합을 손상시키는 것이 된다.

그렇다고 하여 참된 화합이 없다고 말하는 것은 아니다. 이 우화가 설정한 근본에 돌아가 말하면 애태타(앞 우화의 왕태도 같다)와 같은 천생의 불구자로서는 통상인과 사귄다는 것도 쉬운 일이 아닌데 그러한 사람이 인간의 보편 공통의 진실을 오득(悟得)하고 있는 것이므로 이들은 확실히 위대한 감화를 미쳐 자연스럽게 사람들을 화합시킬 것이다. 그러나 애태타는 '和而不唱'이므로 사람들이 감화를 받아 화합하는 데는 다른 요건이 있을 것이다. 이 우화에 나오는 중니처럼 애태타를 진

실로 이해하는 자가 필요할 것이다. 아니, 애태타로서는 세상 사람들의
멸시로 인한 마음속의 비굴(卑屈)을 극복하여 인생을 달관하고 언제나
그러한 德을 보전하는 가운데 중니와 같은 이해자가 나타나 참된 화합
이 실현될지 실현되지 않을지는 오직 자연스런 道에 맡겨야 할 것이다.

제5장 무인정지설(無人情之說)

闉跂支離無脤說衛靈公. 靈公說之. 而視全人, 其脰肩肩. 甕
㼜大癭說齊桓公. 桓公說之. 而視全人, 其脰肩肩. 故德有所
長, 而形有所忘. 人不忘其所忘, 而忘其所不忘, 此謂誠忘.
故聖人有所遊. 而知爲孽, 約爲膠, 德爲接, 工爲商. 聖人不
謀, 惡用知. 不斲, 惡用膠. 無喪, 惡用德. 不貨, 惡用商. 四
者天鬻也. 天鬻也者天食也. 旣受食於天, 又惡用人.
有人之形, 無人之情, 有人之形, 故羣於人. 無人之情, 故是
非不得於身. 眇乎小哉, 所以屬於人也. 警乎大哉, 獨成其天.

'안짱다리에 팔다리가 제멋대로 붙은 언청이'라는 이름을 가진 추악한 용
모의 사내가 위(衛)나라의 영공(靈公)을 만나 도(道)를 이야기했다. 영공
은 그 이야기를 좋아했다. 그 후 영공은 오체(五體)를 갖춘 사람을 보면 그
들의 머리가 가늘고 길다고 생각하게 되었다. 이러한 까닭으로 그 사람의
德에 훌륭한 점만 있으면 신체의 미추(美醜)는 거론할 것이 못 된다. 그래
서 소홀히 하기 쉬운 德을 귀중히 여기고, 집착을 끊을 수 없는 신체에 늘
붙어 다니는 세속의 정(情)이 마음에 머물지 않게 하는 것을 참된 망각이
라 한다.

세속의 정을 망각하고 있으므로 성인(聖人)에게는 무엇에도 구애받지 않
는 자유가 있다. 그리고 지혜를 재난의 근본으로, 약속을 쓸데없는 제약으
로, 이득을 무리한 구걸로, 교묘함을 다른 사람에 대한 강압으로 생각한
다. 왜냐하면 성인은 세속의 공명을 얻으려 하지 않기 때문에 굳이 지혜를

쓸 일이 없고, 다른 사람과의 신의를 저버리는 일이 없기 때문에 쓸데없는 제약을 할 필요가 없으며, 잃는 것이 없기에 이익을 탐낼 필요가 없고, 사람들에게 팔 物이 없어 강매할 필요가 없기 때문이다. 지(知) · 약(約) · 득(得) · 교(巧)의 네 가지 것은 하늘이 낳아 기른다. 하늘이 낳아 기른다는 것은 하늘이 자연스럽게 키우는 것을 말한다. 이처럼 하늘에게 양육되고 있기 때문에 그에 인위를 가할 필요는 없다.

무릇 인간에게는 인간으로서의 형체는 있다 하더라도 인간 그 자체인 정(情)은 갖추어져 있지 않은 것이다. 인간으로서의 형체를 지니고 있기에 사람들은 집단을 이루어 생활을 한다. 그런데 인간 그 자체인 情이 없기 때문에 세속의 시비(是非)의 차별이 그 몸에 붙어 다니는 것은 아니다. 인간 고유의 것이라고 할 수 있는 것은 너무도 작은 것이다. 그러므로 인간에게 있어서는 오로지 하늘로부터 받은 德을 자연스럽게 성취하는 것만이 성대하고도 위대한 것이다.

【語義】 闉跂支離無脤(인기지리무신):'闉'은 구부러진 모양. '跂'는 '肢'의 차자. 발[足]을 뜻한다. '支離'는 꼽추. '脤'은 脣(순:입술)'의 차자. '無脤'은 언청이. 요컨대 추악한 용모를 그대로 반영시킨 이름이다.

靈公說之(영공열지):'靈公'은 위(衛)나라의 군주로 B.C. 534~B.C. 493 재위. '說'은 '悅'의 뜻.

而視全人(이시전인):그 후로 오체(五體)를 모두 갖춘 사람을 보면.

其脰肩肩(기두흔흔):'脰'는 머리. '肩'은 '顅(견:목이 긴 모양)'의 차자. '肩肩'은 길고 가는 모양.

甕㼜大癭(옹앙대영):통상 '甕㼜'을 글자 뜻 그대로 물항아리와 배가 불룩한 화분으로 보아, 매우 불룩한 모양을 가리키는 것으로 해석한다. 그래도 통하지만 '癰(옹:부풀어 오르다. 등창 · 발찌 같은 종기)'의 완언으로 보아야 할 것이다. '瘦'은 혹. 이것도 추악한 용모를 그대로 이름으로 지어낸 것이다.

人不忘其所忘而忘其所不忘此謂誠忘(인불망기소망이망기소불망차위성망):이 구는 '故德有所長, 而形有所忘'을 받고 있으므로 '其所忘'은 德을 가리킨다. '其所不忘'은 形, 또는 形에 붙어 다니는 감정·사려이다. 따라서 '誠忘'은 참된 망각을 가리킨다. 망각은 세속의 정을 버리는 것. 그래서 다음에 '有所遊'라 말한다. 세속의 情을 버리기 때문에 해방이 있으며 자유가 있는 것이다.

故聖人有所遊(고성인유소유):'聖' 자는 다음의 '聖人不謀'의 '聖人'과 관련되어 잘못 들어간 것 같은데(馬敍倫의 설) 본서에서는 원문대로 해석했다. '遊'는 〈화덕유심우화〉의 '遊心乎德之和'와 같다.

知爲孽(지위얼):'孽'은 재앙·재난. ≪노자≫에, '英知를 끊고 지식을 버리면 인민의 이익은 백 배가 된다(絶聖棄知, 民利百倍)'(제19장)라고 했다.

約爲膠(약위교):'約'은 약속·서약. '膠'는 아교. 무리하게 제약하는 것에 대한 비유적 표현이다.

德爲接(덕위접):여기의 '德'과 다음의 '惡用德'의 '德'은 '無喪'의 '喪'에 짝하는 말로 '得'의 차자(馬敍倫의 설). '接'은 '捷(첩:사냥감을 찾아다님)'의 차자.

工爲商(공위상):'工'은 '巧'와 같다. '商'은 행상(行商). 무리하게 억압하는 것에 대한 비유이다.

不斲(불착):'斲'은 깎아내는 것. 배신에 대한 비유.

惡用德(오용덕):앞 글의 예에서 보면 '惡用接'이라 해야 한다. '德'은 '得'의 차자.

天鬻(천육):'鬻'은 죽[粥]. 나아가 양육(養育)의 뜻. '育'의 차자로 보아도 좋다.

　眇乎(묘호):매우 작은 것을 가리킨다. '眇(애꾸눈)'는 '杪(초:나무의
끝. 나아가, 끝)'의 차자.

　謷乎(오호):매우 큰 것을 가리킨다. '謷'는 소리가 높고 큰 것. 나아
가 성대하다는 뜻.

【補說】 이 일절은 우화가 아니라 논설이며 또 闉跂支離無脈·甕㼜大癭
　등과 전인(全人)의 대비가 앞의 왕태·애태타 등의 예를 답습하고 있다
　는 점에서 생각하면 다음의 혜자·장자 문답과 같이 ≪장자≫의 편자
　가 이 편의 결론으로서 추가시킨 것으로 생각된다. 이에 관해서는 餘
　說에서 다시 논했다.

　인간의 형체에 붙어 다니는 세속의 情을 잊고 천성(天成)의 德에서 노
닐어야 함을 설하는 것은 앞의 여러 우화와 거의 비슷한데 그 이유를 설
명하면서 인간에게는 소위 '天鬻'인 '人之形'과 그에 반하는 '人之情'이
있다는 새로운 주장을 펴고 있다.

惠子謂莊子曰, "人故無情乎."
莊子曰, "然."
惠子曰, "人而無情, 何以謂之人."
莊子曰, "道與之貌, 天與之形. 惡得不謂之人."
惠子曰, "旣謂之人, 惡得無情."
莊子曰, "是非吾所謂情也. 吾所謂無情者, 言人之不以好惡
內傷其身, 常因自然, 而不益生也."
惠子曰, "不益生, 何以有其身."

> 莊子曰, "道與之貌, 天與之形, 無以好惡內傷其身. 今子外
> 乎子之神, 勞乎子之精, 倚樹而吟, 據槁梧而瞑. 天選子之形,
> 子以堅白鳴."

　사람의 형(形)과 정(情)의 관계에 관하여 장자가 혜자와 주고받은 다음
과 같은 의론(議論)이 있다.

　혜자가 장자에게 물었다.

　"인간에겐 본디 정(情)이 없는 것일까?"

　장자가 대답했다

　"그렇지."

　그러자 혜자가 반박했다.

　"인간이면서 인간들 서로가 인정하는 情을 지니고 있지 않다면 어떻게
인간을 인간이라고 생각할 수 있겠는가?"

　장자가 대답했다.

　"도(道)가 다른 物과는 다른 인간으로서의 용모를 정하고, 하늘이 인간
으로서 성장하는 신체를 준 것이야. 이것은 자명한 사실로 어찌 인간이 아
니라고 할 수 있겠는가?"

　혜자가 다시 반박했다.

　"그렇지 않아. 이미 자네도 자네의 情으로 인간을 인간이라고 인정했으
면서 어떻게 인간에게 情이 없다고 말하는가?"

　장자가 대답했다.

　"자네가 말하는 情은 내가 말하는 情과는 달라. 내가 주장하는 바 인간
에게 情이 없다고 하는 것은 인간이 그 호·불호의 情에 의해 자신과 자신
의 몸을 해치는 모순을 범하지 않아야 한다는, 즉 늘 타고난 자연스러움

에 좇아 살고 인위적으로 생명을 증익(增益)하는 일을 하지 말아야 한다는 뜻이네."

혜자는 조금도 지지 않고 반박했다.

"자네의 말처럼 인간이 情으로써 생명의 증익을 꾀하지 않는다면 어떻게 몸 밖의 物事에 매일 접촉하면서 성장하는 신체를 보전해 나갈 수 있겠는가?"

장자가 대답했다.

"인간이 생각을 짜내어 감정을 움직이기 전에 道가 인간의 용도를 정하고 하늘이 그 성장하는 신체를 주고 있는 것이네. 따라서 호오(好惡)의 감정으로 자신과 자신의 몸을 손상시키는 일을 하지 않으면 그것으로 좋은 것이지. 그런데 자네는 지금, 가장 귀중한 마음을 몸 밖의 物事에 혹사시켜 무엇보다 귀중한 정기를 지치게 하고, 문 밖에 나가면 나무에 기대어 고통스럽게 생각하며 집 안에 있을 때에는 책상에 기대어 명상하여 物事의 끝을 밝히려 하네. 하늘이 자네의 훌륭한 신체를 갖추어 주었는데 자네는 그것을 늘 고통스럽게 할 뿐이며 쓸데없는 견백론(堅白論)으로 허명을 얻고자 할 뿐이네."

【語義】 人故無情乎(인고무정호):'故'는 '固'와 같다. '情'은 다음의 서술에서 생각해 보면 감정뿐 아니라 의욕·주관적 의식·사려까지 포함한다.

道與之貌天與之形(도여지모천여지형):'天道與之形貌'를 이렇게 표현한 것이며 天과 道, 貌와 形을 나누어 말한 것에 깊은 의미의 구별이 있는 것은 아니다.

自然(자연):본디 그대로. 인위·인공에 상대되는 말.

外乎子之神勞乎子之精(외호자지신노호자지정):'勞子之精神於外'를 이렇게 표현한 것이다.

吟(음):고심(苦心)하는 것.

槁梧(고오):机(궤:책상)를 가리킨다. '槁'는 '마르다' 또는 '말라죽은 나무'의 뜻.

天選子之形(천선자지형):'選'은 '갖추다 · 성립시키다'의 뜻. '授(수:주다)'의 뜻으로 해석하는 것은 적당하지 않다.

【補說】 이 문답은 '有人之形, 無人之情'이라 한 앞 절의 주장을 뒷받침하기 위해 더해진 것으로 생각된다. 여기서는 혜자가 상식적 의견을 대표하여 경험을 주로 하는 입장에서 形 · 情이 함께 갖추어져 있는 것이 인간이라는 주장을 하는 데 반해 장자는 선험적 입장에서 인간의 생존에는 그 형(形:신체)에 천생의 자연이 있고 정(情)에는 인위의 부자연이 있음을 지적하여 인간은 자연 그대로의 존재여야 함을 주장하고 있다.

【餘說】 자연(自然)과 부자연(不自然)

이상의 두 절은 편말에 있다는 이유에서만 아니라 그 필치와 소론(所論)의 내용 등으로 미루어보아 ≪장자≫의 편자가 이 편의 결론으로서 새로이 추가시킨 것으로 생각된다. 인기지리무신 · 옹앙대영 등 추악한 용모의 인물을 설정한 것은 앞의 왕태 · 신도가 · 숙산무지 · 애태타 등과 관계있을 뿐 아니라 그 우의를 강조하기 위한 것이며 '故德有所長, 而形有所忘'라는 주장은 앞 여러 우화의 근본 주장인 '德之和'를 취한 것이다. 그리고 새로이 '無人之情'이란 주장을 결론적으로 추가시키고 있다. 뒤의 혜자와 장자의 문답과 관련해서 이것은 앞의 절과는 독립된 것이라고 해석하는 설도 있지만 이 문답은 앞 절의 '無人之情'을 받아 이야기를 전개하고 있고 특히 앞 절의 '天鬻'을 기조로 하여 장자의 논(論)을 전개하고 있다. 이 문답과 앞 절의 내용은 서로 일치하는 것이다.

이들 두 절에 새로이 추가된 주장은 '有人之形, 無人之情', 특히 '人之形'에는 이른바 '天鬻'이 있다는 것으로, 요컨대 타고나는 자연스러움이 있다고 하는 것이다. 도가에는 ≪노자≫에 '성인의 정치는 그 마음을 비워 주고 그 배를 채워 주며 그 뜻을 약하게 하고 그 뼈를 강하게 하며 항상 백성들로 하여금 무지무욕하게 한다(是以聖人之治, 虛其心, 實其腹, 弱其心, 强其骨. 恆使民無知無欲也)'(3장)라 하고, 또 ≪장자≫ 마제편(馬蹄篇)에 '含哺而熙, 鼓腹而遊'라 한 것처럼 소박한 생명의 유지가 무엇보다 중요한 것이라는 주장이 있지만 여기에 '有人之形'이라 한 것이 그것과 꼭 일치한다고 할 수는 없다.

지금 인용한 ≪노자≫나 ≪장자≫ 마제편의 이야기는 이미 앞에 나온 여러 우화처럼 육체의 정·부정(整·不整), 미·추(美·醜)는 망각해야 할 것들이라는 주장을 펴는 것으로 오직 그 소박한 존재 사실 속에 '獨成其天'이라 한 天, 즉 타고나는 자연스러움이 있다는 것을 말하는 것이다. '無人之情'이라 한 것도 글자 그대로 인간에게는 情이 전혀 없다는 것이 아니라 장자 자신이 이 말에 특별한 의미를 더하여 情은 생명을 해치는 자기모순을 범하게 하므로 부자연스런 인위임을 말하고 있는 것이다.

형(形:육체)만이 자연이며 정은 부자연이라고 말하는 것에도 물론 의문의 여지가 있다. 이것은 이미 혜자의 이야기 속에 포함되어 있는데 순자는 耳·目·鼻·口·形體 등의 감각 기관을 천관(天官)이라 하고, 또 '타고난 것을 性이라 하며 그것이 조화를 이루어 안에 있는 정기와 바깥의 자연이 일치하여 아무런 작위 없이 일어나는 작용도 性이라 한다. 이 性의 작용으로 일어나는 희로애락(喜怒哀樂)을 情이라 한다. 情은 자연스럽게 나타나는 것이며 그것은 마음에 의해 취사선택되는데 이것을

慮라 한다(生之所以然者, 謂之性. 生之和所生, 精合感應, 不事而自然, 謂之性. 性之好惡喜怒哀樂, 謂之情. 情然而心爲之擇, 謂之慮)'(正名篇) 라고 정의했다.

육체에 情을 불러일으키는 감각기관이 갖추어졌다는 것도, 그것이 갖추어져 있는 한 그에 따라 情이 작용한다는 것도 선천적 사실이다. '有人之形, 無人之情'이라 한 것은 조잡한 논(論)이라는 말을 듣지 않을 수 없다. 그렇긴 하지만 '不以好惡內傷其身'이라 한 것으로 추론하면 '無人之情'의 '情'은 충동적인 감정이나 독단적인 사려를 가리킨 것이다. 그렇다면 이것은 形과 情이 있다 없다의 문제가 아니라 자연·부자연을 분별하는 사려의 문제다. 이 논설이 이처럼 치밀함을 결하고 있는 것은 인간의 物에 대한 지각과 物에 접할 때 생기는 감각에 미망이 있다고 하는 기존의 설에 의존하여 경솔하게 그 미망을 정(情)에 되돌린 것에 기인할 것이다.

조잡한 논설이기는 하지만 새로운 문제를 제기하고 있다는 점은 간과할 수 없다. 그것은 '무엇이 자연인가?'라는 것이다. 대체로 인간의 덕이 만물일원(萬物一元)의 '宗'을 지키는 것이다. 나아가 덕 그 자체가 조화체이며 특히 '不形'의 완결체이므로 인간이 덕에 따라 생존하는 한 인간의 形은 천래(天來)의 필연성이기 때문에 '生時乎心'과 같은 재능의 완전한 조화를 늘 실현하게 되는 것이다. 그런데 인간의 현실은 편견·차별·배반에 가득 차 있어 우리는 그러한 것을 실현할 수 없다. 이처럼 생득(生得)의 조화를 깨뜨리게 하는 것이 무엇일까 하는 것이 자연·부자연의 문제에 당연히 제기된다.

여기서는 다른 우화에서 말하는 '德之和'보다 진일보하여 그 배리(背離)를 추구하여 답을 얻으려 하고 있는 것이다. 그렇다 해도 ≪노자≫에, '道는 자연을 모범 삼는다(道法自然)'(25장), '道가 높고 德이 귀한 것은 그것들이 작위를 받았기 때문이 아니라 늘 자연 그 자체이기 때문이다(道之尊也, 德之貴也, 夫莫之爵也. 而恆自然也)'(51장), '성공하여 일을 이룬 경우에도 백성은 자신들이 자연을 좇아 살고 있다고 생각한다(成功遂事, 而百姓謂我自然)'(17장)라 했고, 뒤의 응제왕편에 '順物自然, 而無容私焉'이라 했으므로 자연의 제창이 꼭 여기서 처음이라고는 할 수 없을 것이다. 단, 여기에는 자연스러운 것과 부자연스러운 것의 변별이 시도되고 있다. 자연이 어떠한 것인가는 실제로는 어려운 문제다. 이 점에 관해 장자의 이 논설은 선천적으로 부여받는 形은 자연스런 것이며 주로 후천적 기능인 情은 부자연스러운 것으로 해석하고 있다.

이것은 정밀하지 못한 해석이며 단지 초보적인 규정이다. 이런 류의 주장은 뒤에서도 자주 나타나고 있으며 또 그런 사고방식을 근거로 전개되는 주장도 보인다. 덧붙이자면 도가의 설에 관해 연구가 활발했던 위대(魏代:3세기경)에 하안(何晏)은 성인에게는 희로애락의 情이 없다고 주장했는데 왕필(王弼)은 이에 반박하여 '성인에게도 범인과 같이 情이 있는데 범인보다 신명(神明)의 知가 뛰어나 情을 어지럽히지 않을 뿐이다.'라고 주장했다(≪魏書≫ 王弼傳注). 엄밀히 말해서 어떠한 것을 선천적으로 부여받은 것으로 하는가도 인간의 자각에 의한 것이므로 왕필의 주장처럼 이른바 '이목구비의 형해와 태도, 용모 등은 하늘이 준 것이다. 그래서 범인은 이 형해 본래의 능력을 충분히 발휘하지 못하지만 성인만은 형해에 갖추어진 본래의 능력을 완전하게 작용시킬 수 있다(形色, 天性也. 惟聖人, 然後可以踐形)'(≪맹자≫ 진심 상편)고 한 고도한 자연스러움도 있어야만 한다. 이러한 것들은 차치하고라도 여기에는 이러한 문제들의 제기가 있는 것이다.

제6편
대종사(大宗師)

    ≪장자≫의 편자가 이 편 중에 나오는 조물자(造物者)를 '吾師乎'라 한 것에 근거하여 인간이 가장 존숭(尊崇)하고 존봉(遵奉)해야 할 것은 조물자나 道라는 것을 나타내기 위해 이런 편명을 붙인 것으로 생각된다. 한 개의 논설과 일곱 개의 우화를 싣고 있다.

제1장 진인론(眞人論)

知天之所爲, 知人之所爲者, 至矣. 知天之所爲者, 天而生也.
知人之所爲者, 以其知之所知, 以養其知之所不知. 終其天年
而不中道夭者, 是知之盛也.
雖然有患. 夫知有所待而後當. 其所待者, 特未定也, 庸詎知
吾所謂天之非人乎, 所謂人之非天乎. 且有眞人而後有眞知.

인간은 지(知)를 길잡이로 삼아 생을 영위하는데 하늘(天:자연)로부터 인간에게 주어진 것이 무엇인지를 알고, 또 인간으로서 무엇을 해야 할지를 아는 것이 인간의 지혜로서는 최고의 경지이다. 무엇이 하늘로부터 인간에게 주어졌는지를 안다는 것은 천연 그대로 사는 것을 말한다. 인간으로서 무엇을 해야 할지를 안다는 것은 인간의 지혜로 알 수 있는 것을 활용하고, 인간의 지혜로는 구명할 수 없는 것, 즉 천연 그대로의 것을 기르는 것을 말한다. 인간이 하늘로부터 무엇을 받았는지, 또 인간으로서 해야 할 일이 무엇인지를 알아 하늘로부터 받은 수명을 온전히 지켜 도중에 요사(夭死)하는 따위의 일이 없으면 그야말로 인간의 지혜로서는 가장 높은 경지에 올라 있는 것이다.

그렇다 하더라도 여기에는 아직 결함이 있다. 대체로 인간의 지혜란 그 근거가 있어야 비로소 진위의 판단을 할 수 있는 것이다. 그런데 그 근거가 일정하지 않으므로 천연이라고 생각한 것이 생각대로 인위가 아니며, 또 인위라 생각한 것이 생각대로 천연이 아니라는 것을 어떻게 분별하겠는가? 따라서 도를 체득한 진인이 있어야 비로소 참된 지(知)가 성립한다.

【語義】 知天之所爲知人之所爲(지천지소위지인지소위):‘天之所爲’는 인간의 생사·사시(四時)의 운행 등 선천적 필연성을 말한다. 뒤에 나오는 ‘死生命也. 其有夜且常, 天也’에 해당한다. ‘人之所爲’는 인간이 해야만 할 일을 가리킨다. 여기서는 일단, 인간에게는 선천적 필연성과 후천적 인위가 있다는 것을 인정하지만 유가인 순자가 ‘자연계의 질서를 지배하는 이법과 인간계의 질서를 지배하는 이법은 다르다는 것을 확실하게 알고 있으면 至人이라고 할 수 있다(明於天人之分, 則可謂至人矣)’고 하여 천(天:필연)과 인(人:당위)을 엄격하게 나누고, 나아가 ‘자연이 정하여 부여하는 것을 자주적으로 처리하여 유용하게 쓴다(制天命而用之)’고 하여 인간본위적인 당위를 주장하는 것과는 달리 人爲도 선천성 아래에 있어야 함을 강조하고 있다.

天而生也(천이생야):천연(天然:후천적 사려·작위를 더하지 않은 선천성)에 따라 사는 것.

以其知之所知以養其知之所不知(이기지지소지이양기지지소부지):뒤에 ‘終其天年……’라 한 것을 보면 기지의 지식에서 유추하여 경험적으로 미지를 기지화(旣知化)하는 것을 말하는 것이 아니라 ‘其知之所知’는 인간으로서 해야 할 일을 가리키며 ‘其知之所不知’는 인간의 지혜로는 밝힐 수 없는 것, 즉 ‘天之所爲’를 가리킨다.

是知之盛也‘(시지지성야):앞의 ‘至矣’를 거듭 말한 것이다. 이상의 한 소절은 인간은 知로써 天·人을 통일하려고 한다는 것을 이야기하고, 그 知에는 결함이 있다는 것을 지적하기 위한 도입부이다.

有患(유환):‘患’은 ‘고민·결함’을 가리킨다.

夫知有所待而後當(부지유소대이후당):‘所待’는 道를 가리킨다. 제물론편의 〈천뢰우화〉에 ‘道惡乎隱而有眞僞’라 한 것 참조.

其所待者特未定也(기소대자특미정야):〈천뢰우화〉에 ‘其所言者, 特未

定也, 果有言邪, 其末嘗有言邪'라 한 것과 같은 취향의 표현이다. 뒤의
〈유대우화(有待寓話)〉 참조.

庸詎(용거):반어의 뜻을 나타낸다.

且有眞人而後有眞知(차유진인이후유진지):'且'는 무엇을 강하게 제시
할 때 쓰이는 조사. '眞人'은 道를 체득한 사람. 도가에서 들고 있는 이
상적 인간. 〈대각우화(大覺寓話)〉의 '覺而後知其夢也'와 거의 같은 사
고방식이다.

【補說】 이상은 앞으로 전개될 〈진인론〉의 서절(序節)이다. 인간이 지혜로
써 천연과 인위를 변별하면 하늘이 부여한 수(壽)를 보전할 수 있다는
것을 용인하면서도, 통상인의 지혜로는 천연과 인위를 변별할 수 없고
진인만이 참된 知을 갖추고 있다고 주장하고 있다.

【餘說】 도(道)에 관한 사변(思辨)의 전개

이 절에서 인간의 지혜는 그 인식을 성립시키는 일정한 근거가 없다
고 설한 것은 제물론편 〈천뢰우화〉에서 인지(人知)의 허망을 물리쳐
'若有眞宰, 而特不得其眹'이라 한 것과 같은 것이다. 단 이 절은 〈천뢰
우화〉가 인지의 지극(至極)을 '未始有物'의 경지에 두는 데 반해 인간의
지혜는 天·人을 모두 알 수 있는 것으로 보고, 특히 양생주편 〈연독이
위경지설(緣督以爲經之說)〉이 '已而爲知者, 殆而已矣'라 주장한 것과는
약간 달리, 인간의 지혜에 결함이 없는 것은 아니지만 天·人을 변별할
수 있는 힘도 있다는 것을 인정하고 있다.

중국 고대에 있어서 인간의 영위에 천(天:자연)과 인(人:당위)이 있다
고 명확하게 분석한 것은 전국시대 말기의 순자이다. 그는 자신의 저서

인 ≪순자≫의 천론편(天論篇)에서 '여러 별은 일정한 순서에 따라 돌고 해와 달은 번갈아 빛나며 사계절은 차례차례 갈마들며 음양의 두 기운은 만물을 크게 생성 변화시키고 바람과 비는 널리 만물을 기른다. 만물은 이 음양 두 기운의 조화를 얻어 생겨나고 바람과 비로 양육된다. 그런데 하늘은 어떻게 하여 만물을 태어나게 하고 자라게 하는지 그 자취를 나타내지 않고 그 작용의 결과만을 나타내 보이는데 이것을 신비스런 작용[神]이라 한다. 또, 누구나 다 그 완성된 결과는 알지만 形으로 나타나지 않는 근본 원인인 알 수 없는 것을 하늘의 공적[天功]이라 한다(列星隨旅, 日月遞炤, 四時代御, 陰陽大化, 風雨博施. 萬物各得其和以生, 各得其養以成. 不見其事, 而見其功, 夫是之謂神. 皆知其所以成, 莫知其無形, 夫是之謂天功)'라고 정의하고, 나아가 하늘의 영묘한 작용에는 일정한 필연성이 있으므로 인간은 그 필연성을 좇아 꼭 해야 할 일과 해서는 안 될 일을 알아야 한다고 설했다. 전국시대 말기에는 도가의 선천·선험론적 사고방식에 자극받아 天과 人의 관계가 사상상의 문제로 등장했던 것이리라. 이 절이 인위·인지(人爲·人知)의 의의를 인정한 것은 어쩌면 순자의 주장을 의식했기 때문인지도 모른다. 이러한 사실은 차치하더라도 이 절은 순자의 논설과 비교하여 해석할 필요가 있다.

그런데 순자는 '자연계의 질서를 지배하는 이법과 인간계의 질서를 지배하는 이법은 별개의 것임을 명확히 알면 지인이라 할 수 있다(明於天人之分, 則可謂至人矣)'라 한 것처럼 天과 人의 엄격한 구별을 주장하고, '오직 성인만이 인간의 지혜로는 알 수 없는 天을 알려고 하지 않는다(唯聖人爲不求知天)'라 한 것처럼 선험적인 천(天:자연)의 근본인(根本因)을 사색하는 것을 거부하고, 경험지(經驗知)의 입장에서 '하늘에 관해 인식하는 것은 하늘에서 일어나는 현상을 분명히 알 수 있는 정도에서 멈추고, 땅에 관해 인식하는 것은 그 땅이 곡물을 키우는 데 적합한지 어떤지를 판단할 수 있는 정도에서 멈추고, 사계(四季)에 관해서는 각 계절에 맞게 일할 바를 아는 정도에서 멈추고, 음양에 관해서는 외부에 나타난 조화의 현상이며 정치에 유용하다는 것을 인식하는 정도에서 그친다(所志於天者, 已其見象之可以期者矣, 所志於地者, 已其見宜之可以息者矣, 所志於四時者, 已其見數之可以事者矣, 所志於陰陽者, 已其見和之可以治者矣)'라고 한 것처럼 그 현상에 관해 필연성을 명확하게 하고, 또 이것을 인간본위적으로 당위화해야 함을 설하고 있다.

이것은 유가의 선천적인 것, 즉 선험적인 것에 대한 순자의 기본적 태도라 할 수 있다. 이에 대해 이 절에서는 제물론의 〈천뢰우화〉 계통의 사고방식을 계승하고 인지(人知), 요컨대 경험지(經驗知)는 그 자체로는 성립하는 것이 아니라고 설하고 있다. 따라서 〈천뢰우화〉의 '明'과 같은 선험적인 '道의 직관'이 없으면 안 된다는 것은 주장하고 있는 것이다. 그렇지만 그 직관을 〈천뢰우화〉에서처럼 '無物'이라고 하는 부정 사변(否定思辨)의 극한에서 체득되는 것으로 보는 것이 아니라 그러한 직관을 이미 체득한 '眞人'이 있다고 설하고 있다. 이것은 구도적(求道的) 사변이라기보다는 참된 지혜[眞知]나 道를 설명하려고 하는 후기적 사고이리라.

何謂眞人. 古之眞人. 不逆寡, 不雄成, 不謩士. 若然者, 過而弗悔, 當而不自得也. 若然者, 登高不慄, 入水不濡, 入火不熱. 是知之能登假於道也, 若此.
古之眞人, 其寢不夢, 其覺無憂. 其食不甘, 其息深深. 眞人之息以踵, 衆人之息以喉. 屈服者, 其嗌言若哇. 其耆欲深者, 其天機淺.
古之眞人, 不知說生, 不知惡死. 其出不訢, 其入不距, 翛然而往, 翛然而來而已矣. 不忘其所始, 不求其所終, 受而喜之, 忘(亡)而復之. 是之謂不以心捐(偝)道, 不以人助天. 是之謂眞人. 若然者, 其心志(止), 其容寂, 其顙頯. 凄然似秋, 煖然似春. 喜怒通四時, 與物有宜, 而莫知其極. 故聖人之用兵也, 亡國而不失人心. 利澤施乎萬世, 不爲愛人.

故樂通物, 非聖人也. 有親, 非仁也. 天(大)時, 非賢也. 利害不通, 非君子也. 行名失己, 非士也. 亡身不眞, 非役人也. 若狐不偕 · 務光 · 伯夷 · 叔齊 · 箕子胥餘 · 紀他 · 申徒狄, 是役人之役, 適人之適, 而不自適其適者也.

어떠한 자를 진인(眞人)이라 하는가? 옛적의 진인은 상대방이 약하다고 하여 학대하지도 않았고 자신이 강하다 하여 뽐내지도 않았으며 뛰어난 선비를 뽑아 그들을 부리려 하지도 않았다. 그와 같은 사람은 설혹 잘못을 하더라도 언제까지나 그것을 마음에 새겨두지 않고, 순당(順當)하게 일이 되어 가도 크게 기뻐하지 않는다. 또, 아무리 높고 위험한 곳에 오르더라도 두려워하지 않으며 큰 물에 들어가더라도 빠지지 않고 큰 불 속에 들어가더라도 타지 않으며 어떠한 일에도 마음이 움직이는 법이 없다. 요컨대 그 지혜가 道에 이르면 이처럼 어떠한 경우에도 그 행동이 일정한 것이다.

옛적의 진인은 잠을 자도 꿈을 꾸는 법이 없고 깨어나면 마음 쓰는 일이 없으며 늘 마음이 편안하였다. 무엇을 먹어도 맛있는 것을 구하는 일 없이 매우 깊이 천지의 생기를 호흡했다. 진인의 호흡은 발바닥에서 시작되어 전신에 고루 미치는 것이지만 속인들은 목구멍만으로 호흡할 뿐이다. 무리하게 몸을 굽히고 있는 자는 간신히 목구멍에 걸린 소리를 '억!' 하고 토할 뿐인 것처럼 오직 목구멍만으로 음식을 탐내는 자는 고작 생명의 영위밖에 할 수 없는 것이다.

옛적의 진인은 살아 있는 것을 굳이 즐거워하지도 않았고, 또 죽는 것을 싫어하지도 않았다. 세상에 태어나 살아가는 것을 기뻐하지도 않고 道에 되돌아가 죽는 것을 거부하지도 않고 자신도 모르는 사이에 생기가 사라져 가고 또 보내져 오는 그 자연스러움에 모든 걸 맡긴다. 그 생명이 어디에서 시작되는지를 잊지도 않지만 그렇다고 하여 그것이 언제 끝날지 안달하며 알려고 하지 않고, 생명을 받으면 그것으로 기뻐하고 생명이 다하면 그 돌아가는 바에 맡겨 둔다. 이를 일컬어 인간의 얕은 마음을 쓰지 않아 道에 어긋나는 짓을 하지 않고, 또 인위로 자연스러움을 무리하게 파괴하는 짓을 하지 않는다고 하는 것이다. 또 이런 사람이야말로 진인이라 불리는 것이다.

이런 사람은 그 마음에 아무 생각도 없고 용모는 고요하며 이마는 크고 보기 좋게 튀어나와 있다. 그 마음의 기운이 가을처럼 냉정하면서도 또 봄처럼 따스하다. 요컨대 그 기뻐하고 슬퍼하는 마음의 작용이 자연스런 계절의 갈마듦과 일치하고 늘 물(物)과 적당한 조화를 이루고 있어 그 마음의 작용에는 어떠한 제한도 없는 것이다. 그러므로 진인의 덕을 수득(修得)한 성인(聖人)은 군대를 움직여 적국을 멸한다 해도 멸망당한 나라의 백성들로부터 신망을 잃지 않는다. 만민에게 이익과 은혜를 널리 베풀더라도 일부러 인민을 사랑하려고 노력하지는 않는다.

따라서 세상 사람들이 생각하는 것과는 달리 모든 물사에 정통하는 것을 즐거워하는 자는 참된 성인이 아닌 것이다. 널리 사람들을 사랑하려고 노력하는 자는 참된 인자(仁者)가 아니다. 시기의 도래를 교묘하게 이용하는 자는 참된 현자가 아니다. 물사의 이익·손실 등의 타산에 밝은 자는 참된 군자가 아니다. 절의를 보전하는 것, 즉 명예 때문에 자신의 몸을 망치는 자는 참된 무사[士]가 아니다. 요컨대 자신의 몸을 망칠 뿐 참된 도

(道)를 얻지 못하는 자는 사람들의 위에 서서 사람들을 부릴 수 있는 자가 아닌 것이다. 예로부터 보통 사람들로는 할 수 없는 일을 했다고 칭찬받는 호불해(狐不偕)·무광(務光)·백이(伯夷)·숙제(叔齊)·기자(箕子)·서여(胥餘)·기타(紀他)·신도적(申徒狄) 등은 모두 다른 사람을 위해 애썼고 또 다른 사람의 즐거움을 만드는 것을 즐긴 사람들로 자신의 즐거움을 즐긴 사람들이 아니다.

【語義】 不逆寡(불역과):힘이 약한 자를 업신여기거나 학대하는 일을 하지 않음. 이 이하 세 구는 眞人의 士民에 대한 태도를 서술한 것이다.

不雄成(불웅성):자신의 힘이 강한 것을 과시하지 않는 것. '雄'은 상대방보다 뛰어난 것. '成'은 앞의 '寡'에 상대되는 말임을 생각하면 '盛'의 차자로 보아야 한다. 곽상(郭象)처럼 글자 뜻 그대로 성공의 뜻으로 해석하는 것은 적당하지 않다. 약자라고 하여 학대하거나 하지 않고 강자라고 하여 허리를 굽히거나 하지 않는 것이 중국 고대의 치자(治者)다운 태도였다.

不謩士(불모사):郭象은 애써 선비를 부르지 않아도 선비가 자연스럽게 귀복(歸服)한다는 뜻으로 해석했다. 일부러 현능한 선비를 구하려고 애쓰지는 않는다는 뜻으로 보아야 한다. '謩'는 '謨'의 이체자.

過而弗悔(과이불회):잠시 과실이 있다 하더라도 크게 마음에 새겨 두지 않음. 이 이하 두 구는 물사의 득실·이해에 마음이 움직이지 않는 것을 표현한 것이다.

自得(자득):기분 좋게 생각하는 것.

登高不慄(등고불률):높고 위험한 곳에 있어도 두려워하지 않음. 이 이하 세 구는 어떠한 일에도 마음이 동요되지 않는 것을 표현한 것이다.

入水不濡(입수불유):'濡'는 '溺(닉:물에 빠짐)'의 차자. 소요유편 〈무위우화〉에 '大浸稽天而不溺'이라고 했다.

其寢不夢(기침불몽):마음에 새겨 두는 것이 없으므로 꿈도 꾸지 않음. 이 이하 세 구는 무심한 상태를 표현한 것이다.

其食不甘(기식불감):음식이 맛있는지 어떤지 조금도 마음 쓰지 않음.

其息深深(기식심심):천지의 정기를 얻고 있는 것을 가리킨다.

眞人之息以踵衆人之息以喉(진인지식이종중인지식이후):고대에는 생명을 주는 양기는 하늘에서 내려오고, 형체가 되어 생명 활동을 하게 하는 음기는 대지로부터 올라와 이들 두 기운이 중화하여 건전한 인간 활동이 이루어진다는 설이 있었다. 대지에 접해 있는 발바닥으로 음기를 받아들이며 아울러 양기도 깊이 들이마시는 것을 표현한 것이리라. 일종의 심호흡이라 할 수 있다. 이에 반해 중인(衆人)은 오직 목구멍만으로 호흡하여 아주 조금밖에 음양의 기를 받아들이지 못한다. 중국 고대의 의학에서도 발바닥은 생명을 관장하는 근본이며 음맥(陰脈)이 이곳에서 시작된다고 보았다.

屈服者其嗌言若哇(굴복자기익언약와):몸을 굽히는 자는 꽉 억눌린 목구멍에서 고통스런 소리가 나옴. '嗌'은 목이 메는 것. '哇'는 억지로 토해 내는 소리. 이 구는 앞의 '氣'를 받으면서 다음의 '其耆欲……'을 유도해 내기 위한 비유이다.

其耆欲深者其天機淺(기기욕심자기천기천):'耆'는 '嗜(기:즐기다)'의 차자. '耆欲'은 음식을 탐하는 것을 가리킨다. '天機'는 생명, 즉 생기를 영위하는 것을 가리킨다.

不知說生(부지열생):'說'은 '悅'의 뜻. 이 이하는 생사에 초연한 것을 표현한 것이다.

其出不訢其入不距(기출불흔기입불거):'出'은 生을, '入'은 死를 가리킨다. '訢'은 기뻐하는 것. '距'는 '拒(거:막다, 좇지 아니하다)'의 차자.

翛然(유연):신속한 모양. 그 왕래에 마음 끌리는 일이 없음을 가리킨다.

不忘其所始(불망기소시):'其所始'는 생명이 시작되는 곳, 결국 天 또는 道를 가리킨다. 天 또는 道는 잊어서도 안 되지만 의식적으로 구하려 해서도 안 된다.

忘而復之(망이복지):'忘'은 앞 구의 '受'에 상대되는 말임을 생각하면 '亡'의 오자이다. 앞에 '不忘'이 있어 잘못 베낀 것이리라. 신체·생명을 잃으면 다시 道에 복귀하는 것을 말한다.

不以心捐道(불이심연도):인간은 주관적 사고를 함으로써 道에 어긋나는 일이 많은데 그러한 일을 하지 않음으로써 道에 어긋나는 일을 하지 않는 것을 가리킨다.

不以人助天(불이인조천):인위에 의해 자연스러움을 손상시키는 일 따위를 하지 않는 것을 가리킨다.

其心志(기심지):여러 설이 있다. '其容寂'과 상대되는 말임을 생각하면 '마음은 죽은 자와 같고, 모습은 마른 나무 같다'고 한 것과 같은 뜻으로 '志'는 정지하고 있는 모양을 가리키는 말이다. 따라서 '志'는 '止'의 차자라 할 수 있다.

其顙頯(기상괴):'顙'은 이마. '頯'는 이마가 보기 좋게 앞으로 쑥 내민 것. 이마가 크고 보기 좋게 솟아 있는 것은 예로부터 제왕의 인상이라 하여 길상(吉相)의 대표적인 것으로 쳤다.

凄然似秋煖然似春喜怒通四時(처연사추난연사춘희노통사시):덕충부 편의 〈재전덕불형우화〉에서 말한 '生時乎心'과 같은 취지의 말이다.

故聖人之用兵也(고성인지용병야):문일다(聞一多)는 이 이하 '而不自適其適者也'에 이르기까지의 101자는 후학의 말이 혼입된 것이라 하고, 그 증거로 사지(詞旨)가 일치하지 않고, '聖人之用兵也, 亡國而不失人心'이 장자의 사고에 부합되지 않으며 務光·胥餘(接輿)를 비방한 것이

다른 편에서 볼 수 있는 분위기와는 다르다는 점 등을 들었는데 오히려 '若然者, 其心志' 이하를 혼입된 문장으로 보아야 할 것으로 생각되며 대지(大旨)에 있어서는 전혀 어긋남이 없으므로 원문대로 해석했다.

亡國而不失人心(망국이불실인심):제(齊)나라 선왕(宣王)이 연(燕)나라와 싸워 이긴 다음 연나라를 차지할 것인지 말 것인지에 관해 맹자에게 묻자 맹자는 '취하여도 연나라 백성들이 기뻐할 것 같으면 취하십시오(取之而燕民悅, 則取之)'(≪맹자≫ 양혜왕 하편)라고 했다.

利澤施乎萬世不爲愛人(이택시호만세불위애인):≪노자≫ 제2장에, '성인은 무위에 몸을 두며 아무런 말 없이도 교화를 행한다. 어떠한 일이 일어나도 그에 앞장서거나 지휘하는 일이 없다. 자신이 무엇을 만들어 내더라도 그것을 소유하지 않는다. 또 무엇을 베풀더라도 그 보답을 바라지 않는다. 성공하더라도 당연히 가져야 할 부귀한 지위를 가지려 하지 않는다(聖人居無爲之事, 行不言之敎. 萬物作而弗始. 生而不有. 爲而不恃也. 成功弗居也)'라 했다.

聖人(성인):≪백호통(白虎通)≫ 성인편(聖人篇)에, '聖이란 通이며 道이며 聲이다. 도통하지 않은 바가 없고 밝게 비추지 않는 바가 없다. 소리를 들어 情을 알고 천지와 德을 합한다. 일월과 밝음을 합하고 사시와 질서를 합하며 귀신과 길흉을 합한다.'라고 한 것처럼 '聖'이란 물사에 달통한 것을 가리킨다.

天時非賢也(천시비현야):'天時'는 '時天'의 오기. 또 '天'은 '大(귀중히 여기다)'의 오자로 보아야 한다. 시기를 교묘하게 이용하는 자는 참된 현자가 아니라는 뜻.

利害不通非君子也(이해비통비군자야):물사의 이익·손실의 타산에 밝은 자는 참된 군자가 아님. '不'는 '丕(비:크다)'의 차자로 보아야 한다.

行名失己(행명실기):절의를 지키고자 하는 명예 때문에 자신의 몸을 망치는 것.

亡身不眞非役人也(망신부진비역인야):이상의 다섯 가지 명제를 매듭
짓는 말이다.

狐不偕(호불해):≪한비자≫ 설의편(說疑篇)에는 호불계(狐不稽)로 되
어 있으며 許由·務光·伯夷·叔齊 등과 함께 '불령지민(不令之民:명령
에 좇지 않는 民)'이라 하여 '이익을 보아도 기뻐하지 않고 어려운 일을
만나도 두려워하지 않으며 천하를 주어도 받지 않고 비난받을 일이라
면 아무리 많은 봉록을 준다 해도 기뻐하지 않는다(上見利不喜, 下臨難
不恐, 或與之天下而不取, 有莘辱之名, 則不樂食穀之利)'라고 했다. 成
玄英의 설에 의하면 요임금에게서 나라를 물려주겠다는 말을 듣자 河에
투신했다고 한다.

務光(무광):은나라 탕왕 때의 사람으로 변수(卞隨)와 함께 당시 현인
의 대표적인 인물이다. 뒤에 나오는 양왕편(讓王篇)에 의하면 탕왕에게
서 나라를 물려주겠다는 이야기를 듣자 변수는 주수(椆水)에 몸을 던졌
고, 무광은 돌을 안고 노수(盧水)에 몸을 던졌다. ≪순자≫ 성상편(成相
篇)에는 '모광(牟光)'으로 되어 있다.

伯夷(백이)·叔齊(숙제):고죽군(孤竹君)의 자식들로 父王이 죽자 서
로 왕위를 물려받지 않으려고 도망쳤다. 이들은 周의 문왕이 현인을 우
대한다는 소문을 듣고 문왕에게 몸을 맡기려고 했다. 그런데 문왕을 찾
아가던 도중, 문왕의 사후 그의 아들 무왕이 殷을 토벌하기 위해 출병하
는 행렬과 만났다. 이들은 무왕에게 폭력 혁명의 그릇됨을 간했으나 받
아들여지지 않자 수양산(首陽山)에 들어가 周의 곡식을 먹는 것을 거부
하고 굶어 죽었다. 맹자는 이들을, '성인의 청렴결백함을 지닌 인물(聖
之淸者)'(≪맹자≫ 만장장구 下)이라 평했다.

箕子(기자):은말(殷末)의 은나라 왕족으로 현인. 주왕(紂王)의 무도

(無道)함을 간했으나 받아들여지지 않자 일부러 광인(狂人) 흉내를 내어 죽음을 면하고, 周의 무왕이 殷을 멸망시키자 무왕에게 ≪홍범(洪範)≫을 전했다.

胥餘(서여):기자(箕子)의 이름(司馬彪의 설). 이 밖에 오자서(伍子胥: 楚의 大夫인 伍奢의 아들로 오왕(吳王) 합려(闔廬)를 섬겨 楚나라를 깨뜨리고 아버지 奢의 원수를 무자비하게 갚았는데 후에 합려의 뒤를 이은 부차(夫差)와 마찰을 빚어 죽음을 당함)로 보는 설(成玄英의 일설), 뒤의 인간세편에 나오는 '접여(接輿)'가 음전(音轉)된 것으로 보는 설(朱赤芹의 설) 등 여러 설이 있다.

紀他(기타):뒤의 외물편(外物篇)에 '堯與許由天下, 許由逃之. 湯與務光, 務光怒之. 紀他聞之, 帥弟子而踆於窾水. 諸侯弔之三年. 申徒狄因以踣河'라 했다. 생각건대 '紀他'는 '委蛇'의 음전(音轉)으로 본디 신화 속에 나오는 존재였는데 설화로 전해 내려오면서 실재인물화된 것이리라.

申徒狄(신도적):외물편 외에 도척편에는 '申徒狄諫而不聽, 負石自投於河, 爲魚鼈所食'이라 했다. ≪순자≫ 불구편(不苟篇)에는 '돌을 안고 강물에 몸을 던지는 것은 보통 사람으로서는 참으로 하기 어려운 일이다. 그런데 신도적은 이런 일을 했다(懷負石而赴河, 是行之難爲者也, 而申徒狄能之)'라고 했다.

適(적):즐거움. 자기 본디의 마음과 합치되는 즐거움. '自適', 즉 고도의 자기만족은 도가의 가장 중요한 주장이다.

【補說】 이상은 〈진인론〉 제2절의 전단이다. 앞 절에서 언급한 진인을 받아 그 참된 지혜[眞知]에 관해 설명하고 있다. 또, 진인은 세속의 일에 힘쓰지 않고, 따라서 세속의 이해득실이나 사변(事變) 등에 전연 마음이 흔들리지 않으며 오직 道에 이른 자이므로 천지의 정기를 얻어 생사

를 초월하고, 道 그 자체라는 것을 설하고 있다. 나아가 진인과 반(反)하는 자는 聖·仁·賢·君子·士 등의 이름은 있다 하더라도 참된 지혜를 얻지 못하고 있으며, 특히 인간에게 무엇보다 중요한 '자적(自適)'을 알지 못하는 자임을 덧붙이고 있다.

古之眞人, 其狀義而不朋, 若不足而不承. 與乎其觚而不堅也, 張乎其虛而不華也. 邴邴乎其似喜乎, 崔乎其不得已乎. 滀乎進我色也, 與乎止我德也. 厲乎其似世乎, 警乎其未可制也. 連乎其似好閉(閑)也, 悗乎(其)忘其言也. 以形爲體, 以禮爲翼, 以知爲時, 以德爲循. 以形爲體者, 綽乎其殺也. 以禮爲翼者, 所以行於世也. 以知爲時者, 不得已於事也. 以德爲循者, 言其與有足者至於丘也. 而人眞以爲勤行者也.
故其好之也一也, 其弗好之也一也. 其一也一, 其不一也一. 其一與天爲徒, 其不一與人爲徒, 天與人不相勝也. 是之謂眞人.

옛적의 진인은 그 모습을 말하면 높고 험하게 치솟았으면서도 무너지지 않는 산처럼 숭고하며, 가득 차는 일이 없으면서도 물이 흘러 들어오지 않아도 마르는 일이 없는 못처럼 심현(深玄)하다. 확고부동하나 긴장하지 않아 원숙하고, 텅 비고 한없이 넓어 차별없이 관대하다. 기력이 충실하여 의기양양해하는 듯하지만 뭔가에 억눌려 있는 듯도 하다. 기력이 가득하여 안색에까지 그 빛이 드러나지만 덕은 마음속에 유유히 자리 잡고 있다. 기(氣)가 나아가지 않아 물(物)에 끌리지 않는 듯한데 세속으로부터 초월하여 어떠한 것도 그의 행동을 구속하지 못한다. 또 말이 뒤얽혀 차라리 입을 열지 않는 게 좋을 듯한데 멍한 채 물사(物事)를 말로써 표현하는 것을 잊고 있다.

요컨대 세상의 법칙이 그의 몸이며 예(禮)가 날개이며 또 지(知)가 시(時)이며 덕(德)이 행위여서 그 知와 德으로써 언제 어떠한 경우에도 마음먹은 대로 사람들과 화합하고 법칙과 예에 합치하는 행위를 한다. 왜냐하면 세상의 법칙이 그의 몸이라는 것은 명명백백하게 물사를 명찰(明察)한다는 것이며 禮가 날개라는 것은 세상 어디에서도 받아들여진다는 것이며 그 知가 時라는 것은 물사를 행하지 않으면 안 될 가장 적절한 시기를 알아 행동한다는 것이며 그 德이 행위라는 것은 두 다리를 갖춘 자가 그 다리로 먼 산까지 가듯이 德으로 세상의 큰 공적을 이루어 내는 것을 말하기 때문이다. 세상 사람들은 먼 산에 가는 것을 매우 애를 써서 가는 것으로 생각하지만 진인은 아무런 괴로움 없이 자유자재하게 갈 수 있다.

따라서 진인은 좋아서 물사를 행하든 싫어서 물리치든 오직 하나의 道에 합치한다. 그뿐만 아니라 그 하나의 道를 언제까지나 지키는 것은 말할 필요도 없고, 세상 사람들은 그렇게 보지 않더라도, 한 줄기의 道가 통하고 있는 것이다. 한 줄기의 道가 통한다는 것은 하늘과 하나인 道와 일체가 되어 활동하는 것이고, 한 줄기가 아니라고 보이는 것은 세상 사람들과 하나가 되어 갖가지 물사를 행하는 것이며, 나아가 이런 경우 천(天:자연)과 인(人:인위)은 서로 우열을 다투지 않고 한 줄기의 道에 부합되는 것이다. 이처럼 한 줄기의 道에 사는 자를 바로 진인이라 한다.

【語義】 其狀義而不朋(기상의이불붕):'義'는 '峨(아:산이 높은 모양)'의 차자. '朋'은 '崩(붕:산 같은 것이 무너지는 것)'의 차자. 이 구는 진인이 지

닌 德의 숭고함을 산에 비유하여 표현한 것이다.

若不足而不承(약부족이불승):가득 차게 하지도 않지만 밖으로부터 받아들이는 것이 없어도 다하는 일이 없음. 진인이 지닌 덕의 심원함을 심연(深淵)에 비유한 것이다.

與乎其觚而不堅也(여호기고이불견야):'與'는 고음(古音)이 비슷한 '牙(아: 한편이 되다)'의 차자. '觚'는 본디 술잔을 뜻하는데 여기서는 '觚(고:큰 뼈, 나아가 단단하다는 뜻)'의 차자이다. '堅'은 앞뒤 여러 구가 朋·承(蒸部韻), 喜·已·色·德(之部韻), 世·制(祭部韻) 등으로 압운하고 있다는 점을 생각하면 아래 구의 '華'와 같은 압운에 속하는 '固' 자의 잘못이거나, 아니면 이 구는 본디 '與乎其堅而不觚也'였던 것으로 생각된다. 요컨대 이 구는 진인의 덕이 충실함을 표현한 것이다.

張乎其虛而不華也(장호기허이불화야):'張乎'는 크고 넓은 모양. '華'는 둘로 나눈다는 뜻. ≪예기≫ 곡례 상편(曲禮 上篇)에 '제후에게 외를 바칠 때에는 껍질을 벗긴 다음 둘로 가르고 그 위에 눈이 거친 헝겊을 덮는다(爲國者華之, 巾以絺)'라고 하고, 鄭玄이 '華란 가운데에서 가르는 것으로 넷으로 쪼개지 않는 것이다(華中裂之, 不四析也)'라고 주(注)했다. 成玄英은 글자 뜻 그대로 겉만 화려하다는 뜻으로 해석했다. 요컨대 이 구는 진인이 지닌 德의 관대함을 큰 그릇에 비유하여 표현한 것이리라.

邴邴乎其似喜乎(병병호기사희호):'邴邴'은 그 고음(古音)이 방방(滂滂)·팽팽(彭彭) 등과 가깝고, 또 다음에 나오는 '崔乎'와 상대되는 말임을 생각하면 의기가 왕성한 모습을 가리키는 말이리라. 이 구에서 말하는 바는 〈재전덕불형우화〉의 '與物爲春'과 같다.

崔乎其不得已乎(최호기부득이호):'崔'는 '摧·催(최:억눌리다, 절박하다)'의 차자. 이 구의 내용은 〈재전덕불형우화〉의 '悶然而後應, 氾而若(氾若而)辭'와 같다.

滀乎進我色也(축호진아색야):‘滀乎’는 모여드는 모양, ‘進’은 불어나는 것. ‘我’는 ‘己’의 뜻. 이 구는 위의 ‘邴邴乎其似喜乎’를 받아, 이른바 〈재전덕불형우화〉의 ‘才全’을 가리키고 있다.

厲乎其似世乎(여호기사세호):여러 가지 설이 있다. ‘厲’는 ‘警’와 상대되는 말임을 생각하면 ‘嬾(란:懶. 나른함, 게으름을 피우다)’의 차자이다. 또 ‘世’는 ‘未可制’의 반의어여야 한다는 점에서 ‘예(抴:끌어당기다)’의 차자이다. 요컨대 이 구는 ‘入則鳴’의 뜻을 말하고자 하는 것이다. 또, ‘似世乎’의 ‘乎’는 ‘也’라 해야만 한다(聞一多의 설).

警乎其未可制也(오호기미가제야):‘警乎’는 여기에서는 ‘오연(傲然)’과 같다. 세속에서 초월하는 모양을 가리킨다. 이 구는 독립 자유, 이른바 ‘일택(一宅)’이 뜻하는 바를 가리킨다.

連乎其似好閉也(연호기사호폐야):‘連乎’는 말을 더듬는 모양. ‘閉’는 다음 구의 ‘言’과의 압운 관계를 생각하면 ‘閑(잠그다)’을 잘못 베낀 것이다.

悗乎忘其言也(문호망기언야):‘悗’은 ‘惛(혼:어리석다)’과 같은 뜻. ‘悗乎’는 멍한 모양. 완전히 잊어버리고 있는 모양(王弼의 설), 나아가 무심(無心)한 모양(成玄英의 설). 앞 문장의 예로 보면 ‘忘其言’은 ‘其忘言’을 잘못 베낀 것이다(聞一多의 설).

以形爲體(이형위체):일정한 법칙을 그 신체로 삼고 있음. 즉 진인의 행동은 언제나 道와 합치하는 법칙성을 발휘하는 것을 가리킨다. 郭象 이래로 ‘形’을 형벌의 뜻으로 해석하는 게 통례인데 여기서는 상법(常法)의 뜻으로 해석해야 한다. 또, 이 이하 ‘至於丘也’까지는 郭象이 해석한 것처럼 刑·禮·知·德에 맡기는 것을 말하는 것이 아니라 진인은 세속적인 刑·德에 있어서도 전능하다는 것을 설하고 있다.

以禮爲翼(이례위익):禮를 그 날개로 삼는 것. 즉 진인은 어떠한 곳에서도 생각대로 禮를 행하는 것을 가리킨다. ‘翼’은 돕는다는 뜻이 아니라

'몸'에 대한 '날개', 즉 하늘을 나는 것에 비유하여 표현한 말이다.

以知爲時(이지위시):知로써 시의(時宜)를 얻음.

以德爲循(이덕위순):'循'은 일정한 행위를 가리킨다. 일월의 순환처럼 행위가 道에 좇아 일정하므로 다른 것과의 조화가 있는 것이다.

綽乎其殺也(작호기살야):'綽(낭창낭창함, 부드러움)'은 '焯(작:灼. 밝다, 빛나다)'의 차자. '殺'은 '察(찰:명확하게 앎)'의 차자로 보아야 한다.

有足者(유족자):'翼'에 대조시킨 말이다.

至於丘也(지어구야):'丘'는 큰 산으로 여기서는 큰 공적을 뜻한다.

而人眞而爲勤行者也(이인진이위근행자야):마서륜(馬敍倫)은 '人眞'을 '眞人'의 오도(誤倒)로 보았는데 그뿐 아니라 '眞' 자 밑에 '不' 자를 빠뜨린 문장인 것 같다. 여기서는 원문대로 번역했다. '勤'은 애써 힘쓰는 것.

故其好之也一也其弗好之也一也(고기호지야일야기불호지야일야):그 좋아하고 싫어함이 道와 일치하고 있어 일정한 것을 가리킨다.

其一也一其不一也一(기일야일기불일야일):그 道와 일치하고 있는 것은 어디까지나 일정하며 인간계에서 여러 면으로 物과 대응하는 때에도 일정함이 있음을 가리킨다. 〈심재우화〉의 '一宅而寓於不得已'와 거의 같은 의미이다.

天與人不相勝也(천여인불상승야):천(天:자연)과 인(人:인위)을 우열 없이 일치시키는 것을 가리킨다. 편머리의 '知天之所爲, 知人之所爲者, 至矣'에 대응하는 말이다.

【補說】이상은 〈진인론〉 제2절의 후단이다. 개괄적으로 진인이 숭고·심연·충실·관대하여 才·德을 다한 존재이며 세속에서 부즉불리(不則不離:밀착해 있지도 않지만 떠나 있지도 않음)하며 눌변(訥辯)·망언(忘言)하여 이른바 음양의 완전함을 얻고 있음을 칭찬하고, 특히 그 知·

德으로써 법칙·예의를 완수함을 서술한 다음, 그 완전함이 道와 일체여서 天·人을 합일시키는 것임을 이야기하여 이 논설 첫머리의 天·人을 합일하는 진지(眞知)의 제창과 상응시켜 〈진인론〉을 일단 매듭짓고 있다.

　앞 절의 餘說에서 지적했듯이 이 논설은 하늘인 道를 주로 하고 있긴 하지만 인위를 배척하기보다는 그것을 평가하여 天과 人(인위)의 합일을 설하고 있다는 데 그 큰 특색이 있다. 따라서 유가에서 주장하는 刑·禮 등의 가치를 용인하고 있는 셈인데 이처럼 절충적인 자세를 취하고 있다는 점에도 주목해야 할 것이다.

死生, 命也. 其有夜旦之常, 天也. 人之有所不得與, 皆物之情也. 彼特以天(先)爲父, 而身猶愛之. 而況其卓乎. 人特以有君爲愈乎己, 而身猶死之. 而況其眞乎.

泉涸, 魚相與處於陸, 相呴以濕, 相濡以沫, 不如相忘於江湖. 與其譽堯而非桀也, 不如兩忘而化其道.

夫大塊載我以形, 勞我以生, 佚我以老, 息我以死. 故善吾生者, 乃所以善吾死也.

夫藏舟於壑, 藏山於澤, 謂之固矣. 然而夜半有力者負之而走. 昧者不知也. 藏小大有宜, 猶有所遯. 若夫藏天下於天下, 而不得所遯. 是恆物之大情也. 特犯人之形而猶喜之, 若人之形者, 萬化而未始有極也. 其爲樂可勝計邪. 故聖人將遊於物之所不得遯而皆存. 善夭善老, 善始善終, 人猶效之. 又況萬物之所係, 而一化之所待乎.

인간에게 생과 사의 변화는 피할 수 없는 운명이다. 그것은 조석(朝夕)의 교체처럼 정해져 있는데 이는 절대적인 것이다. 이처럼 자신의 힘으로는 도저히 어떻게 할 수 없는 것이 있다는 것은 인간에게만 국한되지 않고, 이 세상에 존재하는 모든 物에 적용되는 진실이다. 따라서 인간은 오직 자신보다 뛰어난 것을 아버지로 삼아 그것을 친애한다. 하물며 그것보다 훨씬 뛰어난 지배자(道)를 친애하지 않을 수 있겠는가! 출사하여 군주를 섬기는 자는 군주를 자신보다 훌륭하다 생각하여 그를 위해 생명을 던진다. 하물며 참 권위인 道를 위해 생명을 바치지 않을 수 있겠는가!

수원(水源)이 말라 물고기들이 마치 땅 위에 오른 듯 서로 축축한 숨을 내쉬며 헐떡거리는 것은 넓은 강이나 호수에서 서로가 누군지도 모르며 자유롭게 헤엄치는 것만 못하다. 그와 마찬가지로 생명에 집착하는 인간의 작은 세계에서 요(堯)는 선인이라고 극구 칭찬하고 걸(桀)은 악인이라고 비난하거나 하여 시비를 다투는 것은 그러한 시비를 모두 버리고 道와 일체가 되는 것만 못하다.

무릇 인간은 道의 작용으로 대지로부터 인간의 모습을 받고 있으며 道는 인간에게 생명을 주어 노고시키고 늙어 약해지게 하여 일로부터 풀려나 죽음을 좇아 쉬게 한다. 그러므로 현실에 주어진 생명을 귀중하게 하는 것이야말로 인간에게 무엇보다 통절(痛切)한 죽음을 평화롭게 하는 방법이다.

상식으로는 배를 깊은 골짜기의 내에 숨기거나 산을 큰 못 가운데에 안정시키는 것은 더없이 견고 부동한 일이라고 생각할 것이다. 그런데 옛 신화에 나오는 이야기처럼 한밤중에 상상할 수 없을 만큼 힘이 센 사람이 배와 산을 등에 짊어지고 도망쳐 버릴지도 모른다. 천지 창조의 道에 소원한 자는 이러한 사실을 분별할 수 없다. 이처럼 物의 존재를 정립하기 위해서는 각 物에 알맞은 위치가 있어야 하는데 物이 다른 物에 의존하는 이상, 그 위치는 다른 곳으로 이동해 버릴 수 있다. 천하를 천하 그 자체로서 정립하면 결코 이동되는 일이 없다. 이야말로 物의 일정불변한 대진실(大眞實)이다. 소견이 얕은 인간은 인간의 모습을 지니고 태어났다는 것만으로도 기뻐하는데 그 인간의 모습이라는 것은 천변만화하여 참으로 제한이 없는 것이니, 그 기뻐함은 과연 참된 즐거움으로서 거론할 만한 가치를 지니고 있을까? 그러므로 성인은 物이 변하지도 않고 모든 것이 진실인 경지에서 비로소 노는 것이다. 어린이를 돌보고 늙은이를 편안하게 하며 태어남을 가엾이 여기고 죽음을 애도하는 일에 이르기까지 사람들은 성인에게서 배우고 성인을 본받으려고 애쓴다. 하물며 모든 物의 불변이 정립되는 근거이며 生·死·幼·老 등 모든 변화의 근본인(根本因)인 道에 있어서랴. 모든 사람은 道를 배우고 본받기에 힘써야 할 것이다.

【語義】命也(명야):피할 수 없는 운명임.

其有夜旦之常天也(기유야단지상천야):아침저녁의 일정한 교체 순환이 있는 것은 절대적 필연임.

情(정):진상(眞相).

彼特以天爲父(피특이천위부):곽상(郭象)은 원문대로 인간은 하늘을 아버지로 삼는다는 뜻으로 해석했고, 또 이것이 통설이다. 그러나 이것은 앞서 하늘을 근거로 하여 논했던 것과 합치하지 않을 뿐 아니라 전후 문의와도 맞지 않는다. '天'이 '先'을 잘못 베낀 것이든지, 아니면 '天'과 '父'의 위치가 바뀐 문장일 것이다. '天'과 '父'의 위치가 바뀐 경우라면 그때의 '天'은 가장 의지하는 사물이란 뜻이 된다.

身猶愛之(신유애지):'猶'는 '乃'와 같은 뜻으로 쓰였다. 앞의 '身'을 강하게 제시하는 조사다.

而況其卓乎(이황기탁호):'卓'은 매우 뛰어난 것, 즉 道를 가리킨다.

愈乎己(유호기):자기보다 낮다고 생각하는 것.

而況其眞乎(이황기진호):유일의 진리는 物을 성립시키는 진군(眞君), 진재(眞宰), 즉 道임.

泉涸魚相與處於陸相呴以濕相濡以沫不如相忘於江湖(천학어상여처어 륙상구이습상유이말불여상망어강호):같은 문장이 뒤의 천운편(天運篇) 에도 있다. 왕무횡(王懋竑)은 상하의 문맥이 연결되지 않는다고 하여 착간(錯簡:책의 편·장, 또는 문장의 순서가 잘못되는 것)이 아닌지 의 심했는데 이 문장은 '化其道'를 말하기 위한 비유이다. '呴'는 '欨'와 동 자. 숨을 내쉬는 것.

桀(걸):하(夏)왕조 최후의 왕. 포악한 인물을 대표하는 자로 자주 인 용된다.

化其道(화기도):'其'는 '於'와 같다.

夫大塊載我以形(부대괴재아이형):'大塊'는 대지(大地)를 가리킨다. ≪관자≫ 내업편(內業篇)에, '하늘은 精을 내며 땅은 形을 내고, 이 精과 形이 합쳐져 사람이 된다.'라고 했다. 이 이하 '乃所以善吾死也'까지는 〈조화우화(造化寓話)〉에도 나온다. 여기서는 '遊於物之不得遯而皆存'의 서론으로 쓰이고 있다.

佚我(일아):'佚'은 '逸'과 같다. 일로부터 달아나는 것. 나아가, 안락 하게 되는 것.

故善吾生者乃所以善吾死也(고선오생자내소이선오사야):역설이다. 生은 죽기 위한 것이 아니라는 것이 상식이다.

夫藏舟於壑藏山於澤謂之固矣然而夜半有力者負之而走昧者不知也 (부장주어학장산어택위지고의연이야반유력자부지이주매자부지야): 청(淸)의 유월(兪樾)은 '山'을 '汕(산:그물의 한 가지)'의 차자로 해석했 는데 그 해석이 합리적이므로 그에 좇는 학자가 많다. ≪회남자≫ 숙진 훈(俶眞訓)에 '夫藏舟於壑, 藏山於澤, 人謂之固矣. 雖然夜半有力者, 負

而趨, 寐者不知, 猶有所遁(무릇 배를 골짜기에 숨기고 산을 못에 감추면 절대 안전하다고 생각한다. 그러나 한밤중에 힘센 자가 배와 그물을 등에 지고 달아나면 잠들어 있는 자는 아무도 이 사실을 눈치 채지 못한다)'라 한 것에 의하면 사람이 산을 짊어지는 것이 현실의 일처럼 이야기되었던 듯하다. ≪열선전(列仙傳)≫과 ≪열자≫ 탕문편(湯問篇)에는 천제(天帝)가 자라에게 명하여 동해의 오신산(五神山)을 머리에 이게 하여 신선들이 사는 곳을 안정시켰는데 용백국(龍伯國)의 거인이 그 자라를 낚아 등에 지고 돌아갔다는 설화가 있다. 이와 같은 이야기를 토대로 하여 생각하면 중국 고대에는 천지의 창조에 관련하여 배를 숨겨둘 수 있게 골짜기에 길을 만들거나 못 한가운데에 산을 만들거나 하여 대지를 안정시켰는데 그 대지조차 밤낮으로 이동한다는 취지의 신화가 있었던 듯하다.

藏小大有宜(장소대유의):'小大'는 갖가지 物을 가리킨다.

藏天下於天下(장천하어천하):천하를 천하에 감춤.

恆物之大情(항물지대정):物의 일정불변한 대진실. 불변의 진실이기 때문에 이를 강조하여 '恒物' 또는 '大情'이라 한 것이다.

特犯人之形(특범인지형):'犯'은 '范(범:모습을 취함)'의 차자.

其爲樂可勝計邪(기위낙가승계야):변화하여 사라지는 한순간의 기쁨은 영구한 즐거움이 아니므로 전연 이야기할 만한 것이 못 된다는 뜻.

故聖人將遊於物之所不得遁而皆存(고성인장유어물지소부득둔이개존):성현영(成玄英)은 '不得遁'에서 구를 나누어, 자연의 道(不得遁)에서 놀고 物을 그대로 둔다는 뜻으로 해석했는데 '不得遁'과 '存'은 物 각각의 眞을 正·反 양면에서 말하는 것이다. 物 각각의 眞을 성립시키는 원리는 다음의 '所係'와 '所待', 즉 道이다.

善夭善老善始善終(선요선로선시선종):한 사람의 인간이 幼·老·

生·死를 잘 영위한다는 뜻으로 해석해도 통하지만 위에서 君父에 대한 행동을 예로 든 것을 생각하면 이것은 ≪논어≫에 '노인들을 편안하게 해 주고 벗들에게는 신의를 지키며 연소자를 사랑하겠다(老者安之, 朋友信之, 少者懷之)'(공야장편)라 하고, 또 '부모의 喪을 신중히 모시고 선조의 영을 충심으로 추모하면 백성의 덕성이 한결 도타워지리라(愼終追遠, 民德歸厚矣)'(학이편)라 하고, ≪맹자≫에 '내 집 노인을 공경하여 그 마음이 남의 집 노인에게까지 미치게 하고, 내 집 어린이를 사랑하여 그 마음이 남의 집 어린이에게까지 미치게 한다면 천하는 손바닥 위에서 움직일 수가 있다(老吾老, 以及人之老, 幼吾幼, 以及人之幼, 天下可運於掌)'(양혜왕 상편)라 한 것과 같은 류의 유가의 가르침을 가리키는 것이리라.

萬物之所係(만물지소계):만물을 성립시키는 근원. ≪관자≫ 내업편에 '만물은 이로써 생겨나며 또 이로써 이루어진다. 이것을 이름하여 道라 한다.'라고 했다.

一化之所待(일화지소대):만물을 변화시키는 근본인(根本因). 즉 道를 가리킨다. 제물론편 〈천뢰우화〉의 '凡物無成與毁, 復通爲一'을 참조.

【補說】 이상은 〈진인론〉의 제3절이다. 앞의 두 절이 진인에 관해 논하는데 비해 이 이하 두 절은 주로 道에 관해 논하고 있다. 진인에 관한 논설이, 진인이란 이른바 天·人을 합일한 전지자(全知者)임을 가리킨다고 설하는 것임에 반해, 道에 관한 논설은 物로 하여금 참다운 物이게 하는 道를 밝히고 있어 서로 관점이 다르다. 또, 전자가 실제로 있어야 할 진인을 들고 있는데 후자는 체도자(體道者)로서 신화·전설 등에 나오는 시위씨·복희·감배(狶韋氏·伏戲·堪坏) 등을 들고 있어 문장의 기세에 있어서도 다른 점이 있다. 이러한 점들을 감안하면 전후 두 절은

각각 독립적으로 성립된 것인데 '故聖人之用兵也……而不自適其適者
也'의 한 단이 더해지면서 두 절이 하나로 묶인 것이 아닌가 생각된다.
그런데 진인은 道의 체득자이며 物로 하여금 物이게 하는 것은 진지(眞
知)와 관계있는 것이어서 두 절은 상호 보완 관계에 있다. 따라서 종래
의 여러 학자의 해석에 좇아 이것들을 일론(一論)으로 취급하기로 한다.

 이상의 한 절은 진인이 道에 시종(始終)함을 설한 앞 절의 내용을 받
으면서 그에서 약간 발전하여 인간에게 무엇보다도 통절한 관심사인 생
사의 현상을 예증으로 삼아, 일반적으로 인간의 물사(物事)는 인지(人
知)가 관여할 수 없는 원리, 즉 道의 필연적 지배를 받고 있음을 지적
하고 道를 받들어 道와 일체가 되어야 함을 주장한 다음, 이 道는 物을
그 자체로 참된 物로서 정립시키며 그 존재와 변화의 유일한 근본인임
을 설하고 있다.

 특히 이 절에서 物 자체에도 일정한 眞이 있다고 언급한 것은 주목해
야 할 점이다. 종래, 道를 추구함에 있어서는 예컨대 제물론편 〈천뢰우
화〉에 '凡物無成與毀, 復通爲一'이라고 했듯이 物 그 자체는 일정한 존
재도 가치도 아니라는 점이 강조되었다. 이 절에서도 物은 오직 그것만
으로 실재하며, 또 고유의 가치를 지니고 있다고 주장하는 것은 아니다.
物은 道를 대비하는 것으로서 있는 것인데 그렇다 하더라도 그 범위에
서 眞이 있다고 하는 것은 한층 현상계를 중시하고 거기서의 道의 기능
을 생각할 것을 제시하고 있는 것이다. 이것은 생사일체관을 근거로 한
것이긴 하나 '故善吾生者乃所以善吾死也'라고 하는, 생을 긍정적인 것
으로 보는 주장도 되고 있는 것이다.

夫道有情有信, 無爲無形. 可傳而不可受, 可得而不可見. 自
本自根, 未有天地, 自古以固存. 神鬼神帝, 生天生地. 在太
極之先, 而不爲高, 在六極之下, 而不爲深. 先天地生, 而不
爲久, 長於上古, 而不爲老.
狶韋氏得之, 以挈天地, 伏戲得之, 以襲氣母. 維斗得之, 終
古不忒, 日月得之, 終古不息. 堪坏得之, 以襲崑崙, 馮夷得
之, 以遊大川, 肩吾得之, 以處大山. 黃帝得之, 以登雲天, 顓
頊得之, 以處玄宮, 禺强得之, 立乎北極. 西王母得之, 坐乎
少廣. 莫知其始, 莫知其終. 彭祖得之, 上及有虞, 下及五伯.
傳說得之, 以相武丁, 奄有天下, 乘東維, 騎箕·尾, 而比於
列星.

무릇 道가 실재하는 것은 필연이며 그것이 작용한다는 것은 의심할 여지
가 없는데 인간이 직접적으로 포착할 만한 작용을 보이지도 않고, 또 알 수
있는 형체로 나타나지도 않는다. 따라서 깨달은 道를 다른 사람에게 말하
여 전할 수는 있다 하더라도 다른 사람이 그것을 규정된 법칙으로 받아들일
수는 없다. 각자 깨달을 수는 있어도 그 형체를 볼 수는 없다. 道는 무엇에
도 의존하는 법 없이 그 자체가 유일한 근본이 되어 실재하고, 또 천지도 이
루어지지 않은 창세(創世) 이전 태고때부터 엄존(嚴存)해 왔다. 그리고 만
물에 생기를 주는 귀신에게 영성을 주고, 만물을 다스리는 상제에게 신성
함을 주어 하늘과 땅을 만들어 냈다. 또, 천공(天空)의 극(極)에 있으면서도
그 높음을 다하지 않고, 대지의 육방(六方:東·西·南·北·天·地의 여섯
방위)의 깊은 곳에 있으면서도 그 심오함을 다하지 않는다. 오직 무한하게
보편적이며 천지가 생기기 전부터 존재하면서 그 유구함을 극하지 않고 태

고부터 작용을 계속하면서 늙고 쇠약해지는 일 없이 무궁하게 항구적이다.

태고의 시위씨(狶韋氏)는 道를 체득하여 이 세상에 하늘과 땅을 열었으며 복희(伏戱)는 道를 얻어 음양의 원기(元氣)를 여러 가지로 섞어 만물을 만들어 내게 되었다. 또, 북두칠성은 道를 체득하여 영원히 차질 없이 주기적 순환을 시행하여 계절 변화의 기준이 되고, 해와 달은 영구히 교체를 되풀이하여 나날의 업무의 표준이 되었다. 감배(堪坏)는 道를 체득하여 곤륜산(崑崙山)의 신이 되어 그 산을 진정시켰고, 빙이(馮夷)는 道를 체득하여 황하(黃河)의 흐름에 떠다니는 신이 되어 황하의 물줄기를 진정시켰으며 견오(肩吾)는 道를 체득하여 태산(泰山)의 神이 되었다 한다. 또, 황제(黃帝)는 道를 체득하여 구름이 길게 뻗친 대공(大空)에 올라 천지를 다스리게 되고, 전욱(顓頊)은 道를 체득하여 현궁(玄宮)에 머물며 북방 세계의 정무를 관장하고, 우강(禺强)은 道를 체득하고 북극(北極)에 우뚝 서서 전욱의 정무를 보좌하게 되었다. 그리고 서왕모(西王母)는 道를 체득하여 서방(西方)의 소광(少廣)에 있으면서 生死를 초월하여 영구히 젊음을 보전하면서 인간 세상의 생명을 관장하며, 팽조(彭祖)는 道를 체득하여 위로는 순(舜)임금의 세상으로부터 아래로는 오패(五覇)의 시대에 이르는 장수(長壽)를 누려 인간 장수의 모범이 되었고, 부열(傅說)은 道를 체득하여 은(殷)나라 때의 왕 무정(武丁)을 보좌하여 널리 천하를 지배케 하고, 또 하늘에 올라 부열성(傅說星)이 되어 동유(東維)를 타고 기숙(箕宿)과 미숙(尾宿) 사이에 있으면서 하늘에 이어진 별의 하나가 되어 영원히 빛을 던지고 있는 것이다.

【語義】有情有信(유정유신):그것이 실재하는 것은 필연이며 진실임을 말한다.
　　可傳而不可受(가전이불가수):앞의 '有情'에 해당하는 말이다. 道를 무명(無名)이라고 하는 것과는 약간 달리, 그 실재의 필연성에 관해서는 말할 수 있음을 가리킨다.

可得而不可見(가득이불가견):'得'은 체득한다는 뜻.

自本自根(자본자근):절대 유일의 실재 근거임을 뜻한다.

未有天地自古以固存(미유천지자고이고존):하늘과 땅이 있기 전부터 분명히 존재함. ≪노자≫에는 '뒤범벅으로 된 한 物이 있어 천지보다 먼저 생겨났으니, 고요하고 쓸쓸하여 소리도 없고 형체도 없건만 홀로 우뚝 서서 영원히 변함이 없으며 모든 것에 두루 미쳐 잠시도 게으르지 아니하니 만물의 어머니라 부를 만하다. 내 그 이름을 알 수 없어 글로써 道라 하고 굳이 이름 짓자면 大라 하리라(有物混成, 先天地生, 寂兮寥兮, 獨立而不改, 周行而不殆, 可以爲天下母. 吾不知其名, 字之曰道, 强爲之名曰大)'(제25장)라고 했다.

神鬼神帝(신귀신제):만물 생성의 유일한 근원임을 가리킨다. '鬼'는 귀신, 즉 물체를 이루는 정기(精氣)를 가리킨다. '帝'는 상제(上帝). 신령을 다스리는 최고의 신.

在太極之先而不爲高……:공간적으로 절대 보편임을 가리킨다. '태극 (太極)'은 하늘을 받치고 있는 큰 기둥. '육극(六極)'은 땅을 받치고 있는 여섯 개의 기둥. 중국 고대에는 천지는 육방의 육극과 중앙의 태극에 의해 받쳐지고 있다는 내용의 신화가 있었던 듯하다.

先天地生而不爲久……:시간적으로 영구 무한함을 가리킨다.

狶韋氏得之以挈天地(시위씨득지이설천지):'狶韋'는 '豨韋'로 쓰기도 한다. 하왕조 이래의 명족(名族)으로 은대(殷代)에 실재했던 팽(彭)씨·위(韋)씨 등의 선조라고 한다. 이 족에 관해서는 팽조 외에 대팽(大彭)이라 불리는 자의 신화·전설이 성했던 듯한데 자세한 내용은 전해 오는 것이 없다. 어쩌면 은대에도 신화상의 옛 선왕이었던 왕해(王亥)가 대팽이었는지 모른다. 왕해는 본디 돼지의 모습을 한 신으로 영산(靈

山)에 살고 있다고 믿어졌다. 대팽·시위·왕해에 관해 그들이 천지 창조의 신이라고 하는 신화는 남아 있지 않지만 서술의 선후 관계에서 살펴보면 그 시대에는 그런 내용의 신화가 있었던 듯하다.

伏戲……氣母:'伏戲'는 伏犧·宓犧 등으로도 쓴다. 희생(犧牲)을 기르고 화식(火食)하는 법을 가르친 옛 제왕이라 하는데 여기서는 여성의 생식력을 신격화한 흔적이 남아 있고, 만물 생성의 근본인 氣의 근본을 합성한다고 했다. '襲'은 '되풀이하여 섞다'의 뜻. '氣母'는 氣의 근본. 음양의 氣를 말하는 것이리라.

維斗(유두):북두칠성(北斗七星)을 가리킨다. 큰곰자리에서 가장 뚜렷하게 보이는 일곱 개의 별. '維'는 방향. 일곱 개의 별이 국자 모양으로 이어져 있고 그 자루 끝이 가리키는 방향을 보고 시각·계절 등을 알 수 있다.

終古不忒(종고불특):영원히 잘못하는 바가 없음. '終'은 오래도록의 뜻. '忒'은 잘못·실수.

日月得之終古不息(일월득지종고불식):해와 달은 영구히 교체를 반복하여 나날의 업무의 표준이 됨.

堪坏(감배):필시 높이 솟아 있는 산봉우리를 신격화한 것이리라. 고대의 신의 이름. 인면수신(人面獸身)이며 득도하여 곤륜산에 들어가 신이 되었다 한다.

以襲崑崙(이습곤륜):'襲'은 '入'의 뜻. 들어가는 것. '崑崙'은 '昆侖·崑崙' 등으로도 쓴다. 중국에서 가장 유명한, 신화에 나오는 산. 고대에는 영혼이 서쪽에서 나와 서쪽으로 돌아간다고 믿어졌으므로 필시 '魂'의 완언인 '昆侖'이란 이름을 사용하여 '魂이 通하는 산'이란 뜻을 갖게 했을 것이다. ≪산해경(山海經)≫ 서산경(西山經)에 의하면 중국의 서쪽 끝, 황하의 발원지에 있으며 상제의 하도(下都)가 있는 성산(聖山)으로 이곳에는 신들이 모이는 현포(縣圃)라 하는 곳이 있다고 한다. 이곳

을 지키는 것은 호신구미(虎身九尾), 인면호조(人面虎爪)의 '육오(陸吾)'
라 하는 신이라 한다.

馮夷(빙이):황하의 신의 이름. 필시 '沸(불:물이 솟아오름)'의 완언으
로 물이 용솟음친다는 뜻에서 취해 하신(河神)의 이름으로 삼은 것이리
라. ≪산해경≫ 해내북경(海內北經)에 '종극의 못은 깊이가 삼백 길이나
되는데 그곳에 빙이(冰夷:馮夷)가 늘 머무르는 곳이 있다. 빙이는 사람
의 얼굴을 하고 두 마리 용을 타고 있다(從極之淵, 深三百仞. 維冰夷恆
都焉. 冰夷人面, 乘兩龍)'라고 했다. 한대(漢代)에는 득도한 선인(仙人)
이라 했고, 진대(晋代)에는 익사하여 하백(河伯)이 된 것으로 알려졌다.

肩吾(견오):〈막고야산신인우화〉의 餘說 참조. 그런데 여기서는 '대산
(大山)'의 신이다. 大山은 태산(泰山)과 같다. 태산은 산동성에 있는 산
으로 예로부터 성산으로 존숭받았다.

黃帝(황제):본디 皇帝·昊帝와 같다. 요컨대 우주를 지배하는 최고의
신이었다. 헌원(軒轅)이라는 언덕에 있었으므로 '軒轅'을 그 이름으로
했다고 하는데 사실 '軒轅'은 '乾' 또는 '旲'의 완언으로 최고의 신을 태양
으로 간주한 데서 붙여진 이름일 것이다. 후세에 들어 오행설(五行說)에
의거하여 동방은 靑帝인 대호(大皥), 남방은 赤帝인 염제(炎帝), 서방은
白帝인 소호(少皥), 북방은 玄帝인 전욱(顓頊)이 관장하고 黃帝는 중앙
을 다스리는 것으로 생각하게 되었다. 또 黃帝는 인간계의 제왕으로 인
식되어, 처음으로 중국을 열고 여러 문화 시설을 발명했으며 역대 왕조
의 시조라 불리게 된 것이다.

顓頊(전욱):북방의 하늘을 다스리는 상제라 한다. 필시 '陬(추:구석)'
의 완언으로 '천공의 한 모퉁이에 있는 상제'라는 뜻으로 붙여진 이름일
것이다. 옛날 제왕들의 전설에서는 黃帝의 손자로 이름을 고양(高陽)이
라 했으며 귀신을 잘 섬겨 천하를 다스렸다 한다.

玄宮(현궁):북방을 가리킨다. 오행설에 의해 각 방위에 빛깔을 배정하면 동은 靑, 서는 白, 남은 赤, 북은 玄(黑)이다. 또 중앙은 黃色.

禺强(우강):지상의 북쪽 끝에 있는 신. '禺疆, 禺京'으로도 쓴다. 필시 '隅疆(우강:북쪽 구석)'의 뜻을 나타내기 위해서든지, 아니면 '鼇(오:바다에서 사는 큰 거북)'의 음전(音轉)에 의해 붙여진 이름이리라. 신의 형상은 동방의 신이 靑龍, 서방의 신이 白虎, 남방의 신이 朱雀이고 북방의 신은 현무(玄武), 즉 거북일 것이라고 생각되었다. ≪산해경≫에는 '북방의 신은 禺疆, 사람의 얼굴에 새의 몸을 했으며 두 귀에서 푸른 뱀을 늘어뜨리고 두 마리의 푸른 뱀을 밟고 있다(北方禺疆, 人面鳥身, 珥兩靑蛇, 踐兩靑蛇)'라고 했다.

西王母(서왕모):중국 서쪽의 사막 끝에 있는 여신. 갑골문에 보이는 西母, 즉 일출(日出)을 담당한 東母에 대해 일몰(日沒)을 담당한 여신이었던 西母에서 비롯된 신으로 생각된다. ≪산해경≫에는 '다시 서쪽으로 350리를 가면 옥산(玉山)이 있다. 이곳에 서왕모가 살고 있다. 서왕모의 모습은 사람 같으나 표범의 꼬리에 호랑이의 이빨을 가지고 있으며 휘파람을 잘 불고 흐트러진 머리에 장식을 꽂고 있다. 이 신은 하늘의 재해와 오형(五刑) 등의 살벌한 氣를 지배한다(又西三百五十里, 曰玉山, 是西王母所居也. 西王母其狀如人豹尾, 虎齒而善嘯, 蓬髮戴勝. 是司天之厲及五殘)'(서산경)라고 했다. 그 후 도교에서는 인간의 생명을 관장하는 신으로 숭상했으며 ≪목천자선(穆天子傳)≫이나 그 밖의 소설류에서는 미묘(美妙)한 선녀로 묘사하고 있다. 成玄英은 '태음(太陰:月)의 精으로 표미호치(豹尾虎齒)를 갖추고 있다. 잘 웃으며 舜임금에게 옥환을 바쳤고, 漢의 武帝에게는 청도(靑桃)를 바쳤다. 용모가 소년처럼 단정하고, 항상 서방에 있으며 생사를 초월했다.'라고 해설했다.

少廣(소광):서방의 끝. 필시 막광(邈曠:아득한 허공)의 뜻을 나타내기 위해 이름 붙여진 것이리라.

有虞(유우):순(舜)임금을 가리킨다.

五伯(오패):'五霸'와 같다. '伯'은 '霸'와 동자. 춘추시대(B.C. 770~B.C. 403)에 패자(霸者:중국의 맹주)가 되었던, 齊의 환공(桓公)·宋의 양공(襄公)·晋의 문공(文公)·秦의 목공(穆公)·楚의 장왕(莊王)을 가리킨다.

傅說(부열):은(殷)나라 무정(武丁)의 현재상. 무정이 열(說)이란 이름의 성인을 만나는 꿈을 꾸고 널리 그 사람을 찾았는데 부암(傅巖:섬서성 河北縣)에 강의 제방을 쌓는 일을 하는 자가 있었다. 무정은 그를 부열이라 이름하고 재상에 등용한 바, 그는 훌륭한 치적을 올렸다 한다.

武丁(무정):은왕조 16대 천자로 명군이었다고 한다.

奄有(엄유):덮고 있음. '奄'은 '覆'의 뜻.

乘東維騎箕尾(승동유기기미):부열(傅說)이란 이름의 별이 있는데 이 별은 북두성과 동쪽의 기숙(箕宿:人馬座에 속함)을 연결하는 선상에 있으며 기숙과 미숙(尾宿:射手座에 속함)의 사이에 있다. 부열의 영(靈)이 이 별이 되었다는 설화가 있다(崔譔의 설). '東維'는 '維東'과 같다. 북두성의 동쪽을 가리킨다.

【補說】 이상은 〈진인론〉의 제4절이다. 우선 道는 '無爲無形', 즉 형이상(形而上)의 것으로 체득해야 할 원리이며 그것이 근본인이 되어 보편적·항구적으로 만물을 성립시킨다는 것을 명확하게 한 다음, 신화·전설 등의 예를 들어 道를 체득한 귀신·정령·위인 등이 天地·四時·山川·治·生死·功業 등을 성취했음을 설하여 〈진인론〉을 매듭짓고 있다.

【餘說】 도(道)에 관한 사변(思辨)의 전개

≪장자≫뿐 아니라 일반적으로 도가에 있어서는 '도가'라고 하는 이름 그대로 道가 그 추구의 구극이며, 또 주장의 근거임은 두말할 여지가 없을 것이다. 이들의 설에는 道에 관해 언급하지 않은 것은 거의 없다. 그런데 道를 계통적으로 설명하고 있는 것은 도가 전부가 그렇다고는 할 수 없지만 특히 ≪장자≫ 중에는 적다. 道란 객관적으로 규정될 수 있는 것이 아니며 각자가 전심전령(全心全靈)을 기울여 오득(悟得)해야 하는 것이기 때문일 것이다. 그런데 이 절은 ≪장자≫ 중에서는 비교적 道에 관해 소상히 설명하고 있는 것이다. 필시 도가의 주장을 한층 명확하게 할 필요에서, 또 이 편에는 오도자(悟道者)에 관한 우화가 실려 있으므로 그 서두로서 道를 해설하지 않으면 안 되는 사정으로 道에 관한 설명을 신게 된 것이리라.

일반적으로 도가가 제창하는 道란 유가의 그것이 인간계에 존재하면서 행해야 할 당연한 인도(人道)를 가리키는 데 반해 인간뿐 아니라 생멸 변화를 겪는 우주의 모든 物을 지배하는 필연의 천도(天道)를 가리킨다. 특히 더없이 소박한 표현으로서 ≪관자≫ 심술상편에 '허무무형(虛無無形), 이것을 道라 한다'라고 하듯이 道는 그 모습을 말로 나타낼 수도 실체화할 수도 없다는 것이 도가에서 주장하는 道의 가장 현저한 특징인 것이다.

道가 허무무형 또는 무위무형하다는 것은 단순히 道가 추상적 · 초월적 실재임을 가리키는 것만이 아니다. 道가 모든 物을 생멸 변화시키는 근원으로서 개개의 物과는 달리 시간적 · 공간적 규정 없이 추상적 · 보편적 · 초월적이라는 것은 말할 필요도 없다. 그런데 유가의 道도, 공자가 '아침에 道를 들으면 저녁에 죽어도 좋다(朝聞道, 夕死可矣)'(≪논어≫ 이인편)라고 하여 생사를 걸고 구할 만큼 여간해서는 파악할 수 없는 것이다. 생애를 통한 지침은 모든 경험에 대해 보편적이며 따라서 추상적이다. 그렇다 하더라도 유가의 道는 공자의 일관된 道를 이심전심(以心傳心), 충서(忠恕)로 이해했던 공자의 제자 증삼(曾參:≪논어≫ 이인편 참조)은 특별한 경우라 하더라도 혹은 '仁義禮知'로서 혹은 '君子의 德'으로서 다른 사람에게 설명해 보일 수 있는 것이다.

순자는 '예로부터 많은 왕들이 변함없이 지켜오고 있는 것, 즉 예의야말로 국가 통치의 핵심을 꿰뚫는 조리(條理)로 삼기에 족하다(百王之無變, 足以爲道貫)'(≪순자≫ 천론편)라고 설하고 있는데 이에 의하면 유가의 道는 연역적으로 해석하건 귀납적으로 해석하건, 百王의 경험적 사실로부터 추상된 것이며 동시에 후대에서도 구상화할 수 있었다. 이에 대해 도가가 道를 허무무형하다고 주장하는 것은 우선 道를 체득하기 위해서는 허심무위(虛心無爲)가 필수적 조건으로 선행되어야 함을 이야기하는 것임에 틀림없다.

인간세편의 〈심뢰우화〉에서도 '唯道集虛. 虛者心齋也'라고 했다. 道는 독립의 실재이지만 物과의 상관에서 비로소 생각할 수 있는 것이며 동시에 物은 道와 배리(背離)하면서 현실의 미망에 괴로워하는 가상(假象)이므로 그 道를 추구하는 입장에서 보면 사려·아집 등 현실의 미망을 떨어버린 허심무위는 道가 요구하는 것, 요컨대 道의 속성으로 보일 것이다. 또 이 추구는 제물론편 〈천뢰우화〉에 '俄而有無矣. 而未知有無之果孰有孰無也'라 한 것과 같은 '절대무(絶對無)'에 구극(究極)하게 되며 이 절대무의 경지는 道와 일체인 것이다. 그리고 이런 의미에서도 道는 허무무형이라고 말할 수 있으리라.

≪노자≫에 '道는 항상 이름이 없다(道常無名)'(제32장), '道는 物로서, 있으면서도 없는 것 같고 없으면서도 있는 것 같다(道之爲物, 惟恍惟惚)'(제21장)라 한 것도 같은 주장의 말이라 할 수 있다. 요컨대 도가의 이 명제는 道를 추구하고 체득하는 과정과 그 구극의 양면, 차라리

그것을 합일하는 데 道가 성립한다는 것을 말하고 있는 것이다. 이 절이 道를 '無爲無形'이라고 하는 것과 함께 '可得而不可見'이라 하여 그 체득을 강조하고 있는 것은 이 추구의 입장을 버리지 않고 있는 것이다.

그런데 〈천뢰우화〉에서 '今我則已有謂矣. 而未知吾所謂之其果有謂乎, 其果無謂乎'라 했듯이 체도(體道)의 구극은 언어로서의 표현을 거부하는 경지인데 이 절에서는 '可傳而不可受'라 하여 분명히 전할 수 있는 것으로 보고 있다. 그뿐 아니라 〈심재우화〉에 자세히 설명되어 있듯이 道의 추구도 道가 무엇인지를 아는 것으로부터 출발할 것이 아니라 문자 그대로 '心齋', 즉 허심무위하게 구해야 하는데 이 절은 道가 널리 실재하는 것임을 말하는 것으로부터 시작하고 있다.

여기에는 명확하게 道의 추구와는 다른 입장이 있다. 생각건대 道의 추구가 어느 정도 발달하면 道를 일반적으로 교의화(敎義化)하여 설하게 될 것이다. 이 절은 앞 절의 '物之所不得遯'이라 한, 物로 하여금 참다운 物로서 정립되게 하는 문제를 받고 있어 분명히 道의 物에 대한 전개를 명확하게 하는 단계에 이르고 있는 것이며 여기서는 입장을 전환하여 道 그 자체 위에서 원심적(遠心的)으로 설명하지 않으면 안 되는 것이다. 따라서 이런 입장에서 보면 교의화가 부득이하기 때문에, 허무(虛無:無爲) 무형(無形)이 흡사 道의 속성이거나 실체인 것처럼 이야기하게 된 것이다.

≪노자≫에 '처음에 혼돈(渾沌)이라고 하는 것이 있었으니 천지가 나뉘기 전부터 있었다. 그것은 소리도 모습도 없이 존재하는데 다른 어떤 物에도 의지하지 않고 존립하며 불변하고 만물에 두루 작용하며 그러면서도 게으르지 아니하니 천지 만물을 만들어 내는 어머니라 할 만하다. 나는 그것의 이름을 알 수 없다. 따라서 글로 써서 道라 하고, 굳이 이름 짓자면 大라 하리라. 이 道는 큰 것으로 만물을 계속 만들어 내며 전

개를 이어가 앞으로 앞으로 나아가며 멈추지 않는다. 나아가 멈추지 아
니하므로 전개되어 나아간 말단의 것은 차츰차츰 道에서 멀어진다. 그
런데 멀어지는 것이 極에 이르면 그것은 다시 근원인 道에 되돌아온다.
이러한 까닭으로 道는 크다고 말할 수 있다. (道로부터 만들어져 나오
는 것이므로) 하늘은 큰 존재이다. 땅은 큰 존재이다. 그리고 왕도 큰 존
재이다. 나라 안에는 이 네 가지 큰 존재가 있으며 왕도 그들 가운데의
하나이다. (그런데 이들 사이에는 질서가 있어) 사람은 땅을 본받고 땅
은 하늘을 본받으며 하늘은 道를 본받는다. (그런데 道는 최초의 것으
로 천지 만물을 지배하는 절대의 존재이므로 다른 것을 본받는다고 말
할 수 없다. 즉) 道는 자연, 즉 있는 그대로를 법칙으로 삼는다.(有物混
成, 先天地生. 寂兮寥兮, 獨立而不改, 周行而不殆, 可以爲天下母. 吾不
知其名. 字之曰道, 强爲之名曰大. 大曰逝, 逝曰遠, 遠曰反. 故道大. 天
大. 地大. 王亦大. 域中有四大. 而王居其一焉. 人法地, 地法天, 天法道,
道法自然)'(제25장)라고 한 것은 그 의의가 간단하지는 않지만 道를
'寂兮寥兮', '吾不知其名'이라 한 점에서 미루어 보면 결국 '天下母'라 하
는 '物에의 전개'를 지향하는 것에서 비롯된 교의화의 표현이다. 이처럼
道가 虛無·無爲·無形·無名하다는 것은 道를 교의화한 표현이다. 이
말이 직접적으로 無爲이기만 하면 道임을 의미하는 것이 아니라 道의
추구·체득의 응축이며 그 절실한 체험을 뒷받침하는 것임은 되풀이하
여 말할 것까지도 없다.

그런데 道에서 物로의 전개를 설명하는 데 우선 정립시켜 두지 않으면
안 되는 것은 道가 유일 절대의 실재라는 것이다. 이런 점에서, 이 절의
'自本自根……'이라 한 규정은 ≪노자≫의 '有物混成, 先天地生. ……'보
다 한층 명확하다. 다음으로는 道가 유일한 근거가 되어 만물이 전개된
다는 것을 밝히는 것이다. 이 점에 관한 이 절의 설명은 '神鬼神帝, 生天

生地'라고 한 네 가지 예증에 그치고 있지만 이로부터 연역하여 더 많은 전개를 생각하려 했던 것이리라.

≪노자≫에 '道가 만물을 생성하는 과정은 다음과 같다. 우선 道가 하나의 원기(元氣)를 만든다. 다음으로 그 하나의 원기는 나뉘어 陰·陽 두 기운이 된다. 그리고 陰·陽 두 기운은 감응하여 용솟음치는 새로운 기운을 만든다. 그러면 그 용솟음치는 새로운 기운이 만물을 만든다. (道生一, 一生二, 二生三, 三生萬物)'(제42장)라고 했다. 이것은 〈천뢰우화〉에 '故自無適有, 以至於三. 而況自有適有乎. 無適焉. 因是已'라고 한 구도(求道)의 태도와는 다르다 하더라도 이것으로 道 일원(一元)으로부터 전개되는 만물의 형이상적 구조를 밝히려는 것이며 物 각각의 진실을 오득(悟得)하는 것에도 이어지는 것이다. 또, 이 절에는 명확한 진술이 없더라도 일원인 道의 정립은 만물의 통일적 이해나 대응에도 이어진다. 이러한 이유로 〈천뢰우화〉의 '萬物與我爲一'이라는 오득의 경지는 한층 구체적으로 명확하게 되는 것이다. 이 절에서 道의 정립은 이와 같은 방향을 목표로 하고 있는데 아직 상세하지가 않다.

만물을 전개시키는 道는 절대 유일한 것이며 나아가 보편적 실재 근거이다. 아니, 본디부터 道는 만물을 포괄하는 일원으로서 상정되었다. 그래서 뒤의 지북유편에는 '道在屎溺'라 하는 기경(奇警)한 표현도 나오고 있다. 이 점에서 이 절의 서술은 추상적이기는 하더라도 공간·시간으로 나누어 일원인 道의 보편성을 강조하고 있는 것이다.

그런데 여기에서 문제가 되는 것은 일원인 道가 어떻게 하여 다원의 物들을 성립시키느냐 하는 것이다. 이 절이 시위·복희·유두·일월(狶韋·伏戲·維斗·日月) 등의 신령을 들어 천지·음양·사계·일월·산천 등에 걸쳐 설명하고 있다는 것은 이점에 착의(着意)가 있었음을 나타내는 것이리라. 그것은 필시 설화적인 흥미에서가 아니라 천지

만물이 각각 영구적인 진실을 지니고 성립되었음을 설하려는 시도였다고 생각된다.

그런데 ≪노자≫에, '옛날에 하나의 道에서 출발한 일원의 氣를 체득한다는 것이 있었다. 하늘은 이 하나를 얻어 맑고, 땅은 이 하나를 얻어 안정되며, 신은 이 하나를 얻어 영묘해지고, 골짜기는 이 하나를 얻어 채워지며, 만물은 이 하나를 얻어 태어나고, 제후는 이 하나를 얻어 천하를 다스린다. 무릇 하늘에 맑음을, 땅에 안정을, 신에 영묘함을, 골짜기에 충만함을, 만물에 생명을, 제후에게 천하의 다스림을 가져다주는 것은 바로 이 '하나'인 것이다(昔之得一者. 天得一以淸, 地得一以寧, 神得一以靈, 谷得一以盈, 萬物得一以生, 侯王得一以爲天下正. 其致之一也)'(제39장)라고 했다. 여기에 나오는 '하나'란 단순히 道가 일원임을 나타내는 것이 아니라 物 각각이 淸·寧 등의 본질을 지닌 개체로서 성립되는 본체임을 가리키는 것이리라. 이것과 비교해 보면 ≪노자≫ 쪽이 이 절보다 이른바 '物의 眞'을 정립하는 논리를 한층 명확하게 하고 있다고 할 수 있으리라.

'物의 眞'이 있다면 현실에는 어째서 그에 반하는 가상(假象)이 있는지, 또 미망이 있는지, 物은 어째서 참된 物로서 전개하지 않는지 등이 다시 문제로서 등장한다. 이 점에 대해 ≪노자≫는 道에는 '大·逝·遠·反'이라 하는 반전(反轉) 작용이 있으며, 또 物에는 '무릇 만물은 풀이 무성하듯이 번성하지만 각각 그 근원인 道로 돌아간다. 근원인 道로 돌아가는 것을 靜이라 하고, 또 이를 일러 부여받은 性에 돌아가는 것이라 한다. 만물이 그 부여받은 性에 돌아가는 것을 변치 않는 진리라 한다.(夫物芸芸, 各復歸其根. 歸根曰靜, 是謂復命, 復命曰常)'(제16장)라하여 복귀 운동이 있음을 설하고 있다.

뒤의 천지편에서도 '性脩反德'이라 했다. 요컨대 道는 物을 끊임없이

道에 복귀시켜 物을 순화하고 충실케 하여 전개시킨다는 것이다. 또 '物의 眞'이 있으면 개개의 物이 각각 전개하는 고유의 이법과 道의 관련을 생각하지 않으면 안 된다. 이런 까닭으로 道가 시공(時空)에 걸쳐 무한하게 유행(流行)하는 대로 만물이 각각 참된 物로서 각각의 이법에 좇아 전개된다는 이른바 '자연'이 설명되는 것이리라. 이에 관해서는 이 절에는 설명이 없다.

이처럼 살펴보면 이 절의 道에 관한 설명은 구심적(求心的)인 체험으로부터 원심적(遠心的)으로 道의 기능을 명확하게 하는 전환점에 있는 듯하다. 그리고 그 성립 연대의 선후는 명확하게 밝히기 어렵지만 사변(思辨)의 발전 정도에서 말하면 이 절 쪽이 ≪노자≫보다 소박하지 않을까?

제2장 남백자규·여우문답:영녕우화(南伯子葵·女偊問答:攖寧寓話)

南伯子葵問乎女偊曰, "子之年長矣. 而色若孺子, 何也."

曰, "吾聞道矣."

南伯子葵曰, "道可得學邪."

曰, "惡, 惡可. 子非其人也.

夫卜梁倚有聖人之才, 而無聖人之道. 我有聖人之道, 而無聖人之才. 吾欲以敎之. 庶幾其果爲聖人乎. 不然, 以聖人之道告聖人之才, 亦易矣.

吾猶守而告之參日, 而後能外天下. 已外天下矣, 吾又守之七日, 而後能外物. 已外物矣, 吾又守之九日, 而後能外生. 已外生矣, 而後能朝徹. 朝徹而後能見獨. 見獨而後能無古今. 無古今而後能入於不死不生.

殺生者不死, 生生者不生. 其爲物, 無不將也, 無不迎也. 無不毀也. 無不成也. 其名爲攖寧. 攖寧也者, 攖而後成者也."

남백자규(南伯子葵)가 여우(女偊)에게 말했다.

"당신은 이미 꽤 늙었습니다. 그런데도 안색이 아직 어린아이처럼 보들보들하니 어찌 된 일입니까?"

"나는 道를 들어 알고 있기 때문이네."

라고 여우가 대답했다. 그러자 남백자규가 다시 물었다.

"道란 배울 수 있는 것입니까?"

여우가 대답했다.

"아아, 어찌 배울 수 있겠는가? 자네는 道를 배워 알 수 있는 사람이 아니네.

저 복량의(卜梁倚)는 성인이 될 재능은 갖추었지만 성인의 道를 깨닫지 못하고 있었네. 나는 성인의 道를 깨달았지만 성인으로서의 재능은 갖추고 있지 않았네. 그래서 나는 성인의 道를 복량의에게 가르치려고 생각했네. 틀림없이 참된 성인이 될 거라고 생각하면서. 거기까지 바랄 수는 없더라도 성인의 道를 성인으로서의 재능을 지니고 있는 자에게 고하는 것은 매우 쉬우리라고 생각했기 때문이네.

내가 여느 때처럼 道를 지키면서 간간이 가르치길 3일간, 그는 천하의 일을 완전히 잊어버리게 되었네. 천하의 일을 완전히 잊어버린 다음, 재차 道를 지키면서 간간이 가르치길 7일간, 그는 모든 物事를 완전히 잊어버렸네. 모든 物事를 완전히 잊어버린 다음, 다시 道를 지키면서 간간이 가르치길 9일간, 그는 자신이 살아 있다는 것을 완전히 잊게 되었네. 자신이 살아 있다는 것을 완전히 잊어버린 다음, 맑고 밝은 경지에 이르게 되었네. 맑고 밝은 경지에 이르자 비로소 道와 하나가 된 절대 독립의 경지를 깨닫게 되었네. 절대 독립의 경지를 깨닫자 비로소 인간 세상의 고금의 추이로부터 초월할 수 있었네. 고금의 추이로부터 초월하자 비로소 죽음도 없고 삶도 없는 영원불멸의 경지에 들 수 있었던 것이네.

삶의 영위를 절제하는 자는 죽지 않고 오래 생명을 보전하며 삶을 영위코자 애쓰는 자는 오히려 일찍 죽어 생명을 보전하지 못하는 것이 섭리이네. 따라서 죽음도 없고 삶도 없는 경지에서야말로 자연에 좇아 物事가 지나가는 대로 모든 것을 맡기고 오는 대로 또 모든 것을 맡기며, 物事가 파멸되는 대로 모든 것을 맡기고 성립되는 대로 모든 것을 맡길 수 있는 것이네. 이것을 이름하여 '영녕(攖寧)'이라 하네. 영녕이란 物과 떨어지지 않고 서로 접촉하면서도 평안함을 보전하는 것이네."

【語義】 南伯子葵(남백자규):필시 인간세편의 〈신인부재우화〉에 나오는 '南伯子綦'를 흉내 내어 설정한 인물일 것이다. 일설에, '葵'는 '綦'의 오자(誤字)라 했다(李頤, 成玄英의 설).

女偊(여우):成玄英은 옛적의 체도자라고 해석했는데 성군 우(禹)를 여성화하여 이렇게 표현한 것이 아닐까? 禹는 본디 홍수를 다스리고 대지를 굳게 지킨 땅의 신이었다. 이런 점에서 생각하면 '女偊'에는 대지와 같은 '안정됨'의 뜻이 숨겨져 있는 듯하다.

色若孺子(색약유자):안색이 어린아이처럼 생기가 있음. 소요유편 〈무위우화〉에서 막고야산의 신인(神人)을 설명하며 '肌膚若冰雪, 淖約若處子'라 했다.

卜梁倚(복량의):공자의 제자로 子夏, 성은 卜, 이름은 商, ≪역전(易傳)≫의 작자로 알려져 있다. '卜'은 본디 점을 치는 것을 직업으로 삼는다는 뜻에서 생긴 성씨이며 '梁'은 동음인 '量(량:알다)'의 뜻. 또 '倚'는 '奇(기:기이함)'의 뜻을 가지고 있다. 따라서 이 이름은 신의 뜻을 아는 명지자(明知者)로서 설정된 인물임을 뜻한다.

庶幾(서기):가까움. '거의 ~함'의 뜻.

吾猶守而告之(오유수이고지):자신은 다만 道를 지킬 뿐으로 그것이 불언(不言)의 가르침이 됨.

外天下(외천하):'外'는 마음에서 지워 버리고 잊어버리는 것. '天下'는 천하의 일을 가리킨다.

已外天下矣(이외천하의):'천하의 일을 잊은 다음에 ~하다'의 뜻을 강하게 나타낸다. 뒤의 '已外物矣', '已外生矣' 등도 같다.

外物(외물):'物'은 여기에서는 자신의 마음에 떠오르는 物事를 가리킨다.

朝徹(조철):'徹'은 '澈(철:맑게 개다)'의 차자. '朝徹'은 澈의 쌍성 완언. 즉 투철(透徹)과 같은 뜻으로 보아야 한다.

見獨(견독):의식을 한 점에 집중하여 어떠한 것에도 움직이지 않는 독립의 경지를 깨닫는 것. 道와 일체가 되는 것을 뜻하는 것이리라.

無古今(무고금):시간의 추이를 초월하는 것. 무시간(無時間)이기도 하며 영원이기도 함.

入於不死不生(입어불사불생):生도 死도 없는 오직 자연스런 존재가 되는 것. 즉 존재의 원점으로 되돌아가는 것을 가리킨다.

殺生者不死生生者不生(쇄생자불사생생자불생):'殺'는 감쇄(減殺)하는 것, 즉 절제하는 것. '殺生'이란 생명의 보지(保持)를 위해 이목구비의 욕망을 마구 누리려는 것을 억제하는 것을 가리키며 '生生'이란 이와 반대로 생명의 보지를 위해 의식적으로 이목구비의 욕망을 왕성하게 하는 것을 가리킨다. 요컨대 생명을 보지하기 위해 안달하는 자는 오히려 생명을 해치고 그 욕망을 줄이는 자가 장수하는 것처럼 삶에의 헛된 의욕을 버려야 비로소 묘용(妙用)이 있고, 따라서 그보다 초월적 경지인 '不死不生'이야말로 모든 物에 대응하는 자연스러움을 얻고 있다고 주장하는 것이다.

其爲物(기위물):'其'는 '入於不死不生'의 경지를 가리킨다. '爲物'은 어떠한 것을 특별히 문제 삼아 설명할 경우에 쓰는 표현 형식.

無不將也無不迎也(무부장야무불영야):物의 변화에 그대로 대응하는 것을 말한다. '將'은 '送'의 뜻.

無不毀也無不成也(무불훼야무불성야):物의 흥망의 변화에 그대로 따르는 것을 말한다.

攖寧(영녕):'攖'은 '纓(영:감다. 나아가, 접촉하다의 뜻)'의 차자. '寧'은 '안심하다, 편안히 하다'의 뜻. 요컨대 '攖寧'은 〈심재우화〉에 '一宅而寓於不得已'라 한 것과 같은 뜻으로 주관적인 의식을 가지지 않고 物에 응하여 자연스럽게 안정함을 보전하는 것을 가리킨다.

【補說】이상은 〈영녕우화〉의 전단이다. 나이를 먹었어도 어린아이처럼 생기 넘치는 여우가 남백자규의 물음에 답한 것으로 사람은 천하의 정세, 자신이 접하는 물사, 자신의 삶 등 이 세상에 있는 모든 物을 잊어버려야만 비로소 마음속이 결백하고 밝아지며 道와 일체가 되어 독립하고 고금의 변이(變移)로부터 초월하여 그 영원함을 얻으며, 또 어떠한 物事에도 자연스럽게 대응하게 된다는 것을 설하고 있다.

【餘說】 '入於不生不死'의 의미

《관자》 심술 상편에 '인간으로서 힘써야 할 바는 순수함[精]이다. 욕망을 버리면 편안해[宣]지며 편안해지고 고요해[靜]진다. 고요해지면 순수해[精]지고 순수해지면 독립의 경지에 든다. 독립의 경지에 들면 밝아[明]지며 밝아지면 영험[神]해진다.'라는 요지의 글이 실려 있다. 이것은 道를 체득하기 위해서 자신을 감싸고 있는 의혹 · 욕망 등의 잡념을 모두 버리고 마음을 평안히 하여 고요해지면 그 사념이 순수하게 되고 유일부동(唯一不動)하게 되며 어떠한 物事에도 명지(明知)를 발휘하여 道와 일체가 된 신묘한 작용을 하게 된다는 것을 이야기하고 있는 것이다. 한 마디로 道를 얻기 위해서는 잡념을 버리고 내성(內省)을 철저하게 해야 한다는 것이다.

이 〈영녕우화〉의 '外天下' 이하의 서술은 위 심술상편의 내용과 비교할 만한 것이다. 즉 '外天上', '外物'은 '욕망을 버리면' 또는 '편안해지면[宣]'에, '外生'은 '고요해진다[靜]'에, '朝徹'은 '순수해지며[精]'에, '見獨'은 '독립의 경지'에, '入於不死不生'은 '밝아지며[明]' 또는 '영험해진다[神]'에 해당할 것이다. 또한 다른 점은 심술상편이 정신이 심화하는 상태를 주로 이야기하고 있는 데 비해 이것은 天下 · 物 · 生 · 古今 등 구체적 조건을 더하여 도식화함과 동시에 정신보다도 광범위한 인간의 경험적 사실에 관해 이야기하고 있다는 데 있다.

이 우화가 天下·物 등 구체적 조건을 더하고 있는 것은 '未始有物'이라 생각한 것을 인간 지혜의 지극(至極)으로 본 제물론편의 〈천뢰우화〉에 근거하여 그 서술을 정리한 것이리라. 그 '未始有物'의 경지는 道와 일체인 경지이기도 하며 '萬物與我爲一'의 경지이기도 하다. 이 우화가 〈천뢰우화〉에 근거하고 있다는 것은 다음 절의 '副墨之子' 이하의 사승 관계(師承關係)로써도 감지할 수 있다. 또 생사·고금을 초월하는 문제도 필시 소요유편 〈유무궁우화〉의 '乘天地之正'이라 한 절대 자유, 동편 〈막고야산신인우화〉의 神人과 제물론편 〈부지이해우화〉의 至人 등의 생사 초월, 덕충부편 〈재전덕불형우화〉의 '生時乎心者' 등을 본뜬 것이리라. 더욱이 '無不將也, 無不迎也' 등 物의 변화에 대한 자연스런 순응을 주장하는 것은 인간세편 〈심재우화〉에 근거한 것으로 생각된다. 요컨대 이 우화는 이상과 같이 여러 편의 주장을 정리하여 도식화한 것이다.

南伯子葵曰, "子獨惡乎聞之."
曰, "聞諸副墨之子. 副墨之子聞諸洛誦之孫. 洛誦之孫聞之瞻明. 瞻明聞之聶許. 聶許聞之需役. 需役聞之於謳. 於謳聞之玄冥. 玄冥聞之參寥. 參寥聞之疑始."

남백자규가 다시 물었다.
"당신은 대체 어디서 道에 관해 들었습니까?"
여우가 대답했다.
"부묵의 아들(副墨之子:書物)에게서 들었네. 부묵의 아들은 낙송의 손자

(洛誦之孫:言語)에게서 들었고, 낙송의 손자는 첨명(瞻明:知)에게서 들었고, 첨명은 섭허(聶許:중얼거림)에게서 들었고, 섭허는 수역(需役:發聲)에게서 들었고, 수역은 오구(於謳:感動)에게서 들었고, 오구는 현명(玄冥:無知)에게서 들었고, 현명은 삼료(參寥:無意)에게서 들었고, 삼료는 의시(疑始:無)에게서 들었다네."

【語義】 副墨之子(부묵지자):'副'는 '服(복:힘쓰다, 일로 삼다)'의 차자. '副墨'은 墨으로 글씨를 쓰는 것을 일로 삼는다는 뜻. '子'는 문자·문장. 따라서 '副墨之子'는 문장, 나아가 책 따위를 의인화한 것이다.

洛誦之孫(낙송지손):'洛'은 '詻(액:시비를 논함)'의 차자. '誦'은 '訟'의 차자로 논한다는 뜻. '洛誦之孫'은 옳고 그름을 다투는 것을 是非의 아들로 보고, 그러한 다툼의 꽃이라 할 수 있는 언어활동을 가리키는 말이리라.

瞻明(첨명):物의 도리에 밝은 것, 즉 의론(議論)의 근본인 '是非의 知'를 의인화한 것이다. '瞻'은 깊이 살펴는 것.

聶許(섭허):'聶'은 작은 소리로 중얼거리는 것, '許'는 스스로 납득하는 것. 즉 '是非의 知'의 근본인 物에 관한 감득(感得)을 스스로 표현해 보는 것을 의인화한 것이다.

需役(수역):'需'는 '嚅(유:입을 움직여도 말이 나오지 않는 것)'의 차자. '役'은 '嗌(익:소리가 목구멍에 걸리는 것)'의 차자. 요컨대 중얼거림의 근본인 음성을 간신히 내는 것을 의인화한 것이다.

於謳(오구):'於'는 '烏'와 같으며 감동의 뜻을 나타내는 조사. '謳'는 '嘔(구:토해내다)'의 차자. 요컨대 음성 표현의 근본인, 物에 접하여 아차 하는 순간에 일어나는 감동을 의인화한 것이다.

玄冥(현명):'玄'은 검다는 뜻. '冥'은 어둡다는 뜻. 物에 감동하기 이전의 무지 · 무감동한 것을 의인화한 것이다.

參寥(삼료):'參'은 '隱深'의 深이나 '森然'의 森과 같이, 깊이 잠겨 고요하다는 뜻. '寥'도 정적의 뜻. 즉 無知의 知의 근본인, 마음속의 뜻을 허정(虛靜)하게 하는 것을 의인화한 것이다.

疑始(의시):'疑'는 가만히 서서 멈추어 있는 것. '始'는 글자 뜻 그대로 物의 시원(始原), 즉 道의 뜻으로 해석해도 뜻이 통하지만 음이 비슷한 '止'의 차자로 보아야 할 것이다. 요컨대 심의(心意)를 허정하게 하여 道와 일체가 된 경지를 의인화한 것이리라.

【補說】이상은 〈영녕우화〉의 후단이다. 여우(女偊)가 대답하는 사승 관계(師承關係)에 의탁하여 道를 체득하는 근본 방법을 무심 · 무지 · 무의(無心 · 無知 · 無意), 요컨대 無에 철저하게 되는 데 있음을 거듭 설하고 있다. 여우 자신은 부묵(副墨)의 아들, 즉 책으로부터 들었다고 했는데 이는 역설이다. 헛되이 책이나 문장 등의 지엽적인 것에 구애되는 것을 설하려는 것이 아니라 그 근본에 소급하여 의시(疑始)가 근본임을 강하게 인상지어 주려는 것이다. 그 소급의 순서를 의인화한 것이 우화로서의 흥미라 할 수 있다.

제3장 자사·자여·자려·자래문답:조화우화(子祀·子輿·子犁·子來問答:造化寓話)

子祀·子輿·子犁·子來四人相與語曰, "孰能以無爲首, 以生爲脊, 以死爲尻. 孰知死生存亡之一體者. 吾與之友矣." 四人相視而笑, 莫逆於心. 遂相與爲友.

俄而子輿有病. 子祀往問之.

曰, "偉哉, 夫造物者, 將以子爲此拘拘也."

曲僂發背, 上有五管頤隱於齊, 肩高於頂, 句贅指天. 陰陽之氣有沴, 其心閒而無事.

跰𨇤而鑑于井曰, "嗟乎, 夫造物者, 又將以子爲此拘拘也."

子祀曰, "女惡之乎."

曰, "亡. 子何惡. 浸假而化子之左臂以爲雞, 予因以求時夜. 浸假而化子之右臂以爲彈, 予因以求鴞炙. 浸假而化子之尻以爲輪, 以神爲馬, 予因而乘之. 豈更駕哉. 且夫得者時也, 失者順也. 安時而處順, 哀樂不能入也. 此古之所謂縣解也. 而不能自解者, 物有結之. 且夫物不勝天久矣. 吾又何惡焉."

자사·자여·자려·자래 네 사람이 이야기를 나누었다.

"인간의 일생은 무(無)가 머리고 삶이 등이며 죽음이 꼬리라는 것을 확실하게 알고 있는 자는 과연 누구일까? 누가 인간의 삶과 죽음, 성(盛)과 쇠(衰)는 떨어지지 않는 일체이며 그 사이에는 슬픔·기쁨·고통·즐거움이 다르지 않다는 것을 깨달아 알고 있을까? 나는 그와 친구가 되고 싶네."

네 사람은 서로 돌아보고 웃으면서 자기야말로 그 사람이라는 자부심을 가졌고, 말로는 드러내지 않았어도 서로 마음과 마음이 통하는 바가 있었다. 그리하여 네 사람은 모두 친구가 되었다.

그 후 갑자기 자여가 병들었다. 자사가 찾아가 문병했다.

자여가 자사에게 말했다.

"참으로 알 수 없는 힘이로다. 저 조물자(造物者)는 나를 이렇게 꼽추로 만들려 하는구나."

자사가 자세히 살펴보니 등은 몹시 굽고, 몸의 아래쪽에 있어야 할 내장이 위쪽으로 올라와 있으며 머리는 낮게 처져 있고 턱은 배꼽 근처를 가리고 있으며 두 어깨는 머리 꼭대기보다 높게 솟아 있고 머리에 달랑 붙어 있는 구부러진 상투가 그 위로 솟아올라 하늘을 가리키고 있었다. 오한과 열로 인해 몸의 상태는 매우 좋지 않았으나 마음은 평정하여 아무렇지도 않았다.

자여는 비틀거리며 우물에 가 자신의 모습을 비추어 보면서,

"아아, 저 조물자는 나를 일부러 이런 곱사등이로 만들려고 하는 것이다."

라고 중얼거렸다.

그 말을 듣고 자사가 물었다.

"자네도 그런 자네의 모습을 싫어하는가?"

자여가 대답했다.

"그렇지 않아. 내가 어찌 싫어하겠는가? 만일 내 왼팔이 점점 변하여 닭이 된다면 나는 새벽을 알리겠네. 내 오른팔이 변하여 활이 된다면 올빼미를 쏘아 떨구어 올빼미 구이를 만들겠네. 또, 내 엉덩이를 변하게 하여 수레바퀴가 되게 하고 내 마음을 말이 되게 하면 나는 그 마차에 탈 것이네. 그러면 사냥하러 갈 때 따로 수레를 꾸미지 않아도 좋겠지. 무릇 인간이 삶을 얻고 있는 것은 무한한 시간의 흐름 가운데 한 때이며 삶을 잃는 것은

시간의 흐름에 따르는 것이네. 따라서 시간의 흐름에 모든 것을 편히 맡기고 따르는 한, 삶을 즐거워하고 죽음을 슬퍼하는 것과 같은 감정에 빠져들 염려가 조금도 없네. 이 경지야말로 옛사람이 말한 '현해(縣解:삶의 고락으로부터의 해방)'일세. 그런데도 삶의 고락으로부터 스스로 자신을 해방시키지 못하는 것은 이 세상에 존재하는 물사에의 집착이 방해하기 때문일세. 그런데 물사가 자신을 생멸시키는 천(天:자연)에 이길 수 없다는 것은 이미 예로부터 정해져 움직이지 않는 것이지. 이러한 것을 깨닫고 있는 내가 어찌 내 모습 따위에 좋아하느니 싫어하느니 하며 마음을 쓰겠는가?"

【語義】 子祀(자사)·子輿(자여)·子犁(자려)·子來(자래):'祀·輿', '犁·來'의 음을 간단히 하면 각각 '徂(조:물러가다)', '來(래:다가옴)'가 된다. 요컨대 이 네 사람의 이름은 인간의 생명은 時의 운행에 따라 가고 온다는 뜻을 나타내기 위해, 그것을 가는 것과 오는 것으로 각각 나누어 위와 같이 이름붙인 것이다.

以無爲首以生爲脊以死爲尻(이무위수이생위척이사위구):다음의 '死生存亡之一體'에 대한 은유이며 인간의 일생은 無에서 출발하여 필연적으로 生을 거쳐 死에 되돌아간다는 것을 말하고 있다.

死生存亡之一體(사생존망지일체):앞의 은유적인 표현을 직설적으로 바꾼 것으로 인간의 생사와 성쇠는 늘 붙어다니는 것임을 달관하여 그 하나하나의 物에 일희일비(一喜一悲)하지 않아야 함을 가리킨다.

相視而笑(상시이소):서로 바라보며 말이 없는 가운데서도 뜻이 통하여 웃음.

莫逆於心(막역어심):마음에 서로 거스르는 바가 없음. 서로 마음으로 통하는 것을 가리킨다. 의기투합(意氣投合)한 친구를 '막역지우(莫逆之友)', 또 그러한 사이를 '막역지간(莫逆之間)'이라 하는 것은 이 말에서 비롯한다.

偉哉(위재):'偉'는 더없이 기이한 것. 단순히 크거나 아름다운 것을 뜻하는 말이 아니다. '哉'는 강조의 뜻을 나타내는 조사.

造物者(조물자):다음에 나오는 '造化者'와 같다. 모든 物을 만들어 내고 변화시키는 것, 즉 道를 가리킨다. 道는 자연의 원리일 뿐 행위를 하는 존재자는 아닌데 여기서는 道를 의인화하여 이렇게 말한 것이다.

拘拘(구구):허리 따위가 구부러진 것. '拘'는 '佝(구:꼽추)' 또는 '傴(구:구부리다, 곱사등이)'의 차자.

曲僂發背(곡루발배):척추가 구부러져 뒤쪽으로 튀어나온 것을 가리킨다. '僂'는 뒤틀리다, 비틀어지다.

上有五管……肩高於頂:인간세편 〈망덕우화〉 참조. '齊'는 '臍(제:배꼽)'의 차자.

句贅指天(구췌지천):'贅'는 '纗(촬:맺다, 묶다)'의 차자일 것이다. 〈망덕우화〉에는 '會撮'로 되어 있다.

陰陽之氣有沴(음양지기유전):구루병(佝僂病)에 걸리면 몹시 열이 나며 발한이 오는데 이것은 그때의 열과 오한을 가리킨다. '沴'은 '紾(진:뒤얽히다, 어지럽다)'의 차자.

其心閒而無事(기심한이무사):이 단락의 핵심에 해당한다. '閒'은 '閑(한:닫히다, 고요하다)'의 뜻.

跰𨇤(변선):병든 몸으로 이리저리 비틀거리며 걷는 모양.

浸假(침가):'浸'은 '漸(점:차츰차츰, 점차)'의 뜻. '假'는 본디의 것과는 달리 임시의 것이 되는 것, 즉 바뀐다는 뜻.

以爲雞(이위계):왕선겸(王先謙)은 '雞'는 '卵'을 잘못 베낀 것이라고 보았지만 원문대로 해석하는 것이 좋다.

時夜(시야):시간을 알리는 것. 제물론편 〈대각우화〉 참조.

鴟炙(효적):올빼미 구이. 〈대각우화〉의 語義 참조.

豈更駕哉(기경가재):'駕'는 여기서는 다른 수레에 타는 것을 가리킨다. '更'은 바꾸는 것.

且夫得者時也……此古之所謂縣解也:양생주편 〈안시처순우화〉의 '適 來夫子之時也, 適去夫子之順也. 安時而處順, 哀樂不能入也. 古者謂是 帝之縣解' 참조. 여기의 '者'는 앞의 말을 제시하는 조사.

物有結之(물유결지):物(여기서는 통속적인 용모를 가리킨다)에의 집 착이 속박하는 것.

天(천):조물자(造物者)를 말을 바꾸어 이렇게 표현한 것이다. 결국 자 연을 가리킨다.

俄而子來有病. 喘喘然將死. 其妻子環而泣之. [子]犂往問之. 曰, "叱. 避. 無怛化." 倚其戶, 與之語曰, "偉哉造化. 又將奚 以女爲. 將奚以女適. 以女爲鼠肝乎, 以女爲蟲臂乎."
子來曰, "父母於子, 東西南北, 唯命之從. 陰陽於人. 不翅於 父母. 彼近吾死, 而我不聽, 我則悍矣. 彼何罪焉. 夫大塊載 我以形, 勞我以生, 佚我以老, 息我以死. 故善吾生者, 乃所 以善吾死也.
今大冶鑄金, 金踊躍曰, '我且必爲鏌鋣.', 大冶必以爲不祥之金.
今一犯人之形, 而曰 '人耳, 人耳.', 夫造化者必以爲不祥之人.
今一以天地爲大鑪, 以造化爲大冶, 惡乎往而不可哉." 成(俄) 然寐 蘧然覺.

한편, 갑자기 자래도 병이 났다. 간신히 호흡을 이어갈 뿐으로 곧 죽을 것 같았다. 자래의 처와 자식들이 그의 병상을 둘러싸고 울먹이고 있었다. 자려가 문병하러 갔다가 그것을 보고,

"쉿, 물러나시오. 죽어가는 사람을 놀라게 해서는 안 되오."

라고 말했다.

자려는 방문에 기대어 서서 자래에게 말했다.

"참으로 알 수 없는 작용을 하는구나, 조화(造化)는! 대체 자네를 어떻게 하려고 하는 것일까? 자네를 어디로 보내려 하는 것일까? 자네를 쥐의 간으로 만들려는 것일까, 아니면 벌레의 팔뚝으로 만들려는 것일까?"

그러자 자래가 말했다.

"부모님께 자식은 언제 어떠한 일에서도 그 명령에 복종해야 한다. 하물며 음양이 인간에게 내리는 명령임에랴, 그것이 어디 부모의 명령 정도에 그치겠는가! 따라서 음양이 나를 죽음으로 인도하는데 내가 따르려 하지 않는다면 그것은 내가 내 몸을 멋대로 하려는 것과 같네. 음양에게는 아무런 죄가 없네. 무릇 대지는 우리 인간에게 모습[形]을 주어 갖게 한 다음, 생명을 주어 괴롭게 하고, 늙어 쇠약해지게 하여 일에서 해방시키며 죽음을 맞게 하여 쉬게 하네. 따라서 지금 주어진 나의 생명을 그대로 잘 지키는 것이 나의 죽음을 편안하게 하는 방법이네.

대장장이가 금속을 녹여 무엇인가를 만들려고 하는데 그 금속이 뛰어올라 '나는 꼭 막야(莫邪)와 같은 명검이 될 테야.'라고 말한다면 대장장이는 틀림없이 그 금속을 불길한 것으로 생각할 것이네. 그와 마찬가지로 지금 한 순간 사람의 모습을 부여받았다고 하여 '나는 꼭 사람이어야 해, 꼭 사람이어야 하는 거야!'라고 한다면 저 조물자는 틀림없이 그런 인간을 불길한 인간이라고 생각할 것이네. 그러므로 이 세상을 큰 화로로 생각하고 조화의 작용을 훌륭한 대장장이로 생각하여, 만들어지는 대로 그대로 좇으면

무엇이 되건 마음 쓸 게 없지 않겠나?"

　이렇게 말하는 듯싶더니 어느새 곤히 잠들어 버리고, 그러다간 다시 눈을 반짝 뜨는 것이었다.

【語義】喘喘然(천천연):간신히 숨을 쉬는 모양.

　　[子]犁(자려):저본에는 '子' 자가 없는데 成玄英疏本에 의해 보충했다.

　　叱(질):의성어로 상대방에게 주의를 주기 위해 내는 소리.

　　避(피):근처에서 물러나도록 하는 것.

　　無怛化(무달화):'怛'은 놀라는 것. '化'는 여기서는 죽음을 가리킨다.

　　鼠肝(서간)·蟲臂(충비):쥐의 간과 벌레의 팔뚝. 物의 변화는 인간의 지혜로는 도저히 예측할 수 없기 때문에 이렇게 기상천외한 것을 예로 든 것이다.

　　父母於子(부모어자):'子於父母'라고 해야 할 것을 父母를 강조하기 위해 어순을 바꾼 것이다. 다음의 '陰陽於人'도 같다.

　　東西南北(동서남북):'언제 어떠한 일에도'의 뜻.

　　陰陽於人(음양어인):이 '陰陽'은 物을 생멸 변화시키는 천지 음양의 기(氣), 즉 조화(造化)의 작용을 가리킨다.

　　悍(한):뻔뻔스러운 것. 교만한 것.

　　彼何罪焉(피하죄언):'彼'는 앞의 '陰陽', 즉 뒤에 나오는 '造化'를 가리킨다.

　　大冶(대야):대장장이.

　　金踊躍曰我且必爲鎮鋣(금용약왈아차필위막야):앞에 '悍'이라 한 표현에 걸맞은 매우 재미있는 정경이다. '鎮鋣'는 오왕(吳王) 합려(闔閭)가 만들게 했다고 전해지는 명검. 간장(干將)과 함께 대표적인 명검으로 손꼽힌다. '莫邪·莫鋣·鎮釾' 등으로도 흔히 쓴다.

不祥(불상):꺼림칙한 것. 불길한 것.

造化(조화):物을 창조하여 변화시키는 것, 즉 道의 작용을 가리킨다.

鑪(로):대장간에서 쇠를 녹이기 위해 불을 지펴 놓는 화로.

成然寐(성연매):'成然'은 현해(縣解:삶의 고락으로부터의 해방)한 모양(李頤의 설), 조용하고 자유로운 모양(成玄英의 설), 마음이 편안한 모양(林雲銘의 설) 등 그 해석이 여러 가지인데 '成'의 어떠한 글자 뜻에 근거하여 그와 같이 해석했는지 명확하지 않다. ≪경전석문≫에 의하면 '成' 대신 '戌', '賊' 또는 '俄'로 되어 있는 판본이 있었다 한다. 다음에 나오는 '蘧然'과의 관계를 생각하면 '俄' 자를 옮겨 적는 과정에서 잘못하여 '成' 자가 된 듯하다. 成玄英은 '蘧然覺'까지를 자래의 말로 보고 있는데 그것은 너무 논리에만 치우쳐 우화로서의 흥미를 잃는 해석이다. 이이하 두 구는 서술문이다. 이야기하고 있는 것으로 생각하고 있었는데 죽은 듯이 깊이 잠에 빠져 있는 것을 가리키는 말이다.

蘧然覺(거연교):'蘧'는 '遽(거:갑작스런 모양)'의 차자. 잠이 들었다고 생각하고 있는데 갑자기 눈을 뜨는 것을 가리킨다. 요컨대 생명의 불이 붙기도 하고 꺼지기도 하는 데 모든 것을 맡기는 것을 상징적으로 말하고 있는 것이다.

【補說】이상의 〈조화우화〉는 의식적으로 이야기의 흥미를 꾀하려고 한 흔적이 있는 작품이긴 하나, 우의가 간명하게 압축되어 있고 서술이 교묘하여 재미있을 뿐 아니라 읽기도 쉬운 좋은 작품이다.

전체적으로 명확하게 단락을 지을 수 있는 세 부분으로 되어 있다. 사실은 자사·자여·자려·자래라는 이름의 인물을 설정한 데 우의가 있지만 이들 네 사람이 친구가 된 유래를 서술한 제1절에 그 주제가 드러나 있는 것이다. 그것은 死·生·存·亡이 하나임을 알면, 요컨대 인간에게 생사 성쇠는 필연적인 운명이라는 것을 달관하면 어떠한 물사에도 근심 걱정하지 않고 웃으면서 모든 것을 감수할 수 있다는 것이다.

그리고 제2절에는 갑자기 추괴(醜怪)한 구루병에 걸려 고통을 참으며 마음의 안정을 구하려는 자여가 묘사되어 있다. 그가 구하고자 하는 경지는 운명을 달관하여 현세의 物에 대한 집착으로부터 벗어나는 것이다. 그러나 '時夜', '鴉炙', '車駕' 등을 이야기하면서도 그 필치는 침울하며 무언가 애써 자신을 위로하려는 듯한 인상을 강하게 느끼게 한다.

제3절에는 그 무엇보다도 비통한 일로 생각할 수 있는 갑작스런 죽음을 맞게 된 자래가 묘사되어 있다. 그런데 자래는 조화자가 하는 대로 자신을 맡긴다. 이 운명에의 위임을 생각할 수 있기에 '金踊躍日……'과 같은 해학과 또 '大塊', '大鑪'에 몸을 맡긴다고 하는 여유를 가질 수 있는 것이다. 따라서 필치 또한 활달하다.

참으로 좋은 작품이라 할 수 있는 이 우화는 도가(≪장자≫)의 사상이 상당히 발전했던 때의 작품으로 생각된다. 어쨌든 생사의 비상(非常)한 변화에 전연 마음 쓰지 않고 인생 일반의 모든 것을 조화(造化)가 이루어 내는 데 맡긴다고 하는 것은 무엇을 가리키는 것일까? 단순히 하늘의 배제(配劑)에 맡긴다는 것은 허무한 숙명관에 빠지는 것에 지나지 않는다. 삶을 향수하는 인간으로서는 삶의 고뇌를 겪지 않을 수 없을 것이다. 이 우화는 그러한 고뇌는 애초부터 없다고 말하고 있는 것일까? 그렇다면 자여의 언행은 한층 비조(悲調)를 띠게 된다. 그러한 고뇌 속에 달관과 안주(安住)의 즐거운 천지가 있다고 말하려는 것일까?

제4장 자공 · 공자문답:기인우화(子貢 · 孔子問答:畸人寓話)

子桑戶 · 孟子反 · 子琴張三人相與友曰, "孰能相與於無相與,
相爲於無相爲. 孰能登天遊霧, 撓挑無極, 相忘以生, 無所終窮."
三人相視而笑, 莫逆於心. 遂相與[爲]友.
莫然有閒, 而子桑戶死. 未葬. 孔子聞之, 使子貢往待事焉.
或編曲, 或鼓琴, 相和而歌曰, "嗟來桑戶乎, 嗟來桑戶乎. 而
已反其眞, 而我猶爲人猗."
子貢趨而進曰, "敢問, 臨尸而歌, 禮乎."
二人相視而笑曰, "是惡知禮意."

자상호 · 맹자반 · 자금장 세 사람이 서로 벗이 되고자,

"서로 사귀려 애쓰지 않아도 자연스럽게 친밀해지며 일부러 도우려 애쓰
지 않는데도 어느 사이에 돕는 일을 능히 할 수 있는 사람은 누구일까? 세
속을 멀리 떠나 하늘에 올라 구름 위에서 자유롭게 놀며 道와 하나가 되어
무극의 저편까지 너울너울 춤을 추듯 올라가고, 인간의 생사 따위에 마음
쓰는 일이 없으며 무한한 존재가 될 수 있는 자는 누구일까?"

라고 말했다.

세 사람은 서로 마주보고 웃으면서, 마음에 거스르는 것이 아무것도 없
음을 느꼈다. 마침내 세 사람은 친구가 되었다.

그 후, 아무 일도 없이 시간이 흘러가는 듯했는데 갑자기 자상호가 죽었
다. 아직 자상호의 장례가 치러지기 전에 공자가 제자인 자공을 보내어 장
례식을 돕게 했다. 자공이 가서 보니 한쪽에선 누에를 칠 때 쓰는 깔개를

엮고 있었고, 다른 한쪽에선 금(琴)을 뜯으며 노래를 부르고 있었는데 맹자 반과 자금장 두 사람은 서로 소리를 맞추어,

"아아, 상호여. 아아, 상호여! 자네는 이제 자네의 참된 모습으로 돌아갔 지만 여기 우리는 아직도 인간인 채로 남아 있네."

라고 노래를 불렀다.

자공은 분연히 잔걸음으로 달려가 따져 물었다.

"감히 묻겠습니다. 유체(遺體)를 앞에 놓고 노래를 부르는 것이 예에 합 당한 일입니까?"

맹자반 · 자금장 두 사람은 마주보며 웃더니,

"자네가 예의 참된 뜻을 어찌 알겠는가?"

라고 말했다.

【語義】 子桑戶(자상호):'桑戶'가 '뽕나무 가지로 엮어 만든 허술한 문짝'이 란 뜻이므로 빈궁한 선비임을 뜻하는 인물로 설정된 것이리라. 일설에, ≪논어≫ 옹야편에 나오는 자상백(子桑伯)을 가리킨다고 한다. 자상백 은 공자로부터 '대범하여 예에 구애되지 않는 인물'이라는 평을 받았다.

孟子反(맹자반):춘추시대 말기 노(魯)나라의 대부인 맹지측(孟之側) 과 같은 자(字)를 사용하여 설정한 인물일 것이다. 맹자반은 공자로부 터 그 공을 드러내지 않은 사실을 크게 칭찬받은 인물이었다(≪논어≫ 옹 야편 참조).

子琴張(자금장):≪맹자≫ 진심 하편에 '琴張 · 曾晳 · 牧皮와 같은 사람 들은 공자가 말한 광자(狂者)이다(如琴張曾晳牧皮者, 孔子之所謂狂矣)' 라고 한 琴張을 본떠 설정한 인물일 것이다.

孰能相與於無相與相爲於無相爲(숙능상여어무상여상위어무상위):일 부러 친숙하게 사귀려 하지 않아도 자연스럽게 친숙해지며 서로 돕지

않아도 자연스럽게 친해질 수 있는 것은 누구인가? '無爲로써 하지 못하는 것이 없다(無爲而無不爲)'라는 류의 역설을 교우(交友)의 경우에 적용한 것이다.

登天遊霧(등천유무):하늘에 올라 구름 위에서 노는 것을 가리킨다. 속세로부터 초월하는 것을 뜻하는 것이리라.

撓挑無極(효조무극):'撓'는 '遶(요:돌다, 순회하다)'의 차자. '挑'는 '跳(조:뛰어오르다)'의 차자이다. 요컨대 道와 하나가 되어 無極의 저쪽으로 춤추듯이 날아오르는 것을 가리키는 것이리라.

相與[爲]友(상여[위]우):저본에는 '爲' 자가 없지만 앞의 〈조화우화〉에 맞춰, 成玄英疏本을 참조하여 보충했다.

莫然(막연):아무 일도 없는 것.

待事(대사):상(喪)을 당한 집에 가 일을 도와주는 것. 成玄英疏本에는 '待'가 '侍'로 되어 있다.

編曲(편곡):'曲'은 누에를 칠 때에 쓰는 깔개[簧].

嗟來(차래):감탄의 뜻을 나타내는 말. '來'는 여정(餘情)을 더하는 조사.

而已反其眞(이이반기진):'而'는 '汝·若·女'와 같다. '眞'은 道와 일체인 경지. 생사를 초월한 본원(本源)으로 生도 死도 아니지만 세속의 삶과 비교하면 死 쪽이 眞에 가깝다.

而我猶爲人猗(이아유위인의):'猗'는 '兮'와 같이 감탄의 뜻을 나타내는 조사. '猶' 대신 '獨'으로 되어 있는 판본도 있다(《경전석문》의 설).

臨尸而歌禮乎(임시이가례호):《예기》 곡례상편에 '이웃에서 喪을 당하면 절구를 찧으면서도 노래를 부르지 않는다. 마을에 시신을 안치하게 되면 거리에서 노래 부르지 않는다(鄰有喪, 舂不相. 里有殯不巷歌)'라고 했다.

禮意(예의): 도가에서는 본디 세속의 예에 구애받지 않는 예를 행한다. ≪논어≫에는 '禮는 호화스럽기보다 검소해야 한다. 장례에 있어서는 절차나 진행에 빈틈없는 것보다 슬퍼하는 마음이 더 중요하다(禮與其奢也寧儉. 喪與其易也寧戚)'(팔일편)라고 했다.

子貢反以告孔子, 曰, "彼何人者邪. 脩行無有, 而外其形骸, 臨尸而歌, 顔色不變. 無以命之. 彼何人者邪."
孔子曰, "彼遊方之外者也. 而丘遊方之內者也. 外內不相及, 而丘使女往弔之, 丘則陋矣. 彼方且與造物者爲人, 而遊乎天地之一氣. 彼以生爲附贅縣疣, 以死爲決疣潰癰. 夫若然者, 又惡知死生先後之所在. 假於異物, 託於同體, 忘其肝膽, 遺其耳目, 反覆終始, 不知端倪. 芒然彷徨乎塵垢之外, 逍遙乎無爲之業. 彼又惡能憒憒然爲世俗之禮, 以觀衆人之耳目哉."

자공이 돌아와서 있었던 일을 공자에게 고하고 다음과 같이 말했다.

"저들은 대체 어떤 사람들인가요? 다른 사람보다 훌륭한 행위를 닦은 것도 아닌데 인간의 살아 있는 몸 따위에는 마음도 쓰지 않고, 유체(遺體)를 눈앞에 두고도 노래를 부르며 낯빛조차 변하지 않았습니다. 저로서는 뭐라 표현할 수도 없습니다. 저들은 대체 어떤 사람들인가요?"

공자가 대답했다.

"저들은 세속 밖에서 노는 사람들이다. 그런데 나는 법의 규정이 있는 세속 안에서 노는 자이다. 본디 밖과 안은 같지 않은데 내가 너를 문상 보낸 것은 나의 얕은 소견을 드러낸 짓이었다. 저 사람들은 틀림없이 조물자와 동반자가 되어 천지의 일기(一氣)가 변화하는 대로 마음 편히 따르고 있는 것이리라. 따라서 저 사람들은 인간으로서의 삶을 군살과 혹을 붙이고 다니는 것처럼 쓸모없는 것으로 여기고, 죽음을 종기를 터뜨려 고름을 짜내고 부스럼을 없애 버리듯 귀찮은 것을 떨쳐버리는 것쯤으로 생각한다. 이런 사람들은 삶과 죽음 가운데 어느 것이 중요한지 따위에는 일절 마음을 두지 않는다. 인간이 생존한다는 것은 우연히 여러 物이 모여 지상에 존재하는 것으로 자신도 다른 사람과 같이 인간으로서의 모습에 묵고 있을 뿐이라고 생각하여 간·쓸개와 같은 자신의 내부의 일도, 눈·귀를 통해 들어오는 외물과 접하여 일어나는 일도 전연 모르며 자연스럽게 생사를 되풀이할 뿐, 그 끝이 무엇인지 따위에 조금도 마음 쓰지 않는다. 아무 생각 없이 더러운 세상 밖을 마음 내키는 대로 노닐며 애쓰는 일도 없고 마음 괴롭히는 일도 없다. 그러한데 이런 사람들이 어찌 괴로움을 받아 가며 세속의 규정된 예(禮) 따위를 행해 세상 사람의 귀와 눈에 뜨이려 하겠는가?"

【語義】 脩行無有(수행무유):‘無有脩行’의 도언(倒言)이다. 다른 사람보다 훌륭한 행위를 닦은 바가 없음을 말한다.

　　無以命之(무이영지):‘命’은 ‘名’의 차자. 어떤 것을 말로 표현하는 것.

　　方之外(방지외):‘方’에 관해서는 구역, 즉 속세를 뜻한다(成玄英의 설), 상교(常敎)의 뜻이다(司馬彪의 설), 법을 가리킨다(馬敍倫의 설)는 등 여러 설이 있다. ‘方’은 본디 ‘사방(四方)을 구획짓다’ 또는 ‘일정한 구역’을 뜻하며 ‘法’과도 통하여 법칙·방법 등을 나타내는 글자이다. 여기서는 이 두 뜻을 모두 함축하여 ‘예에 규제받는 작은 세계’라는 뜻으로 쓰였다. 다음의 ‘夫子何方之依’의 ‘方’은 방법을 주된 뜻으로 한다.

　　丘(구):공자의 이름.

　　陋(루):견식이 얕은 것.

彼方且(피방차):‘方’은 ‘이제 막’의 뜻. ‘且’는 ‘方’을 강조하기 위한 조사.

與造物者爲人(여조물자위인):인간세편〈심재우화〉의 ‘與天爲徒’와 같다. ‘人’은 동반자를 뜻한다.

遊乎天地之一氣(유호천지지일기):천지 일원(一元)의 氣가 변화하는 데 모든 것을 맡기는 것을 가리킨다. 소요유편〈유무궁우화〉의 ‘乘天地之正’과 같다.

附贅縣疣(부췌현우):쓸데없는 군살과 늘어진 혹. 무용지물(無用之物)에 대한 비유이다.

決肬潰癰(결환궤옹):종기를 터뜨려 고름을 빼고 부스럼을 없애 버림. 꺼림칙한 것을 제거함에 대한 비유이다.

死生先後(사생선후):죽음과 삶 가운데 어느 것이 앞이고 어느 것이 뒤인지, 즉 죽음과 삶 중 어느 것이 더 중요한 것인가 하는 문제를 가리킨다.

假於異物託於同體(가어이물탁어동체):만물일체(萬物一體)의 경지를 분석적으로 서술한 것이다. 氣의 변화일 뿐, 인간은 본디 자기(自己)가 없는데 인간의 모습을 잠시 빌려 마치 그것이 자기인 양 정신을 모으는 것을 가리킨다. ‘異物’과 ‘同體’는 상대되는 말.

忘其肝膽(망기간담):간이나 쓸개 등을 자신의 物로 생각하지 않음. 자기에 집착하지 않는 것의 비유이다.

遺其耳目(유기이목):귀나 눈으로 느낄 수 있는 것도 자신의 物로 생각하지 않음. 物에의 집념을 모두 버리는 것의 비유이다.

反覆終始(반복종시):‘終始反覆’의 도치다. ‘終始’는 사생(死生)을 가리킨다.

端倪(단예):끝. ‘倪’는 ‘厓(애:끝)’의 차자.

芒然(망연):아무런 생각도 없는 모양. ‘芒’은 ‘茫(망:어리둥절한 모양,

멍한 모양)'의 차자.

彷徨乎塵垢之外(방황호진구지외):'彷徨'은 마음 내키는 대로 슬슬 돌아다니는 것. 소요유편 〈무하유향우화〉 참조. '塵垢'는 먼지와 때. 나아가, 세속을 가리킨다.

逍遙乎無爲之業(소요호무위지업):무위자연의 경지에서 유유히 노닒. 소요유편 〈무하유향우화〉 참조.

憒憒然(궤궤연):번뇌하는 모양. 마음이 산란한 모양.

子貢曰, "然則夫子何方之依."
孔子曰, "丘天之戮民也. 雖然吾與汝共之."
子貢曰, "敢問其方."
孔子曰, "魚相造乎水. 人相造乎道. 相造乎水者, 穿池而養給, 相造乎道者, 無事而生定. 故曰, '魚相忘乎江湖. 人相忘乎道術.'"
子貢曰, "敢問畸人."
曰, "畸人者, 畸於人, 而侔於天. 故曰, '天之小人(君子), 人之君子(小人). 人之君子, 天之小人也,'"

자공이 물었다.

"그러면 선생님께서는 어떤 방법을 따르고 계신지요?"

공자가 대답했다.

"나는 하늘로부터 손발이 묶인 인간으로 저 사람들의 자유스런 경지에 이를 수 없다. 비록 그렇지만 나는 너와 함께 이렇게 살고 싶구나."

자공이 다시 물었다.

"그것이 어떤 방법입니까, 가르쳐 주십시오."

공자가 대답했다.

"물고기들이 물을 얻어야 사는 것처럼 사람들은 道를 얻어야 오래 살 수 있다. 물을 얻어 살게 하기 위해서는 못을 파고 그곳에 물을 대주기만 하면 되듯이, 道를 얻어 오래 살려면 어떠한 것에도 안달하는 일 없이 이미 정해진 대로 살면 된다. 그래서 '물고기들이 강이나 호수에서 아무런 불편함 없이 마음 내키는 대로 헤엄치는 것처럼 사람들은 道 안에 있어야만 생사로부터 초월할 수 있다'고 하는 것이다."

그러자 자공은

"그런데 저 사람들은 보통 사람들과는 다른 사람이라고 말씀하셨는데 보통 사람과 다르다는 것은 어떤 것인지 가르쳐 주십시오."

라고 물었다.

공자가 대답했다.

"보통 사람들과 다른 사람이란 세속 사람들과는 다르지만 하늘과는 같은 사람을 말한다. 그래서 '하늘로부터 그 참[眞]을 얻은 군자는 세속의 사람들로부터는 오히려 소인이라고 불리며 업신여김을 당하고, 반대로 세속 사람들로부터 군자로서 존경받는 자는 하늘로부터 소인이라고 불린다'고 하는 것이다."

【語義】 天之戮民也(천지륙민야):하늘로부터 형벌을 받고 있는 부자유한 인간. 세속의 예의에 구속되어 초속(超俗)의 경지에 이르지 못하는 것을 가리킨다.

　　敢問其方(감문기방):이 '方'은 맹자반·자금장 등과 같은 경지에 이르는 방법을 가리킨다. 공자도 그들의 경지를 가장 이상적인 것으로 생각하고 있다.

魚相造乎水(어상조호수):'造'는 지극하다는 뜻. 엄밀하게 말하면 물고기도 물[水]이라고 하는 物에 의존하여 존재하는 것이 아니라 근본적으로는 결국 道에 의존하는 존재다. 다음의 '人相造乎道'를 말하기 위한 예증적·구체적 비유로 들고 있는 것이다.

穿池而養給(천지이양급):못의 물속에서 사는 것만으로도 그 목숨을길이 보전하기에 충분함. 특별한 일이 필요한 게 아니라 더없이 용이한 일임을 비유적으로 표현한 것이다.

無事而生定(무사이생정):'定'은 앞의 '給'과 대어(對語)여야 하는데 그것을 생각하면 '足'을 잘못 베낀 것인지도 모른다(俞樾의 설). 단, 원문대로 해석해도 통하므로 이에 따랐다.

魚相忘乎江湖(어상망호강호):필시 앞의 〈진인론〉 중 '不如相忘於江湖'에 근거한 말로 표현을 약간 바꾸어 다음의 말을 유도하기 위한 표현이리라. '故曰' 이하는 잘 알려진 사실을 초들어 말할 때 쓰는 표현 방법이다.

道術(도술):'術'도 '道'의 뜻. 수단을 뜻하는 말이 아니다.

畸人(기인):'畸'는 '奇'와 같은 뜻으로도 쓰인다. 언행이 일반인과 다른 사람, 결국 맹자반·자금장 등을 가리킨다.

侔於天(모어천):'侔'는 '같다·비슷하다'의 뜻.

天之小人人之君子(천지소인인지군자):'侔於天' 다음에 이어지는 말이므로 '天之君子, 人之小人'이어야 할 것이다(奚侗의 설). 잘못 베낀 것이리라.

【補說】 이상의 세 절이 〈기인우화〉이다. 무위의 道에 서로 마음이 통한 자상호·맹자반·자금장 세 사람이 있었는데 자상호가 죽었다. 공자는

자신의 제자인 자공을 조문 보냈던 바, 맹자반·자금장은 유체(遺體)를 눈앞에 놓고 노래를 부르고 있었다. 이에 자공은 분개하여 공자에게 돌아와 보았던 일을 고한다. 공자는 자공의 물음에 답하여 '方外'에서 노니는 그들에게 '方內'의 예로써 조문시킨 자신의 어리석음을 후회하며, 그들은 조물자와 하나가 되어 생사를 초월하고 영원한 자유와 평안함을 얻은 존재임을 설명한다. 그리고 공자 자신은 비록 '方內'의 존재이긴 하나 언젠가는 道에 이르겠다는 결의를 표명한 다음, '方外'의 그들은 이른바 하늘의 참[天眞]을 얻은 자라고 극구 칭찬한다. 줄거리가 비교적 복잡하나, 요컨대 이 우화는 세속 사람들은 분발하여 道에 이를 수 있도록 애쓰지 않으면 안 되며 또 그것은 결코 어려운 일이 아님을 설하고 있는 것이다.

【餘說】〈기인우화〉의 흥미

위의 〈기인우화〉는 공자와 그의 제자의 대화 형식을 빌린 우화군(寓話群) 가운데서도 공자와 자공의 대화 형식을 취한 것 중 하나다(天地·天運·至樂·漁父篇 등 참조).

이 우화가 구도(求道)를 위한 사색 문제를 다루고 있는 것이 아니라 도가 주장의 우위를 나타내면서 우화 구성의 흥미를 주로 하고 있다는 사실은 자상호·맹자반·자금장이 심교(心交)하게 된 사정이 앞의 〈조화우화〉의 자사·자여·자려·자래의 경우를 답습하고 있음을 보면 명확하다. 그 밖에 '與造物者爲人', '丘天之戮民也', '魚相忘乎江湖' 등도 앞의 우화의 내용을 의식한 표현들이다.

조물자와 하나가 된다는 도가의 주장을 유가의 예에 관한 주장과 비교시킨 것이 본 우화의 가장 큰 흥미이다.

공자가 유가의 종사(宗師)임은 말할 것도 없다. 자공(子貢:성은 端木, 이름은 賜. 공자보다 31세 연하)은 공문(孔門) 사과십철(四科十哲)의 한 사람으로, 특히 변설에 탁월하여 유세에 나선 10년 동안 魯·齊·吳·晋·越 오국의 행세를 자주 전변시켰다고 전해지며, 또 화식(貨殖)에도 비상한 재주를 지녀 천금의 재산을 이루었다고 전해지는, 세속의 일에 더없이 유능한 자였다. 이런 자로 하여금 '無以命之, 彼何人者邪'라는 경탄의 말을 토해내게 하는 것도 이 우화가 지닌 흥미의 하나다.

공자를 우화 속에 끌어들인 데는 '方內'에서 안달하는 유가를 조소하기 위한 저의가 다분히 들어 있다. 공자와 자공의 대화 형식을 취한 우화에서 공자는 도가의 가르침을 해설하는 자로 묘사되는 게 보통인데 이 우화에서는 공자 자신도 도가의 道에 뜻을 두고 있는 것으로 묘사되어 있다. 이것은 도가와 유가를 절충한 것으로도 볼 수 있지만 유가의 종사인 공자를 도가의 대변자 또는 옹호자로 전락시킨, 유가로서는 견디기 어려운 모욕적인 야유인 것이다.

이 우화는 이처럼 우화적 흥미를 주로 하고 있는 작품이긴 하지만 인생의 진실을 정확하게 포착하고 있어 이 점을 간과해선 안 될 것이다. '方外'와 '方內'를 극명하게 변별하여 대조시키고 있는데 일반적으로 인간은 '方內'에 머물고 있어 기성의 여러 가지 사회적 규제에 구속되는 것이 현실이며, 그러기에 그것을 초월한 경지가 있어야 하는 것도 진실이다. '方內'에 존재하는 인간으로서는 '方外'로 초월하여 사는 것이 절실한 문제다.

顏回問仲尼曰, "孟孫才, 其母死, 哭泣無涕, 中心不慼, 居喪
不哀. 無是三者, 以善喪蓋魯國. 固有無其實, 而得其名者乎.
回壹怪之."
仲尼曰, "夫孟孫氏盡之矣. 進於知矣. 唯簡之而不得, 夫已有
所簡矣. 孟孫氏不知所以生, 不知所以死, 不知就先, 不知就
後. 若化爲物, 以待其所不知之化已乎. 且方將化, 惡知不化
哉. 方將不化, 惡知已化哉. 吾特與汝, 其夢未始覺者邪. 且
彼有駭形而無損心, 有旦宅而無情(精)死. 孟孫氏特覺, 人哭
亦哭. 是自其所以乃. 且也相與吾之耳矣. 庸詎知吾所謂吾之
乎. 且汝夢爲鳥而厲乎天, 夢爲魚而沒於淵. 不識, 今之言者,
其覺者乎, 其夢者乎. 造適不及笑, 獻笑不及排, 安排而去化,
乃入於寥天一."

안회가 공자에게 물었다.

"맹손재는 그의 어머니가 죽었을 때, 곡을 하면서도 눈물을 흘리지 않고
마음속으로부터 애도하지도 않았으며 상을 당해 복(服)을 입었으면서도 애
통해하지 않았습니다. 이렇게 세 가지 성실함을 결했는데도 더없이 훌륭한
상례를 행했다는 평판이 노나라에 자자합니다. 실질이 없는데도 훌륭한 명
예를 얻은 자라 할 수 있지 않을까요? 저는 이런 일이 과연 있을 수 있는
일인지, 참으로 이상한 일이라고 생각하고 있습니다."

공자가 이에 답하여 말했다.

"저 맹손씨야말로 상례를 유감없이 지켰다. 상례의 형식과 참뜻을 알고 행한 것보다 훨씬 훌륭하다. 그는 어떠한 구속도 없는 간소한 상례를 치른 것으로 그것은 세속의 관습으로 할 수 없는 일이다. 진실로 그의 행위는 이미 예의 구속을 받지 않는 경지에 이른 것이다. 맹손씨는 인간의 생사를 초월·달관하고, 인간은 왜 사는지 또 왜 죽는지에 관해 알려 하지 않으며, 또 삶이 큰일인지 아니면 죽음이 큰일인지 따위에 마음 어지럽히는 일이 없다. 조화(造化)가 이루는 대로 이 세상에 나온 하나의 物로서 살아가며, 物로서는 알 수 없는 변화에 조용히 따를 뿐이다. 무릇 이 세상의 物은 스스로 변화하여 성장하려 해도 생각처럼 되지 않을지도 모른다. 반대로 변화하지 않고 오래오래 살려 해도 실은 이미 변화에 접어들어 죽어가고 있는지도 알 수 없다. 이처럼 物의 변화는 예측할 수 없는 것인데 여기의 나와 네가 인간의 삶과 죽음을 더없이 큰 것으로 생각하여 예(禮)의 엄격한 이행을 설하고 있는 것은 꿈속의 인생으로부터 전연 깨어나지 못하고 있는 것이 아니겠느냐? 저 맹손씨에게는 인간은 생과 사로 그 모습이 바뀔 수는 있지만 그 정신은 손상되지 않으며 시간의 흐름과 함께 움직여 변하는 정신의 임시 숙소[宿:신체]는 있지만 정신의 사멸은 없는 것이다. 한 기운의 영원한 변화를 깨닫고 있는 것이다. 따라서 맹손씨야말로 꿈속의 인생으로부터 깨어나 이 세상에 있으면 있는 대로, 다른 사람이 울고 슬퍼하는 예를 행하면 사람으로서의 모습을 지닌 존재인 한 그도 남들처럼 울고 슬퍼하는 예를 행했다. 이것이 그로 하여금 노나라에서 그러한 평판을 얻게 한 것이다. 그런 것도 깨닫지 못한 채 우리들이 이렇게 예의 이행에 관해 설하고 있는 것은 한낱 꿈에 지나지 않는 인생에서 뭔가를 깨달아 알고 있다고 착각하는 것에 지나지 않는다. 이것은 우리들만이 깨어 있다고 착각하기 때문인지도 모른다. 네가 새가 된 꿈을 꾸고 있을 때에는 인간이라는 것을 까

맑게 잊고 새가 되어 하늘에 훨훨 날아오르고, 또 물고기가 된 꿈을 꿀 때에는 물고기가 되어 깊은 못의 바닥까지 헤엄쳐 내려갈 것이다. 이처럼 그物에 집착하여 꿈을 꾸고 있는 자는 物의 큰 변화를 알 수 없다. 따라서 눈앞에 나타나는 이 세상의 생사에 집착하여 그 禮에 관해 설하고 있는 우리들은 과연 꿈에서 깨어나 참된 인생에 대처하고 있는지, 그런 것도 깨닫지 못하고 꿈같은 인생에 집착하고 있는 것인지 우리 자신도 알 수 없다. 따라서 우리도 저 맹손씨처럼 인생의 조그만 일시의 즐거움에 기뻐하는 일이 없고, 그렇다고 세상의 환희를 굳이 거부하는 일도 없이, 요컨대 조물자가 변화시키는 바에 마음 편히 좇아 자연스럽게 변화해 가는 것이 좋을 것이다. 그렇게 해야만 영원히 고요하고 평안한, 절대 유일의 道와 하나가 된 경지에 들 수 있는 것이다."

【語義】 孟孫才(맹손재):'孟孫'이 성, '才'는 이름인데 '牛'로 되어 있는 판본도 있다(≪경전석문≫의 설). 孟孫은 노(魯)나라 공족(公族)의 하나이다. ≪논어≫에는 공자가 맹의자(孟懿子:성은 仲孫, 또는 孟孫이라고도 한다. 이름은 何忌)에게 孝에 관해 가르치며 '어기지 말라(無違)'라고 하고, 또 그것을 설명하여 '살아 계실 때에도 예로써 섬기고, 돌아가셔 장사지낼 때에도 예로써 모시며, 제사도 예로써 행하라(生事之以禮, 死葬之以禮, 祭之以禮)'(위정편)라고 한 기록이 있다.

哭泣無涕中心不慼居喪不哀(곡읍무체중심불척거상불애):울되 눈물이 없고, 마음속으로 슬퍼하지 않으며, 상을 치르면서도 애통해하지 않음. 맹손재가 법식대로 예를 행하면서도, 喪 때문에 몸을 손상시키거나 마음을 괴롭히거나 하지 않은 것을 가리킨다.

蓋魯國(개로국):노나라에 평판이 남. '蓋'는 '覆'의 뜻.

固有無其實……:'有'는 '爲'의 뜻. '固'는 반드시·꼭, 즉 당연하다는 뜻.

孟孫氏(맹손씨):맹손재. 그의 이름을 부르지 않고 성을 말한 것은 경의를 나타낸 것이다.

進於知矣(진어지의):禮를 알고 있는 것보다 훌륭한 것을 가리킨다.

唯簡之而不得夫已有所簡矣(수간지이부득부이유소간의):'唯'는 '雖'와 같은 뜻. '簡'은 간소·간략의 뜻. 대범하여 예에 구애되지 않는 것을 가리킨다(王夫之, 馬敍倫의 설 참조). 즉 맹손재가 예를 초월하면서도 무리하게 그것을 이루지 않고 자연스럽게 그 경지에 이르고 있음을 가리키는 것으로 이른바 '寓於不得已'의 구체적 사례이다.

不知所以生……不知就後:필시 앞의 〈기인우화〉 중 '又惡知死生先後之所在'에 근거한 말이리라.

且方將化……惡知已化哉:物의 변화는 인간의 의식으로는 알 수 없음을 가리킨다.

吾特與汝其夢未始覺者邪(오특여여기몽미시각자야):제물론편 〈대각우화〉의 '丘也與女皆夢也' 참조.

且彼有駭形而無損心(차피유해형이무손심):'駭'는 '改'의 차자(馬敍倫의 설). 곽상(郭象)은 놀라 움직인다는 뜻으로 해석했다. '駭形'은 다음의 '旦宅'과 대응하는 말.

有旦宅而無情死(유단택이무정사):'旦宅'이 '駭形'과 대응하는 말이자 '情死'에 대조되는 말임을 생각하면 '旦'은 '誕(탄:거짓)'의 차자인 듯하다. 이 밖에도 여러 설이 있는데 요컨대 '旦宅'은 〈기인우화〉의 '託於同體'라 한 것과 거의 같은 뜻으로 정신이 깃들어 있는 신체를 가리킨다.

是自其所以乃(시자기소이내):'自'는 '자연스럽게'의 뜻. '乃'는 여기에서는 '如此'의 뜻. 노나라에서 명성을 얻고 있는 것을 가리킨다.

且也相與吾之耳矣(차야상여오지이의):'且'는 여기에서는 '而(그런데도)'의 뜻. '也'는 여정(餘情)을 더하는 조사. '吾'는 '寤(오:깨다, 눈이 뜨이다)'의 차자.

庸詎知吾所謂吾之乎(용거지오소위오지호):스스로가 멋대로 깨닫고 있다고 생각하는 것인지도 알 수 없음. '庸詎'는 반어의 뜻을 나타내는 말.

且汝夢爲鳥而厲乎天……沒於淵:제물론편 〈물화우화〉의 '莊周夢爲胡蝶'에 근거한 것이다. '而'는 '則'의 뜻. '厲'는 '戾(려:이르다)'의 차자. ≪시경≫ 대아(大雅)의 〈조록(旱麓)〉에 '솔개는 날아올라 하늘에 이르고, 물고기는 못에서 뛰네(鳶飛戾天, 魚躍于淵)'라고 하여 새·물고기 등이 자유롭게 노는 것은 고대에는 평화의 상징으로서 널리 일컬어졌다. 이 구는 이것을 본뜬 것이리라.

造適不及笑獻笑不及排(조적불급소헌소불급배):'造'는 '졸지(猝地), 생각 밖'의 뜻. '適'은 自適의 適, 즉 '즐거움'을 가리킨다. '獻'은 고음이 비슷했던 '歡(환:기쁨, 만족)'의 차자일 것이다. '排'는 밀어내다. 나아가 추이를 뜻한다. 이 두 구에 대해서는 해석이 갖가지다. 요컨대 제물론편 〈대각우화〉의 '夢飮酒'와 같은 일시의 즐거움은 웃고 즐거워할 것도 아니며 그렇다고 하여 '旦而田獵'과 같은 즐거움도 구태여 배제할 것은 아니라고 말하고 있는 것이다.

安排而去化(안배이거화):앞의 두 구를 받아 결론을 맺고 있다. 여기서 '排'는 조화의 변천을 가리킨다. '去化'는 '化去'의 도언(倒言). '去'는 '行'의 뜻.

乃入於寥天一(내입어료천일):곽상(郭象)은 '乃入於寥, 天一'의 두 구로 나누어 해석했지만 당연히 한 구로 보아야 한다. '寥'는 정적의 뜻. '天一'은 天의 一元·道·造物者를 가리킨다. 어떤 판본에는 '造適不及笑' 이하가 '造敵不及笑, 獻芥不及鼇, 安排而造化不及眇眇, 不及雄漂淰, 雄漂淰不及簞筮, 簞筮及入於漻天一'로 되어 있는데(≪경전석문≫의 설), 무엇을 의미하는지 명확하지 않다.

【補說】 중니와 안회의 문답을 빌린 우화의 하나다. 유가에서 중시하는 상
　　례(喪禮)를 문제 삼아, 맹손재가 형식적으로 상례를 지킬 뿐인데도 상
　　례를 잘 치른다는 평판을 얻는 것을 주제로 하여 논설을 전개하고 있다.
　　결국 맹손재처럼 모든 것을 달관하고 조화와 일체가 되어 조용하게 인
　　생의 추이에 따라야만 하며 이러한 달관이 있으면 그 형식이 어떠하든
　　그에 이의를 제기할 것이 없음을 설하고 있다.

【餘說】 〈안배거화우화〉의 흥미

　　이 우화 가운데 맨 처음 안회의 물음을 제외한 나머지 중니의 대답은
그 문맥이 약간 착잡하다. 우화의 서술과는 역순이 되는데 맹손재가 '化
(자연스런 추이)'와 일체인 경지에 이른 것에 대조시켜 '吾特與汝, 其夢
未始覺者邪'라 한 것과 '且也相與吾之耳矣' 이하 '其覺者乎, 其夢者乎'에
이르기까지가 중니와 안회의, 요컨대 유가의 생각을 중니 자신으로 하
여금 평가하게 한 부분이다. 그것은 유가의 사고는 새가 된 꿈을 꿀 때
엔 자신이 새가 된 것을 모르고, 물고기가 된 꿈을 꿀 때엔 자신이 물고
기가 된 것을 모르는 것처럼 분명하지 않은 인생의 몽상에 지나지 않는
다는 것이다. 제물론편의 〈대각우화〉에도 이와 비슷한 내용의 말이 나
온다. 어느 것이 먼저 지어졌는지는 명확하지 않지만 이 우화가 몽상에
대해 '安排而去化, 乃入於寥天一'이란 결론을 내리고 있는 것은 〈대각
우화〉에서 '萬世之後, 而一遇大聖知其解者, 是旦暮遇之也'라고 한 것에
대한 해답이 되고 있다.
　　유가의 사고와 대조하여 맹손재의 오득(悟得)의 경지를 나타내고 있
는 것이 앞의 '吾特與汝……'를 제외한, 중니의 답변 처음부터 '是自其所
以乃'까지다. 이 부분은 점층적인 서술 방법을 취하고 있다. 그것은 우

선 상례(喪禮)를 행하는 것에 관해 말하면 상례를 무시하지는 않았지만 '간(簡)'의 경지, 즉 구애되는 일이 없는 유유함에 대해 언급하고 있다. '簡'의 경지를 다시 깊이 생각하여 말하면 '若化爲物', 즉 생사에 구애됨 없이 오로지 조화가 이루어 내는 데 모든 것을 맡기는 것이다. 나아가 그 경지에서 나오는 인생의 대처법을 말하면 인간 세상에 몸을 두어 그 몸이 변하는 일은 있어도 그로써 정신이 변하는 일은 없게 하는 것이다. 이것을 요약하여 구체적으로 말하면 안으로는 조화와 일체가 되어 모든 것을 달관하고, 밖으로는 다른 사람이 곡(哭)하면 자신도 곡하는 것처럼 때의 풍습을 굳이 어기려고 하지는 않는다는 것이다.

이 우화에서 '若化爲物'이라 한 것은 이미 앞의 〈조화우화〉와 〈기인우화〉에 상설(詳說)되어 있다. 단, 〈기인우화〉에서는 맹자반과 자금장이 모두 예(禮)를 무시하는 자였는데 이 우화의 맹손재는 비록 형식적이긴 하지만 예를 이행하여 좋은 평판을 얻고 있어 새로운 취향을 보이고 있다고 해야 할 것이다. 풍습에 굳이 거스를 필요가 없다는 것은 인간세편의 안회와 중니의 대화나 〈심재우화〉의 '一宅而寓於不得已'라고 한 주장에 이미 포함되어 있다고 할 수 있다. 또 이 우화가 한편으로는 불변의 달관을 지니고 다른 한편으로는 세속과 타협하는 자세를 가져야 함을 설하고 있는 것은 〈심재우화〉의 '內直而外曲'에 해당하며 '胡可以及化, 猶師心者也'라 한 것을 부정하는 것이다. 이 우화가 세속의 예에 순응할 것을 설하고 있지만 그것은 정신과 행위를 이면화(二面化)한 것이 아니라 이른바 '簡'의 차원에서 세속을 초월하는 것을 뜻하는 것이리라.

이 우화는 이상과 같이 그 내용에 있어서는 새로운 점이 없지만 유가 사상과의 대비에서 앞의 〈기인우화〉와는 다른 흥미를 지니고 있는 것이다. 우선 '맹손재'라는 인물의 설정이 ≪논어≫ 위정편에 나오는 맹의자(孟懿子)를 연상케 한다(앞에 나온, 맹손재의 語義 참조). 맹의자는 노

(魯)나라 국정을 지배하는 공족(公族)으로 대부의 한 사람이었으며 걸핏하면 예(禮)를 어기는 일이 많았다. 그래서 공자는 그가 예에 관해 묻자, 깊이 반성하여 예를 이행하도록 하라고 답했던 것이다. 물론 공자가 말한 예란 무엇보다 정신적인 자세를 중시한 것으로 특히 상례에서는 죽은 자를 애도하는 정(情)을 무엇보다 중요시했던 것이다. 이 우화의 작자가 이러한 것을 알고, 맹손재는 상례를 솜씨 좋게 행하며 더구나 그 참된 정을 나타내지 않고도 상례를 잘 치렀다는 허명(虛名)을 얻었다고 한 것은 참으로 훌륭한 환골탈태(換骨奪胎)이다.

'簡'도 공자가 칭양(稱揚)한 덕목 가운데 하나다. ≪논어≫ 옹야편에 "공자께서 말씀하셨다. '옹은 임금으로서 남면(南面)할 만하다.' 중궁이 자상백자에 관해 묻자, 공자께서 '남면할 수 있는 인물이다. 소탈 대범하다'라고 하셨다. 중궁이 '몸가짐이 공경스럽고 너그러운 태도로 백성을 다스리면 좋지 않겠습니까? 몸가짐마저 소탈 대범하고 백성을 다스리는 것도 소탈 대범하면 예에 소홀해지지 않겠습니까?'라고 다시 묻자, 공자께서 '네 말이 옳다.'라고 대답하셨다.(子曰, 雍也, 可使南面. 仲弓問子桑伯子. 子曰, 可也, 簡. 仲弓曰, 居敬而行簡, 以臨其民, 不亦可乎. 居簡而行簡, 無乃大簡乎. 子曰, 雍之言然)"라고 했다. 자상백자가 어떠한 인물인지 그 전기(傳記)가 자세하지 않다. 일설에 의하면 겉치레를 모르는 질박한 인물이었다 한다. 따라서 앞의 〈기인우화〉에 나오는 자상호와 같은 인물이 아닐까 생각된다. 또, 위 ≪논어≫의 이야기는 치민(治民)에 관한 것이지 상례(喪禮)에 관한 것은 아니다. 그러나 치민에 있어서도 예를 중시한 것이 유가이며 또 이 우화는 상례로부터 인생 일반의 문제를 연역하고 있으므로 이와 같은 방법으로 유가와 도가의 '簡'에 관한 의견을 비교할 수 있을 것이다.

그런데 공자는 번잡한 법규·예절에 구속되지 않는 '簡'을 긍정했지만 중궁의 반문을 시인하여 '簡'의 근본에는 '敬'의 정신이 없으면 안 된다고 했다. 좀 더 자세히 말하면 ≪논어≫ 학이편에 "공자께서 말씀하셨다. '천승의 나라를 다스리는 데에는 정사를 신중하게 하여 신의가 있게 하고 비용을 절약하여 백성들을 사랑하며 때를 맞추어 백성을 부려야 한다.'(子曰, 道千乘之國, 敬事而信, 節用而愛人, 使民以時)"라고 한 것처럼 인애(仁愛)의 마음으로부터 출발하여 백성을 존중하고 행위를 신중하게 하며 항상 백성과의 신뢰 관계를 공고히 하지 않으면 안 된다는 것이다.

이에 대해 이 우화는 예를 행해도 예에 구애되지 않는 '簡'이 있어야 한다는 것은 공사의 뜻과 거의 같은데 그 '簡'은 인도적인 인애에서 나오는 것이 아니라 냉철하게 인간의 생사를 달관한, 조화에의 위임에서 나온다고 설하고 있다. 이 점은 분명 유가와는 그 취향을 달리한다. 인애나 신뢰 따위는 미망(迷妄)인 꿈에 지나지 않는 것으로 생각하는 것이다.

이러한 점들을 감안하면 이 우화는 앞의 〈기인우화〉와는 달리 유가의 예를 정면으로 멸시하고 조소하지는 않지만 신랄하게 유가의 인생관을 야유하는 작품이라고 생각할 수 있다.

意而子見許由. 許由曰, "堯何以資汝."

意而子曰, "堯謂我, '汝必躬服仁義, 而明言是非.'"

許由曰, "而奚來爲軹. 夫堯既已黥汝以仁義, 而劓汝以是非矣. 汝將何以遊夫遙蕩恣睢轉徒之塗乎."

意而子曰, "雖然, 吾願遊於其藩."

許由曰, "不然, 夫盲者無以與乎眉目顏色之好, 瞽者無以與乎青黃黼黻之觀."

意而子曰, "夫無莊之失其美, 據梁之失其力, 黃帝之亡其知, 皆在鑪捶之閒耳. 庸詎知夫造物者之不息我黥, 而補我劓, 使我乘成以隨先生邪."

許由曰, "噫, 未可知也. 我爲汝言其大略. 吾師乎, 吾師乎. 𪔂萬物, 而不爲義, 澤及萬世, 而不爲仁. 長於上古, 而不爲老, 覆載天地, 刻彫衆形, 而不爲巧. 此所遊已."

의이자가 허유를 만났다. 허유가 물었다.

"요임금은 여행길에 오르는 네게 어떤 말을 하셨는가?"

의이자가 대답했다.

"요임금께서는 제게 꼭 인의(仁義)를 행하고 물사(物事)의 선악을 분명하게 말하라고 하셨습니다."

이 말을 들은 허유는 의이자를 물리치더니 다음과 같이 말했다.

"그렇다면 무슨 일로 여길 왔느냐! 요임금은 이 좁은 속세에서 빠져나가지 못하도록 네게 이미 인의(仁義)라고 하는 묵형(墨刑)을 내리고 선악(善惡)이라고 하는 의형(劓刑)을 내린 것이다. 대체 무슨 수로 저 광대한 자유자연(自由自然)의 경지에 가겠느냐?"

의이자가 말했다.

"비록 그렇지만 저는 그곳 부근에서나마 놀았으면 합니다."

허유가 대답했다.

"그럴 수 없어. 소경이 미인의 예쁜 얼굴을 알 수 없고, 아름다운 채색과 고운 무늬의 자수를 볼 수 없는 것처럼 너는 그럴 수가 없다."

의이자가 반박하여 말했다.

"저 절세 미인인 무장(無莊)조차 그 아름다움을 잃고, 용사로서 이름이 높은 거량(據梁)조차 그 힘을 잃으며, 모르는 것이 없는 황제(黃帝)조차 그 지혜를 잃는 것은 인간이 이루어 내는 일이 아니라, 인간으로서는 도저히 알 수 없는 조물자(造物者)의 대장간에서 이루어지는 일일 뿐입니다. 그러므로 언제 어느 때일지는 모르지만 저 조물자가 제게 새겨진 묵형의 흔적을 지워 주고 없어진 코를 다시 세워 주어 저로 하여금 완전한 몸으로 선생님의 뒤를 이어 저 자유의 경지에 들게 할지도 모르지 않습니까?"

그러자 허유가 대답했다.

"오, 그럴지도 모르겠다. 조물자가 장차 어떻게 할지는 알 수 없다. 네게 자연의 경지에서 노는 도(道)의 대략을 일러 보겠다. 나의 스승이여, 나의 스승이여! 나의 스승은 가늘게 부수어 만물을 각각 성립시키나 그것은 物의 선악을 바르게 하려는 것이 아니며, 또 만물을 성장시키는 은택을 만대 후에까지 끼치나 그것은 일부러 은혜를 입히려는 것이 아니며 그 모두가 자연스럽게 그렇게 되는 것이다. 따라서 태고로부터 왕성하게 작용을 계속하면서 늙고 쇠약해지는 일 없이, 영구히 하늘에게는 덮게하고 땅에게는 싣게 하여 만물의 갖가지 모습을 새겨 내지만 그것은 결코 의식적인 기교에서 나오는 것이 아니다. 이 스승을 좇아 자연 바로 그것이 되는 것이 자유롭게 노니는 경지다."

【語義】意而子(의이자):물사를 의식적으로 하는 사람이라는 뜻인데 그러한 사람으로 설정된 인물이다.

　許由(허유):세상을 피했던 현인. 천지편에는 요임금의 스승으로 등장한다.

　資(자):본디는 물품이나 금전 등을 준다는 뜻인데 여기서는 길 떠나는 사람에게 하는 전별의 인사말을 가리킨다.

　而奚來爲軹(이해래위지):너는 왜 왔느냐? 즉 올 필요가 없다는 뜻. '而'는 '汝'와 같은 뜻. '爲'는 의문의 뜻을 나타내는 조사로 쓰였다. '軹'는 '只'와 같다. 어세(語勢)를 강하게 하는 조사.

　黥汝以仁義(경여이인의):인의의 가르침으로써 세속에 집착하게 하는 것을 가리킨다. '黥'은 요임금이 제정한 5형(五刑:墨·劓·刵·宮·大辟) 가운데 묵형(墨刑)을 가리킨다. 속세를 초월한 자유스런 경지를 얻지 못하는 것을 가리킨다. 도가에서는 유가가 내세우는 인의의 가르침을 세속적 망견(妄見)이며 인간의 자유스러움을 구속하는 것으로 생각한다.

　劓(의):앞의 5형 가운데 코를 베는 형벌인 의형(劓刑)을 가리킨다.

　遙蕩恣睢轉徙之塗(요탕자휴전사지도):마음 편히 조화에 좇는 것을 가리킨다. '遙蕩'은 넓고 큰 모양. 나아가 구속받지 않는 것을 가리킨다. 일설에는 즐거워하는 모양이라고 했다. '恣睢'는 방자한 모양. 또는 스스로 만족스럽게 생각하는 모양. '轉徙'는 걸어 돌아다니는 모양. 나아가, 자유스러운 모양. '塗'는 '途(도:길)'의 차자.

藩(번):울타리. 비하하여 울타리라고 말한 것이리라.

瞽者無以與乎靑黃黼黻之觀(고자무이여호청황보불지관):〈막고야산신인우화〉에 '瞽者無以與乎文章之觀'이라 한 것을 참조. '黼黻'은 자수. '黼'는 도끼를 수놓은 것이며 '黻'은 두 마리 뱀을 수놓은 것이라 한다.

無莊(무장):모장(毛嬙:吳王의 愛姬로 미인을 대표하는 인물)의 음전(音轉)이다(馬敍倫의 설). '失其美'란 스스로 잃는 것이 아니라 '鑪捶', 즉 조화에 의한 것이다.

據梁(거량):기량(杞梁)의 음전(音轉)이다(馬敍倫의 설). 杞梁은 춘추시대 제(齊)나라의 용사. 거(莒) 나라에 쳐들어갔다가 거나라로부터 제나라를 배반하면 많은 재물을 주겠다는 제의를 받았으나 그것을 거절하고 37명을 죽인 뒤 전사했다고 한다(≪설원≫ 입절편).

鑪捶(노추):'鑪'는 대장간의 화로. '捶'는 쇠 등을 두들겨 불리는 것. 따라서 이 말은 조화의 작용을 대장장이가 物을 만들어 내는 것에 비유한 것이다. 앞의 〈조화우화〉에 '以天地爲大鑪, 以造化爲大冶'라고 한 것에 근거한 말이리라.

息我黥(식아경):'息'은 '熄(식:끄다, 제거하다)'의 차자.

吾師(오사):道, 또는 조물자를 가리킨다.

釐萬物而不爲義(제만물이불위의):物의 피차·시비를 가려 바르게 하지만 그것을 의(義)라 하지 않고 자연스럽게 그렇게 되게 하는 것을 가리킨다. '釐'는 '整' 또는 '齏'의 오자.

澤及萬世而不爲仁(태급만세이불위인):≪노자≫에 '천지는 이른바 仁이라 하는 따위의 인간적 애정을 가지지 않는다. 천지가 만물을 다루는 태도는 전적으로 허심하여 마치 사람들이 제사에 쓰는 짚으로 만든 개를 다루는 것과 같다.(天地不仁, 以萬物爲芻狗)'(제5장)라고 했다.

覆載天地(복재천지):하늘에게는 덮게 하고, 땅에게는 싣게 함.

此所遊已(차소유이): '吾師'와 일체가 되는 것이 인의로부터 초월하여 자유롭게 되는 것임을 말하고 있다.

【補說】 이상의 우화는 제요(帝堯)의 양위를 거절하고 자유자적하는 허유가 제요에게서 찾아와 자신의 풍(風)을 배우고자 하는 의이자를 거절했는데 의이자에게서 조화는 좀처럼 알 수 없다는 말을 듣고, 마침내 조화의 자연에서 노는 방법을 가르치게 된 것을 서술하고 있다. 의이자처럼 인의의 가르침으로 속세에 묶여 있는 자도 자유 자연의 경지에서 놀 수 있다고 하는 것은 앞의 〈기인우화〉에서 설한 바와 비슷하다. 단, 이 우화는 그것을 의이자라는 속세 사람으로 하여금 제창하게 하고, 더욱이 道를 체득한 허유로 하여금 무조건 속세 사람을 거부하는 태도를 반성케 하고 있다는 데 새로운 묘미가 있다.

제7장 안회·중니문답:좌망우화(顔回·仲尼問答:坐忘寓話)

顔回曰, "回益矣."

仲尼曰, "何謂也."

曰, "回忘仁義矣."

曰, "可矣. 猶未也."

它日復見曰, "回益矣."

曰, "何謂也."

曰, "回忘禮樂矣."

曰, "可矣. 猶未也."

它日復見曰, "回益矣."

曰, "何謂也."

曰, "回坐忘矣."

仲尼蹵然曰, "何謂坐忘."

顔回曰, "墮枝體, 黜聰明, 離形去知, 同於大通. 此謂坐忘."

仲尼曰, "同則無好也. 化則無常也. 而果其賢乎. 丘也請從而後也."

안회가 스승인 공자에게 말했다.

"요즘 약간의 진척을 보았습니다."

공자가 물었다.

"그게 무슨 말이냐?"

안회가 대답했다.

"저는 선생님의 가르침을 좇아 인의의 행위에 힘쓰는 것을 잊어버리게 되었습니다."

공자가 이를 평하여 말했다.

"됐다. 단, 아직 충분한 것은 아니다."

그 후 어느 날, 안회는 다시 공자에게 말했다.

"그 뒤 약간의 진척을 보았습니다."

이 말에 공자가

"그건 또 무슨 이야기냐?"

라고 묻자, 안회는

"세속의 관습을 좇아 예를 지켜 사람과 사귀거나, 음악을 즐기며 사람과 화합하는 것을 잊어버렸습니다."

라고 대답했다.

공자가 이를 평하여 말했다.

"됐다. 그렇지만 아직도 충분한 것은 아니다."

다시 어느 날, 안회는 또 공자를 만나 이렇게 말했다.

"전보다 많이 나아졌습니다."

공자가 물었다.

"무슨 말이냐?"

"저는 좌망(坐忘)에 들게 되었습니다."

라고 안회가 대답했다.

공자는 안회의 말에 깜짝 놀라 태도를 바르게 하고 물었다.

"좌망? 그것이 무엇이냐?"

안회가 대답했다.

"살아 있는 몸에 대한 욕망을 버리고 총명한 이목(耳目)의 활동을 없애며 이 세상에 존재하는 이 몸으로부터 떠나고 존재의 징후인 지혜로부터 떠나

오직 자연의 큰 道와 하나가 되는 것, 이것을 좌망이라 합니다."

공자가 감탄하여 말했다.

"큰 道와 하나가 되었다면 굳이 그것을 좋다 나쁘다 입에 올릴 필요가 없다. 자연과 함께 변화하고 있다면 굳이 그것을 옳으니 그르니 판단할 필요가 없다. 이제 너로 말하자면 이 세상의 언어로 현명한 사람이라는 말 따위를 할 수가 없게 되었다. 지금부터 나는 너의 뒤를 따르며 네게서 가르침을 받고 싶다."

【語義】 益矣(익의):자신을 無에 두는 내성(內省)이 진전한 것을 가리킨다.

何謂也(하위야):무슨 뜻이냐?

忘仁義矣(망인의의)·忘禮樂矣(망례악의):≪회남자≫ 道應訓에는 '忘禮樂矣'가 먼저라고 했으며 그쪽이 순당(順當)하다(馬敍倫의 설). 여기서는 원문대로 해석하겠다.

可矣(가의):'좋다, 됐다' 정도의 뜻.

它日(타일):'他日'과 같다. 그 후 어느 날. '它'는 '他'의 차자.

坐忘(좌망):말끔히 잊어버리는 것. 통상 앉은 채로 잊어버린다는 뜻으로 해석하는데(司馬彪. 成玄英의 설), 문맥으로 보아 앉아 있는 것을 강조할 필요가 전연 없다. 따라서 '坐'는 '그 자리에서 모두'의 뜻이며 필시 '趖(좌:빨리 달아나다)' 또는 '婟(좌:경솔하다, 경망하다)'의 차자일 것이다.

蹴然(축연):놀라 안색이 바뀌는 모양.

墮枝體(타지체):'墮'는 잃다, 버리다. 일설에 '毁'의 차자로 무너뜨려 공허하게 한다는 뜻이라 했다(成玄英의 설). '枝'는 '肢(지:수족)'의 차자. '墮枝體'란 신체를 지닌 이상 늘 염두에 두어야 하는 음식·안락함 따위의 정(情)을 떨쳐버려야 함을 극언한 것이다.

黜聰明(출총명):지식·이익·명예 따위를 잊는 것.

大通(대통):大道와 같다. '同於大通'은 〈심재우화〉의 '唯道集虛'와 같은 취향의 주장이다.

無好也(무호야):좋고 싫음의 사사로운 정이 작용하지 않음.

化則無常也(화즉무상야):道와 하나가 되어 변화하면 成否·是非 따위의 평가가 들어올 여지가 없음을 뜻한다.

而果其賢乎(이과기현호):成玄英은 '너는 참으로 현명하구나!'로 해석했고, 또 이에 따르는 학자가 많은데 '果其……乎'라 한 말의 기세와, 이 구가 앞의 '無好', '無常' 등과 관계있다는 점에서 생각하면 '얼마나 현명하다고 해야 할지 평가할 말이 없다'는 뜻으로 해석해야 할 것이다. 단순히 현명함을 칭송하는 데 그치는 말이 아님은 다음에 '請從而後也'라 한 말에 의해서도 명백해진다. 《논어》 위정편에, 공자가 안회를 평하여 '내가 回와 종일토록 말을 해도 回는 한 마디도 반대의 말을 하지 않아 마치 어리석은 것 같다. 그런데 물러나 행동하는 것을 보면 나의 가르침을 정확히 실천해 낸다. 결코 어리석은 사람이 아니다(吾與回言終日, 不違如愚, 退而省其私, 亦足以發. 回也不愚)'라 한 것이 있는데 이 구는 그것을 본뜬 것이리라. 일설에 의하면 이 구는 《논어》 옹야편에 '현명하구나, 회는!(賢哉, 回也)'라 한 것을 흉내 낸 것이라 한다.

從而後(종이후):뒤에서 좇아감. 선생에 대한 제자로서의 예를 갖추는 것을 뜻한다.

【補說】 안회와 중니의 문답을 통해 인의·예악의 가르침도, 자기 자신도, 지혜의 작용도 말끔히 염두에서 지워 버리고 오로지 자연인 道를 깨달아야 함을 설하고 있는데 그러한 주장도 그렇지만 공자와 안회의 문답 과정이 매우 흥미 있다.

≪논어≫에 나와 있듯 안회는 공자로부터 가장 신뢰받은 고제(高弟)로 스승뿐 아니라 동문(同門)에게서도 존경과 사랑을 받았다. 공자가 '可矣. 猶未也'라고 한 것에는 제자의 발전하는 모습에 대한 스승으로서의 만족감과 기대가 어려 있는 것이다.

인의·예악을 망각한 다음의 경지로 중니는 과연 어떠한 것을 기대하고 있었을까? '천명을 앎(知天命)'(≪논어≫ 위정편)이었을까? 그렇다 하더라도 중니에게는 언제나 인륜의 법칙이 엄존한다. 그런데 안회는 '좌망(坐忘)'에 든 것이다. 모든 것을 망각의 못[淵]에 가라앉힌 것이다. 중니의 기대와는 동떨어진 곳으로 치닫고 있었다. 중니가 소스라치게 놀라 '何謂坐忘'이라 반문한 것도 무리가 아니다.

좌망하여 자연의 변화와 하나가 된 것은 인간의 好惡의 情이나 是非의 知 따위로 뭐라 판단하고 이름 붙일 수 없다. 굳이 이름 붙인다면 그것은 절대의 참이며 최고의 위대함이다. 중니는 스승의 자리에서 내려와 그때까지 자신의 제자였던 안회의 뒤를 좇지 않을 수 없게 된 것이다. 成玄英은 중니가 안회로부터 가르침을 받겠다고 한 것은 자신을 낮추고 제자인 안회를 칭찬한 것으로 해석했는데, 그렇게 해석하면 이 우화의 대화 구성의 변화가 지니고 있는 묘미를 잃게 된다. 이 우화의 작자가 ≪논어≫의 내용과 이 우화의 내용을 어디까지 대조시키려 했는지는 분명하지 않다 하더라도 이러한 사제 관계의 전환이 도가의 주장을 효과적으로 설하는 수단이기도 하며 이 우화가 지닌 해학이기도 하다.

【餘說】〈좌망우화〉와 〈심재우화〉의 관계

≪상자≫ 지북유편 〈무심우화〉의 '形若槁骸, 心若死灰'를 체도자(體道者)의 당연한 모습으로 간주하고, 또 도가의 주장을 나타내는 것으로

생각되는 ≪관자≫ 심술 하편에 '모습이 마르지 않은 자에게는 德이 오지 않고, 속이 맑지 않은 자는 마음을 다스릴 수 없다.'고 한 것에 의하면 도가에는 정좌(靜坐)하여 내성(內省)하는 수양법이 있었는지도 알 수 없다. 그렇다면 '坐忘'이란 말은 그 정좌한 상태로부터 일어나는 무엇인가를 가리키는 것인지도 모른다. 불가에는 좌선(坐禪)이란 수행법이 있는데 이렇게 고요히 앉아서 명상에 잠기는 것은 宋·明代의 유학자들에게도 중요한 수양법이었다.

한 마디로 정좌는 중국 수양법의 전통적 특색이라 할 수 있다. 그런데 이 우화의 '좌망(坐忘)'이 정좌와 관계되는 것인지는 의심스럽다. 이 우화에서 '좌망'은 정좌와 관계되는 말이어서는 안 되며 모든 것을 망각하는 것과 관계되는 말이어야 한다. 무심(無心)의 상태로 들어가는 것을 가리키는 말로 보아야 한다는 것이다.

이 〈좌망우화〉와 뚜렷하게 비교될 수 있는 것은 인간세편의 〈심재우화〉이다. 〈심재우화〉에서도 자신의 심경을 피력해 나가는 것은 안회이며 그것을 비판하는 것은 중니다. 그리고 두 사람이 자신의 뜻을 진술하는 방법에 있어서 〈심재우화〉는 번쇄(煩瑣)하고 〈좌망우화〉는 간명하여 큰 차이를 보이나 점진적으로 핵심에 육박해 가며 주제에 접근해 가는 논술 전개의 교묘함은 두 우화가 똑같다.

두 우화의 핵심, 즉 〈심재우화〉의 '心齋'와 〈좌망우화〉의 '坐忘'은 서로 같다. 단, 그 핵심을 한쪽은 중니가 그리고 다른 한쪽은 안회가 이야기하고 있다는 것이 다를 뿐이다.

이와 같은 비교에 의해 어느 한쪽이 다른 쪽을 환골탈태(換骨奪胎)한 것이라고 생각하지 않을 수 없다. 단순히 서술의 번간(繁簡)만을 주목하면 〈심재우화〉가 〈좌망우화〉를 모방한 것처럼 보일 수도 있다. 그런데 〈심재우화〉의 서술은 도리를 설하는 것을 주로 하고 있는 데 비해

〈좌망우화〉에는 '墮枝體, 黜聰明'과 같은 과장된 표현이 있고, 특히 첫머리의 '回忘仁義矣'에서 명확하게 느낄 수 있듯이 유가인 중니의 의표(意表)를 찌르려는 의도가 역력하며 그 의도가 마침내 스승인 중니로 하여금 제자인 안회의 후진(後塵)을 우러러 보게 하는 데까지 발전하고 있어 〈좌망우화〉쪽이 한층 작위적·기교적이다. 따라서 〈좌망우화〉가 〈심재우화〉를 각색했다고 보지 않으면 안 된다. 나아가 '坐忘'이란 중니가 제창한 '心齋'를 개찬(改竄)한 것일 뿐이다.

그렇다 하더라도 坐忘(일체의 작위를 망각하고 무심하게 되는 것)이 道를 성취하기 위한 중요한 수양법임은 틀림없다.

제8장 자여·자상문답:명부득구우화(子輿·子桑問答:命不得求寓話)

子輿與子桑友. 而霖雨十日. 子輿曰, "子桑殆病矣." 裹飯而
往食之. 至子桑之門, 則若歌若哭. 鼓琴曰, "父邪母邪, 天乎
人乎." 有不任其聲, 而趨擧其詩焉.
子輿入曰, "子之歌詩, 何故若是."
曰, "吾思夫使我至此極者, 而弗得也. 父母豈欲吾貧哉. 天
無私覆, 地無私載. 天地豈私貧我哉. 求其爲之者, 而不得也.
然而至此極者, 命也夫."

자여와 자상은 친구였다. 언젠가 장맛비가 열흘씩이나 계속되었다. 자여
는 가난한 자상이 심한 장마로 양식을 제대로 구하지 못해 몹시 고통 받을
것으로 생각하여 양식을 준비해 자상을 찾아갔다. 자여가 자상의 집 문앞
에 이르렀을 때, 집안에서 노래하는 것도 같고 우는 것도 같은 소리가 흘러
나왔다. 자상이 금(琴)을 뜯으며

"(나로 하여금 이런 꼴을 당하게 하는 건) 아버지일까, 어머니일까, 아니
면 하늘일까, 사람일까?"

하고 탄식하는 노래 소리였는데 금의 가락에 맞추어 노래하기도 힘에 겨
운 듯 가사만을 급히 웅얼거리는 것이었다.

자여가 들어가 말했다.

"자네의 노래 소리가 어찌 이리도 어지러운가?"

자상이 말했다.

"나를 이런 꼴로 만든 것이 무엇인지를 아무리 생각해도 알 수가 없네. 나를 낳아 주신 부모님께서 자식의 빈곤을 바랄 리가 있겠는가! 하늘이 차별을 두어 만물을 만들 리도 없고, 그렇다고 땅이 만물을 차별하여 기를 리도 없을 테니 천지가 나만을 이렇게 빈곤하게 할 리가 있겠는가. 나를 이렇게 만든 것이 무엇인지 아무리 알려 해도 알 수가 없네. 그런데도 이런 꼴에 이르고 있으니 이를 가리켜 운명이라 하겠지."

【語義】 子輿(자여):앞의 〈조화우화〉에 나온 子輿와 동일 인물일 것이다.

子桑(자상):앞 〈기인우화〉에 나온 子桑戶와 동일 인물일 것이다.

霖雨(임우):장마. ≪설문해자≫에 '비가 3일 이상 오는 것을 霖이라 한다.'라고 했다.

殆病(태병):굶주림에 고통당하는 것을 가리키는 말이리라. '殆'는 '~ 일지도 모른다'의 뜻이 아니라 '틀림없이 ~일 것이다'의 뜻으로 쓰였다. '病'은 굶주림에 고통 받는다는 뜻.

趨舉其詩(촉거기시):'趨'은 '速·促'과 통용. '舉'는 입에 올려 말하는 것.

求其爲之子而不得也(구기위지자이부득야):구하고자 해도 구할 수 없음. 이 우화의 주된 주장이다.

命(명):여기에서는 천명을 가리킨다. 선천적으로 이미 정해진 인간의 운명.

【補說】 이상은 자여의 문병을 받은 자상의 답변을 빌려, 인간의 운명은 인간의 사색이나 탐구로 알 수 있는 것이 아님을 설하고 있다.

【餘說】 〈명부득구우화〉의 우의

이 우화는 앞의 〈조화우화〉와 〈기인우화〉를 짜맞추어 지은이가 자상호(子桑戶)의 임종의 말로서 지어낸 것 같다.

인간 생사의 근원으로 엄존하는 것에 미혹됨 없이 순순히 따라야 함을 설하고 있는 것은 앞의 두 우화와 같지만 그것들이 운명에 대한 초월적 · 탈속적 경지를 강조한 데 비해 이 우화는 운명에 고뇌하는 인간의 고통스런 모습을 그려 내고 있다. 이 점이 새로운 맛이기도 하며 또 현실적이기도 하여 현실에 고뇌하는 자에게는 오히려 친밀감을 줄 것이다.

그런데 이 우화가 운명이란 현실적으로 알 수 없으므로 어쩔 수 없이 그에 따라야 함을 주장하고 있다고 해석하면 그것은 도가 본래의 주장과 너무나 거리가 있다. 이 우화는 체념적인 숙명관을 주장하는 게 아니라 운명에의 안주를 주장하며 나아가 그것을 뛰어넘은 소생(蘇生)을 암시하고 있기 때문이다.

제7편
응제왕(應帝王)

　제왕에게 어울리는 것에 관해 서술한다는 뜻의 편명인 듯하다. 요컨대 내편의 말미에 정치론(政治論)을 두려고 한 것으로 생각할 수 있다. 도가에서는 ≪노자≫에, '나라 안에는 네 가지 큰 것이 존재하는데 왕도 그 하나다. (단, 이들 사이에는 질서가 있어) 사람은 땅을 법 삼고 땅은 하늘을 법 삼으며 하늘은 道를 법 삼는다.(단, 道는 최초의 것으로 천지 만물을 지배하는 절대의 존재이므로 다른 것을 법 삼을 것이 없다. 따라서) 道는 자연, 있는 그대로를 법칙으로 삼는다. (사람이 궁극적으로 법 삼아야 할 대상은 道이며 또 그것은 자연이라고 할 수 있다.)(域中有四大. 而王居其一焉. 人法地, 地法天, 天法道, 道法自然)'(제25장)라고 한 것처럼 무위자연의 道를 법 삼는 자여야만 참된 제왕이라고 했던 것이다. 대체로 편명과 관계있는 작품들이 수록되어 있다고 볼 수 있는데 내용을 엄밀히 검토하면 꼭 그런 작품만 수록되었다고는 할 수 없다. 한 개의 논설과 여섯 개의 우화로 구성되어 있다.

제1장 설결·포의자문답:진덕우화(齧缺·蒲衣子問答:眞德寓話)

齧缺問於王倪. 四問而四不知. 齧缺因躍而大喜, 行以告蒲衣子.
蒲衣子曰, "而乃今知之乎. 有虞氏不乃泰氏. 有虞氏其猶藏
仁以要人, 亦得仁矣. 而未始出於非人. 泰氏其臥徐徐, 其覺
于于. 一以己爲馬, 一以己爲牛. 其知情信, 其德甚眞. 而未
始入於非人."

설결이 왕예에게 지(知)에 관해 물었다. 물음을 바꾸어 가면서 네 번씩
이나 물었지만 왕예는 네 번 모두 모른다고 대답했다. 그러자 설결은 왕예
와 같은 사람도 모르는 것을 자신은 알고 있다고 생각하여 뛰어오르며 크
게 기뻐하고 포의자에게 가서 있었던 일을 고했다.

그에 포의자는 다음과 같이 말했다.

"너는 왕예가 물사에 관해 전혀 모른다는 것을 이제야 알았느냐! 너와 같
은 자들이 추존하는 유우씨는 아무리 해도 태씨에게는 미치지 못한다. 유
우씨는 분명하게 인의를 내세우지 않고 仁을 자신의 안에 감추고 다른 사
람을 응접하여 천하의 모든 사람을 심복시켰다. 결코, 사람들의 선(善)·
불선(不善)을 살펴 불선한 사람들을 배척하려는 따위의 생각은 가져 본 적
이 없었던 것이다. 이에 비해 태씨는 잠을 잘 때는 꿈을 어지럽히는 어떠
한 번뇌도 없이 마치 갓난아이처럼 새근새근 편안히 자고, 잠에서 깨면 의
식을 잃은 듯 멍할 뿐 물사의 이해 따위에는 전혀 마음 쓰지 않는다. 다른
사람이 말이라고 하면 말이 되고, 소라고 하면 소가 되어 그야말로 물사가
이루어지는 데 모든 것을 맡긴다. 더욱이 그 道를 지킴은 지극히 성실하고

德은 더없이 천진하다. 따라서 사람들을 선악에 의해 구별하려는 따위의 생각을 결코 가지려고 하지 않는다."

【語義】 齧缺(설결) · 王倪(왕예):모두 제물론편 〈부지이해우화〉에 나왔던 인물들이다.

蒲衣子(포의자):천지편에는 '被衣'로 되어 있으며 왕예의 스승이다. 일설에 의하면 요임금 때의 현인으로 8세 때 순임금으로부터 천자의 자리를 물려주겠다는 제의를 받았다고 한다. 蒲衣, 被衣 모두 '미(微)'의 완언이므로 미묘한 道를 체득한 사람으로 설정된 듯하다.

有虞氏(유우씨):순(舜)임금을 가리킨다. 순임금의 성은 규(嬀), 씨(氏:요즘에는 姓과 구별하지 않고 같이 쓰고 있으나, 본디는 한 성 중에서 계통의 종별을 표시하는 칭호였음)는 有虞.

泰氏(태씨):'泰'는 '太'와 통용되므로 最古 · 最高의 뜻을 지니고 있으며 또 평안하다는 뜻을 갖는다. 따라서 최고(最古) · 무위(無爲)의 뜻을 지닌 제왕의 이름으로 쓰였으며 필시 왕예의 씨호(氏號)일 것이다.

其猶藏仁以要人(기유장인이요인):아직도 인의를 안에 감추고 사람들을 응대하는 것을 가리킨다. '要'는 求(구)한다는 뜻으로 해석해도 괜찮으나, '邀(요)'의 차자로 보아, '마주 대하다 · 응대하다'의 뜻으로 해석하는 게 더 좋다(馬敍倫의 설 참조).

而未始出於非人(이미시출어비인):통상 郭象 · 成玄英의 설에 좇아, 사람의 시비를 정하는 경지에서 초월하지 못한 것을 가리키는 것으로 해석한다. 그런데 이 구가 다음의 '而未始入於非人'에 대구적인 표현을 꾀하고 있으며 더욱이 '其仁義以要人'이라 하지 않고 '猶藏二'이라 하고, 또 '亦得人矣'라 한 것을 미루어 생각하면 여기의 '出'은 '그러한 점에서 출발하지 않는다'는 뜻으로 해석되어야 한다. 덧붙여 말하면 제순(帝

舜)은 ≪상서(尙書)≫에 의하면 공공·환두·삼묘·곤(共工·驩兜·三苗·鯀)의 4대 악인(惡人)을 몰아내고 여러 관직을 만들어 사람들을 다스리고 백성을 편안케 했으며 군신강락(君臣康樂)의 태평(太平)을 일으켜 세웠다. 또 ≪맹자≫에 의하면 완고한 부친을 대효(大孝)로써 섬겼으며 오만한 아우를 성의(誠意)로써 인도했다 한다. '非人'은 다른 사람에 대해 시비(是非)의 평가를 하는 것을 과장하여 표현한 것이다. '非'는 '排(배:물리치다)'의 뜻으로 현자를 우러러보고 유능한 사람을 부리며 그렇지 않은 사람들을 배척하는 차별을 가리킨다.

徐徐(서서):'舒舒'와 같다. 마음이 평안하고 조용한 모양.

于于(우우):멍하여 의식이 흐릿한 모양(司馬彪의 설). 만족해하는 모양(成玄英의 설)이라 한 것은 적당하지 않다. '吁吁'와 같으며 두려워하여 물사를 명확하게 말하지 못하는 모양을 가리킨다.

一以己爲馬一以己爲牛(일이기위마일이기위우):'一'은 '혹은'의 뜻. 말이나 소는 사람에게 부림을 당하는 것들이다. 완전히 자아의 주장 없이 물사에 맡기는 것에 대한 비유이다.

其知情信(기지정신):'知'는 道를 지키는 분별. '情'은 '참으로'의 뜻.

其德甚眞(기덕심진):그 타고난 천성이 道와 일체여서 후천적 작위가 없는 것을 가리킨다.

未始入於非人(미시입어비인):사람의 시비를 평가하려는 것은 전혀 염두에 두지 않는 것을 가리킨다.

【補說】이상은 설결과 왕예의 문답을 통해 무지(無知)야말로 참된 德이며 또 제순의 인성(仁聖)보다 훌륭한 옛 제왕의 德임을 설하고 있다.

【餘說】〈진덕우화〉의 구성상의 흥미

이 우화는 설결과 왕예의 문답으로 구성되어 있는 제물론편의 〈부지이해우화〉를 기조로 하여 새롭게 포의자라는 인물을 등장시킨 것과 함께 색다른 취지를 가미한 작품이라 할 수 있다.

설결이 네 번이나 물었는데 왕예가 네 번 모두 몰라 설결이 뛸 듯이 기뻐했다는 것은 〈부지이해우화〉에서 설결이 '子知物之所同是乎', '子知子之所不知邪', '然則物無知邪', '子不知利害, 則至人固不知利害乎' 등을 물었을 때 왕예가 어느 물음에도 안다는 대답을 하지 않은 것을 고스란히 답습한 것이리라. 단, 설결이 뛸 듯이 기뻐한 것은 왕예가 '알지 못한다.'라고 대답한 것으로 설결이 간단하게 '부지(不知)의 묘지(妙旨)'를 깨달았기 때문은 아닐 것이다. 설결은 본디 일지반해(一知半解)한 인물이며 왕예가 '物之所同是'도 '不知'의 세계도 알지 못한다고 대답했는데도 '然則物無知邪'라고 반문하고, 특히 '至人固不知利害乎'라고 물을 만큼 '仁義之端', '是非之塗'에 구애되는 사람이다. 요순으로 대표되는 유가의 가르침에 철저히 물들어 있는 사람이다.

설결로 하여금 크게 기뻐하는 교만함을 누르고 돌이켜 생각하게 하여 개오(開悟)시키는 것이 포의자의 '而乃今知之乎'라는 말이다. '知之'란 왕예의 '무지(無知)의 지(知)'를 설결이 깨달은 것을 가리켜 긍정하는 표현이지만 그 깨달음의 깊이까지 긍정하는 것은 아니다. 왜냐하면 '乃今'이라 했을 뿐만 아니라 '知之乎'라고 하여 비난하는 투로 말했기 때문이다, 설결이 알고 있는 것은 왕예의 성대를 통해 나온 '모른다'고 한 외형적인 말이며 포의자의 힐난이 뜻하는 바는 무지(無知)의 내실이 진덕(眞德)이라는 것이다. 이 말은 설결로 하여금 그의 앎을 반성시키는 동기를 부여하는 것이 되며 계속하여 태씨의 무지의 德을 실명하는 것노 된다. 한 가지 말이 2중 3중의 작용을 하는 경우가 있는데 이 무지는 그 전형이다. 그것이 말의 흥미이기도 하며 지인(至人)의 말의 깊이이

기도 하리라. 그것을 오로지 귀결만을 취하여 포의자의 '而乃今知之乎'
를 '너는 드디어 무지의 眞을 깨우쳤구나.'라고 해석하면 이 우화의 흥
미는 반감될 것이다.

제2장 견오·접여문답:치내우화(肩吾·接輿問答:治內寓話)

肩吾見狂接輿. 狂接輿曰,"日中始何以語女."
肩吾曰,"告我, 君人者以己出經式義度. 人孰敢不聽而化諸."
接輿曰,"是欺德也. 其於治天下也, 猶涉海鑿河而使蚊負山也.
夫聖人之治也, 治外乎. 正而後行. 確乎能其事者而已矣. 且
鳥高飛以避矰弋之害, 鼷鼠深穴乎神丘之下, 以避熏鑿之患.
而曾二蟲之無知."

견오가 기인(奇人)인 접여를 만났다. 접여가 견오에게 물었다.
"전에 중시가 네게 뭐라 했느냐?"
견오가 대답했다.
"사람을 다스리는 군주가 사람들이 법칙으로 여기며 규범으로 삼는 것을 스스로 행하여 그것을 널리 펴면 어떤 사람도 감화되지 않는 법이 없다고 제게 가르치셨습니다."
이를 듣고 접여가 말했다.
"그것은 거짓 덕이다. 그러한 방법으로 천하를 다스리려는 것은 마치 큰바다를 걸어서 건너고 바위산을 끌이나 정으로 뚫어 대하(大河)를 통하게하며 모기에게 산을 짊어지게 하여 다른 곳으로 옮기게 하려는 것처럼 불가능한 일이다. 무릇 성인이 물사를 다스리기 위해 자신 외의 것을 다스리려는 따위의 일을 하겠느냐? 자신 안의 것을 바르게 다스려야 비로소 법칙이 세상에 행해지게 된다. 성인은 오직 자신이 할 수 있는 자신 안의 것만을 힘쓰는 자이다. 저 새는 자유로운 대공(大空)을 높이 날아 주살의 위험으로부터 피하고, 새앙쥐는 신성한 사단(社壇)에 깊게 굴을 뚫고 그 속에서 살아, 사람들이 불을 지펴 연기를 피워 넣거나 물을 부어 재난을 주는 일로부터 피한다. 너는 설마 저런 미물조차도 자신의 안전을 보전하는 법을 알고 있다는 것을 모르는 것은 아닐 테지.”

【語義】 肩吾(견오):소요유편의 〈막고야산신인우화〉에도 나왔다. 그런데 여기서는 광접여의 제자로서 등장하고 있다.

狂接輿(광접여):인간세편의 〈접여지가(接輿之歌)〉에 나왔다.

日中始(일중시):‘日’은 ‘먼저 · 일찍이’의 뜻(兪樾의 설). ‘中始’는 사람의 이름으로 필시 해가 처음으로 떠오른다는 뜻에서 제요(帝堯)를 가리키는 것일 텐데 공자의 자인 ‘중니’에 빗대어 이렇게 표현한 것이리라. 일설에, ‘日中始’는 옛적 현인의 이름이라 했다(李頤 · 成玄英의 설).

以己出經式義度(이기출경식의도):‘經式’과 ‘義度’는 거의 같은 뜻의 말로 보는 게 좋다. 굳이 구별하여 말하면 ‘經式’은 항상 지켜야 할 법칙이며 ‘義度’는 행의(行儀:행위)의 규범을 가리킨다. ‘以己’의 ‘以’는 ‘自’의 뜻으로 ‘~로부터’. 자신을 닦는 것으로부터 시작하여 다른 사람을 감화시키고 천하를 다스린다고 하는 것은 유교의 근본적인 교의이다.

欺德(기덕):자신의 참된 덕[眞德]을 스스로 속이는 德. 요컨대 계속 설하고 있는 것처럼 자신에게 있어 불가능한 것을 무리하게 하려고 하는 것을 가리킨다.

猶涉海鑿河而使蚊負山也(유섭해착하이사문부산야):인간에게는 불가능한 것의 비유이다. 成玄英은 ‘바다를 도보로 건너고 그곳에 굴을 파 강을 만들고……’라 해석했는데 ≪초사(楚辭)≫ 천문편(天問篇)에 큰 거북이 산을 등에 지고 옮겼다는 전설에 대한 기록이 있고, 또 우(禹)가 용문산(龍門山)을 파 황하(黃河)의 물을 통하게 했다는 전설(≪습유기(拾

遺記)》 참조)이 고대에 있었다는 점에서 생각하면 이 서술은 이른바 천지 창조의 신화를 기조로 하여 나아가 그것을 인간의 힘으로는 불가능한 것의 비유로 전용(轉用)한 것이다. '蚉'은 '蚊'과 동자. 모기.

正而後行(정이후행):'正'은 '正內' 또는 '正己'를 줄여 '正'이라 한 것이다. 곽상(郭象)은 그 성분(性分)의 안을 온전히 한다는 뜻으로 해석했다.

確乎(확호):움직이지 않는 것.

繒弋(증익):주살. 오늬에 줄을 매어 쏘게 되어 있는 활.

鼷鼠(혜서):새앙쥐.

神丘(신구):사단(社壇). 사신(社神)을 제사지내기 위해 흙을 높이 쌓고 거기에 나무를 심었다.

而曾二蟲之無知(이증이충지무지):'而'는 '汝·女'와 같은 뜻. '曾'은 따져 묻는다는 뜻을 나타내는 조사. 주로 '何'와 함께 쓰이는 경우가 많다. '二蟲之無知'는 '無知二蟲'의 二蟲을 강조하기 위한 표현이다. 여기에서 '蟲'은 벌레가 아니라 동물을 가리킨다.

【補說】 이상은 천하를 다스리는 일보다도 자신을 다스리는 일, 요컨대 그 삶을 온전하게 하는 것이 근본적인 일임을 설하고 있다.

【餘說】 〈치내우화〉의 구성과 그 우의

이상은 인간세편에서 공자의 德을 비난했던 楚의 광접여의 우의를 근본으로 하여 소요유편의 〈막고야산신인우화〉의 견오를 끌어들여, 공자가 주장한 治人의 德을 섭해착하(涉海鑿河)와 같은 불가능한 기만(欺瞞)이라 하고, 동시에 〈광접여지가(狂接輿之歌)〉의 자적(自適)을 중히 여겨야 한다는 주장을 조비(鳥飛)·서혈(鼠穴)의 예에 비유하여 흥미를 더하면서 그 뜻을 더욱 확대하여 자신을 중요시하는 것이야말로 정치의 근본이라고 주장하고 있다.

자기를 중요시하고 그 생명을 존중하며 자적을 주장하는 것은 외편 변무편 이하에 현저하게 나타나는 특색인데 이 우화에도 그러한 경향이 강하게 드러나 있다. 이 우화의 주장처럼 자신의 생명과 신체를 중요시 해야 한다는 것은 이른바 무위의 다스림이 꼭 정지(正눕)를 얻고 있다 고는 말할 수 없지만 무위의 다스림을 주장하기 위한 분명한 시도이다.

제3장 천근·무명인문답:순물자연우화(天根·無名人問答:順物自然寓話)

> 天根遊於殷陽, 至蓼水之上, 適遭無名人. 而問焉曰, "請問爲天下."
>
> 無名人曰, "去. 汝鄙人也. 何問之不豫也. 予方將與造物者爲人, 厭則又乘夫莽眇之鳥, 以出六極之外, 而遊無何有之鄕, 以處壙埌之野. 汝又何帠以治天下感予之心爲."
>
> 又復問.
>
> 無名人曰, "汝遊心於淡, 合氣於漠, 順物自然, 而無容私焉. 而天下治矣."

만물의 아버지 천근이, 만물이 왕성하게 성장하고 있는 은산(殷山)의 남쪽 땅에 가려고 춥고 고요한 요수(蓼水) 물가에 다다랐을 때 우연히 무명인을 만나게 되었다. 천근은 무명인에게 다음과 같이 말했다.

"저는 지금부터 남쪽 땅에 가 천하를 다스리려고 하는데 부디 그 다스리는 법을 가르쳐 주십시오."

그러자 무명인은 퉁명스럽게,

"가거라! 너는 비천한 놈이다. 어째서 그런 불유쾌한 것을 묻는가! 나는 이제 조물자와 둘도 없는 벗이 되어 있어 이 세상이 싫어지면 아득한 저 대공을 마음 내키는 대로 날아오르는 새의 등에 올라 우주의 밖을 초월한 무하유(無何有)의 고향에 가서 광량(壙埌)의 들판에 안주할 것이다. 그런데 너는 어찌하여 천하를 다스리는 일 따위로 나의 마음을 어지럽히려 하는가?"

라고 대답해 천근의 청을 물리쳤다.

그런데 천근은 다시 무명인에게 천하를 다스리는 법을 가르쳐 달라고 졸랐다. 무명인은 할 수 없이 다음과 같이 가르쳤다.

"너는 物에 구애되지 않도록 마음의 자유를 보전하여 고요하고 평안한 가운데 기(氣)를 길러, 物이 자연스럽게 전개되는 데 순응하여 조금도 사심(私心)이 끼어들지 않도록 하라. 그렇게 하면 천하는 잘 다스려질 것이다."

【語義】 天根(천근):유형의 物을 생겨나게 하는 유일한 근원, 즉 일원의 氣를 의인화한 것이다.

殷陽(은양):왕성한 양기(陽氣). 즉 만물을 생육하는 힘을 지명화(地名化)하여 은산(殷山)의 양(陽:남쪽)이라 한 것이다.

蓼水(요수):'蓼'는 '寥(료:공허함, 적막함)'의 차자. '水'는 陰의 구상(具象). 요컨대 정적(靜寂)의 氣인 음기를 지명화한 것이다. 成玄英은 산서성에 있는 요수(蓼水:황하의 지류)에 비정(比定)했는데 그렇게 생각할 필요는 없을 것이다.

無名人(무명인):≪노자≫의 '無名은 천지의 시작이다(無名, 天地之始)'(제1장)라고 한 無名을 의인화한 것이다. 無名은 無爲·無欲·無心이며 모든 有의 근원이다.

鄙人(비인):비천한 인간. 견식이 낮은 인간.

不豫(불예):불유쾌함. '豫'는 '舒(서:펴다)'와 같은 뜻으로 氣가 자유롭게 뻗을 대로 뻗어나는 것을 가리킨다. 일설에, 싫어한다는 뜻(俞樾의 설)이라 한 것은 적합하지 않다.

子方將……:'將'은 '方'을 강조하는 조사. …… 이하는 지금 하고 있는 바를 서술한 것이다.

與造物者爲人(여조물자위인):대종사편 〈기인우화〉에 나왔다.

莽眇之鳥(망묘지조):‘莽’은 ‘艸(망:풀이 우거진 모양. 나아가, 物의 구별이 없는 것)’의 차자이며 ‘眇’는 ‘杪(초:나무의 끝. 나아가, 희미하다·미약하다의 뜻)’의 차자인데 여기서는 ‘妙(묘)’의 완언이며, 또 ‘邈(막:아득함)’의 뜻도 겸하고 있다. 결국 ≪노자≫의 ‘따라서 늘 무욕의 심경에서는 그 묘한 바, 즉 심원한 본질을 본다(故恒無欲也, 以觀其眇[妙])’(제1장)고 한 ‘眇(妙)’를 근본으로 하여 새가 아득한 저쪽으로 사라져 가는 것에 자유의 뜻을 내포시킨 것으로 생각된다.

六極之外(육극지외):‘六極’은 대종사편의 〈진인론〉에 나왔다.

遊無何有之鄉(유무하유지향):소요유편의 〈무하유향우화〉에 나왔다.

壙埌之野(광량지야):〈무하유향우화〉의 ‘廣莫之野’와 같다. ‘壙埌’은 본디 무덤을 뜻하는 말인데 여기서는 ‘廣’의 완언이다.

何帠(하예):‘帠’가 어떤 뜻으로 쓰였는지 분명하지 않다. ‘法’의 뜻(司馬彪의 설), ‘臬(얼)’의 오자로 ‘臬’은 ‘寱(예:잠꼬대)’의 차자(俞樾의 설), ‘爲’의 오자(馬敍倫의 설) 등 여러 설이 있다. 본서에서는 馬敍倫의 설을 좇았다.

感予之心爲(감여지심위):‘感’은 ‘撼(감:흔들리다)’과 같은 뜻. ‘爲’는 의문의 뜻을 나타내는 조사.

遊心於淡(유심어담):‘淡’은 본디 맛이 진하지 않다는 뜻인데 나아가, 物에 대한 집착이 없이 담박한 것, 즉 무욕(無欲)의 뜻으로 쓰였다.

合氣於漠(합기어막):‘漠(사막)’은 ‘寞(막:정적)’의 차자. 氣를 고요하게 하는 것을 가리킨다.

順物自然(순물자연):물사가 전개되는 그 자연스러움에 좇는 것을 가리킨다. 뒤의 재유편 〈물자화우화〉에 ‘汝徒處無爲, 而物自化’라 한 것과 같은 주장의 말이다.

【補說】 물사의 시초라는 뜻을 지닌 천근, 그리고 무명(無名)을 의인화한
　　　 무명인의 대화를 빌려 ≪노자≫의 무명(無名)·겸퇴(謙退)의 가르침을
　　　 바탕으로 하여 無欲·無私로 자연스럽게 따르는 것이 물사의 근본임을
　　　 설하고 있다.

제4장 양자거·노담문답:유어무유우화(陽子居·老耼問答:遊於無有寓話)

陽子居見老耼曰, "有人於此. 嚮疾彊梁, 物徹疏明, 學道不勌. 如是者可比明王乎."

老耼曰, "是於聖人也, 胥易技係, 勞形怵心者也. 且也虎豹之文來田, 猨狙之便, 執斄之狗來藉. 如是者可比明王乎."

陽子居蹵然曰, "敢問明王之治."

老耼曰, "明王之治, 功蓋天下, 而似不自己, 化貨萬物, 而民弗恃. 有莫擧名, 使物自喜, 立乎不測, 而遊於無有者也."

양자거가 노담을 만나 이렇게 물었다.

"여기에 한 사람이 있습니다. 그 사람은 의지가 강하고 실행력이 뛰어나며 널리 물사에 통하여 도리에 밝고 더욱이 道를 배우는 데 조금도 게으르지 않습니다. 이와 같은 사람은 비록 그러한 자리에 있지 않다 하더라도 명덕(明德)을 지닌 왕자라 할 만하지 않을까요?"

노담이 대답했다.

"그런 자는 성인과 비교하면 비천한 하인이나 노예 광대가 다른 사람의 숨소리를 살피고 자신의 몸을 이 일 저 일에 노고케 하며 마음은 끊임없이 두려워 떠는 것과 같다. 뿐만 아니라 호랑이나 표범의 아름다운 털가죽이 사냥꾼을 부르는 요인이 되고, 원숭이의 민첩함이나 들고양이를 잡는 개의 재주가 결국 자신을 인간에게 부림당하게 하는 것처럼 그가 지니고 있는 그러한 덕은 자신의 몸을 그르치는 재앙을 불러들일 뿐이다. 그러니 그와 같은 자를 어떻게 명덕을 지닌 왕자에 비할 수 있겠는가?"

양자거가 놀라 공손히 물었다.

"어떤 것이 명덕을 지닌 왕자의 다스림인지 부디 가르쳐 주십시오."

노담이 대답했다.

"명덕을 지닌 왕의 정치란 그 작용이 널리 천하에 미쳐도 그것이 자신으로부터 나온다는 것에 마음 두지 않고, 그 화육(化育)을 만물에 베풀면서도 그것이 왕의 힘이라고는 믿게 하지 않는다. 요컨대 선공(善功)이 있어도 사람들 입에 그 명예가 오르내리지 않게 하며 物 각각이 자신들의 성장을 이루어 그것을 기뻐하게 하며 자신은 모든 物의 예측할 수 없는 깊은 근원에 위치하고 無의 자유를 향수하는 것을 말한다."

【語義】 陽子居(양자거):成玄英은 성은 陽, 이름은 朱, 자는 子居라고 했는데 무엇을 근거로 그러한 해석을 내렸는지 명확하지 않다. 또 成玄英의 설에 의해 '위아주의(爲我主義:철저한 개인주의)'를 제창한 양주(楊朱:B.C. 4세기경)를 가리키는 것이 틀림없다고 하는 학자도 있지만 믿을 만한 확증이 없다.

嚮疾(향질):'佶(길:壯健함)'의 완언이다.

彊梁(강량):'彊(강:강함)'의 완언이다.

物徹疏明(물철소명):'物徹'은 '徹物'의 도언(倒言)일 것이다. 司馬彪의 설에 '物은 事이며 徹은 通이다.'라고 했다. '疏'는 사리(事理)를 명확하게 한다는 뜻.

胥易(서역):'胥'는 서민(庶民)으로서 하급 관직을 얻은 자를 가리킨다. '易'은 '役(역:하인)'의 차자.

技係(기계):'技'는 '妓(기:기생)'의 차자. '係'는 '嫛(혜:여자 종)'의 차자. 즉 노예로서 배우(俳優)가 된 자를 가리킨다.

怵心者也(출심자야):'怵'은 출척(怵惕)의 뜻. 두려워서 마음이 편안하지 아니한 것.

猨狙之便(원저지변):원숭이의 민첩함.

執斄之狗來藉(집태지구래자):'斄'는 '狸(리:들고양이)'의 차자. '藉'는 '組' 또는 '索'의 차자. 즉 그물을 가리킨다. '來藉'는 묶인다는 뜻.

功蓋天下而似不自己(공개천하이사부자기):이 이하는 ≪노자≫의 '따라서 이와 같은 상대적 구별을 초월하고 절대의 道를 체득한 성인은 인위를 버리고 자연에 따르며 또 인간 세상의 상대적 의미를 담을 뿐인 언어를 버리고 오직 不言의 가르침을 행한다. 道는 만물을 만들어 내면서도 한 마디의 말도 하지 않는다. 또, 그것을 자기의 소유로 하지도 않는다. 이와 마찬가지로 성인은 큰 작용을 하면서도 그 功을 기대하지 않는다. 또 성공하더라도 당연히 그 보답으로 주어지는 부귀한 지위에 머무르려 하지 않는다.(是以聖人處無爲之事, 行不言之敎. 萬物作焉而不辭. 生而不有. 爲而不恃. 功成而弗居)'(제2장), 또는 '道는 물이 범람하는 것처럼 좌우에 두루 미친다. 만물은 이 道에 의지하여 생겨나는데 道는 그 수고로움을 사양하지 않는다. 그뿐 아니라 만물을 생겨나게 한 功을 이루고도 그 功名을 가지려고 하지 않는다. 만물을 사랑하여 기르면서도 만물의 주인이 되려고 하지 않는다. 道는 항상 無欲하며 세상의 눈으로 보면 그 존재는 참으로 작다 할 수 있다. 만물은 모두 道에 귀복(歸服)하는데도 道는 그 주인이 되려 하지 않는다. 道의 작용과 그 마음 씀은 진실로 크다 할 만하다. 따라서 道를 체득한 성인은 결코 자신을 크다고 하지 않는다. 진실로 무욕하며 겸허하기 때문이다. 그렇기 때문에 만인이 그에게 귀복하며 그는 큰 것을 이룰 수 있는 것이다.(大道氾兮, 其可左右. 萬物恃之而生, 而不辭. 功成不名有. 愛養萬物, 而不爲主. 常無欲可名於小. 萬物歸之, 而不爲主. 可名爲大. 是以聖人, 終不自大. 故能成

其大)'(제34장)에 근거한 것이리라.

化貨萬物(화대만물):'貨'는 '施(시:베풀다)'의 뜻.

立乎不測(입호불측):'不測'은 아래의 '無有'와 같다. 만물의 근원인 無를 가리킨다.

【補說】 이상은 양자거의 물음에 답한 노담의 대답을 빌려, 명덕(明德)을 지닌 왕의 정치에 관해 논하고 있다. 유가 등에서 주장하는 박문약례 (博文約禮), 즉 적학(積學)의 功이 아닌 무위자연으로써 비로소 이루어 진다고 주장하고 있다. 이것은 ≪노자≫의 가르침이기도 하며 소요유편 〈유무궁우화〉의 '至人無己, 神人無功, 聖人無名'이라 한 것을 근거로 전개되는 주장이기도 하다.

【餘說】 〈유어무유우화〉의 우의

이 우화에서 양자거가 말한 '有人'이란 공자를 가리키는 것이리라. 공자는 의지의 강고(強固)함을 칭양하고 智·仁·勇의 덕을 존숭한 인물이며 또 노(魯)나라 定公을 도와 협곡(夾谷)에서 제(齊)나라 景公과 회견했을 때 齊나라의 모멸적 간책(奸策)을 격퇴하여 국위를 조금도 손상시키지 않았을 뿐 아니라 오히려 齊나라를 떨게 할 만큼 무사(武事)에 통한 강건한 인물이었다.

공자를 명왕(明王)에 비교한 것은 어쩌면 공자를 소왕(素王:位가 없는 왕)이라 한 설이 일어난 때였기 때문이리라. 공자를 素王이라 한 설은 漢代에 등장했다. 그런데 ≪맹자≫에 의하면 왕업이 행해지지 않게 된 후 공자는 ≪춘추(春秋)≫로써 제후의 업(業)의 정사 선악(正邪善惡)을 규정했다 하니, 말하자면 공자는 재야에서 왕자만이 할 수 있는 논공

(論功)을 행한 것이다. 이에 의하면 '공자소왕설(孔子素王說)'은 漢代보다 훨씬 앞 시대에 등장했던 것 같다. 공자가 素王이냐 아니냐는 어찌되었건 간에 공자의 필생의 업이 왕업을 재흥(再興)시키는 데 있었다는 것은 말할 것까지도 없을 것이다.

이 우화는 그러한 공자의 목적과 행위가 노담에게서 배척되는 것을 보여 주고 있다. 대체로 ≪장자≫ 중에는 노담이 공자를 비난 공격하는 우화가 셀 수 없을 만큼 실려 있으며 그것이 한 유형을 이루고 있다. 이 우화도 그런 것 가운데 하나인데 비교적 온당하게 유가와 도가의 상위점을 나타내고 있다고 할 수 있다. 유가에서 내세우는 德이나 知는 유가의 사람들이 남과 다투기 위해 갖추는 도구일 뿐 결국 사람을 재난에 빠뜨리는 흉기라는 주장은 〈심재우화〉에 상술되어 있으며 또 유가의 德과 知를 갖추었다는 것은 결코 벗어날 수 없는 천형(天刑)을 입은 것이라는 주장은 덕충부편의 〈천형우화〉에 설되어 있다. 이 우화는 그것이 자신을 노예화하는 도구임을 설하고 있는데 이는 유가의 德과 知에 대한 극언이다.

이에 대해 도가의 행위는 '有莫擧名'의 무명(無名)의 선(善)이라 한 것은 유가와 도가의 특색을 잘 이야기한 것이라 할 수 있다. 無名의 善이란 선공(善功)이 있는데도 일부러 비하시켜 그 명예를 피하는 것이 아니다. '최상의 善은 비유하자면 물과 같다. 물은 만물에 이익을 주면서, 둥근 그릇에 담기면 둥글게 되고 모난 그릇에 담기면 모나게 되는 것처럼 결코 남과 다투지 않는다. 그리고 사람들이 싫어하는 낮은 곳에 몸을 둔다. 따라서 물이야말로 道와 비슷한 것이라 할 수 있다.(上善若水. 水善利萬物而不爭. 處衆人之所惡. 故幾於道)'(≪노자≫ 제8장)라 한 것처럼 가령 다른 사람에게서 미움을 받더라도 남모르게 행하여 좋은 결과를 미치게 하는 것이다. 또 그것은 '백성들이 각각 공을 이루고 일을 이루며 그것이 군주의 정치 덕분이 아니라 자신들의 힘으로 그렇게 된 것이라고 생각한다.(功成事遂, 百姓皆謂我自然)'(≪노자≫ 제17장)라고 했듯이 어디까지나 자연스런 행위인 것이다. 더욱이 그것은 '立乎不測'이라 한 것처럼 자신의 유일함인 본성에서 나오며 나아가 오직 자신의 것으로서 행해지는 것이다. 결국 이에는 타인으로부터의 훼예(毀譽) · 포폄(褒貶)이 없는 자적(自適)이 있을 뿐이다. 그것은 '使物自喜'라 한 자연의 대조화를 지탱하는 것이 되기도 한다.

물론 유가의 입장에서 보면 그 행위는 타인으로부터 구속받거나 그에 의존하는 성질의 것이 아니다. '사람들이 자신을 몰라주어도 그에 마음 쓰지 않으니, 군자답지 아니한가(人不知而不慍, 不亦君子乎)'(≪논어≫ 학이편)라 한 것이 그러한 사실을 단적으로 말해주는 것이다. 특히 ≪논어≫ 공야장편의 자로 · 안연 · 공자의 대화를 보면 공자가 '늙은이들을 편안하게 해 주고 벗을 신의로써 사귀며 젊은이들을 사랑으로 감싸 주는 사람이 되고 싶다.(老者安之, 朋友信之, 少者懷之)'라고 한 자연스런 인륜 질서에 의한 화합은 자로가 말한 '수레와 말과 옷과 가벼운 털가죽 옷을 친구와 함께 쓰다가 그것이 헐어져도 섭섭해 하지 않는 사람이 되었으면 합니다.(願車馬衣輕裘, 與朋友共, 敝之而無憾)'와 같은 의기투합한 신뢰로부터 비롯되며 안연이 '착한 일을 하고도 자랑하지 않고, 공을 세우고도 드러내지 않는 사람이 되었으면 합니다.(願無伐善, 無施勞)'라고 한 것과 같은 자성(自省)과 자수(自修)를 거쳐 구현될 것이다. 그렇다 하더라도 타인과의 화합 없는 자수만으로는 불완전하다.

공자가 제창한 것과 같은 인륜 질서에 의한 화합이 자기 억제와 희생, 그리고 자기를 존대하게 여기지 않는 것만으로 달성될 수 있을까? 사람들의 화합의 본지에서 말하면 자신을 상하는 일도 없고, 나아가 그 공이 천하를 덮는다 하더라도 자신의 재능이나 공헌을 드러내지 않는 것이 바람직하리라. 이것이 이상적인데 이는 모든 것을 달관하여 유유자적함으로써 달성되는 것이 아닐까?

제5장 열자 · 호자문답:허기우화(列子 · 壺子問答:虛氣寓話)

鄭有神巫, 曰季咸. 知人之死生存亡禍福壽夭, 期以歲月旬日
若神. 鄭人見之, 皆弃而走. 列子見之而心醉. 歸以告壺子,
曰, "始吾以夫子之道爲至矣. 則又有至焉者矣."
壺子曰, "吾與汝, 旣其文, 未旣其實. 而固得道與. 衆雌而無
雄, 而又奚卵焉. 而以道與世亢, 必信夫. 故使人得而相汝.
嘗試與來, 以予示之."

정나라에 계함이라는 신들린 무당이 있었다. 인간의 생사 · 존망 · 화
복 · 장수 · 요절을 알며 그런 일이 일어나는 때까지 알아맞히니 마치 신과
같았다. 정나라 사람들은 그를 보기만 하면 뒤도 돌아보지 않고 도망쳤다.

그런데 열자는 그 무당에게 완전히 마음을 빼앗겨 버렸다. 그래서 돌아
와 호자에게 자신이 본 일을 이야기하고, 다음과 같이 덧붙였다.

"전에는 선생님의 道야말로 더없이 훌륭하여 그에 비길 것이 없다고 생
각했습니다. 그런데 선생님의 道보다도 더 훌륭한 것이 있는 것 같습니다."

그러자 호자가 대답했다.

"내가 네게 가르친 것은 道의 겉모습뿐으로 아직 그 내실을 가르치지 않
았다. 그런데도 마치 道를 깨우친 것처럼 이야기할 수 있느냐? 그것은 마
치 암탉이 아무리 많아도 수탉이 없으면 병아리가 생길 수 없는 것과 같다.
道의 겉모습만을 알고 그것을 여봐란 듯이 뽐내고 다니니, 자신이 어떠하
다는 것을 외부에 알려 주는 것이나 다름없다. 그것은 바로 다른 사람에게
자신의 속을 환히 보여 주는 것이 된다. 그러니 무당의 점이 그처럼 신통

하게 맞을 수밖에 없는 것이다. 시험 삼아 그를 내게 데리고 와서 내 운수를 점치도록 해 보자."

【語義】鄭(정):하남성 신정시(新鄭市)에 있던 나라.

　神巫(신무):귀신같은 솜씨를 지니고 있다는 평판을 듣는 무당. 무당은 신령을 섬겨 그의 뜻을 전하며 인간의 운명을 예언한다고 한다.

　以歲月旬日(이세월순일):'歲'는 年. '旬'은 한 달을 열흘씩으로 나누어, 上旬·中旬·下旬이라 한 것.

　列子(열자):열어구(列禦寇)를 가리킨다. 소요유편 〈유무궁우화〉의 語義 참조. 그런데 여기서는 실재의 인물로 묘사되어 있다.

　心醉(심취):마음이 취한 것처럼 황홀한 것. 마음을 빼앗긴 것.

　壺子(호자):≪여씨춘추≫ 하현편(下賢篇)에, 정(鄭)나라 자산(子産)의 스승에 호구자림(壺丘子林)이라는 사람이 있었다고 했다, ≪열자≫ 황제편(黃帝篇)에도 이 우화가 실려 있는데 호자(壺子) 대신 호구자(壺丘子)로 되어 있으며, 또 천서편(天瑞篇)·설부편(說符篇)에는 열자가 호구자림을 스승으로 삼았다고 했다. 이들 설에 의해, 成玄英은 鄭나라의 득도인(得道人)으로 이름은 林, 호를 壺子라 했다고 해석했다. 餘說 참조.

　至焉(지언):'焉'은 '於之'와 같다.

　文(문):여기서는 아래의 '實'에 대하는 말로 외형의 善을 가리킨다.

　而又奚卵焉(이우해란언):자조(雌鳥)만으로는 알을 낳을 수는 있어도 새끼가 나올 수 있는 수정란은 만들 수 없음.

　而以道與世亢(이이도여세항):'與'는 여기에서는 '於'와 같다. '亢'은 뽐내는 것. 여봐란 듯이 드러내 보이는 것.

　必信夫(필신부):'信'은 밖으로 나타나는 표시. 낌새.

　嘗試(상시):시험 삼아.

明日, 列子與之見壺子. 出而謂列子曰, "噫, 子之先生死矣.
弗活矣. 不以旬數矣. 吾見怪焉. 見濕灰焉."
列子入, 泣涕沾襟, 以告壺子.
壺子曰, "鄕吾示之以地文. 萌乎不震不正(止), 是殆見吾杜德
機也. 嘗又與來."
明日, 又與之見壺子. 出而謂列子曰, "幸矣, 子之先生遇我
也. 有瘳矣. 全然有生矣. 吾見其杜權矣."
列子入以告壺子.
壺子曰, "鄕吾示之以天壤. 名實不入, 而機發於踵. 是殆見吾
善者機也. 嘗又與來."

다음날 열자는 계함을 데리고 와 호자를 만났다. 계함이 호자의 인상을
보더니 물러나와 열자에게 말했다.

"아아, 당신 스승은 곧 죽을 겁니다. 어떻게 해도 살릴 수 없습니다. 고
작 열흘밖에 살 수가 없겠습니다. 저는 괴이한 조짐을 보았습니다. 축축하
게 젖은 재처럼 보입니다."

열자는 호자에게 들어가 철철 흘러내리는 눈물을 닦으려고도 않고 계함
의 말을 고스란히 호자에게 전했다.

그 말을 듣고 호자가 말했다.

"조금 전 나는 그에게 지문(地文)을 보여 주었다. 그것은 분명한 것이 아
니며 움직이지도 않고 멈추어 있지도 않다. 그는 틀림없이 나의 이러한 생
기의 발동을 막아 버린 작용을 본 것이다. 시험 삼아 다시 그를 내게 데려
와 보아라."

그래서 그 다음날 열자는 다시 계함을 호자에게 데리고 왔다. 계함이 호

자를 한동안 보더니 밖으로 나와 열자에게 말했다.

"다행입니다. 당신의 스승이 절 만났기 때문입니다. 말끔히 나으셨습니다. 생기가 되살아나셨습니다. 저는 생기가 막혔던 것이 풀린 것을 보았습니다."

열자는 호자에게 들어가 그 사실을 고했다.

호자가 대답했다.

"나는 그에게 천양(天壤)을 보여 주었다. 그것은 무어라 이름붙일 수도 없고 포착할 수도 없으며 생기가 발뒤꿈치에서 움직이기 시작하는 것이다. 그는 틀림없이 내게서 일어나는 이런 생육의 조짐을 본 것이다. 다시 한 번 그를 내게 데려와 보아라."

【語義】 噏(희):곤혹스러울 때 내는 탄성.

不以旬數矣(불이순수의):열흘도 살지 못함.

濕灰(습회):'見怪'의 '怪'를 설명한 것이다. 젖은 재처럼 전연 생기가 없는 것. '死灰'와 같다.

泣涕(읍체):두 자 모두 운다는 뜻.

鄕(향):'曏ㆍ嚮'의 차자. 먼저. 앞서.

地文(지문):대지(大地)의 무늬. 대지의 정적 부동(靜寂不動)한 모습을 가리킨다.

萌乎不震不正(맹호부진부정):'萌'은 '汒ㆍ茫'의 차자. 확실하지 않은 모양. '不正'의 '正'은 '止'를 잘못 베낀 것.

杜德機(두덕기):'杜'는 막아 멈추게 하는 것. '德機'는 생명의 영위를 지배하는 작용. 氣가 움직이려 하는 조짐을 가리킨다.

全然(전연):'全'은 '痊'의 차자. 병에서 완전히 회복된 것.

杜權(두권):'權'을 글자 뜻 그대로 '변하다ㆍ바뀌다'의 뜻(宣穎의 설)

으로 해석해도 통하지만 '渙(풀리다)' 또는 '奐(열리다)'의 차자로 보아야
할 것이다. 이설이 구구하고 난해한 구이다.

天壤(천양):'壤'은 '釀(양)'의 차자. 만들어 내다, 빚어내다, 자아내다
의 뜻. 즉 천지 음양의 기(氣)가 혼화(混和)되어 物을 만들어 내는 것.

名實不入(명실불입):온양 혼돈(醞釀混沌)의 氣는 그 實을 포착할 수
도 그 名을 표현할 수도 없음을 가리킨다. 상수·곽상(向秀·郭象) 등
이 명리(名利)의 허식이 모두 기물(棄物)이 됨을 뜻한다고 해석한 것은
적당하지 않다.

而機發於踵(이기발어종):음양의 氣가 혼화될 경우 자연에서는 산기슭
으로부터 음기(陰氣)가 움직이기 시작하는 것처럼 사람에게서는 발뒤꿈
치로부터 시작됨. 결국 사람이 쉽게 알 수 없는 근본에서 氣의 시동(始
動)이 있음을 가리키는 말이다. 대종사편의 〈진인론〉 참조.

明日, 又與之見壺子. 出而謂列子曰, "子之先生不齊. 吾無得
而相焉. 試齊. 且復相之."
列子入以告壺子.
壺子曰, "吾鄕示之以太沖莫勝. 是殆見吾衡氣機也. 鯢桓之
審爲淵, 止水之審爲淵, 流水之審爲淵. 淵有九名, 此處三焉.
嘗又與來."
明日, 又與之見壺子. 立未定, 自失而走.
壺子曰, "追之."
列子追之不及. 反以報壺子曰, "已滅矣. 已失矣. 吾弗及已."
壺子曰, "鄕吾示之以未始出吾宗. 吾與之虛而委蛇. 不知其
誰何. 因以爲弟靡, 因以爲波流. 故逃也."

> 然後列子自以爲未始學而歸. 三年不出. 爲其妻爨, 食豕如食
> 人, 於事無與親. 雕琢復朴, 塊然獨以其形立. 紛而封哉. 一
> 以是終.

그 다음날, 열자는 다시 계함과 함께 호자를 만났다. 계함이 호자의 모습을 보고 물러나와 열자에게 말했다.

"당신 스승께선 불안정합니다. 저러면 상(相)을 볼 수가 없습니다. 재계하여 마음을 안정시키셔야 합니다. 그러면 다시 한 번 상을 보아드리도록 하겠습니다."

열자는 호자에게 들어가 그대로 전했다. 호자가 말했다.

"나는 좀 전에 더없이 허무하고 어떠한 흔적도 없는 모양[太沖莫勝]을 그에게 보여 주었다. 그는 틀림없이, 氣를 평온하게 하는 나의 작용을 본 것이다. 고래가 몸을 돌려 소용돌이치는 물도 그 깊은 곳은 고요한 못이고, 고요히 머물러 있는 물의 깊은 곳도 못이며, 거침없이 흐르는 물의 깊은 곳도 못이다. 못에는 9가지 종류가 있으며 내가 지금 든 것들은 그 가운데 3가지에 지나지 않을 뿐, 요컨대 그 근본에는 정적(靜寂)의 못이 있는 것이다. 그를 다시 한 번 데려오도록 하라."

그 다음날, 열자는 다시 계함과 함께 호자 앞에 나타났다. 그런데 계함은 호자의 인상을 보기 위해 자리를 잡는 듯싶더니 그대로 달아나 버리고 말았다.

호자는 열자에게 쫓아가라고 명령했다.

열자가 곧 그 뒤를 쫓았지만 쫓아갈 수가 없었다. 열자는 돌아와 호자에게 말했다.

"그림자도 보이지 않습니다. 멀리 도망쳐 도저히 쫓아갈 수가 없습니다."

호자가 말했다.

"좀 전에 나는 그에게 道와 일체가 된 경지[未始出吾宗]를 보여 주었다. 나는 허심(虛心)한 상태에서 그에게 순응했다. 따라서 그것이 무엇인지를 알 수가 없었다. 무너져내리는 것도 같고 넘실거리며 흘러가는 것도 같았을 것이다. 어떻게 해도 아무것도 잡을 수가 없었기 때문에 그는 도망쳐 버린 것이다."

이런 일이 있었으므로 열자는 그때까지의 수업(修業)은 전혀 아무것도 배우지 못한 것과 같다고 생각하여 집에 돌아가 처음부터 다시 시작하게 되었다. 그리고 3년 동안 한 발짝도 집밖에 나오지 않고 오로지 사색에 몰입하였다. 모든 겉치레를 버리고 아내를 위해 불을 때기도 하고 돼지를 기르는 것도 마치 사람을 기르듯 하며 어떤 물사만을 특별히 마음 쓰거나 하는 일이 없었다. 이렇게 하여 모든 인위적 허식을 본디의 소박함에 되돌려, 어떤 일에도 번뇌하지 않는 위대함을 지니고 그 타고난 모습 그대로 독립하였다. 참으로 위대하도다! 열자는 오로지 道를 지키며 세상을 마쳤던 것이다.

【語義】 子之先生不齊(자지선생부제):'齊'는 '안정되다'의 뜻. 일설에 '재계(齋戒)'의 뜻으로 해석한 게 있는데 아래의 '試齊'와 중복되므로 적당하지 않다.

太沖莫勝(태충막승):'太'는 어떤 상태의 정도가 매우 심한 것. 즉 '극도(極度)'의 뜻을 나타낸다. '沖'은 '盅(충:공허함)'의 차자. '勝'은 '조짐(兆朕)'의 '朕'과 같다. '조짐·흔적'의 뜻. '朕'은 옛날에는 '勝'과 동음이었으리라고 생각된다. 곽상(郭象)이 '勝'을 승부의 뜻으로 해석한 것은 옳지 않다.

衡氣機(형기기):기(氣)를 평정하게 보전하는 작용. '衡'은 평정하게 하다, 즉 고요하고 고르게 하는 것.

鯢桓之審爲淵(예환지심위연):‘鯢’는 암코래. ‘桓’은 ‘趚(원:빙빙 돎)’의 차자. ‘審’은 동음의 글자인 ‘瀋·深’의 차자. ‘淵’은 물속 깊은 곳. 수면의 어지러운 물결에 관계없이 늘 고요한 곳을 가리킨다.

淵有九名此處三焉(연유구명차처삼언):연(淵)에는 9가지 종류가 있으며 여기에 들고 있는 것은 그 가운데 3가지 것에 지나지 않지만 요컨대 그 표면의 상위(相違)에 관계없이 깊은 곳에 이르러서는 모두 같은 연(淵:‘衡氣’에 대한 비유이다. 평정함)임을 가리킨다. 중국 고대에는 精氣는 종종 淵에 비유되었다.

立未定(입미정):아직 그 위치에 바르게 자리잡지도 않고.

已滅矣已失矣吾弗及已(이멸의이실의오불급이):어찌나 도망가는 발걸음이 빠른지 따라갈 수 없다는 뜻. 널리 알려진 표현이다. ‘失’은 ‘逸(일:달아나다)’의 차자.

未始出吾宗(미시출오종):‘宗’은 道와 일체가 된 근본의 경지. 덕충부편 〈화덕유심우화〉의 ‘守其宗’ 참조.

與之虛而委蛇(여지허이위이):전적으로 무심하면서 자연스럽게 상대방의 태도에 응하는 것을 가리킨다. ‘委蛇’는 구불구불하게 휘어졌다는 뜻.

弟靡(제미):무너지고 꺾어짐. ‘弟’는 ‘穨’의 차자.

波流(파류) :물결처럼 흔들리는 것.

三年不出(삼년불출):집에서 나오지 않는다는 것은 세상일로 마음을 어지럽히는 일이 없다는 것을 가리키는 말이다.

爲其妻爨(위기처찬):부엌에 들어가 마누라 대신 불을 땜. 부부의 예를 잊은 것을 가리킨다.

食豕如食人(사시여사인):돼지를 기르는 것을 사람을 기르는 것처럼 함. 사람과 짐승의 구별을 잊어버린 것이다.

於事無與親(어사무여친):아무런 차별도 하지 않는 것을 가리킨다.

雕琢復朴(조탁복박):인위의 허식을 버리고 소박(素朴)에 복귀하는 것을 가리킨다. '雕'는 '彫'의 차자.

塊然(괴연):'傀然'과 같다. 홀로 뛰어나게 위대한 모양.

紛而封哉(분이봉재):'紛'은 '芬(분:物이 많고 성한 모양)'의 차자. '封'은 '豊(풍:풍부함)'의 차자. 상수·곽상(向秀·郭象)이 '世事가 어지럽게 움직이지만 그 眞을 지켜 잃지 않는다.'는 뜻으로 해석한 이래 많은 학자들이 이 설을 좇고 있으나 이 구는 '塊然獨以其形'을 찬미한 구이다.

一以是終(일이시종):'一'은 오로지. '終'은 일생을 마치는 것.

【補說】 이상 3절로 이루어진 〈유어무유우화〉는 신무(神巫)인 계함도 마침내 호자의 관상을 보는 것을 포기하고 말았음을 이야기하고 있다. 道의 정(精:道와 하나인 精氣)은 어떠한 인지(人知)로도 예지할 수 없는 無인데 그 無야말로 영묘한 작용을 한다는 것을 설하고, 道를 수득(修得)한 열자의 후일담을 추가하여 그 道를 지키는 것은 다름 아닌 소박함에의 복귀임을 말하고 있다.

【餘說】 〈허기우화〉의 구성과 그 우의

호자의 술(術)은 불사의(不思議)한 정도를 지나 황당무계하게까지 생각될지도 모르나 이것이 산기(山氣)의 변화를 기조로 한 것임을 알면 쉬이 이해할 수 있게 된다. 호자(壺子)라 한 것은 실은 산을 의인화한 것이 아닐까? 《여씨춘추》에는 壺子가 '壺丘子林'으로 되어 있는데 이 이름은 '호구(壺丘)의 임록(林麓)'이라는 뜻에서 붙여진 것이 거의 확실하므로 앞의 설을 뒷받침한다고 생각된다. 이것은 어쨌든 간에 호구라는 산이 정말 있어서인지 아니면 '외로운 산'이라는 뜻에서 설정된 것인지는 명확하지 않지만 이 이름이 산기(山氣)의 변화를 기조로 하고 있다는 것은 확실하다.

호자가 '地文'을 보여 주었다고 하는 것은 숲이 울창한 산의 모습을 이야기하는 것이다. 그것은 정적(靜寂) 바로 그것으로 부동(不動)의 영원한 모습이자, 어떻게 보면 죽음의 상(相)이기도 하다. 다음에 '천양(天壤)'을 보여 주었다고 한 것은 산중턱에 걸려 있는 구름을 이야기한 것임에 틀림없다. 또 '太沖莫勝'을 이야기한 것은 산기슭에 있는 호소(湖沼)에 비가 내리는 것을 이야기한 것이다. 최후의 '未始出吾宗'은 山의 氣가 산기슭의 못이 된 것을 이야기한 것이다. 그것은 정적(靜寂) 바로 그것이며 허심무위(虛心無爲)이며 나아가 만상(萬象)을 비추어 내는 평명(平明)이다. 단, 물과 관계가 있어 '弟靡', '波流'라 한 것이다.

이처럼 이 우화는 山氣의 변화를 기조로 하고 있는 것이다. 그런데 그것만을 흥미 있게 서술하려고 했던 것이 아님은 말할 것도 없다. 당(唐)의 성현영(成玄英)은 '地文', '天壤' 등이 각각 중요한 의의를 지니고 있다고 했다. 이 우화는 앞의 〈심재우화〉의 '唯道集虛'라고 한 道의 실체를 명확히 하고 있는 것이다. 이 우화에서의 비유처럼 모습을 보아 달걀을 아는 것은 용이하지만 그것이 무정란인지 수정란인지는 모습만으로는 알 수 없다. 그와 같은 비유로써 氣, 이른바 정신의 심연을 보여주려는 것이리라.

제6장 유무진설(遊無朕說)

> 無爲名尸. 無爲謀府, 無爲事任, 無爲知主. 體盡無窮, 而遊
> 無朕, 盡其所受乎天, 而無見得, 亦虛而已. 至人之用心若鏡,
> 不將不迎, 應而不藏. 故能勝物而不傷.

　　명성을 구하려고 매달리지 말라. 계략을 꾸미려 애쓰지 말라. 번거로운
세속의 일을 맡지 말라. 약은 척할 뿐인 지(知)의 주인이 되지 말라. 다함
없는 道와 하나가 되어 훼예(毀譽:비방과 칭찬) 없는 자유의 세계에서 노
닐며 하늘로부터 받은 자신의 몸을 잘 기르고 세속의 이익을 얻으려 다투
지 않으며 오직 허심무욕한 것이 좋다. 지인(至人)의 마음 씀은 허심무욕
하기에 거울과 같아 일부러 자신의 뜻을 보내는 일도, 일부러 다른 사람의
호의를 받아들이는 일도 없이 物이 오는 데 응할 뿐 마음속에 앙금을 가지
지 않는다. 그렇기 때문에 物을 자연스럽게 누르고 자신을 다치지 않게 할
수 있는 것이다.

【語義】 無爲名尸(무위명시):‘尸’는 시체·송장. 여기에서는 ‘司(사:관리하
　　다, 담당하다)’의 차자로 主의 뜻.
　　謀府(모부):‘府’는 어떠한 일이 행해지는 곳. 여기서는 일로 삼아 힘
　　쓴다는 뜻으로 쓰였다.
　　事任(사임):‘任’은 맡는다는 뜻.
　　體盡(체진):몸을 다함. 어떠한 것과 일체가 되는 것을 뜻한다. ‘體盡
　　無窮’이란 이른바 ‘無古今而後能入於不死不生’이라고 한 것으로 현세를

초월하여 道와 일체가 되는 것을 뜻한다.

遊無朕(유무진):절대적 자유를 누리는 것을 가리킨다. '無朕'에 관해서는 '特不得其朕'과 '太冲莫勝' 참조.

盡其所受乎天(진기소수호천):덕충부편 〈화덕유심우화〉의 '物視其所一, 而不見其所喪' 참조.

而無見得(이무견득):'得'은 인간의 공리적(功利的)인 이익.

至人用心若鏡(지인지용심약경):덕충부편 〈화덕유심우화〉의 '人莫鑑於流水, 而鑑於止水' 참조.

不將不迎(부장불영):대종사편 〈영녕우화〉의 '其爲物, 無不將也, 無不迎也'의 '將·迎'과는 의미가 다르다.

應而不藏(응이부장):'藏'은 편견을 가지거나 뒤에까지 한을 품는 것.

故能勝物而不傷(고능승물이불상):물사를 잘못 없이 통재(統裁)하는 것을 가리킨다. 뒤의 천지편에 '通於一, 而萬事畢, 無心得, 而鬼神服'이라 했다.

【補說】 이 우화는 필시 ≪장자≫의 편자가 앞의 〈허기우화〉의 부족한 점을 보충하기 위해 지은 것이리라.

제7장 혼돈우화(渾沌寓話)

南海之帝爲儵, 北海之帝爲忽, 中央之帝爲渾沌. 儵與忽時相與遇於渾沌之地. 渾沌待之甚善. 儵與忽謀報渾沌之德. 曰, "人皆有七竅, 以視聽食息. 此獨無有. 嘗試鑿之." 日鑿一竅, 七日而渾沌死.

남해의 제(帝)는 이름을 '숙(儵)'이라 했고 북해의 제는 '홀(忽)', 중앙의 제는 '혼돈(渾沌)'이라 했다. 숙과 홀은 가끔 혼돈이 다스리는 땅에서 만났는데 혼돈은 그들을 매우 극진히 대접했다. 그래서 숙과 홀은 혼돈의 호의에 보답할 것을 상의하여 말했다.

"인간은 누구에게나 눈·귀·입·코의 일곱 개 구멍이 있어 보고 듣고 먹고 호흡하며 즐긴다. 그런데 혼돈에게만은 이것들이 없다. 그를 위해 구멍을 뚫어 주도록 하자."

하루에 한 개씩 구멍을 뚫어 이레가 되는 날, 혼돈은 그대로 죽어 버리고 말았다.

【語義】南海之帝(남해지제):양기(陽氣)의 帝이자 春(夏도 포함)의 帝이기도 하다.

　儵(숙):본디는 청흑색을 뜻하는 말인데 '倏(숙:빠르다)'의 차자이며 시간적·공간적 유한성을 뜻한다.

　北海之帝(북해지제):음기(陰氣)의 帝이자 冬의 帝이기도 하다.

　忽(홀):홀연, 금세. 이것도 시간적·공간적 유한성을 뜻하는 말일 것이다. 인간은 유한한 시간 속에서 한 순간 한 순간의 영위를 다투는 존재이다.

渾沌(혼돈):'渾敦·混沌·倱伅' 등으로도 쓴다. '混'의 완언으로 物 또는 물[水]이 뒤섞여 있어 모습도 알 수 없고 빛깔도 알 수 없는 상태를 뜻한다. 모든 物의 시원(始源)인 無·素朴·自然 등에 비유된다.

七竅(칠규):일곱 개의 구멍. 눈·귀·코·입을 가리킨다.

【補說】 이 우화는 제물론편의 〈물화우화〉와 함께 단편이지만 함축이 깊고 해학이 풍부하여 매우 뛰어난 작품으로 널리 사람들에게 알려져 있다.

혼돈, 요컨대 작의(作意)가 전연 없는 허심무위의 자연이야말로 모든 물사의 근원이자 전 우주의 생명인데 일각 일각의 시간 제한에 들볶이는 인간은 視·聽·言·動 따위 무용(無用)의 인위를 가하는 것을 가장 좋은 것이라고 생각하여 그 본래의 생명을 고사(枯死)시키고 있는 것이다.

【餘說】 〈혼돈우화〉의 우의

우주가 혼돈에서 시작되었다고 하는 것은 우주의 성립에 관해 생각할 경우 누구에게나 제일 먼저 떠오르는 생각일 것이다.

중국의 문헌으로서 이에 관해 조직적으로 서술한 것은 ≪회남자≫ 천문훈(天文訓)이 최초였으며 특히 '渾沌'이란 말은 삼국시대 오(吳)나라의 서정(徐整)이 저술한 ≪三五曆記≫에 처음 설명되어 있다. 그런데 장주와 거의 동시대 사람인 굴원의 ≪초사(楚辭)≫ 천문편(天問篇)에도 '渾沌'을 설명한 듯한 말이 있어, 천지가 혼돈의 상태로부터 시작되었다는 것은 장주 때에는 이미 정착된 설이었던 것 같다.

이 우화는 '渾沌'을 이용하여 지어진 것이다. 그런데 혼돈을 시간적으로 천지의 개벽에 위치시키지 않고 중앙에 위치시켰다. 남해의 帝는 春夏이며 陽氣이다. 북해의 帝는 秋冬이며 陰氣이다. 그것들이 중앙인 혼돈에서 만난다는 것은 혼돈에 의해 사시(四時)의 변화도 순조로워지고 음양(陰陽)이 화합하여 만물의 생육도 원활하게 이루어진다는 우의이다. 또 이것이 이 우화가 지니고 있는 새로운 취향이기도 하다.

세상을 보는 눈과
마음을 키우는 책!

세상을 움직이는 책 시리즈

미래를 위한 과거로의 산책

세상을
움직이는 책